I0895882

ÉTUDES DE PHILOSOPHIE MÉDIÉVALE

Collection fondée par Étienne Gilson

Dirigée par

Joël Biard
Olivier Boulnois
Marta Cristiani
Jean Jolivet
Alain de Libera

LA NUIT DE L'ÂME

DANS LA MÊME COLLECTION

ROQUES M., *L'essentialisme de Guillaume d'Ockham*, 228 p., 2016.

TREGO K., *La liberté en acte. Éthique et métaphysique d'Alexandre d'Aphrodise à Jean Duns Scot*, 384 pages, 2015.

FIELD S. L., LERNER R. E., PIRON S. (dir), *Marguerite Porete et le* Miroir des simples âmes, 368 pages, 2014.

KALUZA Z., *Études doctrinales sur le* XIV*e siècle. Théologie, Logique, Philosophie*, 392 pages, 2013.

JOLIVET J., *Medievalia et arabica*, 364 pages, 2012.

BIARD J., *Science et nature. La théorie buridanienne du savoir*, 404 pages, 2012.

STANCATO G., *Le concept de désir dans l'œuvre de Thomas d'Aquin. Analyse lexicographique et conceptuelle du « desiderium »*, 176 pages, 2011.

TREGO K., *L'essence de la liberté. La refondation de l'éthique dans l'œuvre de saint Anselme de Cantorbéry*, 304 pages, 2010.

DI MARTINO C., Ratio particularis. *Doctrines des sens internes d'Avicenne à Thomas d'Aquin*, 192 pages, 2008.

BERMON P., *L'assentiment et son objet chez Grégoire de Rimini*, 432 pages, 2007.

RICKLIN Th. (éd.), Exempla docent. *Les exemples des philosophes de l'Antiquité à la Renaissance*, 432 pages, 2007.

CASTEIGT J., *Connaissance et vérité chez Maître Eckhart. Seul le juste connaît la justice*, 480 pages, 2006.

JOLIVET J., *Perspectives médiévales et arabes*, 320 pages, 2006.

VIAL M., *Jean Gerson, théoricien de la théologie mystique*, 256 pages, 2006.

GRELLARD C., *Croire et savoir. Les principes de la connaissance selon Nicolas d'Autrécourt*, 340 pages, 2005.

KÖNIG-PRALONG C., *Avènement de l'aristotélisme en terre chrétienne*, 288 pages, 2005.

CAIAZZO I., *Lectures médiévales de Macrobe. Les* Glosae colonienses super Macrobium, 352 pages, 2003.

SIRAT C., KLEIN-BRASLAVY S., WEIJERS O. (éds.), *Les méthodes de travail de Gersonide et le maniement du savoir chez les scolastiques*, 392 pages, 2003.

SUAREZ-NANI T., *Connaissance et langage des anges selon Thomas d'Aquin et Gilles de Rome*, 272 pages, 2003.

CÔTÉ A., *L'infinité divine dans la théologie médiévale (1220-1255)*, 272 pages, 2002.

SUAREZ-NANI T., *Les anges et la philosophie. Subjectivité et fonction cosmologique des substances séparées à la fin du* XIII*e siècle*, 208 pages, 2002.

FALQUE E., *Saint Bonaventure et l'entrée de Dieu en théologie*, 224 pages, 2001.

COUNET J.-M., *Mathématique et dialectique chez Nicolas de Cues*, 456 pages, 2000.

ÉTUDES DE PHILOSOPHIE MÉDIÉVALE

CV

LA NUIT DE L'ÂME

L'INTELLECT ET SES ACTES CHEZ MAÎTRE ECKHART

Par

Éric Mangin

Ouvrage publié avec l'aide du Centre national du livre

PARIS

LIBRAIRIE PHILOSOPHIQUE J. VRIN

6 place de la Sorbonne, V[e]

2017

En application du Code de la Propriété Intellectuelle et notamment de ses articles L. 122-4, L. 122-5 et L. 335-2, toute représentation ou reproduction intégrale ou partielle faite sans le consentement de l'auteur ou de ses ayants droit ou ayants cause est illicite. Une telle représentation ou reproduction constituerait un délit de contrefaçon, puni de deux ans d'emprisonnement et de 150 000 euros d'amende.

Ne sont autorisées que les copies ou reproductions strictement réservées à l'usage privé du copiste et non destinées à une utilisation collective, ainsi que les analyses et courtes citations, sous réserve que soient indiqués clairement le nom de l'auteur et la source.

© *Librairie Philosophique J. VRIN*, 2017
Imprimé en France

ISSN 0249-7921
ISBN 978-2-7116-2791-2

www.vrin.fr

Il y a une nuit dont on ne peut parler,
mais dans laquelle il faut entrer
pour s'apercevoir qu'elle est sans fond, sans fin.

Philippe Jaccottet, *L'Obscurité*,
Paris, Gallimard, 2014, p. 201

ABRÉVIATIONS

Les abréviations des revues et collections utilisées dans cet ouvrage sont extraites de la liste élaborée par Siegfried Schwertner dans la *Theologische Realenzyklopädie*, Berlin-New York, Walter de Gruyter, 1994, reprise en français par Jean-Yves Lacoste, *Dictionnaire critique de Théologie*, Paris, P.U.F., 1998.

BA Bibliothèque augustinienne, Paris, Études augustiennes, 1936-.

CSEL *Corpus scriptorum ecclesiasticorum Latinorum*, Vienne, 1866-.

PG *Patrologiae cursus completus*, *Series Graeca*, éd. J.-P. Migne, Paris, 1857-1866.

PL *Patrologiae cursus completus*, *Series Latina*, éd. J.-P. Migne, Paris, 1841-1864.

RevSR *Revue des sciences religieuses*, Strasbourg, 1921-

SC Sources chrétiennes, Paris, Cerf, 1942-.

STh Thomas d'Aquin, *Somme théologique*, Paris, Cerf, 1984-1986.

VS *La Vie spirituelle*, Paris, 1946-.

Pour les œuvres de Maître Eckhart, nous reprendrons les abréviations communément admises dans les différentes traductions, commentaires et articles. Afin de distinguer les deux *corpus*, nous emploierons la numérotation latine pour les *Sermons latins* et la numérotation arabe pour les *Sermons allemands*. Concernant ces derniers, nous utiliserons la nouvelle numérotation établie par Loris Sturlese dans l'édition : Meister Eckhart, *Le 64 prediche sul tempo liturgico*, Milano, Bompiani, 2014, reprise en français par Éric Mangin : Maître Eckhart, *Sermons, traités, poème. Les écrits allemands*, Paris, Seuil, 2015, qui propose à la fin (p. 847-853) une correspondance entre l'édition critique allemande réalisée par J. Quint et G. Steer et celle de L. Sturlese suivant l'ordre liturgique.

DW Meister Eckhart, *Die deutschen Werke*, Stuttgart, Kohlhammer (DW 1 : *Predigten 1-24*, 1958 ; DW 2 : *Predigten 25-59*, 1971 ; DW 3 : *Predigten 60-86*, 1976 ; DW 4,1 : *Predigten 87-105*, 2003 ; DW 4,2 : *Predigten 106-117*, 2016 ; DW 5 : *Traktate*, 1963).

LW Meister Eckhart, *Die lateinischen Werke*, Stuttgart, Kohlhammer (LW 1 : *Prologi, Expositio Libri Genesis, Liber Parabolarum Genesis*, 1964 ; LW 2 : *Expositio Libri Exodi, Sermones et Lectiones super Ecclesiastici cap. 24,23-31, Expositio Libri Sapientiae*, 1954 ; LW 3 : *Expositio sancti Evangelii secundum Iohannem*, 1936 ; LW 4 : *Sermones*, 1956 ; LW 5 : *Collatio in Libros Sententiarum, Quaestiones Parisienses, Sermo die b. Augustini Parisius habitus, Tractatus super Oratione Dominica, Sermo Paschalis a. 1294 Parisius habitus*, 1936).

OLME Maître Eckhart, *Œuvre latine*, Paris, Cerf (OLME 1 : *Prologues, Commentaire de la Genèse*, 1984 ; OLME 6 : *Commentaire sur le Prologue de Jean*, 1989).

Pour les références bibliques, le texte de référence est celui de la Vulgate transcrit le plus souvent par Eckhart en moyen haut-allemand et traduit en français par nos soins à partir de l'ouvrage : *La Sainte Bible selon la Vulgate*, trad. fr. J.-B. Glaire et F. Vigouroux, Argentré-du-Plessis, DFT, 2002. Nous reprendrons les abréviations communément employées dans la Bible de Jérusalem.

INTRODUCTION

Pour celui qui observe attentivement les choses, le monde devient une grande question, et parfois même le lieu d'une épreuve, l'épreuve intérieure d'un esprit qui ne parvient pas à saisir pleinement la réalité qui l'entoure. Le monde se dérobe, la vie nous échappe. Nous éprouvons le plus vif désarroi devant une existence qui ne nous épargne aucune contradiction. Et plus difficile encore, la connaissance de soi : « Je ne puis pas moi-même saisir tout ce que je suis [...] je peine là-dessus et je peine sur moi-même » [1]. Alors apparaît la limite d'une intelligence qui analyse et calcule, la raison instrumentale si précieuse pour agir au quotidien. L'intelligence fonctionnelle échoue quand il lui faut appréhender ce qui est là, caché dans le creux de notre être, le principe qui rend toutes choses intelligibles. Et cependant, l'esprit ne cesse de désirer et de pourchasser la vérité. Devant le flux et le reflux des choses de la vie, nous jetons nos filets toujours et toujours plus loin, dans la bonne direction, mais ce que nous parvenons à ramener reste insignifiant comparé à la richesse contenue au plus profond de nous. C'est peut-être cela penser... appliquer constamment notre esprit sur ce qui nous échappe, sans jamais interrompre notre élan. Ne faut-il pas renoncer à connaître la réalité au point de la dissoudre dans notre intelligence, pour se mettre tout simplement à l'écoute du principe comme il vient ? Consentir aux choses telles qu'elles sont, apprendre à considérer leur étonnante beauté, et aimer la vérité alors même que nous ne parviendrons jamais à l'atteindre.

Maître Eckhart (1260-1328) envisage à ce propos la question de « l'âme douée d'intellect », ou tout simplement de « l'âme intellective » (*ein vernünftige sêle*)[2]. L'âme humaine possède en elle une « lumière naturelle »[3] qui lui donne « de connaître toutes choses et de ramener toutes les créatures à leur origine première »[4], et ainsi « tout est restitué dans l'âme douée d'intellect / *alsô wirt ez*

1. Augustin, *Les Confessions*, X, chap. 15 n. 25, BA 14, p. 167 et p. 185.

2. Maître Eckhart, *Sermons 55, 73* et *85*, et *Livre de la Consolation divine*, in *Sermons, traités, poème. Les écrits allemands*, Paris, Seuil, 2015, p. 358, p. 456, p. 519 et p. 774; *DW* 2, p. 65; *DW* 3, p. 385; *DW* 4/1, p. 128; et *DW* 5, p. 11.

3. *Livre de la Consolation divine*, *op. cit.*, p. 774.

4. *Sermon 55*, *op. cit.*, p. 358.

widergegeben allez in der vernünftigen sêle»[1]. Pour exprimer cette vie intellective de l'âme, Eckhart parle d'une « petite étincelle de la faculté de connaître » (*ein vünkelîn der redelicheit*), ou encore d'une « partie supérieure de l'esprit » (*daz oberste teil des gemüetes*), et même d'un « quelque chose de la vie de l'âme » (*etwaz lebens der sêle*)[2]. Certes, il existe bien des épreuves dans la vie de l'âme, et en particulier la conscience d'une limite, voire même d'une impossibilité, l'impossibilité de s'approprier pleinement ce qu'elle recherche. L'âme pénètre alors dans la nuit et fait l'expérience d'une certaine cécité. Et cependant, cette âme douée d'intellect ne renonce pas pour autant à sa quête. Au contraire, elle entretient le désir permanent de ce qu'elle cherche et ne trouve jamais le repos comme l'exprime la métaphore de la colombe envoyée par Noé hors de l'arche : « Elle ne trouva pas d'endroit où poser ses pattes (Gn 8,8-9). Cela représente une âme intellective qui ne trouve aucun repos dans les créatures au sujet de la droite vérité / *daz meinet eine iegliche vernünftige sêle, diu von rehter wârheit keine ruowe vindet an den crêatûren*. C'est pourquoi elle retourne vers son Créateur comme la colombe vers l'arche »[3]. De manière ultime, « la vie selon l'intellect » (*vernünftic leben*), consiste à se tenir « sans lien, ni appropriation » (*ungebunden âne eigenschaft*), complètement « libre et dégagé » (*vrî und ledic*), et parfaitement recueillie « dans cet instant présent » (*in disem gegenwertigen nû*)[4].

L'expression « âme intellective » renvoie à l'intellect, une notion importante dans la pensée médiévale qui traverse les œuvres du rhénan[5]. Le terme allemand *vernunft* désigne l'une des puissances de l'âme, plus exactement la faculté par laquelle l'esprit humain connaît, juge et conçoit, c'est-à-dire la capacité d'envisager une chose non de l'extérieur et en elle-même, mais de l'intérieur et à partir du principe : « L'intellect prend Dieu dans sa nudité, dépouillé de bonté et d'être [...]. L'intellect opère sans cesse vers l'intérieur / *vernünfticheit nimet got blôz, als er entkleidet ist von güete und von wesene* [...] *vernünfticheit ist allez înwert würkende* »[6]. Eckhart emploie plus souvent le substantif *vernünfticheit* qui est rendu en français soit par le mot « intellect » quand le terme est associé à la volonté, *wille*[7], soit par « intellectualité » ou tout simplement par « intelligence » par rapprochement avec la connaissance, *bekantnisse* ou *verstantnisse*[8]. On trouve enfin l'adverbe *vernünfticlîche* qui signifie « intellectuellement »[9], et l'adjectif *vernünftic* que l'on peut traduire par « doué d'intellect »[10], mais aussi

1. *Sermon 73*, *op. cit.*, p. 456 ; *DW* 2, p. 65.
2. *Sermon 8*, *op. cit.*, p. 89 ; *DW* 3, p. 315 et p. 316.
3. *Sermon 85*, *op. cit.*, p. 519 ; *DW* 4/1, p. 128.
4. *Sermon 81*, *op. cit.*, p. 495 ; *DW* 1, p. 25, p. 30, p. 26 et p. 29.
5. V. Lossky, *Théologie négative et connaissance de Dieu chez Maître Eckhart*, Paris, Vrin, 1998.
6. Maître Eckhart, *Sermon 86*, *op. cit.*, p. 530 et p. 532 ; *DW* 1, p. 153 et p. 157.
7. *Sermon 61*, *op. cit.*, p. 392 ; *DW* 1, p. 123.
8. *Sermons 60* et *86*, *op. cit.*, p. 389 et p. 529 ; *DW* 1, p. 142 et p. 365.
9. *Sermon 4*, *op. cit.*, p. 65 ; *DW* 3, p. 336.
10. *Sermon 18*, *op. cit.*, p. 181 ; *DW* 1, p. 16.

par « intellectuel » et « spirituel »[1], et même par « intelligible » et « compréhensible »[2]. Comme le souligne Alain de Libera, les termes *vernunft*, *vernünfticheit*, *vernünftic* et *vernünfticlîche* peuvent se traduire par « raison », « rationalité », « raisonnable » et « rationnel », lorsqu'Eckhart se réfère aux Pères latins. Mais lorsqu'il évoque les philosophes ou s'il parle en son nom, il est préférable de traduire par « intellect », « intellectualité », « intellectuel » et « intellectuellement » : « La raison eckhartienne est l'intellect, la *ratio superior*, tournée vers Dieu »[3]. On retrouve cette équivalence entre l'intellect et la raison dans la terminologie latine, ainsi lui arrive-t-il parfois de parler de la « créature intellectuelle ou rationnelle » (*creatura rationalis sive intellectualis*)[4].

Dans le vocabulaire latin, l'intellect, *intellectus*, comme l'intelligence, *intelligentia*, désigne la faculté de comprendre, la lumière naturelle que Dieu a déposée dans l'âme afin que l'homme puisse retrouver par la connaissance le goût des choses divines, d'où l'expression « âme intellective » (*anima intellectiva*)[5]. Mais l'intellect est d'abord et surtout ce qui permet de définir la nature de Dieu dont l'être consiste à connaître intellectuellement, *intelligere* : « La nature de Dieu est l'intellect et, pour lui, être c'est connaître ; c'est donc par l'intellect qu'il produit les choses dans l'être / *sed natura dei est intellectus, et sibi esse est intelligere, igitur producit res in esse per intellectum* »[6]. Par extension, l'intellect devient ainsi le « principe de toute la nature » (*intellectus enim principium est totius naturae*), et renvoie plus particulièrement à la Personne du Fils qui est « le modèle et la raison idéelle de toutes choses / *imago et ratio idealis omnium* »[7]. In principio, c'est-à-dire *au commencement* ou *dans le principe,* creavit deus caelum et terram, *Dieu créa le ciel et la terre* (Gn 1,1). Outre le terme *intellectivus*, on trouve également les adjectifs *intellectualis* et *intelligibilis* que l'on peut traduire par « intellectuel » ou « intelligible ». L'intellectuel se distingue de ce qui est extérieur et matériel (*materiale*)[8], et l'intelligible du sensible (*sensibiles*)[9]. Enfin le verbe *intelligere* souvent employé comme substantif peut être traduit par « l'acte de connaître intellectif », ou tout simplement par « le fait d'intelliger ». Bien qu'il soit essentiellement l'être de Dieu, et par conséquent la notion centrale de la métaphysique eckhartienne, le connaître intellectif est aussi le propre de l'homme, ou encore « l'homme est un animal rationnel / *est enim homo animal*

1. *Sermons 5* et *23*, *op. cit.*, p. 70 et p. 203 ; *DW* 1, p. 377 et *DW* 2, p. 466.
2. *Sermons 47 et 88*, *op. cit.*, p. 312 et p. 537 ; *DW* 1, p. 268 et *DW* 2, p. 401.
3. A. de Libera, *Raison et foi. Archéologie d'une crise d'Albert le Grand à Jean-Paul II*, Paris, Seuil, 2003, p. 348.
4. Maître Eckhart, *Commentaire de la Genèse*, n. 115, *OLME* 1, p. 382 et p. 383.
5. *Ibid.*, n. 185, *op. cit.*, p. 480 et p. 481.
6. *Ibid.*, n. 11, *op. cit.*, p. 258 et p. 259.
7. *Ibid.*, n. 6 et 5, *op. cit.*, p. 246, p. 247 et p. 244, p. 245.
8. *Ibid.*, n. 25, *op. cit.*, p. 276 et p. 277.
9. *Ibid.*, n. 204, *op. cit.*, p. 516 et p. 517.

rationale»[1]. C'est pourquoi il importe de définir ce qu'est l'intellect d'un point de vue anthropologique.

Pour Eckhart, l'intellect désigne tout d'abord l'une des deux puissances de l'âme, *ein kraft*, dont il souligne souvent la supériorité : « Dans l'âme est une autre puissance grâce à laquelle elle pense / *ein ander kraft ist in der sêle, dâ mite si gedenket*», et plus loin : « J'ai dit à l'École que l'intellect est plus noble que la volonté [...], l'intellect prend Dieu dans sa nudité, dépouillé de bonté et d'être »[2]. La volonté s'attache en effet à Dieu à travers le vêtement de la bonté alors que l'intellect saisit Dieu en lui-même et indépendamment de toutes modalités. L'intellect est une faculté de l'âme, une faculté qui va au-dedans et plus loin, mais il est aussi un lieu dans l'âme, *ein stat*, le lieu où Dieu est présent : « En ce lieu sans nom, toutes les créatures verdoient et fleurissent dans une juste ordonnance / *diu stat, diu ungenant ist, in der gruonent und blüejent alle crêatûren in rehter ordenunge*»[3]. Dans ce cas, l'intellect est un « quelque chose » qui dépasse les puissances, *etwaz*, le « cœur de l'âme » (*in dem herzen der sêle*), ou la « tête de l'âme » (*in dem houbete der sêle*), là où l'homme retrouve la ressemblance avec Dieu et réalise son humanité[4], l'intellect est le lieu où l'homme atteint sa forme intelligible : « Il est quelque chose au-dessus de tout l'être créé de l'âme, à quoi ne touche rien de créé, qui est néant / *ez ist etwaz, daz über daz geschaffen wesen der sêle ist, daz kein geschaffenheit enrüeret, daz niht ist*»[5]. C'est ainsi que l'intellect peut être considéré comme l'essence même de l'âme (*essentia animae*)[6], son être le plus pur (*daz lûter wesen*)[7]. Et la connaissance intellectuelle devient alors la fin suprême vers laquelle l'homme est ordonné[8], et constitue dès à présent sa plus grande béatitude[9].

Fidèle à la tradition dominicaine allemande, Eckhart accorde une grande place à l'intellect dans la vie de l'esprit et la connaissance de Dieu[10]. Son enseignement s'adresse à « l'homme raisonnable » (*den redelîchen menschen*)[11], ou plus exactement il s'efforce d'accorder ce qui est « écrit dans le saint Évangile » avec ce qui est « reconnu avec certitude dans la lumière naturelle de l'âme intellective / *sicherlîche bekant in dem natiurlîchen liehte den vernünftigen sêle*»[12]. Il existe un accord, une consonance selon ses propres termes, entre

1. *Commentaire sur l'Évangile de Jean*, n. 10, *OLME* 6, p. 40 et p. 41.
2. *Sermon 86*, *op. cit.*, p. 530; *DW* 1, p. 151.
3. *Sermon 36*, *op. cit.*, p. 269; *DW* 2, p. 191.
4. *Sermon 6*, *op. cit.*, p. 77; *DW* 2, p. 229 et p. 230.
5. *Sermon 73*, *op. cit.*, p. 456; *DW* 2, p. 66.
6. *Sermon XI*, 1, n. 115 et *Sermon XI*, 2, n. 121, in *La Mesure de l'amour. Sermons parisiens*, Paris, Seuil, 2009, p. 134 et p. 139; *LW* 4, p. 108 et p. 115.
7. *Sermon 79*, *op. cit.*, p. 486; *DW* 1, p. 49.
8. *Commentaire de la Genèse*, n. 197, *OLME* 1, p. 503 et p. 505.
9. *Sermon 58*, *op. cit.*, p. 376.
10. A. de Libera, *La Mystique rhénane d'Albert le Grand à Maître Eckhart*, Paris, Seuil, 1994.
11. Maître Eckhart, *Livre de la Consolation divine*, *op. cit.*, p. 777; *DW* 5, p. 15.
12. *Ibid.*, p. 774.

l'interprétation de l'Écriture et l'explication des philosophes : « D'après cela on interprète donc la sainte Écriture avec une grande pertinence, de telle façon que ce que les philosophes ont écrit sur les natures des choses et sur leurs propriétés s'accordent avec elle / *Secundum hoc ergo convenienter valde scriptura sacra sic exponitur, ut in ipsa sint consona, quae philosophi de rerum naturis et ipsarum proprietatibus scripserunt* » [1]. Ce qui justifie cet accord, c'est le fait que l'Écriture et la nature ont une même et unique source, une racine commune à l'origine. Dieu est en effet l'auteur de toutes choses, aussi bien de la parole inscrite dans l'Écriture que de la nature envisagée par les philosophes. On peut donc parler d'une analogie entre le plan de la nature et celui de l'Écriture. Analogie ne signifie pas identité. L'Écriture est la parole de Dieu révélée aux hommes alors que la nature est le livre dans lequel le Créateur a déposé son empreinte, tout en se distinguant radicalement de sa création. Et ainsi, *ce qu'il y a d'invisible depuis la création du monde se laisse à voir à l'intelligence à travers les œuvres de Dieu* (Rm 1,20)[2]. La différence d'appréhension entre l'Écriture et la nature est juste une question de modalité et se situe au niveau de l'esprit humain. Alors que l'homme accède à l'Écriture par la foi ou « le crédible » (*credibile*), il atteint l'enseignement des philosophes par la raison, c'est-à-dire « le démontrable ou le vraisemblable » (*probabile sive verisimile*) *:* « Moïse, Christ et le philosophe enseignent donc la même chose. Ils ne diffèrent que par les modes de leur enseignement, à savoir le crédible, le démontrable ou le vraisemblable, et la vérité »[3]. Seul le Christ est manifestation parfaite de la vérité.

Le projet intellectuel d'Eckhart consiste à expliquer les affirmations de l'Écriture grâce aux propos des philosophes et réciproquement comme l'énonce très explicitement le début du *Commentaire sur l'Évangile de Jean*: « En expliquant ces paroles et les autres qui suivent, l'auteur se propose, comme dans tous ses écrits, d'expliquer par les raisons naturelles des philosophes les affirmations de la sainte foi chrétienne et de l'Écriture dans les deux Testaments » (*exponere per rationes naturales philosophorum*)[4]. Et Eckhart ajoute quelques lignes plus loin : « En outre l'intention de cette œuvre est de montrer comment les vérités des principes, des conclusions et des propriétés des choses de la nature sont clairement indiquées [...] dans ces mêmes mots de l'Écriture sainte » (*innuuntur luculenter in ipsis verbis sacrae scripturae*)[5]. Une telle réciprocité entre la raison et la foi dans la vie intellectuelle ne va pas de soi, elle interroge aussi bien les philosophes que les théologiens qui préfèrent parler de distinction et d'indépendance[6].

1. *Commentaire sur l'Évangile de Jean*, n. 185, *OLME* 6, p. 334 et p. 335.
2. *Ibid.*, n. 2, p. 27.
3. *Ibid.*
4. *Ibid.*, n. 2, *op. cit.*, p. 26 et p. 27.
5. *Ibid.*, n. 3, *op.cit.*, p. 28 et p. 29.
6. K. Flasch, *Introduction à la philosophie médiévale*, Paris, Cerf, 1992, p. 196 et p. 197.

En effet, les théologiens admettent qu'il existe dans la philosophie des semences du Verbe. Cependant, certaines réalités échappent à la raison humaine et sont seulement accessibles par la Révélation divine. Dans ses *Confessions*, Augustin avoue ainsi combien la philosophie a été pour lui un chemin déterminant qui l'a conduit à rencontrer le Christ. Il est entré dans la compréhension du Verbe de Dieu grâce aux livres des platoniciens, mais certains mystères comme celui de l'Incarnation, relèvent uniquement de la foi : « Cependant, que *le Verbe s'est fait chair et a habité parmi nous*, dans ces livres, je ne l'ai pas lu / *non ibi legi* »[1]. De leur côté, les philosophes revendiquent une rigoureuse indépendance entre le plan de la nature et celui de la surnature. Le théologien peut bien envisager certaines questions surnaturelles comme celle de l'Incarnation, mais le philosophe quant à lui n'a rien à en dire puisqu'il ne s'intéresse qu'à la nature des choses. Siger de Brabant distingue bien les deux domaines et offre ainsi à la philosophie un espace propre : « Ici, nous cherchons seulement où tendent les philosophes, principalement Aristote, même s'il se trouve que le Philosophe pense autrement que n'est la vérité, et que la Révélation nous ait transmis au sujet de l'âme des choses que nous ne pouvons conclure par la raison naturelle. Mais présentement nous n'avons rien à considérer des miracles de Dieu, puisque nous traitons naturellement des choses naturelles / *de naturalibus naturaliter disseramus* »[2].

Par conséquent, cette réciprocité entre « les raisons naturelles des philosophes » et « les affirmations de la sainte foi chrétienne et de l'Écriture » est un projet intellectuel novateur et audacieux dont il convient de mentionner quelques jalons pour bien le comprendre. Premièrement, il faut éviter une conception trop restrictive de la rationalité qui entendrait s'approprier les objets de la théologie comme on le fait avec n'importe quel autre objet. Certaines questions échappent à la raison humaine et la conscience de cette limitation est déjà en soi une manière d'être raisonnable. Et de la même manière, une vision trop autoritaire de l'Écriture peut nuire au caractère critique et autonome de la raison humaine. Deuxièmement, il s'agit de penser à la fois la distinction et la relation entre raison et foi, ou encore de mettre en œuvre une démarche rigoureusement philosophique tout en évitant de réduire la Révélation à des propos démontrables. Inversement, il convient de reconnaître combien l'intelligence humaine est d'autant plus éclairée sur la vérité de ses principes qu'elle est capable de s'ouvrir à une parole qui l'excède. Et troisièmement, toute pensée, qu'elle soit philosophique ou théologique, est toujours traversée par quelque chose qui la dépasse étant donné la grandeur de ce qui est à considérer, ou comme l'indique Aristote : « L'investigation de la vérité est, en un sens, difficile [...]. Peut-être aussi, la présente difficulté prend-elle sa source non dans les choses, mais en nous-mêmes. Ce que

1. Augustin, *Les Confessions*, VII, chap. 9 n. 14, BA 13, p. 611.

2. Siger de Brabant, *De Anima intellectiva*, chap. III, Louvain/Paris, Nauwelaerts/Publications universitaires, 1972, p. 83 et p. 84.

les yeux des chauves-souris sont, en effet, à l'éclat du jour, l'intelligence de notre âme l'est aux choses qui sont de toutes les plus naturellement évidentes »[1].

Il n'est pas possible d'envisager la question de l'intellect chez Eckhart sans souligner l'existence d'une difficulté fondamentale. L'intellect ne parvient jamais vraiment à percevoir ce qui est là, présent dans le creux de son être, mais sous le mode de la dissimulation. C'est Moïse qui s'approche de la nuée obscure où était Dieu (Ex 20,21). Il voit et ne voit pas, la nuée obscure représente « l'excellence de la lumière éblouissant notre intellect / *id est ad lucem superexcellentem et intellectum nostrum reverberati* »[2], et ainsi « connaître l'essence du premier, à savoir Dieu, est impossible / *scire essentiam primi, dei scilicet, est impossibile* »[3], d'après ce verset : *Personne ne peut voir la face de Dieu* (Ex 33,23). C'est aussi Marie-Madeleine qui se rend au tombeau de très bonne heure. *Elle voit Jésus qui se tient là, mais elle ne sait pas que c'est Jésus* (Jn 20,14). Elle ne parvient pas à reconnaître celui qui est là, debout à ses côtés : « Pourquoi elle ne vit pas notre Seigneur alors qu'il était si près d'elle / *war umbe si unsern herren niht ensach, dô er ir sô nâhe was* », mais surtout : « Seigneur, quelle est ton intention en te dérobant si longtemps à cette jeune femme / *herre, waz meinest dû dâ mite, daz dû dich dirre vrouwen sô lange mohtest entziehen* »[4] ? C'est encore Paul sur le chemin de Damas, soudain enveloppé par une lumière venue du ciel qui reste aveugle pendant trois jours (Ac 9,3-9). Il ne voit rien, *nihil videbat*, c'est-à-dire qu'il voit le Néant, il voit que Dieu est Néant, toujours au-delà des images et représentations, insondable : « Du fait qu'il ne voyait rien, il voyait le Néant divin [...] Si Dieu doit être connu de l'âme, il faut qu'elle soit aveugle / *in dem, daz er niht ensach, dô sach er daz götlich niht* [...] *sol got werden bekant der sêle, sô muoz si blint sîn* »[5]. Quelle est cette nuit de l'âme dans laquelle se tiennent cachées toutes choses ? Mystère d'un Dieu qui se révèle et se cache tout à la fois, épreuve de l'esprit devant l'insaisissable ? Dans son élan vers le principe, l'intellect se heurte à l'impossible, il fait l'expérience d'une « étrange cécité », en latin *mira caecitas intellectus*, pour reprendre l'expression bonaventurienne[6]. D'où vient cette cécité ? En quoi consiste cette expérience ? Et quelles en sont les conséquences pour la pensée ? Cette étrange cécité de l'intellect nous amène à réfléchir sur ce que c'est que penser. Et la question est alors la suivante : la conscience d'une limite de la pensée est-elle une limitation pour penser ?

1. Aristote, *Métaphysique*, α, 1, Paris, Vrin, t. 1, 1986, p. 107 et p. 108.
2. Maître Eckhart, *Commentaire de l'Exode*, n. 237, *LW* 2, p. 196.
3. *Ibid.*, n. 281, *LW* 2, p. 225.
4. *Sermon 34*, *op. cit.*, p. 262 ; *DW* 2, p. 583 et p. 582.
5. *Sermon 66*, *op. cit.*, p. 420 et p. 421 ; *DW* 3, p. 228 et p. 230.
6. Bonaventure, *Itinéraire de l'esprit vers Dieu*, chap. V n. 4, Paris, Vrin, 2001, p. 84 et p. 85.

Dans son *Commentaire de la Genèse*, Eckhart expose les deux raisons pour lesquelles les choses sont difficiles à connaître (*res sunt nobis difficiles ad cognoscendum*)[1]. Selon lui, le connaître intellectif se rapporte à l'être, ou encore, l'intellect est connaissance de l'être. Or, certaines réalités manquent d'être, c'est le cas de la matière qui se caractérise comme une privation de l'être. D'autres au contraire possèdent l'être, mais d'une manière excessive, ainsi Dieu est toujours au-delà de l'être, et le principe suressentiel échappe nécessairement à la connaissance intellectuelle : « Il y a, en effet, deux causes qui font que les choses nous sont difficiles à connaître, soit qu'elles passent la mesure de notre intellect de par l'éminence de leur être, ce qui fait que notre intellect se rapporte à elles comme l'œil de la chauve-souris au soleil, soit qu'elles manquent d'être ou d'étant, c'est-à-dire de ce qui est l'objet de l'intellect »[2]. En reprenant l'exemple de la chauve-souris dont les yeux sont aveuglés par la lumière du soleil, Eckhart s'inscrit très nettement dans une perspective aristotélicienne montrant combien l'investigation de la vérité est toujours une expérience difficile[3]. Cette cécité devant certaines réalités est le résultat d'une disproportion entre « la mesure de notre intellect », *proportionem nostri intellectus*, et « l'éminence de leur être », *eminentiam sui esse*. Ou encore, certaines choses « excèdent » le fonctionnement naturel de notre intelligence, *excedunt*. Cette disproportion est-elle provisoire ou bien existe-t-il une opacité fondamentale pour l'esprit ?

Dans son *Itinéraire de l'esprit vers Dieu*, Bonaventure montre comment cette cécité de l'intellect est le résultat d'un regard qui s'est trop longtemps fixé sur les choses extérieures. Aussi, celles-ci se sont durablement imprimées en lui et l'empêchent de contempler l'être, « habitué aux ténèbres du créé, aux fantômes du sensible, dès qu'il regarde la lumière de l'Être souverain, il lui semble ne plus rien voir »[4]. Mais cet état est provisoire. L'esprit peut progressivement s'arracher aux ténèbres, se tourner vers la contemplation véritable, et recevoir l'illumination divine. De la même manière, dans son commentaire de la *Métaphysique*, Albert le Grand analyse comment l'intellect humain procède par étapes pour parvenir à la contemplation[5]. Il passe d'une lumière sombre à une lumière plus claire, et ainsi de suite jusqu'à « se tenir là comme le soleil » (*stat sicut sol*)[6]. À la suite d'Aristote, tous ces auteurs soulignent une difficulté dans la recherche intellectuelle de la vérité[7]. Mais alors que pour les uns, cette difficulté est provisoire, pour Eckhart au contraire, cette disproportion semble être quelque chose d'irréductible. De plus, l'accès à la vérité n'est pas envisagé comme une forme d'illumination, mais bien plutôt comme une entrée progressive dans la nuit. Malgré une

1. Maître Eckhart, *Commentaire de la Genèse*, n. 41, *OLME* 1, p. 298.
2. *Ibid.*, p. 299.
3. Aristote, *Métaphysique*, α, 1, *op.cit.*, p. 107 et p. 108.
4. Bonaventure, *Itinéraire de l'esprit vers Dieu*, chap. V n. 4, *op. cit.*, p. 85 et p. 87.
5. Albert le Grand, *Métaphysique*, II, chap. II, in *Opera omnia*, Aschendorff, Monasterium Westfalorum, t. 16/1, 1960, p. 92-94.
6. *Ibid.*, XI, tr. 1, chap. IX, *op. cit.*, t. 16/2, 1964, p. 473.
7. Aristote, *Métaphysique*, α, 1, *op. cit.*, p. 107.

certaine plasticité de l'esprit humain, toujours capable de s'élargir en fonction de son objet, « tu ne dois pas t'imaginer que ton intellect peut grandir au point que tu puisses connaître Dieu »[1]. Il existe et il existera toujours une distance entre le pouvoir naturel de l'intellect et la profondeur de ce qui est à connaître, et par conséquent une opacité fondamentale : « La vérité est dans le fond, mais elle est recouverte et cachée à l'intellect »[2].

En même temps, Eckhart propose une interprétation très positive de cette difficulté et insiste sur le dynamisme de la pensée : « Cette inconnaissante connaissance maintient l'âme dans la constance et produit en elle un désir de pourchasser [...]. C'est précisément par ce que cela est caché qu'on doit et qu'il faut le poursuivre »[3]. Eckhart met ainsi en valeur deux attitudes importantes dans la vie de l'esprit : le désir et l'attente. Le désir renvoie à quelque chose qui est absent ou qu'on ne voit pas. Il donne à l'esprit la force de tendre continuellement vers ce qui lui échappe. C'est pourquoi, Eckhart demande à l'homme d'élargir constamment son désir : « Le fait que nous ne pouvons pas voir Dieu provient de la petitesse du désir [...] Celui qui désire contempler Dieu, il faut qu'il ait un désir très haut »[4]. Il parle également d'une attente qui maintient une tension, ou une attention, de l'intellect vers son objet. En effet, quand l'intellect peut entièrement s'approprier l'objet de sa pensée, il s'y repose et sa recherche s'arrête. Il doit donc apprendre à attendre patiemment, c'est-à-dire à appliquer une attention constante à l'égard d'une chose qui toujours lui échappe : « Quand l'intellect connaît une vérité d'un être, aussitôt il s'incline devant elle et s'y délaisse dans le repos [...]. Mais aussi longtemps que l'intellect ne trouve pas la vérité propre de l'être, ni n'en touche le fond, de telle sorte qu'il pourrait dire : c'est ceci et c'est ainsi et pas autrement, alors il se tient entièrement dans une attitude de recherche et d'attente, et ne s'y incline ni ne se repose ; bien au contraire, il travaille encore et rejette toutes choses, recherchant dans une attitude d'attente »[5]. Pour Eckhart, l'attente de Dieu n'est pas de tout repos, elle est définie comme un « travail » sans fin de l'intellect qui doit désirer ce qui est absent, un effort permanent pour tendre vers quelque chose qui toujours lui échappe. Sur ce point, le maître rhénan rejoint la pensée augustinienne. Dans son ouvrage sur *La Trinité*, Augustin rappelle en effet une apparence trompeuse, il semble que l'esprit humain cherche continuellement ce qu'est Dieu sans jamais le trouver, et par conséquent il risque d'éprouver une forme de découragement dans sa quête. Or, c'est précisément parce que Dieu est incompréhensible, que l'esprit maintient éveillé un désir permanent. D'où la célèbre formule à laquelle aboutit Augustin à propos de la connaissance de Dieu : « Car on le cherche pour le trouver avec plus de douceur, on le trouve pour le chercher avec plus d'ardeur / *nam et quaeritur ut inveniatur*

1. Maître Eckhart, *Sermon 15*, *op. cit.*, p. 138.
2. *Sermon 16a*, *op. cit.*, p. 153.
3. *Sermon 9*, *op. cit.*, p. 103.
4. *Sermon 113*, *op. cit.*, p. 684.
5. *Sermon 16a*, *op. cit.*, p. 153.

dulcis, et invenitur ut quaeratur avidis »[1]. La limite de l'intellect n'est pas une limitation pour connaître, elle introduit un dynamisme sans fin dans la vie de l'âme et par conséquent, il ne faut jamais désespéré du caractère infini de la quête.

En réalité, cette étrange cécité révèle surtout la nature du connaître intellectif. Certes, l'intellect construit des images et représentations à partir de l'extérieur et ramène toutes choses à son principe tel un grand aigle qui s'envole dans les hauteurs[2], ou encore « l'intellect opère sans cesse vers l'intérieur »[3]. Mais plus fondamentalement, celui-ci fait l'expérience d'une épreuve, l'épreuve de ce qui se présente à lui et résiste à la pensée : « Connaître est un certain pâtir / *intelligere enim quoddam pati est* »[4]. En même temps, connaître, n'est-ce pas précisément consentir au fait qu'une chose échappe à nos représentations[5] ? Mieux encore, connaître véritablement une chose, c'est montrer qu'il existe en elle quelque chose d'inappropriable. Eckhart affirme ainsi qu'il faut penser Dieu « dans son impénétrabilité » (*in sîne verborgenheit*)[6], ou encore le saisir en tant qu'il est « insaisissable » (*unbegriffen*)[7], et enfin « celui qui connaît Dieu en tant qu'il est inconnaissable, celui-là connaît Dieu / *swer daz von gote bekennet, daz er unbekant ist, der bekennet got* »[8]. L'expérience de la limite révèle combien certaines choses seront toujours hors d'atteinte, et peut-être les plus essentielles. C'est parce qu'une chose ne sera jamais un objet pour ma pensée, c'est-à-dire une représentation que je peux entièrement déterminer, qu'elle devient quelque chose d'essentiel à penser. « Qu'est-ce que Dieu ? », demande Eckhart, et il répond : « Dieu est quelque chose, je ne sais quoi, je ne sais vraiment pas quoi / *got ist etwaz, ich enweiz waz, ich enweiz waerlîche waz* »[9]. Dieu est par excellence ce que ma pensée n'aura jamais fini de parcourir, quelque chose d'irréductible. Et la question n'est pas tant de savoir ce qu'est Dieu mais bien où faut-il le chercher et de quelle manière : « Où est ce Dieu que pourchassent toutes les créatures ? »[10]. Cette question est d'autant plus légitime que Dieu se donne et se cache tout à la fois. Eckhart évoque alors une sorte de jeu entre Dieu et l'homme. Dieu agit comme quelqu'un qui se cache et se met à tousser pour indiquer là où il faut le chercher. Et de son côté, l'homme doit le chercher sans jamais l'atteindre, une étreinte en quelque sorte qui lui permet d'être tout proche et cependant toujours quelque peu distant : « Et quand je veux complètement t'étreindre, Seigneur, tu

1. Augustin, *La Trinité*, XV, chap. 2 n. 2, BA 16, p. 422 et p. 423.
2. Maître Eckhart, *Sermon I sur l'Ecclésiastique*, n. 9, in *Sermons et leçons sur l'Ecclésiastique*, Genève, Ad Solem, 2002, p. 19 et p. 20.
3. *Sermon 86*, *op. cit.*, p. 532.
4. *Commentaire sur l'Évangile de Jean*, n. 100, *OLME* 6, p. 200 et p. 201.
5. *Sermon 9*, *op. cit.*, p 103 ; *DW* 4/1, p. 365.
6. *Sermon 14a*, *op. cit.*, p. 130 ; *DW* 4/1, p. 68.
7. *Sermon 94b*, *op. cit.*, p. 580 ; *DW* 4/1, p. 185.
8. *Sermon 113*, *op. cit.*, p. 685 ; *DW* 4/1, p. 275.
9. *Ibid.*, p. 686 ; *DW* 4/1, p. 276.
10. *Sermon 30*, *op. cit.*, p. 241.

me le dérobes »[1]. N'est-ce pas cela penser…. étreindre l'insaisissable, en allemand *umbevâhen*[2], et par conséquent manifester l'étrange beauté d'une chose qui échappe toujours à nos représentations. Eckhart parle ainsi de la « noblesse » de l'âme, *edel*, ou encore de la « splendeur » de Dieu, *adel*[3]. La splendeur d'une chose, c'est ce qui ne peut être contenu à l'intérieur des mots parce que c'est « au-delà et au-dessus de la nature » (*bûzen und boben aller natûre*), « une noblesse sans aucune commune mesure avec la nature » (*eine ungenatûrete edelkeit*)[4]. On peut alors comparer l'acte de la pensée à une forme d'émerveillement. Devant le merveilleux, l'intellect se trouve au contact d'une réalité mystérieuse qui se présente à lui mais qu'il ne parvient pas à se représenter, comme Moïse qui regarde le buisson qui brûle mais ne se consume pas (Ex 3,2-3). *Je veux y aller et voir la merveille*, dit le prophète, *daz wunder saehen*[5]. Une belle expression qui exprime le dynamisme de l'intellect, il lui revient d'exprimer inlassablement ce qui échappe à la pensée. Et en même temps, dans le silence de cette nuit, quelque chose se donne à l'âme, le murmure d'une parole.

Encore quelques remarques à propos de la manière dont cette question est envisagée dans la présente étude. Eckhart n'a pas écrit un traité spécifique sur l'intellect ni rédigé un commentaire sur le *De Anima* d'Aristote comme la plupart de ses contemporains. La question de l'intellect traverse ses écrits. Plus exactement, dans l'œuvre latine, le *lesemeister* expose de manière scolaire l'enseignement des maîtres, alors que dans l'œuvre allemande, le *lebemeister* s'interroge sur le travail de l'intellect à partir de l'expérience : Que fait l'intellect quand celui-ci accueille le Verbe de Dieu ? Sans renoncer aux commentaires latins qui constituent le cadre théologique et philosophique indispensable pour comprendre la pensée eckhartienne, nous insisterons davantage sur les *Sermons allemands*, en raison de leur grande richesse dans la description de la vie intérieure mais aussi pour tout le travail de créativité verbale mis en œuvre. Il s'agit en effet pour Eckhart d'observer ce qui se passe dans l'âme humaine, puis il s'efforce de décrire le plus rigoureusement et le plus précisément possible les actes de l'intellect, afin de dégager les formes essentielles de la vie de l'esprit dans une expérience qui l'excède et la fonde tout à la fois. Notre recherche n'est pas une étude de plus sur Eckhart, mais une lecture avec lui de son œuvre.

Cette formule est employée par Jean-Louis Chrétien dans l'admirable travail qu'il consacre à Augustin. Il convient de confesser ici combien sa démarche a été éclairante sur le plan méthodologique, et constitue une étape décisive dans la présente approche d'Eckhart. Dans l'ouvrage intitulé *Saint Augustin et les actes de parole*, Jean-Louis Chrétien propose en effet une traversée des œuvres

1. *Ibid.*, p. 242.
2. *DW* 3, p. 370.
3. *Sermon 94a*, *op. cit.*, p. 574 ; *DW* 4/1, p. 189.
4. *Ibid.*
5. *Sermon 107*, *DW* 4/2, p. 729.

augustiniennes grâce à un ensemble de verbes qui expriment la parole. Il s'agit de décrire les paroles humaines en rapport avec le Verbe éternel qui est la parole de Dieu. Cette enquête méthodique atteint le cœur de la pensée augustinienne, et cependant, elle se présente très modestement comme une lecture des textes en compagnie de leur auteur : « Aucun surplomb n'a été pris sur Augustin, confie l'auteur. Ce qui a été tenté, c'est un livre *avec* lui, et non pas un livre *sur* lui »[1]. C'est à partir de cette démarche que nous avons essayé d'interroger celui qui est l'un des grands commentateurs médiévaux d'Augustin.

Pour cela, nous nous sommes particulièrement intéressés aux différents verbes employés par Eckhart pour exprimer le travail de l'intellect. Quels sont précisément les actes de l'intellect ? Comment procède l'âme intellective ? Et finalement, qu'est-ce que penser ? Ces verbes sont nombreux et se rapportent presque toujours à l'intellect humain. Mais surtout ceux-ci sont très étroitement liés les uns aux autres à tel point qu'il est difficile d'exposer un acte en particulier. Quels sont les critères qui permettent d'opérer un choix parmi ces verbes ? Comment est-il possible d'envisager un acte sans l'isoler des autres ? Mais aussi, comment peut-on proposer une progression entre eux afin d'éviter un trop grand éclatement ? Certes, il importe de retenir les termes qui sont fréquemment employés comme par exemple « dépouiller », « élever », ou encore « unir ». Et cependant, il convient aussi d'être attentif à certains verbes comme « s'émerveiller », en raison de l'éclairage particulier qu'ils apportent par rapport à l'acte de penser. Autour de ces principaux verbes qui sont directement liés à l'intellect et font l'objet d'un chapitre propre, nous avons encore distingué des synonymes et verbes associés. Par exemple, à côté du verbe « chercher », les verbes « pourchasser » et « désirer » apparaissent comme des synonymes, et d'autres comme « attendre » et « aimer », lui sont très souvent associés indiquant ainsi combien la connaissance est toujours étroitement liée à l'amour. Ainsi, chaque chapitre commence par une analyse minutieuse de la terminologie employée dans les textes, puis il s'efforce de montrer comment un acte s'inscrit plus largement dans l'histoire de la pensée, et pour finir, il s'agit de préciser le sens particulier donné par Eckhart. Le fait d'avoir renoncé à un exposé systématique ne doit pas nous empêcher de présenter les actes de l'intellect de manière ordonnée. L'organisation de cette étude en trois grandes parties entend ainsi regrouper de façon cohérente et progressive les différents verbes qui expriment le travail de la pensée.

Envisager les actes de l'intellect chez Eckhart, c'est observer et décrire attentivement non seulement ce que l'intellect produit, mais aussi ce qui se produit en lui. L'intellect commence par dépouiller les choses extérieures de leur matérialité afin de leur appliquer leur forme intelligible. Ce dépouillement conduit alors l'intellect à élever toutes choses vers le principe et à s'élever lui-même jusqu'à s'unir avec ce principe. Ces trois verbes « dépouiller », « élever » et « unir » montrent comment Eckhart hérite d'une tradition philosophique et théologique,

1. J.-L. Chrétien, *Saint Augustin et les actes de parole*, Paris, P.U.F., 2002, p. 10.

et rappellent en particulier le schéma dionysien de la connaissance : « Dépouille-toi totalement [...] élève-toi ainsi, autant que tu le peux, jusqu'à t'unir dans l'ignorance avec celui qui est au-delà de toute essence et de tout savoir »[1], ou encore : « Se purifie, s'illumine et se parfait [...] il ne serait pas mal à propos de dire que la participation à la science théarchique est tout ensemble purification, illumination et perfectionnement »[2]. Face à cet héritage, Eckhart a voulu surtout insister sur le caractère sans fin du mouvement de l'intellect. La vie de l'âme intellective est une traversée permanente. *Oportet transire*, il faut passer[3], aller au-delà des images et représentations, toujours plus loin vers le principe, une traversée des apparences qui laisse transparaître combien ce qui est recherché demeure fondamentalement hors de prise.

La vie de l'esprit est aussi l'expérience d'un quelque chose qui se produit en lui dont il n'est que le témoin, car « connaître est un certain pâtir / *intelligere enim quoddam pati est* »[4]. L'intellect peut-il parvenir à saisir Dieu, ou bien ne doit-il pas consentir à étreindre l'insaisissable ? L'âme intellective éprouve en elle la présence d'un quelque chose qui l'excède, comme une nuit dans laquelle il faut entrer, et la conscience de cette limite l'amène à reconnaître combien certaines choses sont inappropriables. Penser c'est précisément envisager ce qui échappe à l'esprit, apprendre à se dessaisir, et par conséquent s'émerveiller devant l'étrange beauté d'une réalité et entretenir en permanence le désir de chercher. L'ordre dans lequel nous avons envisagé les verbes « saisir », « s'émerveiller » et « chercher », se justifie à partir d'une phrase d'Eckhart : « L'ignorance mène l'âme dans un émerveillement et produit en elle le désir de pourchasser »[5]. Mais en réalité, ces trois actes sont comme les différents aspects d'une même expérience. Au moment où l'intellect perçoit l'insaisissabilité du principe, il s'émerveille devant sa transcendance et cherche avec amour ce qu'il ne pourra jamais atteindre. La connaissance intellectuelle est l'épreuve d'un manque, et cette ignorance fondamentale nourrit notre désir de connaître. En définissant ainsi la connaissance véritable comme une appréhension de l'inappropriable, Eckhart nous montre que la vie de l'esprit doit nécessairement savoir concilier la plus haute intelligence avec la plus profonde humilité.

L'Écriture est sans aucun doute le lieu par excellence où s'exerce l'intelligence de l'homme, parce qu'elle porte en elle la trace d'un quelque chose qui se donne et se dérobe. Elle est à la fois l'horizon d'intelligibilité de toutes choses, et en même temps ce sur quoi notre intellect n'aura jamais fini de porter son attention : « L'Écriture est une mer profonde [...] et personne n'est si sage qui, voulant la pénétrer, ne la trouve plus profonde et n'y trouve davantage. Tout ce

1. Pseudo-Denys l'Aréopagite, *Théologie mystique*, chap. I n. 1, in *Œuvres complètes*, Paris, Aubier, 1943, p. 177.

2. *La Hiérarchie céleste*, chap. VII n. 3, *op. cit.*, p. 210 et p. 211.

3. Maître Eckhart, *Sermon XXIV*, 2, n. 247, *LW* 4, p. 226.

4. *Commentaire sur l'Évangile de Jean*, n. 100, *OLME* 6, p. 200 et p. 201.

5. *Sermon 9*, *op. cit.*, p. 103.

que nous pouvons en entendre et tout ce que l'on peut nous dire en recèle un autre sens caché »[1]. Il s'agit donc de lire, d'interroger et de commenter l'Écriture tout en sachant qu'elle demeure irréductible à toute explication. Aussi « expliquer par les raisons naturelles des philosophes » ne consiste pas à épuiser le sens du texte, mais bien au contraire à multiplier les arguments comme pour en souligner la profondeur. Les deux verbes « écouter » et « prêcher » sont très étroitement liés, comme les deux faces d'un seul et unique acte de l'intellect autour de la parole. Ce qui se donne dans l'écoute est tellement riche qu'il ne peut être plus longtemps contenu au-dedans, et inversement la prédication ne devient authentique que dans la mesure où elle s'enracine dans l'écoute de la parole. Dans cette perspective très augustinienne, l'originalité d'Eckhart réside sans doute dans sa manière d'envisager la figure du Christ qui est à la fois le *Verbe fait chair*, et la parole inexprimée : « C'est inexprimable. Dieu est une parole, une parole inexprimée / *daz ist unsprechelich. Got ist ein wort, ein ungesprochen wort* »[2]. Ainsi s'accordent parfaitement chez le maître rhénan une théologie du Verbe incarné et une théorie de l'intellect humain. Et tous les actes de l'intellect sont en quelque sorte comme la résonance intérieure du Verbe éternel dont l'écho reproduit dans l'âme sa parole tout en demeurant hors de prise.

Remerciements

Cet ouvrage a d'abord fait l'objet d'une Habilitation à diriger des recherches (HDR) soutenue à l'École Pratique des Hautes Études le 13 décembre 2014 à Paris. Que les membres du jury soient ici très sincèrement remerciés pour leur intérêt à l'égard de cette recherche : Nicole Bériou (Université Lumière Lyon 2), Olivier Boulnois (École Pratique des Hautes Études), Jean-Louis Chrétien (Université Paris IV-Sorbonne), Ruedi Imbach (Université Paris IV-Sorbonne), Alain de Libera (Collège de France) et Jean-René Valette (Université Paris Ouest Nanterre). Je tiens tout particulièrement à exprimer ma reconnaissance à Olivier Boulnois tant pour la qualité de ses conseils que pour la bienveillance de son accueil lors de la rédaction de ce travail.

1. *Sermon 23*, *op. cit.*, p. 203.
2. *Sermon 74*, *op. cit.*, p. 459; *DW* 2, p. 529.

PREMIÈRE PARTIE

TRAVERSER LES APPARENCES

CHAPITRE PREMIER

DÉPOUILLER

Le dépouillement est un acte de l'intellect qui occupe une place importante dans la philosophie de la connaissance. À la différence de Platon qui considère que les Idées ou formes intelligibles, sont séparées du monde sensible, Aristote pense au contraire que l'homme ne peut accéder à ces formes intelligibles qu'à partir des choses sensibles[1]. C'est pourquoi l'intellect dépouille les choses extérieures de leur matérialité afin d'en abstraire la forme intelligible. Le dépouillement, en latin *denudatio*, devient ainsi un concept majeur dans la métaphysique d'Avicenne puisque l'acte de dépouiller ou d'abstraire permet à la fois d'envisager les transcendantaux communs à toutes choses, mais également de revenir à Dieu par-delà toutes choses[2]. C'est ainsi qu'il distingue « abstraire » et « séparer », l'être qui transcende toutes déterminations étant obtenu par une abstraction de l'intellect, et Dieu parce qu'il est réellement séparé et totalement indéterminé. Ces deux manières d'envisager l'abstraction soulèvent un certain nombre de débats au XIIIe siècle[3], et pose en particulier la question du monde extérieur dans la connaissance de Dieu. Celui-ci est-il un obstacle, ou bien au contraire une médiation indispensable ?

Dans sa manière de concevoir l'acte de dépouiller, Eckhart s'inscrit incontestablement dans cette tradition gréco-arabe par l'intermédiaire de Thomas d'Aquin : « La connaissance et l'intellect dépouillent tout et prennent ce qui n'est ni ici ni maintenant [...] l'intellect saisit Dieu dans cette pureté, en tant qu'il est vérité »[4]. Mais pour le rhénan, le dépouillement exprime avant tout la liberté de l'homme, le mouvement par lequel celui-ci se dégage de toutes choses et de lui-

1. Aristote, *De l'Âme*, III, 7, Paris, Vrin, 2003, p. 189-195.

2. Avicenne, *La Métaphysique du Shifâ'*, VIII, 4, Paris, Vrin, 1985, p. 85-89.

3. O. Boulnois, *Métaphysiques rebelles. Genèse et structures d'une science au Moyen Âge*, Paris, P.U.F., 2013, p. 97-99 et p. 202-206 ; *id.*, « *Abstractio metaphysica*. Le séparable et le séparé, de Porphyre à Henri de Gand », *in* M. Pickavé, *Die Logik des Transzendentalen*, Berlin-New York, Walter de Gruyter, 2003, p. 42-45.

4. Maître Eckhart, *Sermon 60*, *op. cit.*, p. 385 et p. 386.

même pour se rendre disponible à la plus haute vérité. Dépouiller et accueillir. Or cette liberté intérieure n'est pas une rupture avec le monde extérieur, le dépouillement supprime l'enveloppe extérieure pour aller au cœur des choses et laisser ainsi transparaître le principe dont elles sont issues et vers lequel elles désirent revenir. Manifester. Pour Eckhart, il ne s'agit pas tant d'aller des choses vers le principe que de rappeler combien ce dernier est présent au cœur des choses. Dépouiller, regarder autrement le monde qui nous entoure, et redonner aux choses une certaine transparence.

« Plus il est détaché [...] plus il est homme »[1]

En quoi consiste cet acte de l'intellect ? De quoi faut-il se dépouiller ? Et quels sont les verbes et expressions employés par Eckhart pour exprimer le dépouillement ? Le verbe « dépouiller » traduit le moyen-haut allemand *abescheln*[2] composé à partir du préfixe *ab* et du verbe *scheln* qui indique une séparation et un éloignement, *trennen* en allemand moderne[3]. Littéralement, ce terme se traduit aujourd'hui par *abschälen* qui signifie « peler », « écorcer », « décortiquer ». Eckhart utilise d'ailleurs à deux reprises l'image de la coque qui doit être brisée pour que le fruit contenu à l'intérieur puisse en sortir : « J'ai souvent dit déjà : la coque doit être brisée pour que sorte ce qu'elle contient. Car si tu veux avoir le fruit, tu dois briser la coque[4] / *ich han gesprochenn etwan me : die schal muz zerbrechen, unnd muz das, dass darinn ist, herauss kommenn. Wann, wiltu den kernen haben, so mustu die schalen brechen* »[5]. Dépouiller signifie donc retirer l'enveloppe extérieure qui recouvre les choses afin que puisse se manifester ce qui est à l'intérieur. Dans le *Sermon 60*, Eckhart évoque le fait de se dépouiller par rapport à ce qui est « ici » et « maintenant » : « Mais la connaissance et l'intellect dépouillent tout et prennent ce qui n'est ni ici ni maintenant / *verstantnisse und vernünfticheit die schelnt alzemâle abe und nement, dâ noch hie noch nû enist* »[6]. Il s'agit là d'une expression très souvent employée dans l'œuvre latine qui permet de rapprocher l'allemand *abescheln* du latin *abstrahere*. Dans le *Prologue générale*, Eckhart affirme que « l'intellect [...] abstrait de l'ici et du maintenant et par conséquent du temps / *Intellectus* [...] *ab hic et nunc abstrahit et per consequens a tempore* »[7]. Dans le *Commentaire de la Genèse*, cet acte devient même la spécificité de l'homme : « L'intellect par lequel l'homme est homme abstrait de l'ici et du où, du maintenant et du temps / *abstrahit ab hic et ubi, a nunc*

1. *Sermon 114*, *op. cit.*, p. 691.
2. *DW* 1, p. 120, p. 122 et p. 365 ; *DW* 2, p. 343, p. 549 et p. 561.
3. B. Henning, *Kleines Mittelhochdeutsches Wörterbuch*, Tübingen, Niemeyer, 2007, p. 3 et p. 279.
4. Maître Eckhart, *Sermon 23*, *op. cit.*, p. 206. Voir aussi *Sermon 65a*, *op. cit.*, p. 407.
5. *DW* 2, p. 473.
6. *Sermon 60*, *op. cit.*, p. 385 ; *DW* 1, p. 365.
7. *Prologue général*, n. 9, *OLME* 1, p. 50 et p. 51.

et a tempore »[1]. Le *Commentaire sur l'Évangile de Jean* indique explicitement la référence aristotélicienne de cette expression : « L'homme est un homme par l'intellect et la raison. Or l'intellect abstrait d'un ici et d'un maintenant [...] d'après le Livre III du *De Anima* / *homo ab intellectu et ratione homo est. Intellectus autem abstrahit ab hic et nunc* [...] *ex III De anima* »[2]. On retrouve également cette thématique dans les *Sermons latins*, mais cette indépendance par rapport au lieu et au temps devient alors la caractéristique de Dieu : « Note comment l'homme, de par son intellect, est indépendant par rapport à un ici et un maintenant, et ainsi il est toujours et partout, ce qui est en quelque sorte la propriété de Dieu / *nota quomodo homo ab intellectu est praeter hic et nunc et sic semper et ubique, quod est quasi proprietas dei* »[3]. Par le dépouillement, l'intellect procède à une abstraction, il manifeste la forme intelligible d'une chose en la dégageant de son enfouissement matériel dans le temps et dans l'espace, et l'homme acquiert ainsi une certaine indépendance qui le fait être vraiment homme, et en même temps plus proche de Dieu. Enfin, il convient de rapprocher *abescheln* de cet autre verbe allemand *abescheiden* qui signifie « séparer », « détacher »[4]. Non seulement, ces deux verbes sont très proches de par leur composition littéraire, mais en plus ils sont souvent employés ensemble et apparaissent comme des termes équivalents :

> Certaines puissances sont si élevées au-dessus du corps et si retranchées qu'elles dépouillent et séparent absolument [...] l'intellect dépouille totalement et saisit Dieu dans sa nudité, l'Etre pur, tel qu'il est en lui-même / *etlîche krefte sint sô hôch obe dem lîchamen und sô versundert, daz sie alzemâle abeschelent und scheident* [...] *diu vernünfticheit schele alzemâle abe und nimet got blôz, als er lûter wesen ist in im selben*[5].

Dépouiller, enlever la peau, supprimer l'enveloppe extérieure qui recouvre les choses, et par conséquent « dénuder », « dévêtir » et « dégager ». L'acte du dépouillement est souvent associer au verbe « dénuder » (*enbloezen* ou *entbloezen*)[6], et à l'expression « saisir dans sa nudité » (*in blôz nemen*) : « Ôtez de Dieu tout ce qui l'enveloppe et saisissez-le en sa nudité, dans son vestiaire, sans rien qui le couvre et dans sa pureté, tel qu'il est en lui-même »[7]. Le dépouillement ne s'applique plus aux choses extérieures mais à Dieu lui-même, ou plus exactement aux images et représentations que l'esprit construit à propos de Dieu. Or, ces images et représentations comme la bonté, la justice et finalement tous les

1. *Commentaire de la Genèse*, n. 211, *OLME* 1, p. 527.
2. *LW* 3, p. 265 et p. 266.
3. *Sermon XXVI*, n. 269, *op. cit.*, p. 252 ; *LW* 4, p. 245. Voir aussi *Sermon XI*, 2, n. 121 ; *Sermon XXII*, n. 214, et *Sermon XXIV*, 2, n. 248, *op. cit.*, p. 139, p. 213 et p. 237.
4. *DW* 1, p. 315, 328 ; *DW* 2, p. 268, p. 274, p. 319, p. 343, p. 382, p. 388, p. 561 ; *DW* 3, p. 169, p. 170, p. 179, p. 336, p. 344, p. 345 et p. 437.
5. *Sermon 61*, *op. cit.*, p. 390 ; *DW* 1, p. 120 et p. 122. Voir aussi *Sermons 68* et *43*, *op. cit.*, p. 430 et p. 301.
6. *DW* 1, p. 394 ; *DW* 2, p. 275, p 276, p. 277, p. 288, p. 549 ; *DW* 3, p. 165, p. 266, p. 448.
7. *Sermon 72*, *op. cit.*, p. 449.

noms que l'homme attribue à Dieu, ne sont en réalité que des vêtements extérieurs de Dieu, *gotes kleit*, qui ne permettent pas de le saisir dans son vestiaire, *in dem kleithûse*, c'est-à-dire là où il est tout nu en lui-même, *blôz in im*. Il convient donc de déshabiller Dieu au sens strict, de le « dévêtir » (*entkleiden*) [1], pour le saisir tel qu'il est en lui-même : « L'intellect prend Dieu dans sa nudité, dépouillé de bonté et d'être. La bonté est un vêtement sous lequel Dieu est caché [...] Celui qui voudrait habiller un roi le jour où on le ferait roi, et l'habillerait de vêtement gris, ne l'aurait pas bien habillé » [2]. *Kleit*, *kleiden*, *entkleiden*, la pensée construit sans cesse des images et représentations au sujet de toutes choses y compris à propos de Dieu. Elle le revêt de certains attributs, *kleiden*, et lui ajoute des vêtements, *kleit :* « par la pensée, on ajoute » (*zuo legen*) [3]. Or, l'intellect possède une fonction plus haute et plus exigeante, celle de dévêtir et de dépouiller, *entkleiden*. Il doit retrancher constamment ce que nous attribuons aux choses et à Dieu lui-même, les dégager de tout ce qui les recouvre, *entdecken*, mieux encore, découvrir toutes choses afin que Dieu lui-même se découvre à nous : « Rien en nous ne doit être couvert que nous ne devions découvrir totalement à Dieu et lui donner totalement [...]. En vérité, si nous lui découvrons tout, il nous découvrira à son tour tout ce qu'il a et, en vérité, il ne recouvrira absolument rien de tout ce qu'il peut nous offrir » [4], ou encore « si l'âme était absolument dépouillée et dégagée de toute médiation, Dieu serait pour elle dépouillé et dégagé et se donnerait absolument à elle / *waere diu sêle alzemâle entblœzet und entdecket von allem mittel, sô waere ir got entblœzet und entdecket und gaebe sich ir alzemâle* » [5].

Le dépouillement est donc un acte important qui engage la relation de l'homme par rapport aux choses extérieures, comme celle vis-à-vis de Dieu. Mais il est aussi pour l'esprit un travail de libération comme le souligne l'expression « être libre et dégagé » (*vrî und ledic sîn*). Dans le *Sermon 18*, Eckhart commente le passage de l'Évangile dans lequel Jésus chasse les marchands du temple (Mt 21,12). Le temple de Dieu, c'est l'intellect qui doit être libre et dégagé de tout obstacle, *hindernisse*, afin d'accueillir et de recevoir quelque chose de Dieu, *enpfâhen*. Eckhart emploie alors les verbes « emporter » et « enlever », en allemand *tuot diz enwec, tuot diz hin*, pour exprimer le dépouillement. Le fait d'être libre et dégagé est d'abord la caractéristique du Christ, qui « ne cherche pas son bien propre » mais « accomplit par véritable amour » toutes ses œuvres [6]. Cette liberté est pour l'homme comme un appel, une invitation. L'âme doit devenir cet espace vide et silencieux dans lequel le Verbe de Dieu vient s'exprimer : « Si Jésus doit parler dans l'âme, il faut qu'elle soit seule et qu'elle se taise elle-même si elle doit entendre parler Jésus » [7]. Le dépouillement devient une

1. *DW* 1, p. 152 et p. 153.
2. *Sermon 86*, *op. cit.*, p. 530.
3. *Sermon 60*, *op. cit.*, p. 384 ; *DW* 1, p. 361.
4. *Sermon 76*, *op. cit.*, p. 476.
5. *Sermon 39*, *op. cit.*, p. 280 ; *DW* 3, p. 165.
6. *Sermon 18*, *op. cit.*, p. 179 et p. 180.
7. *Ibid.*, p. 181.

exigence, la liberté est la disposition fondamentale de l'esprit dans son désir d'atteindre la vérité : « L'homme devrait être ainsi qui voudrait se rendre accessible à la plus haute vérité et y vivre sans avant et sans après, sans être entravé par toutes les œuvres et toutes les images dont il a jamais eu connaissance, dégagé et libre, recevant sans cesse à nouveau en ce maintenant le don divin »[1]. C'est ainsi que la « vie selon l'intellect » (*vernünftic leben*), peut se définir comme le fait d'être dégagé de toutes les images et représentations, ou plus exactement d'être libre par rapport à l'attachement que notre esprit porte à leur égard : « Si j'avais un intellect tel que toutes les images que tous les hommes ont jamais accueillies, et celles qui sont en Dieu lui-même, se trouvent dans mon intellect, et si j'étais à leur égard sans attachement de sorte que, dans ce que je fais ou omets, je n'aie retenu aucune d'elles avec attachement [...] dans ce moment présent [...] je serais vierge sans être entravé par aucune image, aussi véritablement que je l'étais quand je n'étais pas »[2]. Dans ce *Sermon 81* composé pour la fête de l'Assomption de Marie, Eckhart donne le sens spirituel et profond de la virginité qu'il définit comme le fait d'être « libre, sans lien, sans propriété / *vrî und ungebunden âne eigenschaft* »[3]. Etre libre par rapport à tous les obstacles, et retrouver cet état d'innocence qui était celui de l'homme « alors qu'il n'était pas »[4]. Comment faut-il comprendre cette liberté qui consiste non seulement à se dégager de toute propriété, mais encore à restaurer cet état qui précède l'existence concrète? Eckhart fait ici référence à la métaphore employée par Aristote qui compare l'âme à une table rase sur laquelle rien n'est écrit, et cependant elle contient en puissance la possibilité de devenir toutes choses : « Ne faut-il pas dire que l'intellect est, en puissance, d'une certaine façon, les intelligibles mêmes, mais qu'il n'est, en entéléchie, aucun d'eux, avant d'avoir pensé ? Et il doit en être comme d'une tablette où il n'y a rien d'écrit en entéléchie : c'est exactement ce qui se passe pour l'intellect »[5]. Le dépouillement est l'instauration d'une liberté qui permet à l'homme d'accueillir les formes essentielles de toutes choses appelées aussi les intelligibles, et ainsi de se rendre disponible à la plus haute vérité.

Ce parcours à travers la terminologie eckhartienne permet de préciser de quoi l'intellect doit se dépouiller. Il semble bien que celui-ci commence par se dégager des choses dans leur extériorité. Eckhart évoque ainsi à propos de l'ange « une pure lumière intellectuelle » dont la caractéristique est d'être « séparée de toutes choses matérielles / *gescheiden von allen materielîchen dingen* »[6]. Il parle également de l'âme qui doit « franchir et dépasser d'un bond toutes les créatures / *überhüpfen und überspringen alle crêatûren* »[7]. Enfin, Eckhart définit le disciple

1. *Ibid.*, p. 180.
2. *Sermon 81*, *op. cit.*, p. 495 et p. 496.
3. *Ibid.*, p. 497.
4. *Ibid.*, p. 495.
5. Aristote, *De l'Âme*, III, 5, *op. cit.*, p. 179 et p. 180.
6. Maître Eckhart, *Sermon 4*, *op. cit.*, p. 65 ; *DW* 3, p. 335.
7. *Sermon 39*, *op. cit.*, p. 280 ; *DW* 3, p. 163.

de Jésus comme celui qui doit « monter et élever son intellect au-dessus de toutes choses corporelles et traverser la fureur de l'inconstance des choses périssables / *er muoz ûfgân und sîne vernunft erheben über alliu lîplîchiu dinc und muoz varn über die wuot der unstaeticheit der zergenclîchen dinge* »[1]. Si la connaissance humaine débute nécessairement à partir de l'expérience sensible, elle ne peut cependant pas s'y réduire. Eckhart souligne ici l'inconstance des choses, c'est-à-dire le fait que les choses changent, ne durent pas et finissent toujours par disparaître. La connaissance exige au contraire d'établir des rapports constants afin d'entrer en contact avec l'être et la vérité. Elle est un acte de l'esprit, un jugement de l'âme qui opère une synthèse à partir des formes intelligibles et manifeste alors une certaine universalité. On retrouve la thèse aristotélicienne selon laquelle l'intellection est autre chose que la sensation : « La science porte sur les universaux ; et ces derniers sont, en un sens, dans l'âme elle-même. C'est pourquoi penser dépend du sujet lui-même [...] tandis que sentir ne dépend pas de lui »[2]. De la même façon, Eckhart montre que l'intellect ne doit pas « viser à des choses particulières »[3], il faut qu'il soit « séparé de ce qui est accident »[4], ou encore l'âme doit être « totalement détachée et dépouillée de ce qui est étranger [...] totalement dénudée de tout ce qui est accident / *alles abegescheiden werden und abegeschelt, daz vremdez ist* [...] *gar enblœzet werden alles des, daz zuogevallen ist* »[5]. La particularité et l'accident ne définissent que des déterminations extérieures à la chose. Or la connaissance exige une certaine universalité, une capacité à saisir par-delà la matérialité la forme intelligible d'une chose. Le dépouillement permet ce passage de l'extérieur à l'intérieur : « Un homme doué d'intellect est celui qui se comprend lui-même intellectuellement et qui est en lui-même détaché de toute matérialité et de toute forme. Plus il est détaché de toutes choses et tourné en lui-même, plus il connaît clairement et intellectuellement toutes choses en lui-même, sans se tourner vers l'extérieur »[6].

Se détacher de la matérialité, nous dit Eckhart, mais aussi des cadres mentaux qui permettent de se « re-présenter » une chose, c'est-à-dire de la rendre présente à l'esprit. L'intellect dépouille ainsi les images et représentations qui se forment à l'intérieur de l'âme lorsqu'elle pense une chose, *entbilden*. Eckhart insiste sur la nécessité de se dépouiller par rapport à l'espace et au temps qui sont les deux principaux cadres de la pensée. En effet, quand l'esprit humain s'efforce de penser une chose, il situe celle-ci dans l'espace et dans le temps. La chose apparaît alors comme « un certain étant, ceci et cela, ici et là, un étant quelque part / *ens aliquod, hoc et hoc, hic et illic, et ens ubi* »[7]. La chose doit s'éloigner du temps, *a tempore*, et se dégager du lieu, *ab ubi*. Enfin, l'intellect dépouille de la

1. *Sermon 78*, *op. cit.*, p. 479 ; *DW* 1, p. 393.
2. Aristote, *De l'Âme*, II, 5, *op. cit.*, p. 101.
3. Maître Eckhart, *Sermon 117*, *op. cit.*, p. 699.
4. *Sermon 42*, *op. cit.*, p. 298.
5. *Sermon 43*, *op. cit.*, p. 301 et p. 302 ; *DW* 2, p. 549.
6. *Sermon 114*, *op. cit.*, p. 691 ; *DW* 1, p. 250.
7. *Commentaire de la Genèse*, n. 211, *OLME* 1, p. 527.

multiplicité dans laquelle se trouvent les choses sensibles, ou encore : « Tout le temps que l'homme a temps et espace, et nombre, et multiplicité, et quantité, il n'est pas tel qu'il doit être / *die wîle der mensche zît und stât hât und zal und menige und schar, sô ist im gar unrecht* »[1]. La multiplicité, *menige* ou *manicvalticheit*, exprime les choses dans leur éclatement extérieur. Ou plus exactement, alors que les cinq sens dispersent et éparpillent l'esprit dans la multiplicité des choses[2], l'intellect doit franchir et traverser cette multiplicité[3] pour rassembler toutes choses dans l'unité[4].

De façon plus synthétique, il faut dire qu'il existe trois éléments que l'intellect doit dépouiller : « Trois choses nous empêchent d'entendre la parole éternelle. La première est la corporalité, la seconde la multiplicité, la troisième la temporalité »[5], ou encore « trois choses sont un obstacle pour l'homme [...] La première est la temporalité ; la seconde est la corporalité ; la troisième est la multiplicité »[6]. La corporalité, *lîplicheit*, la temporalité, *zîtlicheit*, et la multiplicité, *manicvalticheit*, sont les principaux obstacles dont il faut se dégager. Et c'est peut-être cela de façon ultime qu'il convient d'écarter. L'intellect dépouille l'esprit par rapport à tout ce qui constitue pour lui un obstacle, *hindernisse*, afin de rendre à celui-ci toute sa liberté. Et dépouiller l'esprit de tout obstacle, revient à le dégager par rapport à toute forme d'attachement. L'esprit s'attache aux choses extérieures, aux images et représentations qui se forment à l'intérieur de lui. Mais derrière toutes ces formes d'attachement, il existe quelque chose de plus redoutable, un attachement à soi, une tendance à vouloir s'approprier les choses qui finit par enchaîner la liberté de l'esprit, en allemand *eigenschaft*[7]. Le problème ne vient donc pas des choses extérieures ni de Dieu, mais uniquement de l'esprit humain qui se lie de façon trop excessive – ou trop personnelle – aux choses et à Dieu : « Nous sommes la cause de tous nos obstacles »[8]. Ainsi, non seulement l'intellect dépouille la chose de sa matérialité pour en abstraire la forme intelligible, mais en plus il se dépouille lui-même afin d'être libre et dégagé, disponible à la plus haute vérité.

À partir de cette analyse du dépouillement, il est alors possible d'envisager un certain nombre de caractéristiques propres à l'intellect et de commencer à définir le connaître intellectif. Dans le *Sermon 39*, Eckhart détermine les cinq propriétés de l'intellect : « Il est dans l'âme une puissance qui est l'intellect [...] elle a en elle cinq propriétés. La première est le détachement d'ici et de maintenant. La seconde, c'est qu'elle n'a de ressemblance avec rien. La troisième, c'est qu'elle

1. *Sermon 110*, *op. cit.*, p. 664 ; *DW* 1, p. 169.
2. *Sermons 9* et *15*, *op. cit.*, p. 96 et p. 138.
3. *Sermon 46*, *op. cit.*, p. 314.
4. *Sermon 14a*, *op. cit.*, p. 129.
5. *Sermon 90*, *op. cit.*, p. 546.
6. *Sermon 76*, *op. cit.*, p. 468.
7. *Sermons 18* et *81*, *op. cit.*, p. 180 et p. 497 ; *DW* 1, p. 11 et p. 25.
8. *Sermon 49*, *op. cit.*, p. 333.

est pure et sans mélange. La quatrième, c'est qu'elle opère et cherche en elle-même. La cinquième, c'est qu'elle est une image »[1].

Les trois premières propriétés soulignent combien l'intellect permet à l'homme de se distinguer par rapport aux choses sensibles et d'acquérir une certaine ressemblance avec Dieu. La première propriété de la puissance intellective, c'est d'être « détachée d'ici et de maintenant / *si scheidet abe von hie und von nû* »[2]. En se dégageant ainsi de l'espace et du temps, c'est-à-dire de l'enfouissement mondain, l'intellect manifeste son indépendance vis-à-vis des choses extérieures. Les deux propriétés suivantes confirment le fait que la puissance intellective « n'a de ressemblance avec rien / *si enist glîch nihte* », et comme la cause première, elle est « pure et sans mélange / *si ist lûter und unvermenget* »[3]. Eckhart s'inspire ici de son enseignement parisien, et en particulier de la *Première Question* sur le connaître intellectif de l'ange dans laquelle il indique que « la pensée intellective [...] n'est ni ici, ni maintenant, ni ceci / *intellectus nec est hic nec nunc nec hoc* »[4]. En effet, pour connaître toutes choses, « il faut qu'elle ne soit rien des choses qu'elle connaît / *intellectus nihil est eorum quae intelligit* [...] *ut omnia intelligat* »[5]. C'est pourquoi la pensée intellective peut être dite « non-mélangée » (*immixtus*) et « n'ayant rien de commun avec autre chose » (*nulli nihil habens commune*)[6]. Toutes ces propriétés sont explicitement empruntées au traité *De l'Âme* d'Aristote[7], qui lui-même fait référence à l'enseignement d'Anaxagore : « L'intellect [...] n'est mélangé à aucune chose, car il existe seul et par lui-même [...]. L'intellect est tout-entier semblable à lui-même [...] se suffit à lui-même et n'est mélangé à aucune chose »[8]. Ainsi défini, l'intellect apparaît comme indépendant vis-à-vis des choses extérieures, irréductible et simple comme la nature divine.

La quatrième propriété rappelle que la puissance intellective « cherche toujours intérieurement / *si ist alwege inwendic suochende* »[9]. Cette expression s'explique très simplement à partir de la formule augustinienne : « C'est au cœur de l'homme que se trouve la vérité »[10], ou encore : « la nature de Dieu est d'être toujours et seulement à l'intérieur et dans l'intime »[11]. Mais Eckhart va encore plus loin en indiquant à la suite d'Aristote une certaine affinité entre le sujet

1. *Sermon 39*, *op. cit.*, p. 281.

2. *DW* 3, p. 169, 170.

3. *Ibid.*, p. 170 et p. 173.

4. *Questions parisiennes*, I, n. 7, *in* E. Zum Brunn, Zénon Kaluza, A. de Libera, P. Vignaux et E.-H. Weber, *Maître Eckhart à Paris. Une critique médiévale de l'ontothéologie*, Paris, P.U.F., 1984, p. 173.

5. *Ibid.*, I, n. 2 p. 169.

6. *Ibid.*

7. Aristote, *De l'Âme*, III, 4, *op. cit.*, p. 174, 178.

8. Anaxagore, *Fragments*, XII, in *Les Présocratiques*, « Bibliothèque de la Pléiade », Paris, Gallimard, 1988, p. 675 et p. 676.

9. Maître Eckhart, *DW* 3, p. 174.

10. Augustin, *La vraie Religion*, 39, 72, BA 8, p. 131.

11. Maître Eckhart, *Sermon VII*, n. 83, *op. cit.*, p. 113.

connaissant et l'objet connu, ou plus exactement il montre comment l'esprit possède déjà en lui quelque chose de ce vers quoi il se meut[1] : « Jamais je ne serai coloré si je n'ai en moi la substance de la couleur. Jamais je ne peux voir Dieu sinon dans ce en quoi Dieu lui-même se voit »[2]. La connaissance est la découverte d'un quelque chose qui est là, contenu dans le fond de l'esprit, mieux encore, l'intellect doit opérer à l'endroit-même où Dieu porte directement son regard, d'où la cinquième propriété : « C'est une image / *ez ist ein bilde* »[3]. L'intellect humain est *à l'image et à la ressemblance de Dieu* (Gn 1,26). Et dans ce cas précis, la copie, c'est-à-dire l'intellect formé à partir de Dieu, est identique au modèle, au Verbe éternel. On peut bien concevoir le feu sans la chaleur, le soleil sans la lumière, mais il n'existe pas de distinction entre « l'image formée d'après Dieu » et « l'image qu'est Dieu », de même qu'il est impossible de concevoir le blanc sans la blancheur : « Si l'on rend le mur blanc, étant blanc, il est semblable à toute blancheur, mais si quelqu'un le rend noir, il est mort à toute blancheur. Voyez : il en est de même ici ; si l'image formée d'après Dieu disparaissait, l'image de Dieu disparaîtrait aussi / *Sehet, alsô ist ez hie : vergienge daz bilde, daz nâch gote gebildet ist, sô vergienge ouch daz bilde gotes* »[4]. La puissance intellective est à la fois ce qui n'a de ressemblance avec rien et ce qui permet à l'homme de retrouver la ressemblance avec Dieu : « Du fait que cette puissance n'est semblable à rien, elle est semblable à Dieu / *In dem, daz disiu kraft nihte glîch enist, sô ist si gote glîch* »[5].

C'est pourquoi, il est possible d'ajouter encore une dernière propriété à la puissance intellective. Dans la mesure où il est indépendant vis-à-vis des choses extérieures et cependant semblable à Dieu, l'intellect peut être dit libre. Cette propriété apparaît dans la *Question de Gonzalve d'Espagne* qui contient les arguments d'Eckhart en faveur de l'intellect. Il est possible de justifier cette liberté de trois manières. Premièrement, l'intellect est libre parce qu'il est séparé et distinct des choses matérielles : « Est plus noble la faculté dans laquelle la liberté réside principalement. Or elle réside principalement dans l'intellect, car une chose est libre quand elle est exempte de matière / *sed est principaliter in intellectu, quia aliquid est liberum, quia immune a materia* »[6]. Deuxièmement, la liberté est une sorte de pouvoir, le pouvoir de choisir entre des choses différentes et de délibérer à leur propos. De telles opérations appartiennent proprement à l'intellect : « Est libre ce qui a pouvoir sur des choses différentes [...] le choix est le résultat d'une délibération, qui est un acte de l'intellect, et c'est pourquoi la racine de la liberté est dans l'intellect / *et ideo radix libertatis est in intellectu* »[7].

1. Aristote, *Métaphysique*, Θ, 8, Paris, Vrin, t. 2, 1986, p. 509.
2. Maître Eckhart, *Sermon 39*, *op. cit.*, p. 283.
3. *DW* 3, p. 176.
4. *Sermon 39*, *op. cit.*, p. 284 ; *DW* 3, p. 178.
5. *Ibid.*, p. 282 ; *DW* 3, p. 171.
6. *Question de Gonzalve d'Espagne contenant les raisons d'Eckhart*, n. 13, in *Questions parisiennes*, *op. cit.*, p. 210.
7. *Ibid.*, n. 15 et n. 16, p. 212.

Et troisièmement, plus une chose se détermine en fonction d'une cause élevée, plus elle peut être appelée noble et libre. Or l'intellect se meut vers la fin la plus élevée, la cause des causes, c'est-à-dire Dieu. Par conséquent, la puissance intellective est la plus noble et la plus libre dans l'âme humaine : « Est plus libre et plus noble ce qui meut sur un mode plus noble. Or l'intellect meut sur un mode plus noble puisque mouvoir par la fin est ce qu'il y a de plus noble, la fin étant la cause des causes / *illud est liberius et nobilius quod movet modo nobiliori. Sed intellectus movet modo nobiliori, quia movere per modum finis est nobilissimum, quia finis est causa causarum* »[1]. C'est donc grâce à l'activité de son intellect que l'homme devient un homme et grandit en humanité :

> Plus il est détaché de toutes choses et tourné en lui-même, plus il connaît clairement et intellectuellement toutes choses en lui-même sans se tourner vers l'extérieur, et plus il est homme / *ein vernunftiger mentsch ist, der sich selber vernunfteklichen verstat und in im selber abgeschaiden ist von allen materien und formen. Ie me er abgeschaiden ist von allen dingen und in sich selber gekeret, ie me er allu ding clarlich und vernunfteklich bekennet in im selber sunder uskeren : ie me es ain mentsch ist*[2].

De ces différentes propriétés, il ressort que l'intellect est la puissance de l'âme qui permet à l'homme une certaine indépendance à l'égard des choses sensibles, elle lui donne de retrouver la ressemblance avec Dieu, mais aussi d'accomplir son humanité et ainsi de parvenir à la béatitude : « La béatitude se trouve dans la connaissance de Dieu »[3]. D'où l'enjeu de la connaissance intellectuelle dans laquelle le dépouillement devient un élément déterminant.

DÉGAGER LES CHOSES DE LEUR MATÉRIALITÉ, ABSTRAIRE LA FORME INTELLIGIBLE

Le dépouillement, mieux encore l'abstraction, est un acte de l'intellect qui prend tout son sens dans le processus de la connaissance humaine commençant par la perception sensible. Dans la condition qui est celle de l'homme aujourd'hui, la connaissance est liée à la sensation : « Dans l'état qui est le nôtre, l'homme est arraché à la claire contemplation des effets intelligibles par les choses sensibles et les préoccupations qu'elles entraînent »[4]. Eckhart distingue ainsi la connaissance d'Adam avant la désobéissance, et celle qui est désormais la nôtre. Autrefois, le premier homme vivait directement sous la lumière de l'intellect et de la raison, et jouissait pleinement du monde intelligible, dans la vérité. Le verset *Mangez de tous les arbres du paradis*, signifie que l'homme avait

1. *Question de Gonzalve d'Espagne contenant les raisons d'Eckhart*, in *Questions parisiennes*, *op. cit.*, n. 19, p. 214.
2. *Sermon 114*, *op. cit.*, p. 691 ; *DW* 1, p. 250.
3. *Sermon 58*, *op. cit.*, p. 376.
4. *Commentaire de la Genèse*, n. 204, *OLME* 1, p. 517.

alors la possibilité de se nourrir immédiatement des réalités intelligibles. Mais, en regardant le fruit défendu, en le considérant comme quelque chose de beau à voir et d'agréable à manger, il s'est attaché à la sensation, et pire encore, il est tombé dans la convoitise et les désirs charnels. Ainsi, ce qu'il percevait intelligiblement et de façon immédiate, il doit désormais le reconnaître à travers la médiation ou le détour des sens. C'est ainsi qu'Eckhart interprète à la suite de Maïmonide et de Thomas d'Aquin, l'épisode de la désobéissance d'Adam. Le verset *leurs yeux s'ouvrirent à tous deux* (Gn 3,7) exprime précisément le moment où s'éveille la sensibilité.

La perfection de l'homme créé à l'image de Dieu consistait à connaître de façon intellectuelle. Pour Maïmonide, la désobéissance d'Adam a entrainé une sanction, la sanction d'être privé de cette compréhension intellectuelle et d'être constamment retenu par les désirs venant de l'imagination et les plaisirs corporels des sens. Ainsi, l'homme a perdu sa dignité et il est alors assimilé aux bêtes [1]. De la même manière, pour Thomas d'Aquin, la désobéissance d'Adam a fait basculer l'homme dans une connaissance qui doit désormais s'appuyer sur les sens : « L'homme est retenu de considérer les choses intelligibles par l'accaparement des choses sensibles » [2]. Mais pour ce dernier, cette disposition n'est pas une déchéance ni une sanction, il s'agit d'un nouvel état de fait, d'une étape désormais indispensable vers la béatitude parfaite : « Au Paradis, l'homme était bienheureux, mais non de la béatitude parfaite dans laquelle il devait être transféré et qui consiste dans la vision de l'essence divine » [3]. D'ailleurs, la preuve que le détour par l'expérience des sens n'est pas une sanction pour Thomas d'Aquin, se trouve dans la figure du Christ lui-même. Le Fils de Dieu possède en effet la science par la sensibilité, appelée aussi science expérimentale, il est capable d'acquérir progressivement des connaissances par la puissance des sens. Car « rien de ce que Dieu a mis dans notre nature n'a fait défaut à la nature humaine assumée par le Verbe de Dieu » [4]. Par conséquent, il convient de porter la plus grande attention à l'expérience des sens.

La perception sensible peut se définir à partir de l'activité des cinq sens qui tournent l'âme vers l'extérieur : « Les yeux, les oreilles et les cinq sens, telles sont les marches par lesquelles l'âme sort dans le monde, et par ces marches, le monde pénètre en retour dans l'âme » [5]. La vue, l'ouïe, mais encore le goût, le toucher et l'odorat, sont des intermédiaires ou des messagers qui permettent à l'esprit humain d'entrer en dialogue avec le monde, et de faire entrer le monde à l'intérieur de lui. La perception est une affection de l'âme, celle-ci est touchée par quelque chose qui vient de l'extérieur, elle « reçoit l'impression des choses

1. Maïmonide, *Le Guide des égarés*, I, 2, Paris, Verdier, 1979, p. 31-34.
2. Thomas d'Aquin, *STh.*, I, q. 94, a. 1, p. 807.
3. *Ibid.*, p. 806.
4. *Ibid.*, III, q. 9, a. 4, p. 97.
5. Maître Eckhart, *Sermon 93*, *op. cit.*, p. 568.

corporelles / *von lîplîchen dingen bilde nîmet*»[1]. Et en même temps, cette impression est un peu plus qu'une simple affection, elle est déjà une première forme de représentation, *bilde* ou *phantasmata*, une représentation sensible qui exprime un travail de l'esprit : « Certaines puissances de l'âme prennent à l'extérieur, comme l'œil, si subtil que soit ce qu'il attire en lui en écartant le plus grossier, il prend pourtant quelque chose de l'extérieur qui se rapporte à ici et maintenant »[2]. À travers la représentation sensible, l'esprit « attire à lui » (*in sich ziehe*) et commence à « écarter le plus grossier » (*daz gröbeste abespalte*)[3]. Parmi les cinq sens, Eckhart accorde une certaine importance à la vue qu'il assimile déjà à une forme de connaissance, la connaissance sensible grâce à laquelle « l'œil voit au loin les choses qui sont en dehors de lui »[4]. Et cependant quel que soit l'effort accompli par les sens quels qu'ils soient, ceux-ci dépouillent moins radicalement que l'intellect, c'est pourquoi ces puissances sont dites « inférieures » (*die nidersten krefte*). Les sens n'aperçoivent que « le dos des choses intelligibles », alors que l'intellect est capable de voir « l'être des choses sensibles »[5].

Si la connaissance humaine ne peut commencer que par l'expérience sensible, le travail de l'intellect quant à lui ne commence vraiment qu'avec l'abstraction. L'intellect accueille ce qui vient de l'extérieur, dépouille la chose de sa matérialité et fait ainsi ressortir sa forme intelligible : « La connaissance et l'intellect dépouillent tout et prennent ce qui n'est ni ici ni maintenant [...] Cependant, il reçoit quelque chose des sens ; ce que les sens apportent de l'extérieur, l'intellect l'accueille / *dennoch nimet si von sinnen ; daz die sinne von ûzen întragent, dâ von nimet vernünfticheit*»[6]. Les sens présentent à l'esprit la chose dans sa particularité. Or connaître, c'est atteindre quelque chose de plus universel et de plus immuable, une vérité qui ne peut être contenue dans la nature extérieure des choses, mais uniquement dans l'esprit de celui qui connaît : « Le vrai est dans l'âme, et non pas à l'extérieur dans les choses »[7]. Reprenant la formule aristotélicienne, Eckhart souligne à de nombreuses reprises que « l'âme est le lieu des espèces », « non pas toute entière, mais l'intellect / *anima est locus specierum non tota, sed intellectus*»[8]. Que sont ces espèces et en quoi sont-elles constitutives de la connaissance intellectuelle ? Le mot « espèce » est la traduction du latin *species* qui est la transposition du grec *eîdos* que l'on peut rendre en français par les termes « idée » ou « forme intelligible ». Dans la *Première Question parisienne* sur le connaître intellectif de l'ange, l'espèce, ou la forme intelligible, a pour fonction de rendre une chose présente à l'intellect : « L'espèce a pour fin de

1. *Sermon 37*, *op. cit.*, p. 273, *DW* 2, p. 202.
2. *Sermon 60*, *op. cit.*, p. 385.
3. *DW* 1, p. 364.
4. *Sermon 76*, *op. cit.*, p. 470.
5. *Commentaire de la Genèse*, n. 232, *OLME* 1, p. 553.
6. *Sermon 60*, *op. cit.*, p. 385 ; *DW* 1, p. 365.
7. *Livre des paraboles de la Genèse*, n. 54, Paris, Les Belles Lettres, 2016, p. 108 ; *LW* 1, p. 522.
8. *Ibid. Cf.* Aristote, *De l'Âme*, III, 4, *op. cit.*, p. 175.

représenter la chose auprès de l'intellect / *cum igitur finis specie sit repraesentare rem intellectui* »[1]. Mais la forme intelligible est aussi quelque chose de déterminant dans la connaissance humaine dans la mesure où elle permet d'atteindre le principe des choses et d'en saisir la cause essentielle comme le dit Eckhart dans le *Sermon I sur l'Ecclésiastique*, « l'intellect [...] saisit la chose par et dans ses principes [...] c'est-à-dire qu'il saisit les raisons des choses au faîte des causes originelles, avant qu'elles s'avancent vers les choses elles-mêmes, encore cachées dans les intellects purs et nus »[2]. C'est ainsi que la forme intelligible ou l'espèce devient le principe du connaître intellectif[3]. Cette forme intelligible appelée également « idée exemplaire » ou « raison des choses », *rationem rerum*, est contenue de toute éternité en Dieu et préexiste dans le Verbe éternel. C'est pourquoi, de façon ultime, l'abstraction de l'intellect consiste à ramener toutes choses à Dieu comme le souligne le *Commentaire sur l'Évangile de Jean :* « C'est dans le Père, à savoir le principe de toutes choses, que sont les idées des choses [...] parce que dans le Père, en tant que principe qui est un intellect, sont les idées des choses qui, par leur principe, concerne la connaissance »[4].

L'abstraction est l'élément déterminant de la philosophie aristotélicienne de la connaissance. En effet, cet acte de l'intellect permet de résoudre le problème du rapport entre le connaître intellectif et l'expérience sensible. Pour Aristote, la perception est le point de départ de la connaissance. C'est à partir de cette couleur que je perçois la couleur, c'est dans l'individu Callias que je perçois l'espèce homme qui y est contenue... Il existe une intuition de l'universel dans le singulier, ou encore « c'est nécessairement l'induction qui nous fait connaître les principes, car c'est de cette façon que la sensation elle-même produit en nous l'universel »[5]. Il s'agit là d'une différence importante avec la philosophie de Platon. Pour ce dernier, les êtres intelligibles sont séparés des choses sensibles en tant qu'Idées, alors que pour Aristote, elles y sont immanentes en tant que formes. C'est pourquoi l'intellect doit aller chercher dans le sensible la forme intelligible par une abstraction qui dégage l'espèce des conditions de la matière qui la singularisent : « Jamais l'âme ne pense sans image [...] la faculté noétique pense donc les formes dans les images »[6]. L'intellect pense des choses séparées par une abstraction de l'esprit, comme le concave est pensé à part du nez qui lui sert de matière, le camus étant la concavité dans le nez, la forme réalisée dans la matière : « Quand à ce qu'on appelle les abstractions, l'intellect les pense comme on penserait le camus : en tant que camus, on ne le penserait pas à l'état séparé, mais, en tant que concave, si on le pense en acte, on le penserait sans la chair dans laquelle le concave est réalisé : c'est ainsi que l'intellect pense les termes

1. *Questions parisiennes*, I, n. 6, *op. cit.*, p. 172.
2. *Sermon I sur l'Ecclésiastique*, n. 9, *op. cit.*, p. 19 et p. 20.
3. *Questions parisiennes*, I, n. 4, *op. cit.*, p. 171.
4. *Commentaire sur l'Évangile de Jean*, n. 192, *OLME* 6, p. 347 et p. 349.
5. Aristote, *Seconds Analytiques*, II, 19, Paris, Vrin, 2012, p. 243.
6. *De l'Âme*, III, 7, *op. cit.*, p. 191 et p. 195.

abstraits, il pense les choses mathématiques, qui pourtant ne sont pas séparées, comme séparées »[1]. L'abstraction est une opération mentale, une action de l'esprit qui considère séparément ce qui n'est pas séparé ni même séparable dans la réalité, la forme indépendamment de la matière. C'est ainsi que l'intellect parvient vers l'être par-delà les déterminations, mais que peut-on dire de Dieu, le principe inconditionnel qui est séparé au sens strict et non pas seulement séparable ? Abstraire consiste à séparer en raison, sinon réellement[2].

Thomas d'Aquin reprend et précise ces distinctions. Pour lui, l'intelligence humaine unie à un corps, et par conséquent qui s'achemine vers les réalités invisibles à partir des choses visibles, cette intelligence donc doit procéder à un travail d'abstraction : « Connaître [...] c'est abstraire de la matière individuelle la forme que représentent les images, *abstrahere formam a materia individuali quam repraesentant phantasmata*. Et c'est pourquoi on doit dire que notre intelligence connaît les réalités matérielles en les abstrayant des images, *intelligit materialia abstrahendo a phantasmata*. Et en considérant de la sorte ces réalités, nous parvenons à connaître quelque chose des êtres immatériels »[3]. Thomas d'Aquin apporte alors quelques précisions pour bien comprendre l'acte d'abstraction. Tout d'abord, l'esprit qui abstrait, ne pense pas la forme intelligible comme si elle existait de manière séparée et indépendante : « L'intellect serait dans l'erreur s'il abstrayait hors de la matière l'espèce de la pierre, pour faire croire qu'elle n'existe pas dans la matière, selon la thèse de Platon [...] qui affirmait que tout ce qui selon nous est abstrait par l'intelligence, était séparé en réalité »[4]. La forme intelligible est contenue dans la matière individuelle. Mais il existe également une progressivité dans l'abstraction, l'esprit abstrait d'abord la forme intelligible de cette matière individuelle, puis la forme intelligible de toute matière, et ainsi de suite jusqu'aux substances immatérielles : « L'intelligence abstrait donc de la matière naturelle l'essence spécifique, en laissant de côté la matière sensible individuelle [...] d'autres notions peuvent être abstraites même à partir de la matière intelligible commune [...] et d'autres encore qui peuvent même exister sans aucune matière, comme les substances immatérielles »[5]. Enfin, l'abstraction ne consiste pas à produire un concept qui n'existerait que dans la pensée, il s'agit de faire apparaître au regard de l'intelligence ce qui est contenu dans la réalité concrète en la dégageant de tout ce qui est individuel. Abstraire, c'est percevoir la dimension intelligible des choses sensibles : « Notre intellect abstrait les espèces des images en tant qu'il considère les natures des choses sous un mode universel. Et cependant, il connaît celle-ci dans les images, car il ne peut connaître la réalité

1. *De l'Âme*, III, 7, *op. cit.*, p. 195.

2. O. Boulnois, *Métaphysiques rebelles, op. cit.,* p. 97-99 et p. 202-206; *id.*, « *Abstractio metaphysica*. Le séparable et le séparé, de Porphyre à Henri de Gand », art. cit., p. 42-45.

3. Thomas d'Aquin, *STh.*, I, q. 85 a. 1, p. 742.

4. *Ibid.*, p. 743.

5. *Ibid.*

dont il abstrait les espèces intelligibles que par le retour aux images »[1]. Mieux encore, par l'abstraction, l'intellect accueille la forme intelligible de toute chose.

Eckhart rappelle enfin que l'acte d'abstraire est plus précisément le travail conjoint entre l'intellect agent et l'intellect patient : « L'intellect agent abstrait les images des choses extérieures, les dépouille de la matière et de la contingence, il les introduit dans l'intellect patient et engendre en lui leur image spirituelle. Ainsi l'intellect patient est rendu fécond par l'agent, connaissant les choses et les écartant à l'aide de l'intellect agent »[2]. Il convient donc de distinguer dans l'âme un intellect agent (*diu würkende vernunft*) et un intellect patient (*diu lîdende vernunft*)[3]. Tandis que l'intellect patient reçoit, accueille en lui quelque chose, et subit en fin de compte une opération dont il n'est pas l'agent, *lîden*, l'intellect agent quant à lui est la puissance dans l'âme qui produit et opère, *würken*. Que produit ce dernier? L'intellect agent « abstrait » (*abe houwet*), « dépouille » (*entkleidet*), « introduit » (*setzet*) et « engendre » (*gebirt*). Son activité consiste donc essentiellement à opérer sur les images. Plus exactement, il dépouille les images produites par la sensibilité en leur enlevant tout ce qui est extérieur, matériel et contingent, et il produit une image spirituelle (*ein geistlîchiu bilde*), c'est-à-dire un concept de l'esprit. Et cette naissance se produit dans l'intellect patient qui est un lieu dans l'âme, vide de toutes formes afin de pouvoir engendrer toutes formes, une puissance capable de devenir toutes choses.

Une fois encore, le maître rhénan ne cache pas ses emprunts au Philosophe : « Tout cela est évident d'après le livre III de *L'Âme* »[4]. À la suite d'Aristote, Eckhart distingue la matière et la forme, mais aussi la puissance et l'acte, ou encore « dans la nature, à tout principe agent correspond un principe patient qui lui est propre / *et omni activo respondet proprium passivum in natura* »[5]. Et il ajoute : « Aussi longtemps que la matière possède quelque chose à elle – un acte ou un caractère de la forme précédente – et qu'elle n'est pas pure puissance, elle ne peut jamais recevoir la forme substantielle elle-même »[6]. Dans les choses de la nature, la caractéristique de la matière est d'être une pure puissance, et par conséquent, celle de la forme consiste à faire passer à l'acte. Ainsi pour que l'œil puisse voir cette couleur-ci ou cette couleur-là, il ne doit posséder aucune couleur ni aucune chose qui relève de la couleur. L'œil est une pure disposition à voir toutes les couleurs, c'est la lumière qui devient le principe actif qui donne à voir toutes les couleurs, pour Aristote, « la lumière convertit les couleurs en puissance, en couleurs en acte »[7]. Il en est de même à propos l'âme humaine qui possède également un principe actif et un principe passif. Aristote définit l'intellect patient

1. *Ibid.*, p. 744.
2. Maître Eckhart, *Sermon 16a*, *op. cit.*, p. 151.
3. *DW* 4, p. 585.
4. *Commentaire sur l'Évangile de Jean*, n. 100, *OLME* 6, p. 201.
5. *Ibid.*, p. 199.
6. *Ibid.*
7. Aristote, *De l'Âme*, III, 5, *op. cit.*, p. 182.

comme « la partie impassible de l'âme qui reçoit la forme », ou encore celui-ci « est en puissance telle que la forme, sans être pourtant cette forme elle-même »[1], alors que l'intellect agent est « la cause qui produit tout », comme la lumière qui fait passer de la puissance à l'acte[2]. Ainsi la connaissance consiste à recevoir la forme intelligible des choses, actualiser ce qui est contenu en puissance dans l'âme, ou comme le dit Aristote, « penser consiste à pâtir sous l'action de l'intelligible »[3]. De la même façon pour Eckhart, « connaître est un certain pâtir / *intelligere enim quoddam pati est* »[4]. Mais pour accueillir la forme intelligible d'une chose, l'intellect passif doit être dépouillé de tout : « La propriété formelle du passif est d'être nu / *proprietas formalis passivi est nudum esse* », ou encore « l'intellect est néant de toutes choses, afin qu'il les connaisse / *propter quod intellectus nihil est omnium, ut intelligat omnia* »[5].

Cet héritage aristotélicien est exprimé par Eckhart à travers des formules empruntées à Thomas d'Aquin, auquel il revient d'avoir interrogé cette problématique, notamment lors de la controverse avec les philosophes averroïstes. En effet, Thomas d'Aquin pose un certain nombre de questions à propos de la connaissance et de l'intellect. Qu'est-ce que connaître ? Ne faut-il pas admettre un principe actif dans la connaissance ? Et celui-ci est-il une puissance de l'âme ? Alors que l'intellect divin est l'acte pur et simple produisant les intelligibles, l'intellect humain nous apparaît comme une puissance passive, ou encore il est en puissance par rapport à ceux-ci. Ce qui signifie d'une part que l'intellect humain reçoit les intelligibles, et d'autre part qu'il en est lui-même dépourvu : « Ainsi notre acte de penser est une certaine manière de pâtir »[6]. Et cependant, il faut bien admettre aussi une puissance active dans l'âme qui rende compte de la connaissance humaine, il convient nécessairement d'attribuer à l'intellect humain un principe actif qui rende intelligible ce que la réalité sensible contient en puissance : « Rien ne passe de la puissance à l'acte sinon par un être en acte, tel le sens par rapport au sensible. Il fallait donc supposer dans l'intelligence une faculté qui puisse mettre en acte les objets intelligibles, en abstrayant les idées des conditions de la matière. D'où la nécessité de l'intellect agent »[7]. L'intellect agent est la puissance qui dépouille les choses de leur matérialité et abstrait l'intelligible enseveli sous le sensible. Mais l'intellect agent appartient-il à une réalité supérieure qui vient éclairer l'âme ou bien s'agit-il d'une puissance de l'âme ? Il s'agit là d'une question importante qui divise les commentateurs et exprime les différentes manières d'interpréter Aristote, en particulier ce passage du traité *De l'Âme* dans lequel le philosophe définit l'intellect agent comme une substance séparée : « Et cet intellect qui est séparé, impassible et sans mélange, étant par

1. Aristote, *De l'Âme*, III, 4, *op. cit.*, p. 174.
2. *Ibid.*, III, 5, *op. cit.*, p. 181.
3. *Ibid.*, III, 4, *op. cit.*, p. 174.
4. Maître Eckhart, *Commentaire sur l'Évangile de Jean*, n. 100, *OLME* 6, p. 201.
5. *Ibid.*
6. Thomas d'Aquin, *STh.*, I, q. 79, a. 2, p. 695.
7. *Ibid.*, a. 3, p. 697.

essence un acte, car toujours l'agent est d'une dignité supérieure au patient, et le principe à la matière», et il ajoute quelques lignes plus loin les deux termes «immortel et éternel» pour parler de l'intellect agent[1]. Ainsi, certains commentateurs d'Aristote en déduisent qu'il existe un intellect séparé, une intelligence d'un ordre plus élevé qui aide l'âme humaine à comprendre, le même intellect pour tous les hommes, ce qui rend compte de l'universalité dans la connaissance. Dans son grand commentaire, Averroès distingue également un intellect matériel qui reçoit les formes intelligibles d'un intellect agent qui rend manifeste ces intelligibles en les abstrayant de la matière : «C'est pourquoi il faut soutenir [...] qu'il y a dans l'âme deux parties d'intellect : l'une réceptive, dont nous expliquons ici l'être, l'autre agente, qui rend les intentions qui sont dans la faculté imaginative motrices en acte de l'intellect matériel après avoir été motrices en puissance»[2], et plus loin : «l'intellect qui a pour fonction d'abstraire l'intelligible et de le créer précède en nous l'intellect qui a pour fonction de le recevoir»[3]. L'intellect matériel est «sans mélange avec les corps»[4], «séparé»[5] et «unique pour tous les hommes»[6]. De la même manière, l'intellect agent est indépendant par rapport à la matière, il est possible de le comparer à la lumière qui fait passer la couleur de la puissance à l'acte[7]. Mais est-ce à dire que l'intellect est quelque chose d'extérieur qui n'appartient pas à l'âme humaine? Telle est bien la position d'Alexandre d'Aphrodise qui parle d'«un intellect qui vient en nous de l'extérieur»[8], mais Averroès quant à lui semble bien considérer que l'intellect appartient proprement à l'âme humaine : «L'homme pense tous les êtres par un intellect qui lui est propre et effectue sur tous les êtres l'action qui lui est propre qui est de les penser»[9].

Pour Thomas d'Aquin, cette manière d'envisager un intellect unique pour tous les hommes séparé de l'âme ne peut rendre compte de l'acte de penser. Dans son ouvrage sur l'*Unité de l'intellect contre les averroïstes*, il insiste sur la singularité de l'acte d'intellection et sur son immanence au sujet intelligent, d'où la célèbre formule : «Il est en effet manifeste que cet homme singulier-ci pense / *hic homo singularis intelligit*»[10]. Bien que Dieu opère à titre principal dans toutes les créatures, il a cependant donné à chacune d'elles une puissance active afin qu'elle procède à son opération propre, et que l'homme puisse penser librement et de

1. Aristote, *De l'Âme*, III, 5, *op. cit.*, p. 182.

2. Averroès, *Grand Commentaire du* De Anima, III, 5, in *L'Intelligence et la pensée*, Paris, Flammarion, 1998, p. 75.

3. *Ibid.*, 18, p. 108.

4. *Ibid.*, 4, p. 54.

5. *Ibid.*, 4, p. 57.

6. *Ibid.*, 5, p. 75.

7. *Ibid.*, 36, p. 166.

8. Alexandre d'Aphrodise, *De l'Âme*, 91, Paris, Vrin, 2008, p. 213.

9. Averroès, *Grand Commentaire du* De Anima, III, 5, *op. cit.*, 36, p. 167.

10. Thomas d'Aquin, *L'Unité de l'intellect contre les averroïstes*, chap. 3 n. 61, Paris, Flammarion, 1994, p. 134 et p. 135.

façon autonome : « Ce n'est pas le soleil qui engendre l'homme : il y a en l'homme une puissance génératrice qui lui est propre »[1]. Pour Thomas d'Aquin, l'intellect agent est donc une puissance de l'âme qui rend actuel les intelligibles cachés dans le sensible en abstrayant les formes à partir des conditions particulières, ou encore « le pouvoir qui est principe de l'abstraction est quelque chose de l'âme humaine »[2].

Eckhart s'inscrit dans ces débats autour de l'abstraction. Pour lui, comme pour Thomas d'Aquin, mais peut-être aussi comme pour Averroès qu'il connaît à travers les relectures d'Albert le Grand, l'intellect agent est une puissance qui appartient à l'âme humaine[3]. Mais alors que Thomas d'Aquin insiste sur la singularité de la pensée humaine, Eckhart insiste davantage sur l'effacement du sujet devant l'agir divin : « Voyez, tout ce que l'intellect agent accomplit dans l'homme naturel, Dieu accomplit la même chose, et bien plus encore, dans un homme détaché. Il prend l'intellect agent et s'installe lui-même à sa place, et y opère lui-même tout ce que l'intellect agent devait opérer »[4]. Plus exactement, l'abstraction est l'acte naturel de l'intellect agent qui manifeste la présence de Dieu en l'homme, mais aussi celle du Créateur dans sa création. Sa manière de concevoir l'acte d'abstraire peut parfois paraître ambigüe. Tantôt le dépouillement consiste à déconstruire les images et représentations afin de parvenir au principe premier dégagé de toutes déterminations : « Ôtez de Dieu tout ce qui l'enveloppe », et plus loin : « Quand l'homme dénude et dégage l'image divine que Dieu a naturellement créée en lui, l'image de Dieu est en lui manifesté »[5]. Tantôt, le dépouillement est une forme de pauvreté de l'intelligence devant la grandeur insondable de Dieu, appelé aussi « l'être nu sans forme de l'unité qui est l'être superessentiel »[6]. Plus ambigüe encore, Eckhart semble vouloir tenir ensemble deux logiques différentes, celle de la distance et celle de la proximité, ou encore celle de la dissemblance avec celle de la ressemblance. Parfois, le dépouillement sépare et souligne la grande distance entre le sensible et l'intelligible, parfois au contraire il rapproche et manifeste combien le divin est présent au cœur de l'humain. Dans un cas, c'est la figure de l'homme noble *qui partit pour un pays lointain* (Lc 19,12)[7], et dans l'autre, c'est Marthe dont l'existence toute entière laisse transparaître quelque chose de plus profond[8]. Pour Eckhart, l'acte de dépouiller vise une expérience ultime, l'expérience d'une liberté profonde qui donne au monde et à toutes les choses une certaine transparence. Dès lors, il ne

1. *STh.*, I, q. 79 a. 4, p. 698.
2. *Ibid.*
3. K. Flasch, *D'Averroès à Maître Eckhart. Les sources arabes de la « mystique » allemande*, Paris, Vrin, 2008, p. 55, p. 86 et p. 125-142.
4. Maître Eckhart, *Sermon 16a*, *op. cit.*, p. 152.
5. *Sermon 72*, *op. cit.*, p. 449 et p. 450.
6. *Sermon 62*, *op. cit.*, p. 394.
7. *Sermon de l'homme noble*, *op. cit.*, p. 814-824.
8. *Sermon 84*, *op. cit.*, p. 507-516.

s'agit plus d'aller du particulier à l'universel, mais de montrer comment l'essentiel est présent au cœur des choses.

RENDRE À L'ESPRIT TOUTE SA LIBERTÉ, ET AUX CHOSES LEUR TRANSPARENCE

De manière ultime, le dépouillement eckhartien est le mouvement par lequel l'intellect se dégage de toutes choses et de lui-même pour parvenir à une liberté essentielle qui le rend disponible à la plus haute vérité, une disponibilité indispensable à la vie de l'esprit. Mais qu'est-ce que la liberté ? Au niveau le plus simple, la liberté consiste tout d'abord à s'affranchir par rapport à tout ce qui fait obstacle à l'intérieur de l'âme. L'intellect doit ainsi dépasser le temps et les choses temporelles [1], mais aussi dégager toutes les images et autres intermédiaires [2], et surtout abandonner tout sentiment d'appropriation [3] : « Cet homme vit alors dans une liberté affranchie et dans un pur dépouillement / *dirre mentsch lebt nu in ainer ledigen frihait und in ainer lutern bloshait* » [4]. Ce travail de libération intérieure permet ainsi à l'homme de parvenir à un état de vie plus élevé, ou encore de se situer dans un lieu parfaitement libre à l'intérieur de l'âme. Il ne peut s'agir ici des puissances sensibles qui sont toujours « entravées » par le corps : « Une part des puissances de l'âme est entravée par les yeux et les autres sens / *ein teil der krefte der sêle sint beziunet in den ougen und in den andern sinnen* » [5]. Ce lieu de parfaite liberté correspond nécessairement aux plus hautes puissances qui seules peuvent être dites « libres, dégagées et non entravées / *die andern krefte sint vrî, die sint ungebunden und ungehindert von dem lîbe* » [6]. Ces puissances supérieures sont capables de s'accorder entre elles et de s'ordonner de manière à établir l'âme dans le « repos », la « sérénité » et la « paix » [7]. L'homme retrouve alors un état de vie plus élevé, ce qu'il est de toute éternité en Dieu : « Lorsque j'étais dans ma cause première [...] j'étais un être libre, je me connaissais moi-même, jouissant de la vérité » [8]. Etre libre, c'est donc également s'établir dans un lieu parfaitement libre situé à l'intérieur de l'âme. Ce mouvement de la liberté est à la fois un effort pour l'homme et un don de Dieu. En effet, « l'esprit humain se situe dans l'unité et la liberté / *dirre geist stât in einicheit und in vrîheit* », et en même temps « Dieu seul [...] l'établit dans la liberté / *got aleine* [...] *setzet in in vrîheit* » [9]. Au niveau le plus élevé, la liberté de l'homme consiste à vivre à partir de la liberté de Dieu.

1. *Sermon 76*, *op. cit.*, p. 468.
2. *Sermon 84*, *op. cit.*, p. 511 et p. 512.
3. *Sermon 81*, *op. cit.*, p. 496 et p. 497.
4. *Sermon 114*, *op. cit.*, p. 689 ; *DW* 1, p. 246.
5. *Sermon 57*, *op. cit.*, p. 371 ; *DW* 1, p. 352.
6. *Ibid.*
7. *Sermon 67*, *op. cit.*, p. 425.
8. *Sermon 108*, *op. cit.*, p. 647.
9. *Sermon 46*, *op. cit.*, p. 314 ; *DW* 2, p. 77 et p. 78.

En s'unissant à Dieu, qui seul est vraiment juste et libre[1], l'homme s'enracine dans la liberté divine qui le fait parfaitement exister, ou encore : « L'homme juste [...] est libre, et plus il est proche de la justice, plus il est lui-même la liberté, plus il est la liberté / *der gerehte mensche* [...] *ist vrî; und ie er der gerehticheit naeher ist, ie mê er diu vrîheit selber ist un die mê er diu vrîheit ist* »[2]. Cette liberté de l'homme n'est pas une volition contingente, c'est un consentement de l'intellect à l'évidence nécessaire du bien.

S'affranchir de tout obstacle, se situer dans un lieu parfaitement libre, et vivre de la liberté qui est celle-là même de Dieu, tels sont les trois niveaux d'existence qui permettent de définir la liberté, ou plus exactement les différentes formes de liberté présentes en l'homme. Le dépouillement peut alors se définir comme un long chemin de libération intérieure et trouve une magnifique illustration à travers la figure de l'homme noble exprimée dans le *Sermon* éponyme. Eckhart y commente la parabole contenue dans l'*Évangile de Luc : Un homme noble partit pour un pays lointain* (Lc 19,12). Partir signifie s'éloigner de tout ce qui fait obstacle à l'intérieur de l'homme. Le dépouillement est alors exprimé de différentes manières. Eckhart souligne que « l'homme est détaché des images / *der mensche ist entbildet* »[3], ou encore que « l'homme doit quitter toutes les images et lui-même, s'éloigner et devenir étranger et dissemblable à tout / *der mensche muoz aller bilde und sîn selbes ûzgân und dem allem gar verre und gar unglîch werden* »[4]. Il compare également l'acte de dépouiller à l'activité d'un sculpteur qui n'introduit pas de la matière dans son travail, au contraire « il enlève les copeaux » (*absnîden*), « creuse ce qui recouvre le bois » (*ûzgraben*) et « ôte les scories » (*abenemen*)[5]. Eckhart se réfère alors à Origène qui prend l'exemple d'une source sur laquelle on a jeté de la terre[6]. Mais lorsqu'on « enlève » ce qui la recouvre, *abnemen*, la source d'eau vive « réapparaît » aussitôt, *erschînen*[7]. Ainsi en est-il à propos de l'image de Dieu présente au plus profond de l'homme. Celle-ci peut bien avoir été recouverte avec le temps, elle n'en demeure pas moins intacte. Le dépouillement permet de manifester l'image de Dieu souvent cachée mais toujours vivante. Mieux encore, cet acte de l'intellect fait resplendir « la pure image de Dieu [...] dépouillé dans l'âme dépouillée / *blôz gotes bilde unbedecket blôz in blôzer sêle* »[8]. Le dépouillement « manifeste » et fait « resplendir » l'image de Dieu, la libération devient la condition indispensable pour « accueillir le Fils et devenir Fils / *den sun nemen und sun werden* »[9]. Il existe un mouvement dialectique de l'esprit qui se dépouille des images extérieures, se conforme à l'image de

1. *Commentaire sur l'Évangile de Jean*, n. 168, 169, *OLME* 6, p. 303.
2. *Sermon 73*, *op. cit.*, p. 455 ; *DW* 2, p. 62.
3. *Sermon de l'homme noble*, *op. cit.*, p. 817 ; *DW* 5, p. 112.
4. *Ibid.*, p. 819 ; *DW* 5, p. 114.
5. *Ibid.*, p. 818 ; *DW* 5, p. 113.
6. Origène, *Homélies sur la Genèse*, XXIII, SC 7, p. 224-226.
7. Maître Eckhart, *Sermon de l'homme noble*, p. 818 ; *DW* 5, p. 113.
8. *Ibid.*, p. 819 ; *DW* 5, p. 114.
9. *Ibid.*

Dieu afin d'être transformé en une image divine : « Quand l'homme dénude (*entbloezet*) et dégage (*entdecket*) l'image divine que Dieu a naturellement créée en lui, l'image de Dieu est en lui manifestée (*offenbaere*) [...] Et c'est pourquoi l'homme lorsqu'il s'unit totalement à Dieu avec amour, est détaché des images (*entbildet*), formé (*îngebildet*) et transformé (*überbildet*) dans la conformité divine en laquelle il est un avec Dieu »[1]. C'est ainsi que le dépouillement rend à l'esprit toute sa liberté afin qu'il soit disponible pour accueillir en lui la plus haute vérité, le Verbe de Dieu.

« Accueillir », « faire resplendir » et « manifester », *enpfâhen, erschînen, offenbâren*, l'acte de dépouiller s'inscrit donc dans un mouvement beaucoup plus vaste qui permet à l'âme humaine de recevoir la vie divine. Eckhart emploie une image très concrète pour exprimer cette expérience du dépouillement : « Aucun récipient ne peut contenir deux sortes de boisson. S'il doit contenir du vin, il faut nécessairement qu'on enlève l'eau. Il faut qu'il soit nu et vide [...] Bref : tout ce qui doit accueillir et être réceptif doit obligatoirement être nu [...] C'est pourquoi les puissances de l'âme sont parfaites et dépouillées, plus elles reçoivent parfaitement et abondamment ce qu'elles accueillent ; plus elles reçoivent, plus leur joie est grande, plus elles font un avec ce qu'elles reçoivent, en sorte que la puissance supérieure de l'âme, qui est dépouillée de toute chose et n'a rien de commun avec quoi que ce soit, n'accueille rien de moins que Dieu lui-même dans l'abondance et la plénitude de l'être »[2]. L'âme humaine est un espace immense et vaste qui seul peut accueillir la plénitude de Dieu. Et cependant, elle doit se dépouiller et se vider pour l'accueillir, et plus elle se vide, plus Dieu vient la remplir abondamment, d'où cette règle : « Tout ce qui doit accueillir et être réceptif doit obligatoirement être nu / *allez, daz nemen sol und enpfenclich sîn, daz sol und muoz blôz sîn* »[3]. Accueillir ce qui se donne, faire resplendir et manifester ce qui est déjà là : « L'image de Dieu, le Fils de Dieu est dans le fond de l'âme comme une source d'eau vive »[4]. Eckhart ne manque pas de préciser que le dépouillement est un acte de l'intellect, appelé ici « la puissance supérieure de l'âme qui est dépouillée de toute chose et n'a rien de commun avec quoi que ce soit / *diu oberste kraft der sêle, diu aller dinge blôz ist und mit nihte niht gemeine enhât* »[5]. Cet acte exprime la dimension humaine d'une expérience beaucoup plus vaste, ou encore la vie divine ne peut s'inscrire en l'homme qu'en rencontrant en face d'elle une liberté absolue.

Cette conception de la liberté intérieure interroge cependant le statut du monde extérieur. En effet, dans le *Sermon de l'homme noble*, Eckhart emploie des expressions comme « tourner le dos à l'humanité », « ne plus supporter ce qui est dissemblable et étranger à Dieu », ou encore « parvenir à l'oubli total et parfait de

1. *Sermon 72*, *op. cit.*, p. 449 et p. 451 ; *DW* 2, p. 275, 278.
2. *Livre de la Consolation divine*, *op. cit.*, p. 786 et p. 787.
3. *DW* 5, p. 28.
4. *Sermon de l'homme noble*, *op. cit.*, p. 818.
5. *DW* 5, p. 29.

la vie éphémère et temporelle »[1]. Le dépouillement produit-il une séparation radicale avec les choses extérieures ou instaure-t-il une distance nécessaire ? Le monde sensible est-il un obstacle pour la liberté de l'homme ou bien au contraire une médiation indispensable qui conduit à Dieu ? Quelle est la position du maître rhénan à ce propos ? À la suite de la tradition platonicienne, Eckhart distingue le monde sensible et le monde intelligible : « Toutes choses sont immensément plus nobles dans le monde intelligible qu'est l'âme, qu'elles ne le sont en ce monde »[2]. De même que l'or est plus noble que le charbon, le monde intelligible est infiniment plus noble que le monde dans lequel nous vivons. Dieu a fait le monde sensible comme avec du charbon aussi l'âme ne doit pas accorder trop d'importance aux choses extérieures qui la dispersent et dans lesquelles elle se sent à l'étroit : « Là où elle porte encore sa vue sur ces choses d'en bas et les attire un peu en elle par les sens, elle se sent aussitôt à l'étroit [...] Il appartient à la nature de l'âme et à la perfection naturelle de l'âme de devenir en soi un monde intelligible »[3]. Dieu a en effet donné à l'âme de pouvoir recevoir la forme intelligible et l'empreinte de toutes choses, et par conséquent d'être en quelque sorte un monde intelligible, c'est pourquoi elle doit rejeter tout ce qui la tourne vers l'extérieur : « Ce qui, dans l'âme, est en ce monde, ou regarde vers ce monde, ou si quelque chose d'elle a un contact et regarde vers l'extérieur, elle doit le haïr »[4]. Il convient de noter que le verbe « haïr » ne porte pas sur le monde extérieur mais sur une attitude de l'âme. Il ne s'agit pas de se détourner radicalement des choses qui nous entourent mais d'être vigilant quant au regard que nous portons sur elles. Nous pouvons regarder les choses dans leur enfouissement mondain ou bien en tant qu'elles portent en elles la trace de Dieu. Le texte invite l'homme à convertir son regard sur le monde afin que les choses extérieures ne soient plus un obstacle mais qu'elles le dirigent vers une réalité intelligible.

De la même manière, il convient d'observer attentivement la distinction entre l'extérieur et l'intérieur, *ûzer-inner*. Certes, dans le *Sermon de l'homme noble*, Eckhart semble établir une opposition entre « l'homme extérieur » et « l'homme intérieur », *der ûzer mensche – der inner mensche* :

> À l'homme extérieur appartient tout ce qui est inhérent à l'âme, enveloppé de chair et mêlé à elle, faisant œuvre corporelle commune avec et dans chaque membre, comme l'œil, l'oreille, la langue, la main et autres. Et l'Écriture nomme tout cela le vieil homme, l'homme terrestre, l'homme extérieur, l'homme ennemi, un homme esclave. L'autre homme qui est en nous est l'homme intérieur; l'Écriture le nomme un homme nouveau, un homme céleste, un homme jeune, un ami et un homme noble »[5],

1. *Sermon de l'homme noble*, *op. cit.*, p. 817.
2. *Sermon 100*, *op. cit.*, p. 612.
3. *Ibid.*, p. 610 et p. 611.
4. *Ibid.*, p. 610.
5. *Sermon de l'homme noble*, *op. cit.*, p. 814 et p. 815.

et il ajoute même plus loin : « L'homme extérieur est l'homme ennemi, le mauvais [...]. L'homme extérieur est le mauvais arbre qui ne peut jamais porter de bon fruit »[1]. Eckhart fait alors référence à un certain nombre de passages pauliniens[2]. Cependant, dans d'autres textes, il propose une vision plus nuancée et semble même plaider pour une réconciliation entre l'extérieur et l'intérieur. Dans les *Entretiens spirituels*, il établit très clairement une nécessaire articulation entre l'extérieur et l'intérieur : « On doit apprendre à agir en sorte que l'intériorité se manifeste dans l'opération extérieure et que l'on réintroduise l'opération extérieure dans l'intériorité et que l'on s'habitue à agir ainsi sans contrainte »[3]. Eckhart rappelle alors que les œuvres extérieures ne sont vraiment efficaces que lorsqu'elles s'enracinent dans une liberté intérieure, et inversement le critère d'une liberté authentique, c'est la capacité d'agir au-dehors. Le dépouillement n'est donc pas une manière d'échapper au monde extérieur, mais bien plutôt ce qui fait coïncider toutes les dimensions de l'homme. Evoquant la vie quotidienne, Eckhart confie ainsi : « L'homme ne peut pas l'apprendre par la fuite, en fuyant les choses et en se détournant de l'extérieur pour pénétrer dans la solitude ; il doit bien plutôt apprendre la solitude intérieure, où qu'il soit et quelle que soit la personne à côté de qui il se trouve »[4]. Le dépouillement, magnifiquement exprimé ici comme une solitude intérieure, n'est en aucun cas une fuite, mais l'instauration nécessaire d'une distance entre l'homme et le monde, une forme d'indépendance. La vie de l'esprit est importante pour Eckhart, et en même temps, qu'est-ce qu'il serait bon de vivre si l'extérieur et l'intérieur pouvait s'ajuster plus souvent : « Si l'œuvre extérieure trouble l'opération intérieure, que l'on suive la voie intérieure. Mais si les deux pouvaient être unies, ce serait la meilleure manière de coopérer avec Dieu »[5].

C'est dans ce sens qu'il est possible de parler de transparence. Le dépouillement doit permettre à l'homme de ne plus envisager le monde comme un obstacle, mais comme une médiation indispensable qui laisse transparaître quelque chose de plus, ou encore, la vie extérieure doit parfaitement coïncider avec la vie intérieure et l'exprimer pleinement. Dépouiller, ne pas se disperser, mais se concentrer sur l'unique nécessaire présent au cœur du quotidien.

Dans le *Sermon 84*, la figure de Marthe nous offre une belle illustration de ce rapport entre dépouillement et transparence. Eckhart commente de façon originale l'épisode biblique dans lequel le Christ Jésus est reçu par les deux sœurs de Lazare à Béthanie (Lc 10,38-40). Son interprétation est tout-à-fait unique dans la mesure où il inverse la valeur communément reconnue aux deux sœurs. Alors que Marie est assise aux pieds du Seigneur en écoutant ses paroles, Marthe s'occupe de servir celui qu'elle accueille dans sa maison. Marie semble se situer dans une

1. *Ibid.*, p. 815 et p. 816.
2. Rm 7,23-24 ; Ga 5,17-23.
3. Maître Eckhart, *Entretiens spirituels*, 23, *op. cit.*, p. 763 et p. 764.
4. *Ibid.*, 6, p. 732.
5. *Ibid.*, 23, p. 764.

relation extérieure avec le Christ, ou plus exactement, elle s'attache encore à une simple modalité de Dieu, à savoir sa bonté. Ce qui caractérise son attitude, c'est la « joie », sans doute une joie un peu égoïste, mais surtout une joie dans laquelle elle a tendance à « demeurer » et elle risque ainsi de ne plus « avancer » [1]. Or, une telle satisfaction selon la sensibilité, *genuoc nâch sinnelicheit*, n'est pas une fin en soi, mais représente seulement une étape en vue d'une satisfaction plus haute. La figure de Marie évoque le comportement des personnes débutant dans la vie de l'esprit, elle devra apprendre à s'élever vers une satisfaction plus haute et une relation plus intime : « Marie était tout d'abord à l'École et apprenait à vivre » [2]. Au contraire, Marthe témoigne d'un dépouillement qui offre à l'âme une satisfaction intellectuelle ou raisonnable, *redelîcher genüegede :* « Je parle de la satisfaction spirituelle quand la cime la plus élevée de l'âme n'est pas abaissée par toute la joie, mais demeure puissamment au-dessus d'elle » [3]. Son intellect, appelé ici « la cime la plus élevée », est « dégagé de toutes les images » (*vrî von allen bilden*), Eckhart évoque également le fait d'être « dépouillé de toute jouissance corporelle » (*blôz alles lîplîchen gebrûchennes*) [4], mais surtout « Marthe avait un esprit libre qui n'est entravé par aucune chose / *Marthâ stuont in einem vrîen gemüete, ungehindert von allen dingen* » [5]. Loin d'être un refuge à l'abri du monde, l'extrême dépouillement de Marthe la rend parfaitement libre, cette attitude de l'esprit lui permet d'être à la fois efficace dans le service qu'elle accomplit, et disponible vis-à-vis de celui qu'elle accueille. C'est cette double perfection que le Christ veut souligner quand il l'interpelle à deux reprises : « Marthe possédait absolument tout ce que la créature devrait posséder en fait de bien temporel et de bien éternel. En disant *Marthe* la première fois, [le Christ] indiquait sa perfection dans les œuvres temporelles. En disant *Marthe* pour la seconde fois, il indiquait que rien ne lui faisait défaut de tout ce qui est nécessaire pour la béatitude éternelle » [6]. L'attitude de Marthe montre qu'il est parfaitement possible de faire coïncider l'intérieur et l'extérieur. L'efficacité de son service s'enracine dans la dignité de celui qu'elle accueille, et inversement la profondeur de sa relation avec Dieu se manifeste dans sa disponibilité à l'égard des autres. De manière ultime, la transparence consiste à faire coïncider l'action de l'homme avec celle de Dieu : « Quel merveilleux état à l'extérieur et à l'intérieur : saisir et être saisi, voir et être vu, embrasser et être embrassé » [7], et l'action concrète rejoint alors son être le plus profond : « Il lui semblait que l'activité ne convenait à personne aussi bien qu'à elle » [8]. Mais pour parvenir ainsi à une telle transparence, l'esprit a besoin de temps.

1. *Sermon 84*, *op. cit.*, p. 509.
2. *Ibid.*, p. 516.
3. *Ibid.*, p. 508.
4. *Ibid.*, p. 508, p. 511 et p. 512 ; *DW* 3, p. 486 et p. 487.
5. *Ibid.*, p. 513 ; *DW* 3, p. 489.
6. *Ibid.*, p. 510.
7. *Ibid.*, p. 512.
8. *Ibid.*, p. 507.

À travers ce *Sermon*, Eckhart porte un regard très positif sur la vie quotidienne parce qu'elle donne à l'homme une expérience irremplaçable, mais aussi sur le temps qui lui permet de s'accomplir progressivement. Eckhart évoque à propos de Marthe « son âge mûr et le fond de son être bien exercé jusqu'au plus extrême » [1], et il ajoute plus loin : « La vie donne la connaissance la plus noble. La vie connaît mieux que la joie ou la lumière tout ce que l'on peut obtenir en cette vie », et même : « La vie connaît plus purement que ne peut l'accorder la lumière éternelle » [2]. En d'autres termes, cette transparence des choses n'est jamais immédiate, seule l'expérience humaine, la vie auprès des choses et leur fréquentation peuvent offrir la possibilité d'atteindre le principe de celles-ci : « Toutes les créatures médiatisent [...]. Nous sommes placés dans le temps pour que, par une action temporelle judicieuse, nous devenions plus proches de Dieu et plus semblables à lui » [3]. Travail de libération qui rend aux choses toute leur transparence, le dépouillement est également ce qui permet à l'homme d'être présent aux choses et aux personnes qui l'entourent. Une des grandes difficultés soulevée par le *Sermon 84* se situe dans la manière de comprendre et d'articuler cette parfaite liberté intérieure de Marthe et son inquiétude explicite à l'égard de sa sœur. À plusieurs reprises, le Christ s'adresse à Marthe et lui dit : « Tu te soucies et t'inquiètes pour bien des choses / *dû bist sorcsam, dû wirst betrüebet umbe vil* » [4], et plus loin : « Tu es troublée par beaucoup de choses » [5], et même : « Tu es troublée par beaucoup de soucis / *dû wirst betrüebet umbe vil sorge* » [6]. Comment est-il possible de comprendre le parfait dépouillement de Marthe et son inquiétude à l'égard de sa sœur ? Le souci ne désigne pas ici un état intérieur d'écrasement ou d'enfermement, mais il exprime le sentiment légitime de l'individu devant la grandeur de la vie. Marthe a parfaitement conscience de tout ce qui est en jeu dans l'existence, et plus précisément qu'il ne faut pas se laisser enfermer dans les choses extérieures parce qu'elles doivent au contraire toujours laisser transparaître quelque chose de plus grand. L'inquiétude de Marthe à l'égard de sa sœur est en réalité comme un cri qui exprime sa liberté : « Mais Marthe était tout à fait accomplie / *aber Marthâ stuont sô weselîche* » [7].

Et toute la beauté du *Sermon 84* se situe peut-être dans cette distinction proposée par Eckhart à propos de Marthe : « Elle était près des choses, non dans les choses ; elle était séparée des choses et les choses séparées d'elle / *si stuont bî den dingen, niht in den dingen; si stuont sunder und ez sunder* [8]. Être « dans les choses », ou encore « dans le souci » (*in der sorge*) [9], signifie être enfermé à

1. *Ibid.*
2. *Ibid.*, p. 508.
3. *Ibid.*, p. 510.
4. *Ibid.*, p. 509 ; *DW* 3, p. 483.
5. *Ibid.*, p. 513.
6. *Ibid.*, p. 515 ; *DW* 3, p. 491.
7. *Ibid.*
8. *Ibid.*, p. 513 ; *DW* 3, p. 488.
9. *Ibid.*, p. 512 ; *DW* 3, p. 488.

l'intérieur des choses extérieures, inévitablement écrasé par les différents troubles qui se présentent au-dehors, et finalement dispersé et perdu dans le monde environnant. Le dépouillement intellectuel permet à Marthe de découvrir en elle une liberté intérieure qui lui donne de vivre auprès des choses et même d'exercer une certaine vigilance à leur égard : « La chère Marthe et avec elle tous les amis de Dieu sont avec le souci » (*mit der sorge*)[1]. Eckhart montre non seulement que l'esprit humain découvre en lui la présence de celui qui est radicalement distinct de toutes choses, mais également qu'il peut acquérir grâce à son intellect une profonde indépendance par rapport aux choses extérieures : « Elle était séparée des choses ». Toute l'originalité d'Eckhart consiste à rappeler que l'homme ne parvient à une telle indépendance qu'à partir d'une fréquentation régulière des choses extérieures. Dans la condition qui est la sienne, l'esprit ne peut prendre conscience de sa nature indépendante qu'en rejoignant les choses avec une grande liberté, et c'est à travers le quotidien qu'il s'élève vers Dieu : « On domine le temps, quand, continuellement, dans son intellect, on s'élève en Dieu selon la vérité raisonnable et vivante »[2]. C'est ainsi que tout naturellement l'acte de dépouiller fait place à celui d'élever, de s'élever et d'être élevé, sans nécessairement quitter le monde sensible.

1. *Sermon 84*, *op. cit.*, p. 512 ; *DW* 3, p. 488.
2. *Ibid.*, p. 510.

CHAPITRE II

ÉLEVER

Ce second verbe désigne un acte important de l'intellect dans son élan vers la vérité. L'homme est capable de parvenir à des réalités plus hautes et de passer à un degré plus élevé de connaissance. Alors que le dépouillement est un travail à partir des choses sensibles, l'acte d'élever conduit l'esprit à l'intérieur du principe, vers ce qu'il y a de plus haut : « Car il est dans la nature une puissance qui sépare le plus grossier et le rejette, et elle élève le plus noble » [1]. Dans la pensée scolastique, le verbe « élever », en latin *elevare*, indique non seulement le mouvement de l'âme qui monte progressivement vers Dieu au moyen de sa lumière naturelle, mais il évoque également l'illumination divine qui vient disposer l'âme humaine et la rendre capable de Dieu : « Il élève l'âme, l'enlève et l'attire en haut avec lui [...] elle s'élève car il l'entraîne avec lui » [2]. Ainsi pour Thomas d'Aquin, l'intellect humain a besoin pour voir Dieu par essence, d'être élevé par la lumière de gloire, une disposition surnaturelle doit lui être surajoutée afin qu'il soit élevé jusqu'à une telle sublimité [3]. De même pour Eckhart, « on doit être grand et très élevé pour voir Dieu [...] nous devons être élevés et transférés dans un pur repos, et ainsi voir Dieu » [4]. Les trois formes verbales « élever », « s'élever » et « être élevé » appartiennent donc plus exactement au vocabulaire de la vision béatifique. Comment le maître rhénan se situe-t-il par rapport à cette question ? Et quel est le sens précis qu'il donne à cet acte de l'intellect ?

Pour Eckhart, le verbe « élever » indique un mouvement permanent de l'intellect qui doit dépasser et monter, comme un impératif catégorique qui invite dès à présent à une plus grande intimité avec Dieu. On pourrait parfois penser à un éparpillement de l'âme qui « va de tous côtés », « épie ici et là », « acquiert et

1. Maître Eckhart, *Sermon 56*, *op. cit.*, p. 362.
2. *Sermon 78*, *op. cit.*, p. 479.
3. Thomas d'Aquin, *STh.*, I, q. 12 a. 5, p. 227.
4. Maître Eckhart, *Sermon 40*, *op. cit.*, p. 288 et p. 289.

perd»[1]. Tous ces mouvements expriment au contraire une tension inhérente à l'intellect qui doit à la fois dépasser la dualité et tenir l'altérité. Eckhart abandonne ainsi progressivement le thème de la vision béatifique pour s'inscrire davantage dans une perspective néoplatonicienne et apophatique. Dans la mesure où le principe est constamment au-delà, l'intellect, dans son ascension, doit toujours « avoir du mouvement » et « courir ça et là »[2].

« La pensée a du mouvement et court ça et là »

Le verbe «élever» traduit le moyen-haut allemand *erheben* qui peut être employé de manière transitive[3] ou de façon réflexive[4]. C'est ainsi que l'humilité se définit comme le fait d'«élever Dieu dans son cœur et dans sa connaissance / *got erheben in dînem herzen und in dînem bekantnisse*»[5], et la joie de l'âme consiste à « s'élever au-dessus d'elle-même [...] au-delà du temps et au-delà de l'espace / *die sêle muoz sich erheben über sich selben* [...] *über zît und über stat*»[6]. Ce verbe indique un mouvement vers le haut et signifie à la fois dépasser et parvenir. Il s'agit de s'élever au-dessus des créatures[7], au-dessus des choses terrestres[8], et au-dessus des choses corporelles[9]. L'âme doit également se dépasser elle-même[10], dépasser le temps et l'espace[11], et dépasser sa demeure naturelle pour parvenir à un niveau supérieur, vers quelque chose de plus haut, de plus pur et de plus noble[12]. L'acte d'élever rejoint ainsi celui du dépouillement, ou plus exactement, à mesure que l'intellect se détache de toutes choses, il s'élève vers ce qu'il y a de plus haut et de plus pur : «L'homme doit être détaché et élevé au-dessus de toutes choses / *der mensche muoz sêre abegescheiden sîn und erhaben über alliu dinc*»[13]. Eckhart utilise également la forme passive *erhaben sîn*»[14] comme par exemple à propos de « l'homme vraiment spirituel [qui] devrait être élevé dans une véritable paix / *ein rehte geistlich mensche sölte sîn erhaben an einem rehten vride ganz*»[15]. Dans ce cas, il s'agit plutôt de désigner un état

1. Maître Eckhart, *Sermon 66*, *op. cit.*, p. 416.
2. *Sermon XXIV*, 2, n. 248, *op. cit.*, p. 237.
3. *DW* 1, p. 74, 230, 306, 393, 396, 398; *DW* 2, p. 534; *DW* 3, p. 17, 399, 426, 429; *DW* 4/1, p. 104, 478.
4. *DW* 2, p. 165; *DW* 3, p. 455.
5. *Sermon 41*, *op. cit.*, p. 296; *DW* 1, p. 74.
6. *Sermon 7*, *op. cit.*, p. 85; *DW* 2, p. 165.
7. *Sermon 49*, *op. cit.*, p. 329.
8. *Sermon 86*, *op. cit.*, p. 531.
9. *Sermon 78*, *op. cit.*, p. 479.
10. *Sermon 63*, *op. cit.*, p. 399.
11. *Sermon 7*, *op. cit.*, p. 85.
12. *Sermon 118*, *op. cit.*, p. 705.
13. *Sermon 80*, *op. cit.*, p. 494; *DW* 2, p. 109.
14. *DW* 1, p. 77, 78, 156, 157; *DW* 2, p. 109, 261, 262, 369, 612; *DW* 3, p. 26, 196, 264, 429, 486.
15. *Sermon 82*, *op. cit.*, p. 505; *DW* 3, p. 26.

supérieur, le résultat de l'élévation est un ennoblissement de l'homme : « Et ainsi notre nature humaine est infiniment élevée, du fait que le Très-Haut est venu et a assumé la nature humaine / *also ist unser menschlich natur unmessiklichen erhöhet von dem* »[1], ou encore : « Dieu s'est fait homme, par là tout le genre humain est élevé et anobli / *got ist mensche worden, dâ von ist erhoehet und gewirdiget allez menschlich künne* »[2]. Eckhart emploie ici le verbe *erhoehen* qui est assez proche de *erheben*[3] avec parfois le sens d'exalter[4]. L'élévation prend alors un sens théologique particulier et trouve sa place dans le mouvement même de l'Incarnation. L'abaissement de Dieu dans la nature humaine permet à l'homme de s'élever à nouveau jusqu'à lui : *Voici comment s'est manifesté l'amour de Dieu au milieu de nous : Dieu a envoyé son Fils dans le monde afin que nous vivions par lui* (1Jn 4,9)[5]. Et de la même façon, en s'abaissement humblement, l'homme peut à chaque instant être élevé jusqu'à Dieu : « La suprême hauteur de l'élévation réside dans le profond abîme de l'humilité / *diu hoehste hoehe der hôcheit liget in dem tiefen grunde der dêmüeticheit* »[6]. Eckhart se réfère explicitement à l'Évangile : *Celui qui s'abaisse sera élevé*, en latin : *qui se humiliabitur, exaltabitur* (Mt 23,12 ; Lc 14,11).

Dans cette perspective à la fois scripturaire et théologique, il peut être intéressant de rapprocher *erheben* de *ûfstân*, qui traduit le latin *surgere*. « S'élever », « se lever » et « se tenir debout » sont des termes qui appartiennent au vocabulaire de la Résurrection et que l'on retrouve dans l'Évangile de Luc. Dans le *Sermon 28*, Eckhart commente la parole du Christ qui ressuscite un jeune homme mort dans la ville de Naïn : « *Jeune homme, je te le dis, lève-toi* (Lc 7,14) / jüngelinc, ich sage dir, stant ûf »[7] ! L'expression « lève-toi », en allemand *stant ûf*, permet de souligner que « l'âme doit monter [...] et dépasser / *diu sêle muoz ûfgân und übergân* », mais également que « l'Esprit saint prend l'âme [...] et l'entraîne vers le plus élevé / *der heilige geist nimet die sêle* [...] *und ziuhet sie ûf in daz allerhœhste* »[8]. Eckhart réalise d'autres commentaires de ce même épisode biblique dans les *Sermons 59* et *29* ainsi que dans le premier *Sermon XXXVI*. Les deux sermons allemands parlent longuement d'une puissance dans l'âme, un quelque chose qui est « si pur et si élevé et si noble en soi-même / *daz ist sô lûter und sô hôch und sô edel in im selben* »[9], l'intellect est défini ici comme un « on ne sait quoi de très mystérieux qui est au-dessus / *neizwaz gar heimlîches, daz dar über ist* »[10]. Le sermon latin rappelle quant à lui combien l'âme doit être « portée

1. *Sermon 49*, *op. cit.*, p. 329 ; *DW* 1, p. 77.
2. *Sermon 50*, *op. cit.*, p. 334 ; *DW* 1, p. 86.
3. *DW* 1, p. 77, 85, 86, 237 ; *DW* 3, p. 215, 216.
4. *Sermon 12*, *op. cit.*, p. 115 ; *DW* 1, p. 237.
5. *Sermon VI*, 2, n. 57-61, *op. cit.*, p. 94-96.
6. *Entretiens spirituels*, 23, *op. cit.*, p. 764 ; *DW* 5, p. 293.
7. *Sermon 28*, *op. cit.*, p. 229 ; *DW* 1, p. 296.
8. *Ibid.*, p. 230 ; *DW* 1, p. 303 et p. 299.
9. *Sermon 59*, *op. cit.*, p. 380 et p. 381 ; *DW* 2, p. 308.
10. *Sermon 29*, *op. cit.*, p. 237 ; *DW* 2, p. 325.

toujours plus haut et poussée vers Dieu / *sursum ferri et agi in deum*», afin de s'agrandir et de vivre éternellement[1]. Enfin, les *Sermons 63* et *64* interprètent de la même façon le passage dans lequel le Christ ressuscite la fille du chef de la synagogue : « *Mon enfant, lève-toi* (Lc 8,54), *stant ûf!* » À travers cette parole, le Fils de Dieu enseigne à l'âme comment « elle doit surgir et s'élever au-dessus d'elle-même et demeurer au-dessus d'elle-même / *wie si ûf sol stân und wie si sich sol erheben boben sich selber und wonen boben ir selber*»[2], ou encore il faut « qu'elle demeure au-dessus d'elle-même et au-dessus de toutes choses passagères / *daz zi pobin ir selbir und pobin allin forgenclichin dingin*»[3]. Dans cette perspective lucanienne, le verbe *ûfstan* que l'on peut traduire aussi par « se tenir debout », exprime l'expérience de la Résurrection et se définit comme le fait de s'élever, d'élever son âme, d'être relevé par Dieu.

À travers tous ces textes, le verbe « élever » apparaît tout d'abord comme un acte de l'intellect qui se détache de toutes choses et se porte progressivement vers ce qu'il y a de plus haut. Eckhart parle ainsi de la lumière naturelle présente en tout homme : « L'âme doit dans sa lumière naturelle s'élever vers le plus haut et le plus pur / *diu sêle sol sich ûf erheben in irm natiurlîchen liehte in daz hoehste und in daz lûterste* », puis elle pénètre dans la lumière angélique, *treten*, pour parvenir enfin dans la lumière divine, *komen*[4]. Ces différents verbes indiquent le mouvement de la connaissance intellectuelle qui s'élève jusqu'aux « principes de la chose » (*rationes rerum*), tel un « grand aigle [...] aux ailes déployées »[5]. À la différence de la sensibilité qui s'épuise en agissant au-dehors, plus l'intellect s'élève vers le haut et opère au-dedans, plus il prend de la vigueur et s'élève encore plus haut, c'est pourquoi celui-ci doit s'élever sans crainte jusqu'à Dieu :

> L'intellect devient d'autant plus capable d'agir qu'il s'exerce plus souvent et s'applique à des objets plus élevés [...] plus l'intelligible est élevé, plus il donne de la vigueur à l'intellect / *intellectus vero e converso quanto pluries et altiora intelligit, tanto fit potentior ad actum* [...] *intelligibile autem non sic ; sed vigorat intellectum tanto amplius, quanto fuerit sublimius*[6].

Pourtant cette lumière naturelle n'est rien sans la lumière divine. La grâce vient alors illuminer l'intelligence de l'homme :

> L'Esprit saint a donné à l'âme une lumière divine [...] elle élève l'âme vers Dieu [...] la grâce doit élever l'âme jusqu'à Dieu / *diu erhebet die sêle ûf ze got* [...] *alsô muoz diu gnâde die sêle erheben in got*[7].

1. *Sermon XXXII*, n. 328, *op. cit.*, p. 289 ; *LW* 4, p. 287.
2. *Sermon 63*, *op. cit.*, p. 399 ; *DW* 3, p. 455.
3. *Sermon 64*, *op. cit.*, p. 404 ; *DW* 3, p. 470 et p. 471.
4. *Sermon 28*, *op. cit.*, p. 232 ; *DW* 1, p. 306.
5. *Sermon I sur l'Ecclésiastique*, n. 9, *op. cit.*, p. 20 ; *LW* 2, p. 238.
6. *Leçon II sur l'Ecclésiastique*, n. 51, *op. cit.*, p. 50 ; *LW* 2, p. 279.
7. *Sermon 77*, *op. cit.*, p. 476 et p. 477 ; *DW* 3, p. 429.

Aussi le verbe « élever » désigne également le mouvement par lequel Dieu attire l'âme jusqu'à lui, une sorte de ravissement qui la porte au-delà d'elle-même. Eckhart évoque souvent l'expérience de Paul qui fut enlevé jusqu'au troisième ciel (2Co 12,2). Dans le *Sermon 78*, il décrit ce ravissement comme un détachement de toute corporalité, un éloignement de tout ce qui est image, et une connaissance pure et directe de Dieu[1]. Ce commentaire est très riche par le vocabulaire qu'il emploie pour exprimer aussi bien le mouvement de l'intellect vers Dieu que celui de l'Esprit saint qui attire l'âme à lui. Ou encore, c'est Dieu qui donne à l'âme de pouvoir s'élever jusqu'à lui. Conduit par l'Esprit saint, l'âme dépasse toutes choses (*alliu dinc überkomen*)[2], élève son intellect vers Dieu (*erheben gegen got*) et s'envole avec l'aile de la connaissance (*mit der veder des verstantnisse ûfvliegen*)[3]. C'est pourquoi « l'intellect de l'âme est ce que l'âme a de plus élevé / *diu vernunft der sêle daz ist daz hoehste der sêle* »[4]. Aussi l'âme doit-elle continuellement « monter et élever son intellect / *ûfgân und sîne vernunft erheben* »[5].

Le verbe « monter » traduit l'allemand *ûfgân*[6], composé du radical *gân* qui signifie « aller », « marcher » et quelque fois même « courir » et « circuler », et du préfixe *ûf* qui indique un mouvement vers le haut : « La connaissance et l'intellect tendent directement vers Dieu / *diu verstantnisse und diu vernünfticheit gât die rihte ûf in got* »[7]. Ce verbe appartient également au vocabulaire biblique et traduit le latin *ascendere*. Dans le *Sermon 78*, il évoque l'attitude des disciples à la suite du Christ : « Jésus ordonna à ses disciples de monter dans une barque et de traverser la fureur / *Jêsus hiez sîne jüngern ûfgân in ein schiffelîn und hiez sie varn über die wuot* (Mt 14,22) »[8]. Ce qui signifie que l'âme doit monter, s'élever au-dessus des choses corporelles et traverser l'inconstance des choses éphémères. Dans le *Sermon 107*, le verbe « monter » exprime l'attitude du Christ lui-même : « Notre Seigneur laissa la foule et gravit la montagne / *unser herre liez die schar und gienc ûf den berc* (Mt 5,1) »[9]. On peut noter ici l'articulation entre les verbes « laisser » et « monter » (*liezen* et *ûfgân*). À mesure que l'âme se dépouille de toutes choses extérieures, elle s'élève et monte vers Dieu. Ou encore, pour recevoir l'enseignement et la parole de Dieu, l'homme doit se dégager de tout, *er muoz sich verzîhen :* « Celui qui veut recevoir l'enseignement de Dieu doit se recueillir, s'enfermer en lui-même, se détourner de tous soucis, de tous tracas et

1. *Sermon 78*, *op. cit.*, p. 482.
2. *Ibid.*, p. 480 ; *DW* 1, p. 396.
3. *Ibid.* ; *DW* 1, p. 398.
4. *Ibid.*
5. *Ibid.*, p. 479, *DW* 1, p. 393.
6. *DW* 1, p. 24, 28, 45, 155, 156, 303, 342, 393 ; *DW* 2, p. 188, 371, 536, 564 ; *DW* 3, p. 196, 214, 240, 485, 486.
7. *Sermon 69*, *op. cit.*, p. 438 ; *DW* 2, p. 371.
8. *Sermon 78*, *op. cit.*, p. 479 ; *DW* 1, p. 393.
9. *Sermon 107*, *op. cit.*, p. 640 ; *DW* 3, p. 239.

de l'agitation des choses inférieures »[1]. Tel est le premier sens de ce verset. En second lieu, l'expression « gravir la montagne » signifie que l'homme doit réduire à néant tout ce qui est créature, *von nôt abevellet allez daz crêatûre ist*, afin de goûter vraiment la douceur et la suavité de Dieu[2]. Enfin, le troisième sens de ce verset souligne l'élévation de Dieu, *sîne hoehe*, et d'une certaine façon sa transcendance. L'intellect doit « monter » parce que Dieu se situe en haut. Et cette ascension est sans doute infinie parce que Dieu est toujours au-delà : « Dieu est une lumière [...] une lumière qui aveugle [...] elle est infinie, ce qui veut dire qu'elle n'a pas de fin, qu'elle ignore toute fin »[3]. Dans ce *Sermon*, il convient de noter la métaphore de la lumière si souvent employée par Eckhart pour exprimer l'ascension de l'intellect, une métaphore qu'il emprunte à la littérature johannique : *Dieu est une vraie lumière qui brille dans les ténèbres* (Jn 1,9.5).

En effet, Dieu est comparable à une lumière qui se lève dans l'intellect. Dans le *Sermon 57*, Eckhart envisage ainsi l'illumination de l'intellect à partir des différents moments de la journée :

> La lumière divine se lève dans l'âme et crée un matin ; l'âme monte dans la lumière, s'amplifie et s'élève jusqu'à midi, puis vient le soir / *daz götlîche lieht gât ûf in der sêle und machet einen morgen, und diu sêle klimmet ûf in dem liehte in eine wîte und in eine hoehe in dem mittentac ; dar nâch volget der âbent*[4].

Le sens du verbe *ûfklimmen* est très proche de *ûfgân*, et se distingue de *abeklimmen* qui signifie « descendre »[5]. Ce passage souligne que la lumière divine vient illuminer la lumière de l'intellect et le rend ainsi capable de s'élever jusqu'à Dieu. Cette perspective d'inspiration johannique apparaît très nettement dans le *Commentaire* eckhartien. D'une part, l'interprétation du verset *La lumière brille dans les ténèbres* (Jn 1,5) permet de souligner combien l'intelligence de l'homme est incapable par elle-même de contempler la lumière divine. L'expression « les ténèbres » montre que « l'intellect dont l'activité s'origine aux sens, est obscurci par l'ombre des phantasmes par lesquels et dans lesquels il connaît » et renvoie en fait à « la raison supérieure » de l'homme[6]. Mais d'autre part, le verset *Il était la vraie lumière, il illumine tout homme venant dans le monde* (Jn 1,9) indique que la lumière de la grâce, *lux gratiae*, vient illuminer l'intelligence de l'homme[7]. S'inspirant du *Livre des Causes*, Eckhart emploie alors le verbe « fluer » (*influere*), pour exprimer comment la lumière se répand et inonde toutes choses sans pour autant sortir d'elle-même, comme un

1. *Sermon 107*, *op. cit.*, p. 640 ; *DW* 3, p. 240.
2. *Ibid.* ; *DW* 3, p. 241.
3. *Ibid.*, p. 643.
4. *Sermon 57*, *op. cit.*, p. 178. ; *DW* 1, p. 342 et p. 343.
5. *DW* 2, p. 188.
6. *Commentaire sur l'Évangile de Jean*, n. 83 et n. 84, *OLME* 6, p. 167 et p. 169.
7. *Ibid.*, n. 86-95, *OLME* 6, p. 173-191.

rayonnement à partir du principe[1]. Ce thème de l'illumination est aussi présent à travers le *Sermon 66* dans lequel Eckhart commente l'épisode de la conversion de Paul sur le chemin de Damas, il évoque alors comment l'intelligence humaine est à la fois enveloppée par la lumière divine et plongée dans l'obscurité (Ac 9,8). Le maître rhénan rappelle tout d'abord que Dieu est une lumière qui n'est pas immédiatement accessible à l'homme, c'est pourquoi l'intelligence doit s'élever sans toutefois parvenir au but qu'elle se fixe, et de son côté, Dieu l'attire pleinement jusqu'à lui : « Par lumière du ciel, nous entendons la lumière qu'est Dieu, que les sens d'aucun humain ne peuvent atteindre [...] Celui qui s'élève encore et croît en grâce et en lumière n'est encore jamais parvenu en Dieu [...] Pour que Dieu soit vu, il faut que ce soit dans la lumière qui est Dieu lui-même »[2]. Eckhart se réfère explicitement à l'*Évangile de Jean*, mais son explication s'appuie d'avantage sur une perspective apophatique produisant ainsi une toute autre interprétation : « La lumière qu'est Dieu brille dans les ténèbres. Dieu est une vraie lumière; celui qui doit la voir doit être aveugle et écarter Dieu de quoi que ce soit [...] Quand l'âme s'est détournée de toutes choses en devenir, il faut nécessairement que Dieu brille et rayonne en elle »[3]. L'expression « les ténèbres » ne renvoie plus à l'obscurcissement de l'intellect par les sens, mais indique ici ce qui est au-delà de la lumière. La pointe de ce *Sermon* est sans doute le fait que cet aveuglement de l'intelligence est en même temps un éveil de l'esprit : « Dans cette lumière, toutes les puissances de l'âme bondissent, les sens extérieurs s'élèvent, par lesquels nous voyons et entendons, de même les sens intérieurs que nous nommons pensées [...] Au-delà des pensées se situe l'intellect lorsqu'il est encore en recherche. Il va de tous côtés et cherche; il épie ici et là, il acquiert et perd [...] dans cette lumière, toutes les puissances de l'âme s'élèvent. Les sens bondissent dans les pensées »[4]. Quand la lumière divine entre dans l'âme, elle met toutes les puissances en mouvement, et l'intellect lui-même « va de tous côtés » (*gât alumbe*), « épie ici et là » (*lûzet her und dar*), « acquiert et perd » (*gât zuo und abe*)[5].

Le verbe « élever » est la formulation la plus simplifiée d'un mouvement qui est en réalité une intense effervescence. Eckhart s'est efforcé d'exprimer cette illumination de l'intellect grâce à de nombreuses formules verbales composées à partir du radical *gân* auquel sont ajoutés les préfixes *în-*, *über–* et *durch-*. À la suite d'Aristote, il rappelle alors que la béatitude de l'homme n'est pas une forme de repos, mais réside dans l'activité de l'intellect : « Toute notre perfection et toute notre béatitude, c'est que l'homme fasse sa percée et dépasse tout le créé et toute temporalité et tout l'être, et pénètre dans le fond qui est sans fond »[6]. Dans

1. *Le Livre des Causes*, chap. 22 n. 162 et n. 165, *in* P. Magnard, O. Boulnois, B. Pinchard et J.-L. Solère, *La Demeure de l'être. Autour d'un anonyme*, Paris, Vrin, 1990, p. 71.

2. Maître Eckhart, *Sermon 66*, *op. cit.*, p. 415.

3. *Ibid.*, p. 418, 419 et p. 420.

4. *Ibid.*, p. 416.

5. *DW* 3, p. 215.

6. *Sermon 59*, *op. cit.*, p. 381.

cette phrase, Eckhart emploie les trois verbes « percer » (*durchgân*), « dépasser » (*übergân*), et « pénètrer » (*îngân*). Le premier indique un mouvement qui traverse et passe à travers, en allemand *durch-*. Le second exprime l'idée de s'élever et d'aller au-dessus, *über-*, au-dessus des choses créées et temporelles, et même au-delà de l'être. Le troisième verbe désigne le fait d'entrer et d'aller à l'intérieur, *in-*. Il est difficile d'imaginer une progression chronologique entre ces trois verbes, c'est plutôt une même activité de l'intellect qui s'exprime à trois niveaux. Ou plus exactement, quand la lumière divine resplendit et se répand vers l'extérieur, *ûzgân*, l'intellect va « de tous côtés », « à travers », « au-delà » et « au-dedans », comme une diffraction de la lumière au contact de l'air, ou de n'importe quel autre milieu diffusant.

Une abondante terminologie va ainsi être composée à partir des préfixes *în-*, *über–* et *durch-*, pour exprimer l'ascension de l'intellect. Comment est-il possible de présenter cette créativité verbale le plus exhaustivement possible ? Disons pour commencer, qu'à côté de la série *gân*, *durchgân*, *übergân*, *îngân* et *ûzgân* qui exprime le mouvement d'expansion, de sortie et de retour vers le principe, on peut également citer à partir du verbe *vüeren*[1] qui signifie « conduire », les compositions *durchvüeren*, *übervüeren* et *învüeren*[2]. Dans le *Sermon 78*, Eckhart évoque ainsi à partir de ces trois formulations les rapports de compénétration entre l'intellect et l'Esprit saint : « C'est une grâce particulière et un don éminent qu'avec l'aile de la connaissance, on s'envole, on élève son intellect vers Dieu et que l'on soit transporté de clarté en clarté (*übervüeren von klârheit ze klârheit*) [...] Quand [l'intellect] est fixé en Dieu, il est conduit (*vüeren*) par l'Esprit saint dans l'image et il y est uni. Et avec l'image et avec l'Esprit saint, il est conduit (*durchvüeren*) et introduit (*învüeren*) dans le fond »[3]. De même à partir du verbe *vliezen*[4], « fluer », Eckhart compose les formes *übervliezen*[5], *învliezen*[6] et *ûzvliezen*[7], ainsi que le substantif *durchvluz*[8]. Le *Sermon 43* exprime ainsi le retour de l'âme dans le Fils d'où elle est issue : « L'âme doit refluer (*wider învliezen*) dans le Fils comme elle a flué hors de lui (*ûzgevlozzen*) [...] Elle doit refluer (*wider învliezen*) en lui aussi pure qu'elle a flué hors de lui (*ûzgevlozzen*) »[9]. Le langage devient métaphorique, le champ lexical est celui de l'eau, du flux de l'eau qui jaillit de la source et y retourne. Mais il s'agit aussi du

1. *DW* 1, p. 259, 398 ; *DW* 2, p. 405 ; *DW* 3, p. 152, 241, 246, 254.
2. *DW* 1, p. 398 et p. 399.
3. *Sermon 78*, *op. cit.*, p. 480.
4. *DW* 1, p. 20, 32, 35, 105, 149, 162, 177, 199, 219, 234, 237, 245, 251, 252, 276, 303, 386, 418 ; *DW* 2, p. 31, 152, 191, 214, 244, 273, 394, 396, 496, 504, 522, 523, 540, 595, 606 ; *DW* 3, p. 61, 217, 252, 261, 287, 296, 297, 385, 395, 396, 399, 403, 414, 415, 456, 457, 458, 463.
5. *DW* 1, p. 397 ; *DW* 3, p. 117.
6. *DW* 1, p. 19, 416 ; *DW* 2, p. 456, 549, 550 ; *DW* 3, p. 414.
7. *DW* 1, p. 180 ; *DW* 2, p. 32, 51, 94, 326, 387, 395, 456, 458, 537, 549, 550 ; *DW* 3, p. 197, 218, 227, 245, 253, 298, 369, 379, 385, 402, 457.
8. *DW* 3, p. 249.
9. *Sermon 43*, *op. cit.*, p. 302.

vocabulaire de l'émanation tel qu'il est formulé dans le *Livre des Causes :* « Toute cause première influe plus (*plus est influens*) sur son effet que la cause universelle seconde », et plus loin : « Tout être connaissant qui connaît sa propre essence, vers elle fait retour, d'un retour total / *rediens ad essentiam suam reditione completa* » [1]. Dans cette même perspective, il faut signaler les formules verbales *giezen*[2], *durchgiezen*[3] et *îngiezen*[4] souvent employées pour exprimer le mouvement de la cause première qui se répand et se diffuse à l'intérieur de toutes choses. Le domaine de la lumière est également très fréquent comme l'attestent les verbes *durchliuhten*[5] et *durchschînen*[6] composées autour de *liuhten*[7] et *schînen*[8] qui signifient « rayonner » et « briller ». Enfin, à partir des trois préfixes *durch-*, *über-*, et *în-*, il convient de mentionner les verbes *durchbrechen*, que l'on peut traduire par « percer » ou « traverser », *überspringen*, *überheben* et *überhüpten*, « franchir » et « dépasser », et *îndringen*, *înkomen*, *înkriegen*, *întragen*, « pénétrer », « retourner », ou tout simplement « entrer ». Il existe ainsi une grande créativité verbale qui souligne combien la présence de Dieu dans l'âme humaine est capable de rendre fécond l'intellect et de donner du mouvement à la pensée.

Que peut-on dire de l'œuvre latine ? Habitué aux concepts plus abstraits de la réflexion théologique, le latin scolastique est-il moins apte à exprimer les variations infinies de la vie de l'esprit ? Certains textes latins évoquent déjà avec une grande variété le mouvement de l'intellect. Ainsi, dans le second *Sermon XXIV* sur Lc 19,46, Eckhart définit l'âme humaine comme une maison dans laquelle Dieu vient habiter. Il décrit alors les actes de l'intellect à travers des expressions comme « l'élévation de l'âme » (*elevatio animae*)[9] ou « l'ascension de l'intellect » (*ascensus intellectus*)[10]. Il parle également d'une « entrée dans la racine première de la pureté de toutes choses / *introitus in primam radicem* » [11]. Il utilise même le mot « infusion » ou « irruption », en latin *illapsus*, pour indiquer le mouvement du Verbe éternel à partir duquel le Père opère toutes choses dans l'âme[12]. À côté de ces substantifs, Eckhart emploie aussi des verbes comme *ascendere* : « Il existe quelque chose de plus élevé vers lequel l'intellect doit

1. *Le Livre des Causes*, chap. 1 et chap. 14, *op. cit.*, p. 39 et p. 63.

2. Maître Eckhart, *DW* 1, p. 200, 234, 320, 367, 370, 379, 380, 385 ; *DW* 2, p. 81, 122, 124, 210, 214, 294, 342, 347, 402, 551, 554, 555, 556, 598, 601 ; *DW* 3, p. 24, 40, 174, 260, 261, 294, 295, 384, 403, 430, 437, 461.

3. *DW* 1, p. 199 ; *DW* 2, p. 214, 580.

4. *DW* 1, p. 177 et p. 344 ; *DW* 3, p. 221 et p. 384.

5. *DW* 1, p. 31 ; *DW* 2, p. 294.

6. *DW* 1, p. 407.

7. *DW* 1, p. 12, 31, 72, 141, 162, 226, 240, 326 ; *DW* 2, p. 30, 122, 240, 276, 277, 280, 304, 382, 388 ; *DW* 3, p. 162, 212, 213, 223, 250, 251, 252, 266, 299, 301, 354, 486.

8. *DW* 1, p. 31, 61, 64, 67, 150, 188, 234, 253, 407 ; *DW* 2, p. 17, 259, 268, 368, 369, 372, 406, 430, 477, 501, 603 ; *DW* 3, p. 17, 78, 97, 219, 227, 230, 285, 296, 328.

9. *Sermon XXIV*, 2, n. 245, *op. cit.*, p. 235 ; *LW* 4, p. 224.

10. *Ibid.*, n. 247, p. 236, *LW* 4, p. 226.

11. *Ibid.*, n. 248, p. 237 ; *LW* 4, p. 227.

12. *Ibid.*, n. 244, p. 234 ; *LW* 4, p. 224.

monter / *aliquid longe altius, in quod oportet ascendere*»[1]. En adjoignant à ce verbe le préfixe *trans-*, qui signifie «au-delà», «par-delà» ou encore «à travers», on obtient ainsi le verbe *transcendere* que l'on peut traduire par «franchir» ou «dépasser». Composé à partir du même préfixe, il existe également le verbe *transire* qui signifie «passer», «aller au-delà»: «Par conséquent, l'intellect n'atteint pas Dieu en soi sans une ascension [...] Il faut donc que l'intellect dépasse [...] Il faut passer / *igitur intellectus deum in se non attingit, nisi ascendat* [...] *transcendere igitur oportet* [...] *oportet transire*»[2]. Certes, le latin *trans–* est peut-être moins précis que l'allemand qui distingue *durch–* et *über-*, c'est-à-dire «à travers» et «au-delà», et cependant la langue latine s'efforce aussi de dire la diversité des mouvements qui se trouvent dans l'âme humaine. Il est plus juste de dire que la langue allemande s'est considérablement développée à partir d'une littérature latine déjà bien riche. Eckhart peut d'ailleurs s'appuyer sur de grands auteurs comme Augustin qui ont largement évoqué dans la langue latine toute la richesse de la vie intérieure. C'est le cas par exemple du verbe *illabitur*[3] qui signifie «pénétrer», «s'insinuer» ou encore «se laisser glisser à l'intérieur», que l'on retrouve dans les *Confessions*[4]. Ainsi, le latin savant permet d'exprimer à sa façon la diversité des actes de l'intellect dans son ascension vers Dieu, une rencontre qui met en mouvement l'esprit: «La pensée a du mouvement et court ça et là / *cogitatio motum habet et discursum*»[5]. Le terme *discursus* possède ici un sens technique, il traduit le grec *dianoïa* qui désigne la connaissance discursive par opposition à l'intellection des intelligibles, appelée parfois «intuition». Dans cette expression empruntée à Richard de Saint-Victor[6], le verbe *discurrere* veut dire «courir de différents côtés» et rejoint ainsi la formule allemande à propos de l'intellect qui «va de tous côtés et cherche, épie ici et là, acquiert et perd / *si gât alumbe und suochet, si lûzet her und dar, und ir gât zuo und abe*»[7]. Tous ces verbes n'indiquent pas une quelconque dispersion ni distraction de l'intellect. Lorsque la lumière de Dieu resplendit dans l'âme humaine, celle-ci devient alors féconde et agit de toute part, comme une prairie au printemps qui fleurit et verdoie[8]. Le verbe «élever» désigne donc l'acte de l'intellect qui s'élève au moyen de sa lumière naturelle jusqu'au principe de toutes choses. Cependant, l'intellect ne parviendrait pas à monter ainsi s'il n'était pas au préalable rendu capable d'une telle ascension par la lumière divine. C'est ainsi que l'acte d'élever renvoie également au geste de Dieu qui attire à lui l'intelligence de l'homme. L'intellect illuminé par la lumière de la grâce, devient

1. *Sermon XXIV*, 2, n. 247, p. 236; *LW* 4, p. 226.
2. *Ibid.*
3. *Ibid.*, n. 244, p. 234; *LW* 4, p. 224.
4. Augustin, *Les Confessions*, VIII, chap. 5 n. 2, BA 14, p. 32.
5. Maître Eckhart, *Sermon XXIV*, 2, n. 248, *op. cit.*, p. 237; *LW* 4, p. 227.
6. Richard de Saint-Victor, *Benjamin major*, I, 3, PL 196, 66.
7. Maître Eckhart, *Sermon 66*, *op. cit.*, p. 416; *DW* 3, p. 215.
8. *Sermon 81*, *op. cit.*, p. 499.

capable de dépasser, de traverser et de parvenir à ce qu'il y a de plus élevé, peut-être parvient-il aussi à voir Dieu.

La vision de Dieu et la béatitude de l'homme

Dans le vocabulaire scolastique, le verbe *elevare* est un terme spécifique qui renvoie au thème de la vision béatifique[1]. L'intellect humain a besoin, pour voir Dieu par essence, d'être élevé par la lumière divine et se trouve ainsi disposé à cette vision surnaturelle : « Notre intellect [...] étant par nature élevé d'une certaine manière au-dessus de la matière, peut être par grâce élevé à quelque chose de plus haut, au-delà de sa nature [...] l'intellect créé ayant une nature qui le rend capable d'appréhender la forme concrète et l'être concret de façon abstraite, au moyen d'une sorte d'analyse, il lui est possible d'être élevé par la grâce jusqu'à connaître la substance séparée subsistante, et l'être séparé subsistant »[2]. Ou encore, si la connaissance humaine est encore imparfaite ici-bas, la vision béatifique est l'acte de l'intelligence par lequel les bienheureux connaîtront Dieu clairement et immédiatement : *Aujourd'hui, certes, nous voyons dans un miroir, d'une manière confuse, mais alors ce sera face à face* (1Co 13,12). C'est ainsi que les médiévaux ont rapproché la vision de Dieu et le bonheur de l'homme, une réflexion scolastique qui s'enracine à la fois dans la philosophie grecque et dans la littérature biblique.

Dans l'*Éthique à Nicomaque*, Aristote s'interroge sur le bonheur humain. En quoi consiste-t-il et comment l'homme peut-il y parvenir ? Le bonheur n'est pas une simple disposition passagère de l'esprit, mais il est une attitude durable liée à une activité humaine. On peut même le définir comme « la fin des affaires humaines »[3]. Parmi les différentes activités, quelle est donc celle qui procure à l'homme le bonheur le plus parfait ? Et qu'est-ce que le bonheur ? Celui-ci ne dépend pas des biens matériels, ni des conditions extérieures, au contraire « le bonheur n'a besoin de rien, mais se suffit pleinement à lui-même [...] il est une fin en soi »[4]. C'est pourquoi seule l'activité contemplative ou théorétique peut répondre à ces exigences propres au bonheur, seul le sage conserve en permanence la capacité de contempler et n'aspire à rien d'autre pour être heureux. Aristote place ainsi le bonheur de l'homme dans l'activité de l'intellect : « Ce qui est propre à chaque chose est par nature ce qu'il y a de plus excellent et de plus agréable pour cette chose. Et pour l'homme, par suite, ce sera la vie selon l'intellect, s'il est vrai que l'intellect est au plus haut degré l'homme même. Cette

1. J.-M. Maldamé, « Vision béatifique », *in* J.-Y. Lacoste, *Dictionnaire critique de théologie*, Paris, P.U.F., 1998, p. 1506-1509.

2. Thomas d'Aquin, *STh*, I, q. 12 a. 4, p. 226.

3. Aristote, *Éthique à Nicomaque*, X, 6, Paris, Vrin, 2012, p. 540 et p. 541.

4. *Ibid.*, p. 541 et p. 543.

vie-là est donc aussi la plus heureuse »[1]. La contemplation intellectuelle est l'activité la plus haute, la plus continue et la plus plaisante, mais n'est-elle pas également la plus divine ? La contemplation est en effet l'activité divine par excellence, ou encore « l'activité de Dieu, qui en félicité surpasse toutes les autres, ne saurait être que théorétique »[2]. Aussi, « l'homme qui exerce son intellect et le cultive semble être à la fois dans la plus parfaite disposition et le plus cher aux dieux [...]. Il est donc l'homme le plus chéri des dieux »[3]. Et cependant, la vie selon l'intellect n'est-t-elle pas trop élevée pour la condition humaine ? Peut-on encore parler de vie humaine lorsque l'homme s'exerce à la contemplation ? Dans tous les cas, elle atteste que l'intellect est quelque chose de divin, ou tout au moins la partie la plus divine de nous-mêmes : « Ce n'est pas en tant qu'homme qu'on vivra de cette façon, mais en tant que quelque élément de divin est présent en nous »[4]. Certes la contemplation permet à l'homme de s'élever jusqu'à Dieu et en même temps le divin et l'humain restent deux modes distincts. Au livre XII de la *Métaphysique*, Aristote précise ainsi que l'activité théorétique est continue et éternelle dans le principe premier, mais pour l'homme, il lui est donné de la vivre pour un bref moment lorsque l'intellect devient en acte les intelligibles, ou encore : « Cet état de joie que nous ne possédons qu'à de rares moments, Dieu l'a toujours, cela est admirable »[5].

Le thème de la vision béatifique s'appuie aussi très largement sur l'Écriture qui associe volontiers la béatitude de l'homme et la connaissance de Dieu. Toute la difficulté revient à envisager cette question avec l'idée d'un Dieu radicalement invisible, *qui habite une lumière inaccessible, que nul d'entre les hommes n'a vu ni ne peut voir* (1Tm 6,16). Dans l'Ancien Testament, les écrivains bibliques soulignent déjà le caractère invisible de Dieu. Ainsi Yahvé dit à Moïse : *Tu ne peux pas voir ma face* [...] *ma face on ne peut la voir* (Ex 33,20.23). Et cependant, la vision de Dieu apparaît comme un élément important pour le bonheur de l'homme comme l'exprime l'espérance de Job : *Je sais, moi, que mon Sauveur est vivant, et qu'au dernier jour, il se lèvera sur la terre. Après mon éveil, il me dressera près de lui et, de ma chair, je verrai Dieu* (Jb 19,25-26). Pour l'évangéliste Jean, dans la grande prière que le Christ adresse au Père, la vie éternelle se définit comme la connaissance de Dieu : *La vie éternelle, c'est qu'ils te connaissent, toi, le seul véritable Dieu* (Jn 17,3). Mais cette connaissance est actuellement encore bien imparfaite et surtout elle ne repose pas uniquement sur l'intelligence humaine. En effet, c'est Dieu lui-même qui illumine l'homme et se donne à voir : *Le Verbe est la lumière véritable qui éclaire tout homme ; il venait dans le monde* (Jn 1,9). En même temps, cette connaissance ne se manifestera pleinement qu'avec la vision de Dieu : *Ce que nous serons n'a pas encore été*

1. Aristote, *Éthique à Nicomaque*, X, 7, p. 551.
2. *Ibid.*, 8, p. 555.
3. *Ibid.*, 9, p. 558 et p. 559.
4. *Ibid.*, 7, p. 549.
5. *Métaphysique*, Λ, 7, *op. cit.*, p. 682.

manifesté. Nous savons que lors de cette manifestation nous serons semblables, parce que nous le verrons tel qu'il est (1Jn 3,2). Pour maintenir la transcendance de Dieu, la vision béatifique est ainsi située dans une perspective eschatologique. De la même manière, l'apôtre Paul distingue ce que nous sommes capables de voir à présent et ce que nous pourrons voir plus tard. La connaissance actuelle s'appuie sur des médiations, par conséquent elle est toujours plus ou moins imparfaite et se distingue de la vision immédiate de Dieu à la fin des temps : *Aujourd'hui, certes, nous voyons dans un miroir, d'une manière confuse, mais alors ce sera face à face. Aujourd'hui, je connais d'une manière imparfaite, mais alors je connaîtrai comme je suis connu* (1Co 13,12).

C'est dans cette perspective à la fois philosophique et scripturaire que va s'inscrire la pensée scolastique qui situe le bonheur de l'homme dans la vision de Dieu. Thomas d'Aquin propose les arguments philosophiques et organise sa réflexion autour de trois grandes questions [1]. En quoi consiste la vision de Dieu ? L'âme humaine peut-elle accéder à une telle connaissance ? Et enfin, comment et quand se réalise cette vision béatifique ? La vision de Dieu est une connaissance immédiate de l'essence divine qui seule peut satisfaire le désir de l'homme et lui procurer le bonheur : « Par cette vision surtout nous serons semblables à Dieu et participants de sa béatitude : Dieu en effet se voit dans son essence et c'est là son bonheur » [2]. La connaissance par vision est supérieure à toutes les autres formes de connaissance parce qu'elle permet un contact immédiat et direct avec son objet, elle met au second plan les médiations conceptuelles, les processus d'abstraction et autres raisonnements caractéristiques de la connaissance naturelle. Mais l'intelligence de l'homme peut-elle parvenir à cette vision par ses propres forces ou bien a-t-elle besoin de la lumière divine ? L'homme peut-il voir Dieu dès à présent ou bien une telle vision n'est-elle accessible qu'aux bienheureux ? « En cette vie, la vision de Dieu par essence ne convient pas à notre esprit [...] Ainsi, selon l'ordre commun de la nature, personne ne peut voir Dieu par essence en cette vie [...] Bien que notre intellect soit fait pour voir Dieu, il ne peut cependant le voir comme par l'effet d'une vertu naturelle qui lui appartiendrait, mais seulement par la lumière infuse de la gloire en lui » [3]. La vision de Dieu est non seulement propre aux bienheureux, mais en plus elle ne peut se réaliser sans l'appui de la grâce. Elle est le fruit d'une illumination de l'esprit, une surélévation de l'intelligence qui la rend capable de connaître Dieu : « Tout ce qui est élevé (*elevatur*) à quelque chose qui dépasse sa nature, il faut qu'il soit préparé par une disposition qui vienne de plus haut que sa nature [...] quand l'intellect créé voit Dieu par essence, l'essence même de Dieu devient la forme intelligible de l'intellect. Il faut donc que quelque disposition surnaturelle

1. Thomas d'Aquin, *Somme contre les Gentils*, III, 59-63, Paris, Cerf, 1993, p. 497-507 ; *Questions disputées sur la vérité*, q. 10 a. 11, Paris, Vrin, 1998, p. 151-165 ; *STh.*, I, q. 12, p. 221-235.
2. *Somme contre les Gentils*, III, 51, *op. cit.*, p. 503.
3. *Questions disputées sur la vérité*, q. 10 a. 11, *op. cit.*, p. 157, p. 159 et p. 161.

lui soit surajouté, pour qu'il soit élevé (*elevetur*) à une telle sublimité »[1]. Thomas d'Aquin emploie à deux reprises le verbe « élever » à la tournure passive pour souligner l'action de la grâce divine. Toutefois cette action ne remplace pas l'acte de l'intellect mais vient au contraire le renforcer : « Puisque la vertu naturelle de l'intellect créé ne suffit pas à voir l'essence divine, ainsi qu'on l'a montré, il faut donc que par un effet de la grâce divine cette vertu en lui soit surdéveloppée. Et cet accroissement de la force intellectuelle, nous l'appelons une illumination de l'intellect »[2]. La lumière surnaturelle développe considérablement l'intellect, *superaccrescat*, et la lumière naturelle connaît alors une formidable augmentation, *augmentum*, du fait de son contact avec la grâce.

C'est dans ce cadre très précis qu'il convient de situer l'emploi du verbe « élever » chez Eckhart. Mais comment le rhénan se situe-t-il par rapport à cette question de la vision béatifique[3] ? Quelle définition donne-t-il à la béatitude ? Et dans quelle mesure la connaissance de Dieu permet-elle la béatitude de l'homme ? Faut-il réduire la connaissance à la vision, ou encore la vision de Dieu est-elle la plus haute forme de connaissance pour l'homme ? L'âme possède trois chemins pour aller vers Dieu. Le premier peut se définir comme « la recherche de Dieu dans toutes les créatures » (*in allen crêatûren got suochen*), le second est une « élévation dans l'intellect » (*in-die-vernunft-erhaben-sîn*), et le troisième consiste à « voir Dieu sans intermédiaire, dans son essence » (*got sehen âne mittel in sînesheit*)[4]. Eckhart connaît la réflexion de ces prédécesseurs sur la vision de Dieu et l'expose assez fidèlement aussi bien dans son œuvre allemande que dans son œuvre latine. Ainsi, dans son *Sermon pour la fête de saint Augustin* qui date de son premier magistère parisien dans les années 1302-1303, il définit l'activité du théologien comme le fait de contempler les idées des choses telles qu'elles existent de toute éternité en Dieu, et distingue alors deux types de connaissance[5]. La première est une connaissance « par miroir et en énigme » (*per speculum et in aenigma*) (1Co 13,12), c'est-à-dire une connaissance naturelle qui ramène chaque chose à son principe mais qui ne parvient jamais vraiment à saisir Dieu. La seconde « par miroir et dans la lumière » (*per speculum et in lumine*), est surnaturelle. Conformément à la pensée thomiste, Eckhart y développe alors l'idée d'une élévation de l'intellect par la grâce :

> La lumière divine illumine au-delà des forces de la connaissance et au-delà des moyens habituels de la connaissance, en élevant l'intellect vers ce qu'il ne peut atteindre par nature / *lux divina per effectum suum aliquem specialem irradiat*

1. *STh.*, I, q. 12 a. 5, p. 227.
2. *Ibid.*
3. C. Trottmann, *La Vision béatifique. Des disputes scolastiques à sa définition par Benoît XII*, Paris, De Boccard, 1995, p. 483-502.
4. Maître Eckhart, *Sermon 84*, *op. cit.*, p. 511 et p. 512 ; *DW* 3, p. 486 et p. 487.
5. *Sermon pour la saint Augustin*, *VS* 722, 1997, p. 87-92.

> *super potentias cognoscentes et super medium in cognitione, elevans intellectum ipsum ad id quod naturaliter non potest*[1].

Cette connaissance est « au-dessus », *super*, au-delà des forces et des moyens habituels, et par-delà la connaissance naturelle. Elle peut se définir comme une manifestation de la grâce, une illumination de l'intelligence ou encore une élévation de l'intellect par Dieu lui-même. En fin de compte, c'est tout simplement une manière de parler de la foi. À partir d'une citation d'Augustin, Eckhart établit alors un rapport entre le fait d'être élevé et la possibilité de voir Dieu : « Lorsque je t'ai reconnu pour la première fois, tu m'as élevé vers toi. Remarquez comme [Augustin] dit qu'il a été élevé, afin qu'il voie ce qu'il n'avait pas vu : j'étais nu lorsque je t'ai vu, et toi tu as repoussé ma faiblesse, en m'illuminant d'une lumière très vive »[2]. C'est Dieu qui élève l'homme vers lui, *tu assumpsisti me*, et l'homme est ainsi élevé afin de voir Dieu, *assumptus fuerit ut videret esse quod viderat*»[3]. Comme chez Thomas d'Aquin, la vraie béatitude est conditionnée par la foi.

De la même façon, dans le *Sermon 40* qui commente la phrase du Christ adressée à ses disciples : *Encore un peu et vous ne me verrez plus et puis un peu encore et vous me verrez* (Jn 16,16), Eckhart présente dans la quatrième interprétation de ce verset le thème de la vision de Dieu à partir des différents textes bibliques qui font autorité en la matière. Certes, l'Écriture souligne à plusieurs reprises que personne ne peut voir Dieu (Ex 33,20) ou encore qu'il habite une lumière inaccessible (1Tm 16,16). Et pourtant le Christ porte en lui une certaine espérance, l'espérance de la vie éternelle liée à la connaissance de Dieu (Jn 17,3). La vision de Dieu apparaît ainsi comme la plus haute forme de connaissance vers laquelle l'homme doit parvenir. Puis vient le thème de la grâce sans laquelle l'intellect ne pourrait voir Dieu :

> On doit être grand et très élevé pour voir Dieu [...] on doit monter et grandir en grâce [...] nous devons être élevés et transférés dans un pur repos, et ainsi voir Dieu / *man sol grôz sîn und hôhe erhaben, sol man got sehen* [...] *man muoz ûfgân und grôz werden in der gnâde* [...] *wir müezen ûferhaben werden und gesast in eine lûter ruowe und alsô got sehen*[4].

Eckhart distingue la « lumière de l'intellect » (*daz liehte der vernünfticheit*), la « lumière de grâce » (*daz liehte der gnâde*) et la « lumière divine » (*daz götlîche liehte*), et même la « lumière du soleil » (*daz liehte der sunnen*). La lumière qui règne dans l'intellect est bien plus lumineuse que la lumière naturelle du soleil, et pourtant la lumière de l'intellect est encore bien minime par rapport à la lumière de grâce que Dieu a répandue à travers la création. Au-dessus de la lumière de grâce se trouve encore la lumière divine dans laquelle l'homme voit Dieu. Par

1. *Ibid.*, n. 5, p. 89 ; *LW* 5, p. 93 et p. 94.
2. *Ibid.*
3. *LW* 5, p. 94.
4. *Sermon 40*, *op. cit.*, p. 288 et p. 289.

conséquent, l'intellect ne peut s'élever vers Dieu sans le soutien de la lumière divine. Voilà pourquoi le Christ dit : *Un peu et vous ne me verrez pas, mais un peu et vous me verrez* (Jn 16,16). Toute la force du *Sermon 40* réside dans l'interprétation de ce « un peu » (*ein klein*). Cette formule est une invitation à devenir petit, à réduire toutes choses à néant, si minimes soient-elles, la totalité du monde et la totalité du temps. Eckhart distingue ainsi les trois premières interprétations qui invitent l'âme à l'humilité et la quatrième qui exige d'être « grand » (*hôhe*). Mais en réalité dans l'ensemble des interprétations, il montre de façon continue comment l'âme doit se détacher de tout pour pouvoir recevoir la grâce de Dieu.

On retrouve dans ces deux sermons toute la réflexion sur la vision de Dieu ainsi qu'une terminologie tout-à-fait classique, à deux exceptions près. D'une part, Eckhart fait disparaître la perspective eschatologique qui est présente chez Thomas d'Aquin. En effet dans le *Sermon pour la saint Augustin*, il s'agit de réfléchir, non pas à la condition des bienheureux qui sont déjà auprès de Dieu, mais « à nous qui sommes en marche » (*in via*)[1]. Et dans le *Sermon 40*, malgré l'emploi du futur dans les versets bibliques, Eckhart invite dès à présent à une connaissance de Dieu : « Dans la mesure où le Père reconnaît en nous le Fils, image de Dieu, dans cette même mesure nous le connaissons comme il se connaît lui-même / *als verre bekennen wir in, als er sich selben bekennet* »[2]. L'innovation d'Eckhart est d'affirmer que l'accès à la béatitude est possible ici-bas et dès maintenant, mais il reste à préciser en quoi consiste pour lui la connaissance de Dieu. La deuxième grande différence avec Thomas d'Aquin, est le fait que pour Eckhart la vision n'est pas la plus haute forme de connaissance, et la béatitude de l'homme se manifeste dans une relation plus étroite avec Dieu.

Dans le *Commentaire sur l'Évangile de Jean*, Eckhart définit de façon classique la béatitude conformément au verset : *La vie éternelle, c'est qu'ils te connaissent toi le seul vrai Dieu et celui que tu as envoyé* » (Jn 17,3). La béatitude est un acte de l'intellect, *beatitudo [...] consistat in actu intellectus*[3], l'acte par lequel l'homme s'efforce de connaître Dieu. Plus précisément, la béatitude de l'homme réside dans le fait de pouvoir « trouver », « recevoir » et « atteindre » la substance nue de Dieu et la plénitude de son être au moyen de l'intellect : *Patet ergo quod nudam dei substantiam, plenitudinem esse, quae est nostra beatitudo, deus scilicet, consistit, invenitur, accipitur, attingitur et hauritur per intellectum*[4]. Plus l'homme pense intellectuellement, plus il s'applique sur des objets élevés quand il pense intellectuellement, plus il est apte à penser intellectuellement et à être heureux : *Et hoc de intellectu dicit philosophus quod ipse quo plus intelligit et quo maiora intelligit, aptior est ad intelligendum*[5]. Eckhart

1. *Sermon pour la saint Augustin*, n. 5, *op. cit.*, p. 89.
2. *Sermon 40*, *op. cit.*, p. 289 ; *DW* 3, p. 198.
3. *Commentaire sur l'Évangile de Jean*, n. 673, *LW* 3, p. 587.
4. *Ibid.*, n. 677, p. 591.
5. *Ibid.*, n. 678, p. 592.

s'appuie alors explicitement sur Aristote[1]. Mais le thème de la vision n'apparaît pas. De la même façon, dans le *Sermon 58,* il affirme que « la béatitude se trouve dans le fait qu'on reconnaisse Dieu / *saelicheit liget dar ane, daz man got enbekennet* »[2]. Mais en quoi consiste la connaissance de Dieu ? « La connaissance de Dieu est une vie qui s'écoule à partir de l'être de Dieu et de l'âme, car Dieu et l'âme ont un être et sont un dans l'être [...]. L'âme connaît Dieu là où elle est un en lui et avec l'être de Dieu. Et c'est cela la véritable béatitude, le fait que l'âme ait ainsi la vie et l'être avec Dieu »[3]. La connaissance de Dieu, *gotes bekantnisse*, n'est plus liée à la vision, mais à la vie partagée avec Dieu, *ein leben*, c'est-à-dire à une expérience plus unitive que la vision ou le regard. La suite de la phrase est d'ailleurs très précise à ce sujet : « La connaissance de Dieu se trouve dans le fait qu'on reconnaisse Dieu, mais pas à partir de l'extérieur, comme quand nous regardons les choses fixement / *nicht ûzwendic zuo, als daz man anekapfet* »[4]. Eckhart déplace ainsi la question du côté de l'ontologie et même de l'hénologie puisqu'il s'agit d'atteindre l'être de Dieu, d'être un avec lui, de vivre à partir de cet être un en Dieu.

Eckhart a consacré tout un *Sermon allemand* à la question de la béatitude. Il s'agit du *Sermon 69* sur la phrase du Christ adressée à Pierre : *Heureux es-tu Simon Pierre* (Mt 16,17), dans lequel il rappelle tout d'abord que tous les hommes aspirent à la béatitude : *Alle liute begernt saelicheit*[5]. Mais en quoi consiste-t-elle et comment est-il possible d'y parvenir ? La béatitude dépend de quatre facteurs. Eckhart évoque le désir et la joie de rechercher, le caractère absolu et sans partage de ce qui est recherché, mais surtout l'être et Dieu : « Que l'on ait tout ce qui a l'être [...] que ce soit pris en Dieu »[6]. La béatitude dépend de l'intellect qui élève l'homme vers ce qu'il y a de plus haut, et là celui-ci peut directement vivre à partir de la béatitude même de Dieu :

> La béatitude consiste à vivre selon la puissance supérieure de l'âme; elle doit porter tout l'être en haut et prendre en Dieu sa béatitude [...] nous devons tendre vers ce que nous avons de plus élevé / *daz ist saelicheit, daz man lebe nâch der obersten kraft der sêle ; diu sol allez sîn ûftragende und in gote nemen ir saelicheit* [...] *sô müezen ouch wir unser oberstez glîch halten dâ engegen*[7].

Eckhart se réfère une fois encore à Aristote[8]. La béatitude est bien liée à un acte de l'intellect, plus précisément l'acte d'élever, *ûftragende*, mais il ne s'agit plus de « voir » ni de « contempler », mais de « vivre » (*leben*), et peut-être même de recevoir sa vie de Dieu. Cette définition de la béatitude est conforme à son

1. Aristote, *De l'Âme*, III, 4, *op. cit.*, p. 176.
2. Maître Eckhart, *Sermon 58*, *op. cit.*, p. 376 ; *DW* 4/1, p. 147.
3. *Ibid.* ; *DW* 4/1, p. 147 et p. 148.
4. *Ibid.* ; *DW* 4/1, p. 147.
5. *Sermon 69*, *op. cit.*, p. 434 ; *DW* 2, p. 360.
6. *Ibid.*, p. 435.
7. *Ibid.*, p. 437 ; *DW* 2, p. 370.
8. Aristote, *Éthique à Nicomaque*, X, 7, *op. cit.*, p. 512.

enseignement latin : « Il est clair que la béatitude est substantiellement et originairement dans l'intellect, dont le propre est de pâtir et de recevoir / *hinc patet beatitudinem esse substantialiter et originaliter in intellectu, cuius est pati et recipere* »[1]. La béatitude de l'homme ne se réduit donc pas chez Eckhart à la vision de Dieu sans doute parce que dans l'acte de voir, il existe encore une dualité, une distinction entre le sujet qui voit et l'objet qui est vu. Or ce qui est recherché, c'est de vivre plus étroitement avec Dieu, mieux encore, il s'agit d'entrer dans la vie divine, là où toutes choses sont un.

S'élever signifie donc ici parvenir jusqu'à Dieu, revenir au principe de toutes choses, « percer » (*durchbrechen*). Le texte dans lequel Eckhart parle le mieux de la béatitude est peut-être le *Sermon 108* sur la véritable pauvreté, ou plus exactement dans ce texte allemand, c'est la béatitude, c'est-à-dire le Christ, qui s'exprime elle-même : « La béatitude ouvrit sa bouche de sagesse et dit : *Heureux sont les pauvres en esprit car le royaume des cieux est à eux* (Mt 5,3) »[2]. La véritable pauvreté se définit comme l'attitude de celui qui ne veut rien, qui ne sait rien, et qui ne possède rien. Cette triple déprise permet à l'homme de retrouver à chaque instant ce qu'il est de toute éternité en Dieu, avant même d'être créé et par-delà toute distinction : « Lorsque j'étais dans ma cause première, je n'avais pas de Dieu et j'étais cause de moi-même ; alors je ne voulais rien, je ne désirais rien, car j'étais libre, je me connaissais moi-même, jouissant de la vérité [...] je suis plutôt ce que j'étais et ce que je dois rester maintenant et à jamais [...] le don que je reçois dans cette percée, c'est que moi et Dieu, nous sommes un »[3]. Dans ce texte, Eckhart prend ses distances par rapport à Thomas d'Aquin. Les expressions « je n'avais pas de Dieu » et « j'étais cause de moi-même » signifient « j'étais Dieu puisque j'étais son idée en lui ». La béatitude est liée à cet acte de la percée qui permet dès à présent à l'homme d'être reconduit à son état principiel et antérieur à la création, une régression en quelque sorte vers son archétype éternel plongé dans une déité sans distinction. La béatitude de l'homme réside dans une expérience plus unitive que la vision : « Moi et Dieu, nous sommes un / *ich und got sîn einz* »[4]. On peut même dire que la vision de Dieu est dépassée par une autre perspective.

En effet, Eckhart préfère sans aucun doute le thème de l'impossibilité de voir Dieu et semble davantage s'orienter dans une direction apophatique. À ce sujet, le *Commentaire du livre de l'Exode* est un texte intéressant dans la mesure où il reprend le thème de la vision de Dieu, et en même temps il évoque déjà une certaine difficulté. Eckhart s'intéresse en particulier au dialogue entre Yahvé et Moïse à la fin du livre. Le prophète demande en effet à Yahvé : *Fais-moi, de grâce, voir ta gloire* (Ex 33,18). Conformément à l'enseignement de Thomas d'Aquin, Eckhart commence par rappeler qu'une lumière de gloire est

1. Maître Eckhart, *Sermon XI*, 2, n. 117, *op. cit.*, p. 136 ; *LW* 4, p. 110.
2. *Sermon 108*, *op. cit.*, p. 646.
3. *Ibid.*, p. 647 et p. 651.
4. *Ibid.*, p. 651 ; *DW* 2, p. 505.

indispensable pour voir l'essence de Dieu, *ad videndum deum per essentiam* [...] *requirituur lumen gloriae*[1]. Puis il indique que la vision de Dieu est donnée aux gens honnêtes et aux cœurs purs. Le nom de « Moïse » signifie d'ailleurs « celui qui a été retiré des eaux », ou encore « celui qui élève au-dessus de tout ce qui est changeant / *elevans super omne quod mutabile* »[2]. L'élévation est la condition nécessaire pour voir la face de Dieu. Enfin, à travers une citation de Maïmonide, Eckhart se réfère à Aristote et affirme que c'est par l'intellect, qui est la spécificité de l'homme, qu'il est possible de voir la splendeur de Dieu, *intellectu autem proprie videtur claritas dei*[3]. C'est alors que Yahvé répond à Moïse et évoque une certaine impossibilité : *Tu ne peux voir ma face* (Ex 33,18.20). Eckhart distingue la connaissance surnaturelle de la connaissance naturelle. La grâce élève l'intelligence et dispose l'homme à s'élever vers Dieu. Et en même temps, il existe toujours une certaine difficulté à voir Dieu : « Il est impossible de connaître l'essence de la première essence [...] la vision de Dieu par essence, est en réalité impossible à l'intellect créé à partir des choses purement naturelles / *impossibile autem est scire essentiam primae essentia* [...] *visio dei per essentiam est quidem impossibilis intellectui creato ex puris naturalibus* »[4]. Eckhart reste encore dans des considérations et des distinctions classiques, mais il va prendre par la suite une orientation nettement apophatique qui le conduit à reconnaître une incapacité fondamentale à voir Dieu.

Dans la prédication allemande, Eckhart insiste sur l'impossibilité de voir Dieu : « Moïse dit : *Jamais homme ne vit Dieu* (Ex 33,20). Tant que nous sommes humains et tant que quelque chose d'humain vit en nous et que nous sommes engagés dans l'accès, nous ne voyons pas Dieu ; nous devons être élevés et transférés dans un pur repos, et ainsi voir Dieu / *wir müezen ûferhaben werden und gesast in eine lûter ruowe und alsô got sehen* »[5]. Il rapporte également comment certains maîtres sont sceptiques par rapport à l'expression *voir Dieu face à face* dans la mesure où la dualité fait sortir de l'unité : « L'Écriture dit : *Moïse vit Dieu face à face* (Ex 3311). Les maîtres contredisent ainsi : où deux faces apparaissent on ne voit pas Dieu parce que Dieu est un et non pas deux, car celui qui voit Dieu ne voit qu'un / *wann got ist ain und nit zway; wann wer got sicht, der sicht nit won ain* »[6]. Peut-être que la hauteur de vue de Moïse vient du fait qu'il est capable de voir Dieu à l'endroit même où Dieu se voit lui-même. L'impossibilité de voir Dieu conduit alors l'intellect à le voir dans son inaccessibilité : « Moïse entra dans la nuée et gravit la montagne, et là il vit la lumière. C'est dans les ténèbres que l'on trouve véritablement la lumière / *Moyses gieng in den nebel unnd tratt hin in uff den berg, unnd da sach er das götlich liecht.*

1. *Commentaire de l'Exode*, n. 275, *LW* 2, p. 222.
2. *Ibid.*, n. 276, p. 223.
3. *Ibid.*, n. 277, p. 223.
4. *Ibid.*, n. 281, p. 225 et p. 226.
5. *Sermon 40*, *op. cit.*, p. 289 ; *DW* 3, p. 196.
6. *Sermon 52*, *op. cit.*, p. 344 et p. 345 ; *DW* 3, p. 87.

Eigentlich fyndet man in der fynsternuss das liecht»[1]. Il convient de «gravir la montagne» pour accéder jusqu'à Dieu, et là, l'esprit découvre combien le principe est toujours inaccessible: «Dieu demeure inconnu car personne n'est sa cause, il est toujours premier. Il est aussi sans mode, c'est-à-dire dans son incognoscibilité. Il est de même sans opération, c'est-à-dire dans son silence caché. C'est pourquoi il demeure sans nom. Où sont donc tous les noms qui lui ont été donnés. *Moïse lui demanda son nom. Dieu dit: Celui qui est t'a envoyé* (Ex 3,13-14)»[2]. Mais c'est précisément parce que le principe est inaccessible, qu'il faut toujours monter. L'ascension de l'intellect est un mouvement sans fin.

OPORTET TRANSIRE, OPORTET TRANSCENDERE, OPORTET ASCENDERE

L'acte d'élever exprime un mouvement permanent de l'intellect, et sans doute même une tension inhérente à la connaissance du principe. Le philosophe Stanislas Breton parle à ce sujet d'un impératif qui traverse l'œuvre eckhartienne[3]: «Il faut dépasser [...] Il faut passer [...] il faut monter / *oportet transcendere* [...] *oportet transire* [...] *oportet ascendere*»[4]. Que faut-il donc constamment dépasser et pourquoi l'intellect doit-il transiter? Dans le second *Sermon XXIV*, Eckhart définit l'ascension de l'intellect, *ascensus intellectus*, comme le fait de dépasser toutes les images et représentations: «Il faut donc que l'intellect dépasse non seulement les réalités imaginables, mais aussi les réalités intelligibles / *transcendere igitur oportet non solum imaginabilia, sed etiam intelligibilia*»[5]. L'acte de l'intellect consiste à dépouiller les réalités issues de la sensibilité, afin de leur appliquer leur forme intelligible ou *species*. Eckhart va plus loin ici puisqu'il évoque un dépassement des réalités intelligibles elles-mêmes. Il exprime ainsi un dépassement de l'être et de la vérité, deux concepts qui semblent souvent attribués à Dieu: «Comme l'intellect conduit à l'être, il faut aussi dépasser celui-ci [...] l'intellect cueille Dieu sous l'aspect de la vérité, et il faut monter / *item cum intellectus resolvat ad esse, oportet et hoc transire* [...] *Praeterea intectus accipit deum sub veste veritatis, et ideo oportet ascendere*»[6]. En d'autres termes, Dieu est souvent défini par les notions de vérité chez Augustin, ou d'être chez Thomas d'Aquin. Mais pour le maître rhénan, la vérité et l'être sont encore des vêtements qui recouvrent Dieu, aussi faut-il dépasser ces notions, ou comme le dit Eckhart dans un autre *Sermon latin*, il convient de lever le voile sous lequel Dieu est perçu: «Est levé tout voile [...] le voile du vrai, avec

1. *Sermon 23*, *op. cit.*, p. 207; *DW* 2, p. 476.
2. *Sermon 55*, *op. cit.*, p. 357.
3. S. Breton, *Deux mystiques de l'excès. J.-J. Surin et Maître Eckhart*, Paris, Cerf, 1985, p. 128, p. 129 et p. 166, p. 167.
4. Maître Eckhart, *Sermon XXIV*, 2, n. 247, *op. cit.*, p. 236; *LW* 4, p. 226.
5. *Ibid.*
6. *Ibid.*

lequel l'intellect reçoit; et de façon plus générale le voile de l'être lui-même »[1]. Et finalement, le dépassement devient encore plus radical puisqu'il s'agit pour l'âme de « dépasser Dieu même sous ce nom, ou même sous chaque nom / *nam et ipsum deum sub hoc nomine, immo sub omni nomine debet transire anima*»[2]. L'intellect peut alors se situer « là où il n'y a plus ni bonté, ni douceur, ni être, mais quelque chose de supérieur, dans la région et le royaume de la dissemblance infinie »[3]. Eckhart se souvient ici des *Confessions* dans lesquelles Augustin définit la conversion comme le fait de passer de la dissemblance à la ressemblance[4]. Mais pour le rhénan, l'esprit doit au contraire s'installer dans la région et le royaume de la dissemblance définie comme «quelque chose de supérieur»[5], ou plus exactement, l'esprit ne doit jamais s'installer définitivement mais toujours transiter. Le dépassement permanent des images et représentions maintient alors l'altérité avec Dieu. Ou encore, l'ascension de l'intellect est un mouvement infini qui permet d'envisager Dieu comme le tout autre, irréductible à toutes représentations, absolument transcendant.

S'éloignant alors d'Augustin comme de Thomas d'Aquin, Eckhart s'inscrit dans une perspective néoplatonicienne et apophatique. Ce qui fonde la nécessité d'un tel mouvement de l'intellect, c'est le fait que Dieu est sans forme ni ressemblance. Pour Proclus, Dieu est au-delà de l'intellect et de l'être : « Car tout ce qui est divin est en soi-même ineffable et inconnaissable, parce que connaturel à l'Un ineffable »[6]. Loin d'être un obstacle pour la pensée, la transcendance radicale du principe invite l'intellect à s'élever et à s'avancer toujours plus vers lui à l'aide de négations qui seules sont aptes à le désigner et finissent par se nier elles-mêmes : « Le mode des négations dont on vient de parler, est donc transcendant, apparenté à l'Un, primordial et dépasse tout l'univers par une supériorité ineffable et inconnaissable de simplicité. Et après avoir attribué au premier dieu le mode en question, il faut encore le séparer des négations elles-mêmes [...] si bien que, si jamais il y a une définition de l'ineffable, elle ne cesse pas de se renverser elle-même et de se combattre elle-même »[7]. En d'autres termes, le mouvement de de l'intellect pour tenir l'altérité du principe doit devenir quelque chose de permanent, le discours est sans fin et finit par se décontruire lui-même pour parvenir jusqu'à une expérience unitive dans le plus complet silence. Commentant le célèbre discours de Platon, Proclus conclut ainsi : «C'est pourquoi Parménide, imitant aussi cela, à la fin a retiré les négations et tout discours, voulant que le discours à propos de l'Un se conclût par l'indicible », et plus loin : «Cette méthode dialectique, dans son intégralité, qui marche par

1. *Sermon XI*, 2, n. 120, *op. cit.*, p. 139.
2. *Sermon XXIX*, 2, n. 247, *op. cit.*, p. 236.
3. *Sermon IX*, n. 102, *op. cit.*, p. 125.
4. Augustin, *Les Confessions*, VII, chap. 10 n. 16, BA 13, p. 617.
5. É. Gilson, « *Regio dissimilitudinis* de Platon à saint Bernard de Clairvaux », *Mediaeval Studies* 9/1, 1947, p. 108-130.
6. Proclus, *Éléments de théologie*, n. 162, Paris, Aubier, 1965, p. 142.
7. *Théologie platonicienne*, II, 10, Paris, Les Belles Lettres, 1968, p. 63.

négation, nous conduirait à ce qui est comme le vestibule de l'Un, en retranchant toutes les réalités inférieures et en délivrant des entraves de la pensée par cette suppression, s'il est possible de le dire »[1].

Ce rapport entre l'élévation de l'intellect et la transcendance du principe apparaît également au début de la *Théologie Mystique* lorsque le Pseudo-Denys interprète l'ascension de Moïse sur la montagne du Sinaï (Ex 20,16-25) : « Exerce-toi sans cesse aux contemplations mystiques, abandonne les sensations, renonce aux opérations intellectuelles, rejette tout ce qui appartient au sensible et à l'intelligible, dépouille-toi totalement du non-être et de l'être, et élève-toi ainsi, autant que tu le peux, jusqu'à t'unir dans l'ignorance avec Celui qui est au-delà de toute essence et de tout savoir. Car c'est en sortant de tout et de toi-même, de façon irrésistible et parfaite que tu t'élèveras dans une pure extase jusqu'au rayon ténébreux de la divine Suressence, ayant tout abandonné et t'étant dépouillé de tout »[2]. De nombreux rapprochements sont possibles entre cette prière qui ouvre le traité dionysien et les textes d'Eckhart. Le Pseudo-Denys invite à se dépouiller non seulement des choses sensibles, mais aussi des choses intelligibles. L'esprit doit également dépasser l'être et parvenir à l'idée d'un Dieu « au-delà de toute essence et au-delà de tout savoir ». On notera également que l'élévation chez le Pseudo-Denys conduit l'intellect, non pas à la vision, mais à l'union avec Dieu : « élève-toi jusqu'à t'unir ». Enfin, il convient d'être particulièrement attentif au conseil donné au début de la prière : « Exerce-toi sans cesse », en grec *suntonoï*, c'est-à-dire de manière continue, intense et sans relâche. L'élévation de l'intellect n'est pas une expérience qui a lieu une fois pour toute, c'est un acte permanent de l'esprit, une invitation à toujours dépasser. Et ce mouvement infini de l'esprit permet de maintenir la transcendance absolue de Dieu.

Lorsqu'il envisage cette ascension de l'intellect, Eckhart emploie une expression qu'il emprunte à Richard de Saint-Victor : « La pensée a du mouvement et court ça et là / *cogitatio motum habet et discursum* »[3]. L'École de Saint-Victor a joué un rôle important dans la diffusion de la pensée dionysienne en Occident. Dans son traité *Benjamin Major*, Richard de Saint-Victor s'intéresse à la signification mystique de l'arche d'alliance (Ex 37,1-10) et envisage ainsi la grâce de la contemplation (*de gratia contemplationis*)[4]. Ou encore, l'arche de Moïse est construite « lorsque l'intelligence humaine est élevée à la grâce de la contemplation par une inspiration et une révélation divines / *haec autem arca divino magisterio fabricatur et deauratur, quando humana intelligentia divina inspiratione et revelatione ad contemplationis gratiam promovetur* »[5]. L'intelligence peut se définir comme un mouvement d'élévation : « Toutes les fois que

1. *Commentaire du Parménide*, VII, Louvain/Leyde, Leuven University Press/Brill, 1982, p. 520 et p. 521. Pour la traduction : F. Fauquier, « Proclus », *in* Ph. Cappelle-Dumont (dir.), *Philosophie et théologie dans la Pensée antique*, Paris, Cerf, 2009, p. 330 et p. 331.

2. Pseudo-Denys l'Aréopagite, *La Théologie mystique*, chap. I n. 1, *op. cit.*, p. 177 et p. 178.

3. Maître Eckhart, *Sermon XXIV*, 2, n. 248, *op. cit.*, p. 237 ; *LW* 4, p. 227.

4. Richard de Saint-Victor, *Benjamin Major. De gratia contemplationis*, PL 196, p. 63-202.

5. *Ibid.*, p. 65.

l'âme de celui qui contemple s'élève jusqu'au plus haut [...] cela se produit de par une certaine puissance de l'intelligence / *denique quoties contemplantis animus elevatur ad summa* [...] *ex quadam intelligentiae vi hoc esse* »[1]. Richard de Saint-Victor emploie les verbes « pénétrer », « se répandre » et « dilater », et parle même d'une certaine « vivacité de l'intelligence », *quadam vivacitate intelligentiae*. L'ascension de l'intelligence dirige l'esprit vers ce qu'il y a de plus subtil : « La pensée passe toujours par un mouvement indéterminé d'un objet à l'autre / *cogitatio semper vago motu de uno ad aliud transit* »[2]. Ce dépassement permanent permet d'aller vers Dieu tout en préservant la distance. L'altérité de Dieu est évoquée ici à travers le thème du sublime : « Cependant, on appelle spécifiquement et proprement contemplation celle qui intervient sur des objets sublimes, lorsque l'esprit use de la pure intelligence / *specialiter tamen et proprie contemplatio dicitur, quae de sublimibus habetur, ubi animus pura intelligentia utitur* »[3]. L'ascension de l'intelligence conduit l'esprit vers le sublime, c'est-à-dire vers un sentiment d'admiration devant ce qui est le plus élevé et le tout autre.

C'est dans ce contexte à la fois apophatique et mystique qu'il convient de situer l'emploi du verbe « élever » chez Eckhart qui insiste sur le caractère permanent de ce mouvement afin de maintenir l'altérité de Dieu. Et en même temps, le maître rhénan invite à dépasser la dualité pour tendre vers l'Un.

Dans son mouvement d'ascension, l'intellect doit également dépasser toute dualité. Eckhart expose sa manière de concevoir le nombre deux ou la dualité dans son *Commentaire de la Genèse*, lorsqu'il interprète l'acte de division au deuxième jour : *Il y eut un soir, il y eut un matin : deuxième jour* (Gn 1,9). Il se demande en particulier pourquoi le second jour ne reçoit pas de bénédiction de la part de Dieu. Le nombre deux ou la dualité expriment la division qui est une sortie hors de l'Un. La division représente ainsi un éloignement, et même une chute, par rapport à toutes les qualités propres à l'Un comme par exemple l'être et le bien. Par conséquent, deux ou la dualité sont qualifiés de mauvais et d'infâme, en ce sens qu'ils sont une privation de l'être et ne peuvent être qualifiés de bon : « Et je dis que deux est la racine et l'origine de toute division. Or toute division est en tant que telle mauvaise : elle vient du mal et elle s'y tient. En effet, la division de l'innombrable, le multiple, est une chute hors de l'un et par suite hors de l'être et du bien qui sont convertibles avec lui [...] deux ou la dualité ne méritent pas d'être appelés bons : ils sont le mal, ils sont dans le mal, ils viennent du mal »[4]. C'est pourquoi, Eckhart invite l'intellect à dépasser la dualité. Dans le *Sermon 46*, Eckhart explique en ce sens la phrase du Christ adressée à ses apôtres : *Demeurez ensemble* [...] *ne vous séparez pas* (Ac 1,4). Cette invitation à rester ensemble signifie que l'esprit doit dépasser toute dualité pour percer en Dieu et demeurer dans son unité : « Cet esprit doit franchir tout nombre et faire sa percée à travers

1. *Ibid.*, p. 67.
2. *Ibid.*
3. *Ibid.*
4. Maître Eckhart, *Commentaire de la Genèse*, n. 88 et n. 89, *OLME* 1, p. 347 et p. 351.

toute multiplicité, et Dieu fait en lui sa percée, et de même qu'il fait sa percée en moi, je fais à mon tour ma percée en lui. Dieu conduit cet esprit dans le désert et dans l'unité de lui-même »[1].

Par conséquent, cette invitation à « franchir tout nombre et à percer à travers toute multiplicité » est aussi une manière de dépasser le thème de la vision car dans l'acte de voir, il existe toujours une certaine dualité entre le sujet qui voit et l'objet qui est vu. Aussi, cette relation n'est pas semble-t-il pour Eckhart la plus parfaite. La vue inscrit les choses dans l'extériorité et la temporalité, c'est pourquoi elle n'est pas l'attitude la plus recommandée dans une relation avec Dieu : « Si je voulais voir Dieu avec mes yeux, les yeux avec lesquels je vois la couleur, j'aurais absolument tort, car cette vue est temporelle, et tout ce qui est temporel est loin de Dieu et lui est étranger »[2]. Eckhart explique également qu'il existe toujours une médiation ou un intermédiaire entre mon œil qui voit et l'objet qui est vu, une image qui permet la vision, mais qui rend nécessairement impossible la relation immédiate à l'objet : « S'il n'y avait pas de médiation entre Dieu et l'âme, aussitôt elle verrait Dieu, car Dieu n'a pas de médiation, il ne peut souffrir aucune médiation »[3], ou encore : « La puissance de la vue ne peut opérer qu'à travers les yeux, autrement, elle ne peut opérer ni donner aucune sorte de vision. Et il en est ainsi avec tous les autres sens : elle accomplit toutes ses opérations extérieures à travers quelque chose d'intermédiaire »[4]. Mais le texte dans lequel Eckhart prend le plus explicitement ses distances par rapport au thème de la vision béatifique, est peut-être le *Sermon de l'homme noble*. Il précise en effet à la fin de ce texte que la béatitude ne réside pas exclusivement dans le fait de connaître Dieu, ou plus exactement que la véritable connaissance de Dieu est une expérience unitive qui ne se réduit pas à la vision : « Je dis qu'il n'y pas de béatitude sans que l'homme ait conscience et sache bien qu'il contemple et connaît Dieu, mais Dieu veuille que ce ne soit pas là ma béatitude [...] la vue qui est celle de Dieu et notre vue sont absolument loin et différentes l'une de l'autre [...] l'homme doit être un en lui-même et chercher ce un en soi et dans l'Un »[5].

L'ascension de l'intellect désigne un mouvement permanent, mieux encore une tension continue pour exprimer l'altérité du principe transcendant, dépasser la dualité et tendre vers l'Un. L'élévation conduit alors à une expérience plus intime : « Plus nous nous élevons par notre connaissance, plus nous sommes un en lui / *ie wir mit unsern verstantnisse mê ûfgân, sô wir mê in im einez sîn* »[6]. Plus exactement, cet acte de l'intellect trouve sa place dans le mouvement néoplatonicien de sortie et de retour vers le principe. Dans ses *Ennéades*, Plotin décrit en effet le retour de l'âme vers l'Un qui est le principe de toutes choses. Il s'agit

1. *Sermon 46*, *op. cit.*, p. 314.
2. *Sermon 110*, *op. cit.*, p. 664.
3. *Sermon 39*, *op. cit.*, p. 280.
4. *Sermon 9*, *op. cit.*, p. 97.
5. *Sermon de l'homme noble*, *op. cit.*, p. 823.
6. *Sermon 74*, *op. cit.*, p. 461 ; *DW* 2, p. 536.

tout d'abord de traverser les apparences, de dépouiller ce qui recouvre la surface des choses à la manière d'un sculpteur qui n'ajoute pas mais retranche pour manifester ce qui est caché dans la matière : « Fais comme le sculpteur d'une statue qui doit devenir belle; il enlève une partie, il gratte, il polit, il essuie jusqu'à ce qu'il dégage de belles lignes dans le marbre; comme lui enlève le superflu »[1]. Puis, l'âme peut alors s'élever vers l'Un : « Aie confiance en toi; même en restant ici, tu as monté »[2]. Cette précision est essentielle, puisque dès ici-bas, l'âme peut se tenir en Dieu. Enfin, pour parvenir à la contemplation de Dieu, l'âme doit devenir semblable à lui et par conséquent devenir un avec le principe : « Que tout être devienne donc d'abord divin et beau, s'il veut contempler Dieu et le Beau »[3]. Maintenir l'altérité de Dieu et en même temps dépasser la dualité pour tendre vers l'un, telle est la tension inhérente à l'esprit dans la connaissance du principe. Le néoplatonisme a su tenir ensemble la transcendance absolue du Principe irréductible à toutes les représentations et le désir infini de l'âme à retrouver une profonde intimité avec lui. De la même manière pour Eckhart, l'élévation de l'intellect ouvre l'esprit à une expérience unitive avec Dieu, et cette expérience est sans fin parce que Dieu est toujours au-delà.

La rencontre entre Marie-Madeleine et le Ressuscité dans l'*Évangile de Jean* (Jn 20,1-2.11-18) est peut-être l'une des plus belles illustrations de l'ascension de l'âme vers Dieu. Eckhart y consacre les deux *Sermons 34* et *35*, mais il évoque également cet épisode dans le *Sermon 46* et dans le second *Sermon IV*[4]. Marie-Madeleine est une figure intéressante qui exprime la difficulté de voir : *Elle se penche vers le tombeau et voit deux anges vêtus de blanc, assis à l'endroit même où le corps de Jésus avait été déposé... Elle se retourne et elle voit Jésus qui se tenait là, mais elle ne savait pas que c'était lui* (Jn 20,11-12.14). En d'autres termes, ce qu'elle est venue voir, le corps de son bien-aimé, n'est plus là, et celui qui est là, le Christ Ressuscité présent à ses côtés, elle ne parvient pas à le voir. D'une façon ou d'une autre, elle ne voit pas, ni ce qu'elle cherche ni ce qui est devant ses yeux. Et l'interprétation d'Eckhart va encore plus loin. Ce que la jeune femme voit, à savoir deux anges près du tombeau, la plonge dans un extrême désarroi et l'empêche de trouver la moindre consolation. Dans tous ses commentaires, Eckhart insiste toujours sur ce même point. La grande tristesse de Marie-Madeleine vient du fait que la vision des deux anges la fait sortir de l'unité dans laquelle elle se trouvait avec son bien-aimé : « Parce qu'elle cherchait une chose et en trouva deux, elle ne pouvait pas être consolée, ainsi que je l'ai dit souvent / *wan si dô einen suochte und zwêne vant, dar umbe enmohte si niht getrœstet werden, als ich mê gesprochen hân* »[5]. Dans le second *Sermon IV*,

1. Plotin, *Ennéades*, I, 6, 9, Paris, Les Belles Lettres, 1924, p. 105.

2. *Ibid.*

3. *Ibid.*, p. 106.

4. Maître Eckhart, *Sermons 34*, *35*, et *46*, *op. cit.*, p. 260-263, p. 264, p. 26 et p. 317; *Sermon IV*, 2, n. 30, *op. cit.*, p. 74.

5. *Sermon 34*, *op. cit.*, p. 263; *DW* 2, p. 584.

Eckhart affirme que Dieu est Un, ou plus exactement que la bienheureuse Trinité est indicible car les mots introduisent des distinctions, des divisions qui séparent : « Tout nom, ou en général, tout ce qui désigne un nombre ou fait venir un nombre dans une conception ou une pensée, tout cela est loin de Dieu [...] Le bien, le vrai, la vérité, la bonté et les choses semblables ne peuvent être dits de Dieu à proprement parler, parce qu'ils ajoutent et introduisent un nombre dans la pensée »[1]. Et il ajoute alors : « C'est pour cette raison que Marie-Madeleine en voyant deux, à savoir les anges, a éprouvé une grande souffrance, alors qu'elle cherchait l'Un, c'est-à-dire Dieu »[2]. De la même façon, le *Sermon 46* souligne la profonde unité entre le Père qui engendre et le Fils qui est engendré. L'âme est alors invitée à dépasser la diversité pour parvenir à cette unité : « Tout le temps que l'âme perçoit quelque diversité, elle n'est pas telle qu'elle doit être : tout le temps que quelque chose regarde vers l'extérieur ou vers l'intérieur, ce n'est pas une unité / *die wîle daz diu sêle deheinen underscheit verstât, sô ist ir unreht; die wîle daz dâ iht ûzluoget oder înluoget, sô enist dâ niht ein einicheit* »[3]. Telle la raison pour laquelle Marie-Madeleine ne peut trouver la consolation comme elle l'exprime elle-même : « C'est précisément ma tristesse de trouver deux alors que je ne cherche qu'un / *daz ist ouch mîn untrôst, daz ich zwêne vinde und suoche niht dan einen* »[4]. Dans le *Sermon 34*, Eckhart expose le sens du mot « ange » qui veut dire « celui qui est envoyé ». Certes le Fils et l'Esprit saint sont eux aussi des envoyés, mais il existe une profonde identité entre les différentes Personnes de la Trinité. En revanche, l'ange est un intermédiaire, par conséquent il introduit déjà une dissemblance par rapport à l'unité. C'est pourquoi Marie-Madeleine ne trouve pas de consolation auprès d'eux : « Elle cherchait ce qui était semblable et trouva la dissemblance / *wan si suochte, daz glîch was, und vant unglîch* »[5]. *Oportet transire*... la jeune femme va devoir dépasser la dualité pour revenir à l'Un. Et en même temps, le Christ l'invite à se tenir à distance comme l'indique la phrase : *Ne me touche pas* (Jn 20,17).

La figure de Marie-Madeleine illustre magnifiquement le double mouvement de l'âme qui doit à la fois dépasser la dualité pour tendre vers l'un et tenir constamment l'altérité de Dieu. L'âme peut bien percevoir quelque chose du principe, mais d'une façon fondamentale, celui-ci demeure toujours inaccessible : « Elle ne sait ni quand il vient ni quand il s'en va; sans doute elle pressent quand il est près d'elle »[6]. Alors s'ouvre pour elle un chemin. À la fin du *Sermon 35*, Eckhart décrit le chemin que l'âme doit parcourir pour s'élever vers Dieu, ou plus exactement il indique les six choses qu'elle doit posséder : « La première : ce qui lui semblait doux auparavant lui devient amer. La seconde, c'est

1. *Sermon IV*, 2, n. 30, *op. cit.*, p. 73 et p. 74.
2. *Ibid.*, p. 74.
3. *Sermon 46*, *op. cit.*, p. 317 ; *DW* 2, p. 87.
4. *Ibid.*, *DW* 2, p. 88
5. *Sermon 34*, *op. cit.*, p. 263 ; *DW* 2, p. 584.
6. *Sermon 35*, *op. cit.*, p. 265.

que, chez elle, l'âme se sente à l'étroit, en sorte qu'elle ne puisse demeurer elle en elle-même. La troisième, c'est qu'elle ne désire rien que Dieu. La quatrième, c'est que nul autre que Dieu ne puisse la consoler. La cinquième, c'est qu'elle ne fasse pas retour aux choses fugitives. La sixième, c'est qu'elle n'ait pas de repos intérieur avant qu'il ne lui soit rendu »[1]. En réalité, ces six points ne constituent pas les différentes étapes d'un itinéraire clairement établi. Il s'agit plutôt d'évoquer les attitudes essentielles que l'âme doit constamment mettre en œuvre pour dépasser la dualité et se tenir dans l'unité. Eckhart n'indique pas un seul chemin, mais plusieurs mouvements de l'âme qui l'empêchent de s'arrêter dans sa quête. Mais dans tous les cas, il s'agit toujours pour l'âme de quitter les choses dans leur diversité pour tendre vers l'unité du principe.

Ce matin-là, il y avait beaucoup de mouvement autour du tombeau, de nombreux va-et-vient qui expriment l'ascension de l'âme vers Dieu. Marie-Madeleine « se rendit au tombeau » (*gienc ze dem grabe*), « chercha notre Seigneur » (*suochte unsern herren*), « pénétra plus avant » (*dranc nâhe hin în*), mais aussi « regarda à l'intérieur » (*luogete hin în*), « regarda en arrière et en avant et par-dessus son épaule et vit Jésus/ *sach wider und vür und über die ahsel und sach Jêsum* », et finalement « elle tomba à ses pieds [...] il fit un pas en arrière / *si viel im an die vüeze* [...] *er trat ûf hoeher* », littéralement, il s'éleva plus haut[2]. L'ascension de l'âme vers Dieu est quelque chose de dynamique, plusieurs chemins s'ouvrent à l'esprit comme le montre la fin du *Sermon 35*[3]. À travers l'expérience du Christ Ressuscité, Marie-Madeleine est elle-même appelée à ressusciter. D'ailleurs le texte ne dit-il pas constamment qu'elle « se tient debout » (*si stuont*)? Se tenir debout, la tête levée vers le haut... c'est peut-être cela pour Eckhart la Résurrection, une mise en éveil de l'esprit qui doit constamment traverser les apparences pour se mettre en quête de la vérité. Marie-Madeleine doit-elle dépasser la vision pour revenir à l'union, ou bien n'est-elle pas invitée à convertir son regard afin de pouvoir vraiment contempler la lumière? *Femme, qui cherches tu*? (Jn 20,15) S'élever pour l'intellect, c'est rechercher par-delà la dualité ce qui est un, sans pour autant faire disparaître l'altérité de Dieu. Et cette tension ne connaît pas de fin.

1. *Ibid.*
2. *Sermon 34*, *op. cit.*, p. 260; *DW* 2, p. 575 et p. 576.
3. *Sermon 35*, *op. cit.*, p. 265.

CHAPITRE III

UNIR

Qu'y a-t-il de plus agréable pour l'âme intellective que de s'unir à Dieu, retrouver avec lui une profonde intimité et acquérir tout ce qui fait sa perfection? « Quand l'âme est unie à Dieu, elle a en lui, dans toute sa perfection, tout ce qui est quelque chose [...] Qu'est-ce que l'homme veut désirer ou savoir de plus quand il est ainsi heureux dans l'union à Dieu? C'est pour cette union que notre Seigneur a créé l'homme »[1]. C'est là le but de l'existence humaine, l'horizon qui donne un sens à la vie de l'esprit. À mesure qu'il dépouille et s'élève, l'intellect permet à l'âme de s'unir à Dieu et de parvenir ainsi à la béatitude: « Dans l'homme [la lumière divine] réalise la béatitude par la grâce de Dieu : elle élève l'âme vers Dieu, l'unit à Dieu et la rend de la couleur de Dieu. Pour que l'âme soit divine, il faut qu'elle soit élevée »[2]. Et de même, « quand l'homme se détourne de lui-même et de toutes choses créées, autant tu agis ainsi, autant tu es uni et bienheureux en l'étincelle dans l'âme qui ne touche jamais le temps ni l'espace »[3].

En quoi consiste précisément l'union de l'âme à Dieu? Dans quelle mesure l'intellect est-il la puissance qui produit cet acte? Et enfin, une telle expérience peut-elle se réaliser dès à présent? Eckhart s'intéresse à la béatitude de l'homme dans la condition qui est la sienne, et propose ainsi une belle méditation sur le temps présent. L'union à Dieu est une expérience que l'homme peut vivre dès maintenant dans le fond de son âme. C'est au cœur de l'instant que se réalise la perfection de l'âme intellective. Mais alors que cette expérience est permanente en Dieu, elle est toujours quelque chose de fragile et d'éphémère pour l'homme. C'est pourquoi, l'union à Dieu est aussi une perspective, un horizon qui dirige et oriente l'esprit donnant toute sa force à l'acte d'unir, parce que rien ne dure vraiment.

1. Maître Eckhart, *Sermon 101*, *op. cit.*, p. 617.
2. *Sermon 77*, *op. cit.*, p. 147.
3. *Sermon 116*, *op. cit.*, p. 696.

LA RENCONTRE ET SES FORMES. QUESTIONS ET PROBLÈMES

Dieu ne cesse d'appeler l'âme qui recherche continuellement ce qui est présent au fond d'elle-même. Pour Eckhart, l'union est l'expérience qui permet la rencontre entre l'âme et Dieu. En quoi consiste l'acte d'unir et quels sont les termes employés ? Le verbe « unir » vient du latin *unire*, qui se traduit essentiellement par les deux termes allemands *vereinen* et *einigen* composés à partir du radical *ein*, un. Eckhart utilise fréquemment le verbe *vereinen* pour exprimer l'action de relier et de réunir deux choses différentes comme par exemple l'âme et Dieu, ou encore l'âme et le corps, mais aussi la nourriture et le corps : « L'aliment que je mange est uni à mon corps autant que mon corps à mon âme »[1]. Ce verbe est souvent employé à la tournure passive *vereinen werden*, mais se trouve aussi sous la forme pronominale *sich vereinen :* « Les choses inférieures s'unissent dans les choses supérieures. Ainsi l'âme est unie et enclose en Dieu / *diu nidersten vereinent sich in den obersten. Alsô wirt diu sêle vereinet in gote und beslozzen* »[2]. Le verbe « unir » signifie également unifier, trouver intérieurement une unité, rassembler à l'intérieur de soi des éléments divers. Ainsi « l'homme doit s'unifier en lui-même / *der mensche sol sich vereinen in im selber* »[3], et parvient alors à « une vie qui est unifiée / *in ein leben, daz vereinet ist* »[4]. Cette vie unifiée est à la fois le résultat d'une âme intellective qui rassemble en elle l'activité des sens tournée vers l'extérieur, mais c'est aussi la condition nécessaire, la disposition indispensable pour qu'elle puisse s'unir à Dieu et « devenir un avec lui / *ein mit ir werden* »[5]. C'est ainsi qu'il existe une dernière signification, une façon ultime de s'unir comme par exemple dans la formule : « Puissions-nous devenir un avec Dieu / *daz wir alsô vereinet werden mite gote* »[6]. Il convient enfin de signaler l'emploi très rare de la forme substantive *vereinunge*[7], et plus rare encore le verbe verbe *vereinigen*[8].

Bien qu'il soit un peu moins employé, Eckhart utilise également le verbe *einigen* dont le sens est très proche. Celui-ci est parfois associé à d'autres termes qui permettent de distinguer différentes formes d'union. Ainsi dans le *Sermon 61*, Eckhart explicite la nature de l'union dans la relation amoureuse de la manière suivante : « Bien que saint Jean dise que l'amour unit, l'amour ne transporte jamais en Dieu, il agglutine peut-être. L'amour n'unit pas, en aucune manière; ce qui est uni, il l'attache et le lie l'un à l'autre »[9]. Le terme « agglutiner », en

1. *Sermon 61*, *op. cit.*, p. 390.
2. *Sermon 77*, *op. cit.*, p. 477 ; *DW* 3, p. 430.
3. *Sermon 110*, *op. cit.*, p. 661 ; *DW* 1, p. 163.
4. *Sermon 105*, *op. cit.*, p. 639 ; *DW* 1, p. 136.
5. *Sermon 52*, *op. cit.*, p. 344 ; *DW* 3, p. 86.
6. *Sermon 60*, *op. cit.*, p. 387 ; *DW* 1, p. 370.
7. *Sermons 84*, *93*, et *118*, *op. cit.*, p. 515, p. 570 et p. 705 ; *DW* 2, p. 146 et *DW* 3, p. 399 et p. 490.
8. *Sermon 60*, *op. cit.*, p. 383 ; *DW* 1, p. 359.
9. *Sermon 61*, *op. cit.*, p. 391.

allemand *zuolîmen*, est une manière un peu péjorative d'exprimer le fait d'accoler grossièrement deux choses ensemble, presque de force. Les verbes « attacher » et « lier », *zesamenheften* et *zuobinden*, évoquent bien la réunion de choses distinctes. Mais ce type de relation semble le plus bas niveau de l'union, ou plus exactement, il s'agit bien de rassembler des choses entre elles, mais encore de façon extérieure et sans véritablement parvenir à une union entre ces choses. Dans le *Sermon 68*, Eckhart parle aussi d'inclusion : « Ce petit mot *et* désigne en latin une union, un attachement, une inclusion [...] Par là je veux dire que l'homme est attaché à Dieu et inclus en lui, uni à lui »[1]. Ce passage évoque une certaine progressivité dans l'union. Rassembler, *zuobinden*, inclure, *însliezen*, et unir, *einigen*, sont en quelque sorte comme les trois moments qui vont du plus extérieur au plus intérieur jusqu'à l'indistinction. Composé à partir de la forme verbale *sliezen* et du préfixe *in*, le verbe *însliezen* dont le substantif *îngezlozzen* se traduit en allemand moderne par *Gemeinschaft*, c'est-à-dire « communion » ou « communauté », ce verbe signifie donc « inclure au-dedans », « introduire à l'intérieur », et même « entrer en communion avec ». Il est possible de rapprocher *îngezlozzen* de la forme *bezlozzen* qui se traduit par « enclore », « enfermer à l'intérieur ». Ainsi dans le *Sermon 118*, Eckhart commente le mot « ville » à propos de l'expression *civitas dei* contenue au verset 5 du *Psaume 46* : « "Ville" signifie *civium unitas*, c'est-à-dire une ville fermée vers l'extérieur et unie intérieurement. Telle doit être l'âme dans laquelle Dieu doit fluer, préservée extérieurement des embûches et unie intérieurement dans toutes ses puissances / *bûzen beslozzen ist und binnen vereinet ist* [...] *bûzen bewart von hindernisse und binnen vereinet an allen irn kreften* »[2]. Par conséquent, les deux verbes *vereinen* et *einigen* expriment toute la diversité des manières d'unir ainsi qu'une progressivité dans l'union. En dehors de ceux-ci, le mot le plus important est le substantif *einunge* très souvent employé.

Il convient de distinguer et de préciser le sens des substantifs « un », « union » et « unité », en allemand *ein*, *einunge*, *einicheit* ou *einikeit*. L'Un, du latin *unum*, désigne ce qui est premier, ce qui n'a pas de partie, et par conséquent ce qui ne peut être divisé. En philosophie comme en théologie, l'Un est la cause première, le principe de toutes choses, la source à partir de laquelle procède toute multiplicité et la fin vers laquelle toute multiplicité retourne. Ce terme est ainsi un des attributs essentiels de Dieu, mais également ce qui permet d'exprimer la relation avec toutes choses : « L'Un est plus haut, plus premier et plus simple que le bien lui-même, et [...] il est plus proche de l'être lui-même et de Dieu [...] Il est premier et suprême en raison du fait qu'il est Un. À cause de cela, l'Un descend dans toutes choses et dans les choses singulières, demeurant toujours Un et unifiant les choses divisées »[3]. L'Un est donc ce qui donne aux choses leur unité et leur permet de revenir à l'origine, où plus exactement, il invite toutes choses à

1. *Sermon 68*, *op. cit.*, p. 427.
2. *Sermon 118*, *op. cit.*, p. 703 ; *DW* 3, p. 396.
3. *Sermon XXIX*, n. 299, *op. cit.*, p. 270 et p. 271.

entrer dans l'unité des trois Personnes divines : « la propriété de Dieu est l'unité », *gotes eigenschaft ist einicheit*[1]. Plus difficile à définir peut-être, l'unité, du latin *unitas*, est le caractère de ce qui est un, « simple » et « égal », *blôz* et *glîch*, mais aussi « unique » ou « seul », *einic*[2]. D'une certaine manière, l'Un renvoie au caractère indivisible d'une chose, alors que l'unité insiste davantage sur la communion profonde qui relie étroitement des éléments distincts. Eckhart utilise très souvent ce mot pour parler de la Trinité, et le terme de « déité » est précisément ce qui permet d'exprimer l'unité entre les Personnes divines dans laquelle l'homme est invité à entrer. Mieux encore, c'est Dieu lui-même qui conduit l'âme vers l'unité comme le rappelle ce très beau texte : « Dieu conduit cet esprit dans le désert et dans l'unité de lui-même, là où il est l'Un pur et jaillit en lui-même / *Got leitet disen geist in die wüestunge und in die einicheit sîn selbes, dâ er ein lûter ein ist und in im selben quellende ist* »[3]. Ou encore : « J'ai parlé d'une puissance dans l'âme [...] elle saisit Dieu dans son unité et dans sa solitude ; elle saisit Dieu dans son désert et dans son propre fond / *nimet got in sîner einunge und in sîner einœde* [...] *in sîner wüestunge und in sînem eigenen grunde* »[4]. On notera d'ailleurs le jeu de sonorité et l'étonnante ressemblance entre les mots « union » (*einunge*) et « solitude » (*einœde*), que l'on pourrait traduire par « recueillement ». Enfin, l'union exprime la relation entre deux choses, deux personnes, et plus particulièrement entre l'homme et Dieu. Comme le montrent les différents verbes, il existe différentes manières d'unir ou de s'unir, ainsi qu'une progressivité dans l'union depuis le simple fait de réunir deux éléments jusqu'à l'état d'indistinction qui permet à l'homme de devenir un avec Dieu. Avant d'envisager toutes les questions que soulève une telle expérience, qui exprime d'une certaine manière le cœur de la vie intérieure, il convient de situer l'acte d'unir dans son contexte intellectuel.

La terminologie employée par Eckhart pour décrire l'acte d'unir s'inscrit en effet dans une longue tradition philosophique, théologique et littéraire[5]. Ainsi, les verbes « dépouiller », « élever » et « unir » apparaissent déjà ensemble dans la *Théologie mystique* du Pseudo-Denys l'Aréopagite : « Dépouille-toi totalement du non-être et de l'être, et élève-toi ainsi, autant que tu le peux, jusqu'à t'unir dans l'ignorance avec Celui qui est au-delà de toute essence et de tout savoir »[6]. Dans la *Hiérarchie céleste*, le Pseudo-Denys semble alors mettre en place le schème purification-illumination-perfection qui correspond à ces trois verbes et permet à

1. *Sermon 60*, *op. cit.*, p. 387 ; *DW* 1, p. 368.

2. *Sermon 90*, *op. cit.*, p. 547, 549 et p. 550 ; *DW* 1, p. 195, p. 200 et p. 201.

3. *Sermon 46*, *op. cit.*, p. 134 ; *DW* 2, p. 77.

4. *Sermon 110*, *op. cit.*, p. 665 ; *DW* 1, p. 171.

5. B. McGinn, « Amour, connaissance et *unio mystica* dans la tradition chrétienne occidentale », in *L'Union mystique dans le judaïsme, le christianisme et l'Islam*, Bruxelles, Lessius, 2011, p. 100-108. Voir aussi : P. Gire, *Maître Eckhart et la métaphysique de l'Exode*, Paris, Cerf, 2006, p. 129-163.

6. Pseudo-Denys l'Aréopagite, *La Théologie mystique*, chap. I n. 1, *op. cit.*, p. 177.

l'esprit de parvenir jusqu'au principe : « C'est ainsi donc que la première des hiérarchies célestes, initiée par le Principe même de toute perfection, grâce au pouvoir qu'elle possède de s'élever jusqu'à lui sans intermédiaires [...] se purifie, s'illumine et se parfait [...] Au total, il ne serait pas mal à propos de dire que la participation à la science théarchique est tout ensemble purification, illumination et perfectionnement »[1]. Eckhart connaît bien ces différents textes traduits en latin auxquels il emprunte un certain nombre de termes, et grâce au Pseudo-Denys, il inscrit sa thématique de l'Un dans la pensée néoplatonicienne : « La pureté de l'âme réside en ce qu'elle est purifiée d'une vie divisée et entre dans une vie unifiée. Tout ce qui est divisé dans les choses basses est unifié lorsque l'âme s'élève à une vie où il n'y a pas d'oppositions »[2].

Cette formule est radicalement néoplatonicienne. En effet, le néoplatonisme est un courant philosophique qui s'efforce de rendre compte de la multiplicité des choses extérieures à partir d'un principe premier appelé l'Un. De l'Un proviennent toutes choses et toutes choses aspirent à revenir à lui. Il existe un double mouvement de procession et de conversion, de sortie et de retour vers le principe. L'Un produit une première hypostase qui s'appelle l'Intelligence, et de l'Intelligence procède une autre hypostase qui est l'Âme, et ainsi de suite jusqu'à la matière qui n'est plus à proprement parler une émanation du principe. En effet, la matière est en quelque sorte une exténuation ou un épuisement du principe qui ne peut aller plus loin dans son processus. À partir de là, les choses doivent nécessairement se convertir et retrouver l'unité du principe. C'est ainsi que l'âme humaine doit retourner vers l'Un. Grâce au travail de l'intellect, elle se dépouille de toute multiplicité, se recueille à l'intérieur et s'unifie en elle-même afin d'être absorbée par l'Un dans une sorte d'extase. Elle devient ainsi une simple image qui se confond avec son modèle : « C'est là-haut qu'est le véritable bien-aimé, avec qui il est possible de s'unir [...] L'âme reçoit alors une autre vie, lorsqu'elle s'approche de lui, qu'elle parvient enfin à lui, qu'elle participe de lui, en sorte que, dans cet état, elle sait qu'est présent celui qui donne la vie véritable et qu'elle n'a plus besoin de rien »[3]. Dans le *Sermon 55*, Eckhart évoque la pensée d'un maître païen qui n'est autre que l'auteur du *Livre des Causes :* « Omnis causa primaria plus est influens super causatum suum quam causa universalis secunda »[4]. Eckhart expose ainsi le mouvement du principe qui se répand dans les choses et les attire à lui : « Un maître païen dit à ce sujet que la cause première se répand plus dans toutes les causes que les causes secondes ne se répandent dans leur opération [...] Là toutes les créatures sont un dans l'Un et sont Dieu en Dieu [...] Quand Dieu attire l'âme à lui, elle est transformée en Dieu, de sorte que l'âme devient divine »[5].

1. *La Hiérarchie céleste*, chap. VII n. 3, *op. cit.*, p. 210 et p. 211.
2. Maître Eckhart, *Sermon 105*, *op. cit.*, p. 638.
3. Plotin, *Ennéades*, IX, 9, 45-50, Paris, Cerf, 1994, p. 107.
4. *Livre des Causes*, I, n. 1, *op. cit.*, p. 38.
5. Maître Eckhart, *Sermon 55*, *op. cit.*, p. 358 et p. 359.

Le néoplatonisme offre ainsi au christianisme un schéma de pensée tout-à-fait exceptionnel, mais l'union entre l'homme et Dieu est aussi et d'abord un thème biblique. En effet, le Dieu dont parle toute l'Écriture de l'Ancien jusqu'au Nouveau Testament, ce Dieu est Un[1]. Commentant tout à la fois Ga 3,20 et Dt 6,4, Eckhart s'exprime en des termes qui n'ignorent pas le néoplatonisme : « Lui seul est un. Il est à noter que toute créature aime en Dieu l'Un, et l'aime en raison de cet Un et l'aime parce qu'il est Un [...] Dieu ne s'unit à quelque chose que parce qu'il est Un et en tant qu'il est Un. De plus, par cela qu'il est Un, il tient nécessairement à unir toutes choses et à les unir en lui et à lui »[2]. La spécificité du christianisme est d'avoir exprimé l'idée d'un Dieu qui est à la fois Un et trois Personnes. Le Fils procède du Père, et des deux s'écoule l'Esprit. Et cependant, tout se passe à l'intérieur même de Dieu qui demeure Un en lui-même. C'est ainsi qu'il est possible de parler d'unité divine. Cette relation intime qui existe entre les trois Personnes, ouvre un chemin à l'homme qui est invité à entrer dans l'unité divine, ou pour reprendre la phrase du Christ : *Que tous soient un comme toi, Père, tu es en moi et que je suis en toi* (Jn 17,21). Ce verset johannique très souvent évoqué par Eckhart, dessine une ligne théologique très nette. Celle-ci va de la création de l'homme à l'image de Dieu jusqu'à la divinisation de l'homme qui manifeste pleinement la ressemblance grâce à l'Incarnation du Verbe, image parfaite du Père[3]. L'union est non seulement la relation qui relie étroitement le Père et le Fils, mais elle est aussi une perspective pour l'homme, une finalité qui donne un sens à toute son existence : « De même que Dieu est trois en ses Personnes, il est un dans sa nature. On doit comprendre ainsi l'union de notre Seigneur Jésus-Christ avec son Père et avec l'âme [...] quand l'âme est unie à Dieu, elle a en lui, dans toute sa perfection, tout ce qui est quelque chose [...] elle est unie à lui sans distinction »[4]. La perfection de l'âme intellective consiste donc à être unie à Dieu sans distinction, *si ist mit im vereinet âne underscheit*[5]. En quoi consiste cette union sans distinction ? Et surtout comment est-il possible d'expliquer le fait que la perfection de l'âme consiste à devenir Dieu et par conséquent à s'éloigner de son état de créature ? C'est sans doute parce que le Christ est vrai homme et vrai Dieu, que l'homme peut aller aussi loin dans l'union sans distinction avec Dieu[6].

À ces références philosophiques et théologiques, il convient d'en ajouter une troisième que l'on peut qualifier de plus littéraire. En effet, le thème de l'union chez Eckhart est également influencé par la littérature de certaines béguines comme Hadewijch d'Anvers, Mechthilde de Magdebourg et Marguerite Porete

1. F. Brunner, *Maître Eckhart. Approche de l'œuvre*, Genève, Ad Solem, 1999, p. 45-51 et p. 67-75.

2. Maître Eckhart, *Sermon XXIX*, n. 296, 297, 298, *op. cit.*, p. 269 et p. 270.

3. F. Brunner, *Maître Eckhart. Approche de l'œuvre*, *op. cit.*, p. 78-81.

4. Maître Eckhart, *Sermon 101*, *op. cit.*, p. 616 et p. 617.

5. *DW* 2, p. 616.

6. S. Icard, *Le Mystère théandrique. Action de Dieu, action de l'homme dans l'œuvre du salut*, Paris, Honoré Champion, 2014.

auxquelles il emprunte des termes et des images[1]. Certains sermons s'inspirent fortement de grands textes comme par exemple le *Miroir des simples âmes anéanties* sans donner d'indications plus explicites[2]. Pour exprimer l'union sans distinction, Marguerite Porete prend ainsi l'image d'une rivière qui perd son nom lorsqu'elle pénètre dans la mer et s'unit dans l'abîme : « Ainsi en serait-il d'une eau qui viendrait de la mer, avec un nom, comme l'on pourrait dire Oise ou Seine ou quelque autre rivière. Et lorsque cette eau ou rivière revient en mer, elle perd son cours et son nom avec lequel elle courait à travers plusieurs pays en accomplissant son œuvre [...] Ainsi en est-il de cette âme »[3]. De la même manière, Eckhart reprend cette image de l'eau qui disparaît dans la mer ainsi que l'idée de l'âme qui perd son nom : « Si on jetait une goutte dans la mer, la goutte se transformerait en la mer et non la mer en la goutte. Il en est de même pour l'âme [...], elle devient divine et Dieu ne devient pas l'âme. Elle perd alors son nom »[4]. Il convient non seulement d'expliquer la nature de cette union sans distinction, mais aussi d'exposer le chemin qui y mène. Même si la béguine du Hainaut accorde plus d'importance à l'amour qu'à la connaissance, comme l'indique la prière d'ouverture, il semble bien que l'union sans distinction apparaisse au terme d'une triple déprise qui anéantit aussi bien l'amour que la connaissance : « Cette âme a tout et n'a rien, sait tout et ne sait rien, veut tout et ne veut rien »[5]. Dans le *Sermon 108*, Eckhart définit semblablement l'homme pauvre comme celui qui « ne veut rien », « ne sait rien » et « ne possède rien », et dans cette pauvreté véritable, l'homme reçoit comme un don le fait de pouvoir s'unir à Dieu : « Moi et Dieu, nous sommes un »[6].

Le but n'est pas ici d'étudier de manière exhaustive les nombreuses références philosophiques, théologiques et littéraires qui traversent les écrits eckhartiens concernant le thème de l'union, mais il s'agit simplement de montrer comment l'acte d'unir s'inscrit dans une longue tradition, de manière à mieux le définir et à poser un certain nombre de questions.

L'acte d'unir soulève au moins trois grandes questions. Premièrement, en quoi consiste cette union sans distinction entre l'homme et Dieu ? Deuxièmement, qu'est-ce qui dans l'âme humaine rend possible une telle expérience de

1. B. McGinn, *Meister Eckhart and the Beguine Mystics : Hadewijch of Brabant, Mechthild of Magdeburg, and Marguerite Porete*, New York, Continuum, 1994. Voir aussi : « Quelques parallèles avec les mystiques rhéno-flamandes », *in* E. Zum Brunn, *Voici Maître Eckhart*, Grenoble, Jérôme Millon, 1994, p. 25-49.

2. O. Boulnois, « Qu'est-ce que la liberté de l'Esprit ? La parole de Marguerite et la raison du théologien » et J.-R. Valette, « Marguerite Porete et le discours courtois », *in* L. Field, R. E Lerner, S. Piron (dir.), *Marguerite Porete et le* Miroir des simples âmes. *Perspectives historiques, philosophiques et littéraires*, Paris, Vrin, 2013, p. 139-153 et p. 182-196.

3. Marguerite Porete, *Le Miroir des simples âmes anéanties*, LXXXII, Grenoble, Jérôme Millon, 2001, p. 171.

4. Maître Eckhart, *Sermon 55*, *op. cit.*, p. 359.

5. Marguerite Porete, *Le Miroir*, XIII, *op. cit.*, p. 64.

6. Maître Eckhart, *Sermon 108*, *op. cit.*, p. 651.

Dieu ? Plus exactement, dans quelle mesure l'acte d'unir est-il le propre de l'intellect ? Troisièmement, s'agit-il d'une opération qui se réalise dès à présent *in via*, ou bien d'un idéal vers lequel l'esprit humain doit tendre *in patria* ? En ce qui concerne la nature de l'union, l'histoire de la pensée distingue deux conceptions différentes[1]. La première, appelée « union spirituelle » ou « unité de l'esprit » (*unitas spiritus*), s'appuie sur le verset paulinien : « *Celui qui s'unit au Seigneur est avec lui un seul esprit* » (1Co 6,17). Elle exprime une parfaite harmonie entre la volonté de Dieu et l'amour humain. La seconde est une « union sans distinction » ou « unité d'indistinction » (*unitas indistinctionis*), qui consiste à faire disparaître toute distinction afin de « devenir un unique un » (*ein einic ein*)[2]. Eckhart n'ignore pas la première conception qu'il évoque d'un bout à l'autre des *Entretiens spirituels*. Au début, il définit l'obéissance comme un abandon de l'esprit dans la volonté de Dieu[3] et à la fin il revient sur l'attitude de « celui dont la volonté est totalement unie à celle de Dieu »[4]. Cependant, il envisage également le second type d'union aussi bien dans ses commentaires latins que dans sa prédication allemande. Ainsi, dans son *Commentaire de la Sagesse*, il met en parallèle le caractère sans distinction d'un Dieu-Un et le fait que l'âme doit devenir un unique un : « Dieu est indistinct, et l'âme aime être indistincte, c'est-à-dire, être un et le devenir avec Dieu / *Deus autem indistinctus est, et anima amat indistingui, id est unum esse et fieri cum deo*[5]. On retrouve la même affirmation dans le le *Sermon 72* à propos du verset johannique *Demeurez en moi* (Jn 15,4) :

> Il n'y a plus entre lui et Dieu de distinction, mais ils sont un [...] entre un tel homme et Dieu non seulement il n'existe pas de distinction, il n'existe pas non plus de pluralité, il n'y a là que « un » / *zwischen im und gote kein underscheit enist, sunder sie sint ein* [...] *zwischen dem menschen und gote enist niht aleine niht underscheit, sunder dâ enist ouch kein menige ; dâ enist niht wan ein*[6].

Cette union sans distinction pose un problème aussi bien sur le plan théologique que sur le plan philosophique. D'une part, il convient de tenir un rapport de proximité et de distance. Dieu se fait proche de l'homme afin que ce dernier se rapproche également de lui. Et cependant, Dieu demeure fondamentalement le tout autre qu'il n'est jamais tout à fait possible d'atteindre parfaitement. D'autre part, que devient l'humanité de l'homme si l'âme se perd et se noie totalement dans l'océan sans fond de la divinité, comme une goutte d'eau plongée dans la mer infinie ? La perfection de l'âme consiste-t-elle à perdre ce qui lui est propre ? Le *Sermon 62* exprime bien toutes ces difficultés ontologiques : « Tu dois totalement échapper à ton être-toi et te fondre dans son être-lui et ton être-toi et son

1. B. McGinn, *The mystical Thought of Meister Eckhart*, New York, Herder, 2011, p. 147-161.
2. Maître Eckhart, *DW* 2, p. 11 ; *DW* 3, p. 118.
3. *Entretiens spirituels*, 1, *op. cit.*, p. 724 et p. 725.
4. *Ibid.*, 23, *op. cit.*, p. 770.
5. *Commentaire du livre de la Sagesse*, n. 282, Paris, Les Belles Lettres, 2015, p. 259; *LW* 2, p. 614 et p. 615.
6. *Sermon 72*, *op. cit.*, p. 449 ; *LW* 2, p. 274.

être-lui doivent si totalement devenir un “mien” que tu comprennes éternellement avec lui son être originaire incréé et son Néant innomé »[1]. Eckhart ajoute plus loin : « Il faut absolument que je devienne lui et qu'il devienne moi. Je dis davantage : Dieu doit absolument devenir moi, et moi absolument devenir Dieu »[2]. Une telle relation est-elle réalisable dès à présent ou bien évoque-t-elle plutôt un idéal à venir ? Peut-être est-il possible de mieux comprendre la nature de cette union en analysant plus précisément la puissance de l'âme qui opère cet acte.

Certes l'union est d'abord et essentiellement un don de Dieu qui attire l'âme vers lui. Et cependant, l'âme, de par sa liberté, doit répondre à cet appel par un acte propre qui lui permet de participer à cette union. Quelle est donc la faculté de l'âme qui permet d'unir l'homme à Dieu ? Les textes évoqués insistent autant sur l'amour que sur la connaissance. La béatitude réside-t-elle dans l'acte de l'intellect ou dans celui de la volonté[3] ? Sur cette question précise, les Écoles s'affrontent et se distinguent au Moyen Âge[4]. Sans ignorer le rôle de l'intellect qui éclaire la volonté de l'homme, les franciscains considèrent que la volonté est plus noble que l'intellect parce qu'elle choisit et décide. Elle est parfaitement libre de suivre ou non ce que l'intellect lui propose. Et par son choix, la volonté s'arrache au déterminisme qui caractérise l'ordre des choses naturelles, et manifeste ainsi une liberté fondamentale propre à l'homme. Au contraire, les dominicains estiment que l'intellect est supérieur à la volonté parce que celle-ci vise un bien qu'il est toujours difficile d'identifier clairement durant cette vie, et le plus souvent la volonté s'attache à un objet et manifeste un certain appétit à son égard. Seul l'intellect est libre dans ses actes, et il va plus loin dans l'union dans la mesure où il parvient à Dieu sans pourquoi. Entre l'amour et la connaissance, quel est en fin de compte l'acte qui unit le plus parfaitement l'homme à Dieu ? Dans cette controverse, il n'est pas toujours facile de situer Eckhart lui-même. D'autant que la question se complique encore lorsqu'on distingue la réalité historique et la réalité eschatologique. Ainsi, on pourrait soutenir que la connaissance intellectuelle est dans l'absolu ce qui nous unit le plus parfaitement à Dieu, et cependant admettre que dans l'état qui est le nôtre, étant donné les limites de la connaissance humaine, c'est la volonté qu'il faut prendre en compte, et qu'en cette vie, l'extase amoureuse dépasse infiniment la connaissance intellectuelle.

La dernière question consiste à savoir si l'union est une réalité historique ou une réalité eschatologique ? L'acte de l'intellect est-il la préparation d'une relation à venir ou bien ce qui rend possible celle-ci dès à présent ? Si l'intellect prépare une relation à venir, alors durant cette vie, l'homme chemine vers une union toujours plus grande avec Dieu, mais sans jamais l'atteindre parfaitement. La vie de l'esprit est un cheminement vers plus d'unité. Le risque est ici une sorte

1. *Sermon 62*, *op. cit.*, p. 396.

2. *Ibid.*, p. 397.

3. *Commentaire sur l'Évangile de Jean*, n. 673, *LW* 3, p. 587.

4. L. Renault, « Intellectualisme » et « Volontarisme », *in* J.-Y. Lacoste, *op. cit.*, p. 576-578 et p. 1236-1238.

de découragement. En effet l'homme est toujours infiniment plus misérable dans cette vie que l'idéal vers lequel il tend. Et l'expérience qu'il fait dès à présent est plutôt celle d'un exil ou d'un éloignement : « Que faire, ô Seigneur Très-Haut, que faire donc à cet exilé qui est si loin de toi ? Que faire donc à ton serviteur, tourmenté par l'amour de toi, rejeté si loin de ta face ? Il aspire à te voir, et ta face est trop loin de lui » [1]. Si l'intellect rend possible dès à présent l'union avec Dieu, alors la vie de l'esprit consiste à observer les fruits de cette expérience, mieux encore il s'agit de faire rayonner cette relation dans le quotidien de l'existence. Mais le risque est ici de considérer que la perfection est quelque chose que l'homme peut atteindre par ses propres moyens, ce qui peut le conduire à une forme d'auto-satisfaction ou de suffisance[2]. La béatitude de l'homme est décidément une question bien délicate qui pose le problème de la vie de l'esprit et de son dynamisme. L'originalité d'Eckhart est sans doute d'avoir insisté sur le rôle de l'intellect dans une expérience de Dieu *in via* sans pour autant rejeter l'amour, ni même l'idée d'une plus grande unité *in patria*.

Entre la volonté et l'intellect, le débat sur la béatitude

Beatitudo, utrum consistat in actu intellectus vel voluntatis antiqua quaestio est[3]. C'est une ancienne question que de savoir si la béatitude réside dans un acte de l'intellect ou dans celui de la volonté, confie Eckhart, et les arguments du maître dominicain à ce propos se trouvent explicitement mentionnés dans la *Question* de Gonzalve d'Espagne : *La louange de Dieu dans la patrie céleste est-elle plus noble que l'amour de Dieu sur le chemin terrestre*[4] ? Le maître franciscain évoque en effet les différentes raisons d'Eckhart en faveur de l'intellect[5]. Après avoir démontré que le connaître est plus important que l'être à propos de Dieu, ou plus exactement que c'est parce qu'il connaît, qu'il est, Eckhart s'efforce de définir cet acte. L'acte de l'intellect, appelé également « intelliger » ou plus simplement « penser », consiste à épurer, il s'efforce de saisir une chose dans sa nudité, *intelligere vadit depurando et pertingit usque ad nudam entitatem rei*[6]. Parmi les raisons qui montrent clairement combien l'intellect est plus noble que la volonté, c'est-à-dire qu'il va plus loin dans l'acte d'unir, Eckhart met en avant la nature de Dieu défini lui-même comme un pur penser, et par

1. Anselme de Cantorbery, *Proslogion*, chap. I, Paris, Vrin, 1992, p. 7.

2. E. Mangin, « La *Lettre du 13 août 1317* écrite par l'évêque de Strasbourg contre les disciples du Libre Esprit », *RevSR* 75/4, 2001, p. 522-538.

3. Maître Eckhart, *Commentaire sur l'Évangile de Jean*, n. 673, *LW* 3, p. 587.

4. *Questions parisiennes*, IV, *op. cit.*, p. 200-223.

5. R. Imbach, *Deus est intelligere. Das Verhältnis von Sein und Denken in seiner Bedeutung für das Göttesverständnis bei Thomas d'Aquin und in den Pariser Quaestionen Meister Eckharts*, Fribourg, Éditions universitaires, 1976.

6. Maître Eckhart, *Questions parisiennes*, IV, n. 8, *op. cit.*, p. 207.

conséquent l'acte de l'intellect permet à l'homme de se conformer à Dieu, ou encore de retrouver « une certaine déiformité ou déiformisation / *ipsum intelligere quaedam deiformitas vel deiformatio, quia ipse deus est ipsum intelligere et non esse*[1]. De plus, l'acte d'intelliger est « subsistant » et « incréable » selon Eckhart[2]. En effet, l'intellect est capable d'atteindre des réalités intelligibles qui subsistent et demeurent de façon essentielle, alors que les choses sensibles et matérielles sont constamment soumises aux dispositions accidentelles. Quant à l'adjectif « incréable », il ne signifie pas que l'intellect humain est incréé, mais qu'il est au-delà de ce qui est. L'être est le premier créé, et ainsi la raison de toute créabilité. Dire que le connaître intellectif est incréable, c'est tout simplement rappeler qu'il est distinct de l'être. De ce fait, l'intellect est supérieur à la volonté parce qu'il échappe à la logique des choses créées et matérielles, à leur déterminisme. L'argument le plus important en faveur de l'intellect, est celui de la liberté : « La liberté réside principalement dans l'intellect car une chose est libre quand elle est exempte de matière »[3]. La liberté s'identifie ici au détachement, à la séparation. Mais la liberté n'est pas seulement l'absence de contrainte matérielle, le fait de ne pas être affecté par les choses matérielles, elle est aussi une capacité, la capacité d'agir sur celles-ci, et plus exactement le pouvoir d'agir en même temps sur des choses différentes, ce que ne peut faire la volonté qui ne s'applique que sur une chose à la fois : « Est libre ce qui a pouvoir sur des choses différentes »[4]. Enfin, l'acte de la volonté consiste à choisir parmi plusieurs choses et celui de l'intellect à délibérer sur des choses différentes. Or la supériorité de l'intellect vient du fait que la délibération précède toujours le choix et rend l'homme libre de prendre une décision : « Le choix est le résultat d'une délibération, qui est un acte de l'intellect, et c'est pourquoi la racine de la liberté est dans l'intellect. D'où : la liberté est d'abord originairement dans l'intellect et elle n'est que formellement dans la volonté »[5]. Les arguments d'Eckhart en faveur de l'intellect découlent essentiellement de la nature de Dieu. La question de savoir quelle est la puissance de l'âme la plus noble et la plus apte à unir, revient en réalité à se demander : « Qu'est-ce que Dieu »[6] ?

Il existe un écho de cette question disputée dans la prédication allemande et en particulier dans le *Sermon 86* à propos du temple de Dieu : « J'ai dit à l'École que l'intellect est plus noble que la volonté »[7]. Eckhart reprend la distinction entre l'être et l'intellect, et dévoile ainsi la nature intellectuelle de Dieu :

1. *Ibid.*, n. 9, p. 207.
2. *Ibid.*, n. 10 et n. 11, p. 208.
3. *Ibid.*, n. 12, p. 210.
4. *Ibid.*, n. 15, p. 212.
5. *Ibid.*, n. 16, p. 212.
6. *Sermon 113*, *op. cit.*, p. 685.
7. *Sermon 86*, *op. cit.*, p. 530.

> Je parlerais aussi faussement si je nommais Dieu un être que si je disais du soleil qu'il est blême ou noir [...] Quand nous prenons Dieu dans l'être, nous le prenons dans son parvis, car l'être est son parvis dans lequel il réside. Où est-il donc dans son temple où il brille dans sa sainteté ? L'intellect est le temple de Dieu. Nulle part Dieu ne réside plus véritablement que dans son temple, l'intellect [...] Dieu est un intellect qui vit dans la connaissance de lui-seul [1].

L'intellect est la puissance de l'âme dans laquelle Dieu se reconnaît parfaitement dans la mesure où il est lui-même de nature intellectuelle. Eckhart précise alors en quoi consiste cet intelliger et pourquoi il va plus loin que la volonté. Tout d'abord, le travail de représentation intellectuelle est capable de rendre présent à l'esprit des choses absentes ou lointaines, c'est-à-dire d'être en acte au-delà de l'être : « Cette puissance forme en elle-même les choses qui ne sont pas présentes, en sorte que je connais les choses aussi bien que si je les voyais de mes yeux et mieux encore [...] avec cette puissance, l'âme opère dans le non-être » [2]. Ensuite, l'intellect élève l'esprit au-dessus des choses terrestres et saisit Dieu par-delà tous ses attributs, alors que la volonté s'attache à lui seulement par la bonté : « L'intellect prend Dieu dans sa nudité, dépouillé de bonté et d'être » [3]. C'est pourquoi, l'intellect va plus loin que la volonté dans l'acte d'unir, et il est plus fort qu'elle pour conduire à la béatitude : « L'intellect opère sans cesse vers l'intérieur [...] plus l'intellect est fort et subtil, plus ce qu'il connaît s'unit à lui et devient un avec lui [...] la béatitude de Dieu réside dans l'opération vers l'intérieur de l'intellect » [4]. En effet, l'intellect devient ce qu'il pense. Comme dans les *Questions parisiennes*, Eckhart fait ressortir une certaine radicalité, l'intellect va plus loin dans l'expérience de Dieu par-delà toutes les représentations, et par conséquent, il est plus apte que la volonté à devenir un avec Dieu [5].

Dans la tradition théologique, les disciples Pierre et Jean qui *couraient tous les deux ensemble au tombeau* le matin de la Résurrection (Jn 20,3), sont des figures de l'intellect et de la volonté à la recherche de Dieu. Eckhart reprend cette métaphore dans son *Commentaire sur l'Évangile de Jean* et souligne la grande dignité des deux puissances de l'âme :

> Ces deux puissances : l'intellect figuré par Pierre qui est appelé « le connaissant », et la volonté ou l'amour [indiqué] par Jean le bien-aimé, du fait de leur séparation de la matière, de ceci et de ce maintenant, mieux encore de celui-ci, de ce vrai-là et de ce bien-ci, elles ont comme objet Dieu lui-même sous l'aspect de l'être et du bien absolument. C'est pourquoi, en tant qu'elles sont des puissances, elles reçoivent et puisent tout leur être à partir de la source même de la divinité [6].

1. *Sermon 86*, *op. cit.*, p. 527-529.
2. *Ibid.*, p. 529.
3. *Ibid.*, p. 530
4. *Ibid.*, p. 532.
5. O. Boulnois, *Être et Représentation*, Paris, P.U.F., 1999.
6. Maître Eckhart, *Commentaire sur l'Évangile de Jean*, n. 698, *LW* 3, p. 612.

S'inspirant du *Livre sur les Interprétations des noms hébreux de Jérôme*, Eckhart définit Pierre comme celui qui connaît et Jean le bien-aimé : *Intellectus, figuratus per Petrum qui interpretatur « agnoscens », et voluntas et amor per Iohannem dilectorem.* L'intellect et la volonté ont en commun d'éloigner les choses de leur matérialité : *per sui separationem a materia.* Mais, les deux facultés diffèrent quant à leur objet puisque l'une tend vers l'être alors que l'autre vise le bien, ou plus exactement : *obiectum habent ipsum deum sub ratione entis et boni absolute.* L'Évangile rapporte aussi que Jean courut plus vite que Pierre, et cependant c'est ce dernier qui entre dans le tombeau en premier (Jn 20,4.6). Aussi, bien que l'amour précède la connaissance, c'est pourtant l'intellect qui pénètre à l'intérieur des choses et saisit Dieu dans sa nudité : « La volonté et l'amour précèdent l'intellect parce que Dieu peut être aimé pour lui-même dans cette vie, alors qu'il ne peut être connu pour lui-même [...] Pierre entre, parce que l'intellect reçoit la chose connue de l'intérieur, dans ses principes [...] et parce qu'une chose inconnue ne peut être aimée, la connaissance introduit l'amour à l'intérieur »[1]. Eckhart distingue ici ce qui est possible dès à présent et ce qui est à venir. Bien qu'à présent la volonté ou l'amour conduit vers Dieu, *voluntas et amor praecurrunt intellectum*, c'est pourtant la connaissance qui demeure supérieure parce qu'elle saisit la chose « à l'intérieur » et « dans ses principes » : *intellectus accipit rem cognitam intus in suis principiis [...] nec enim quidquam amatur incognitum, introducit cognitio amorem.* L'intellect ouvre vers l'intériorité et donne en quelque sorte une intention à l'amour. Eckhart précise que la volonté est toujours plus ou moins attachée à un mobil précis : « La volonté est considérée comme quelque chose de mercenaire; non seulement elle ne se dirige pas vers la substance nue de Dieu, mais surtout elle a de l'appétit pour lui et jouit de lui en tant qu'il est bon »[2]. L'expression *quasi mercennaria* souligne que la volonté attend une récompense, *merces*, autre que l'objet même. Malgré cette dernière critique à l'égard de la volonté qui est au fond un détail isolé dans son *Commentaire*, Eckhart montre de façon plus nuancée comment l'amour prépare à la connaissance.

Bien qu'Eckhart ait une certaine préférence pour l'intellect conformément à la tradition dominicaine, il ne serait pas juste de dire que cette puissance est la seule à agir dans l'acte d'unir. De nombreux textes soulignent en effet comment la volonté, ou l'expérience amoureuse, réalise également l'union à Dieu. Dans les *Entretiens spirituels*, l'homme bon devient ainsi la figure de celui qui abandonne sa volonté propre, c'est-à-dire la volonté de faire ceci ou cela, pour se confier entièrement à la volonté de Dieu qui sait mieux que quiconque ce qui est bien pour l'homme. Il faut donc que notre volonté rejoigne la volonté divine, mieux encore, la volonté de Dieu doit devenir ma volonté. Et dans cette conjonction des volontés, le Père fait naître son Fils et l'homme devient fils dans le Fils : « Quand

1. *Ibid.*, n. 696 et n. 697, *LW* 3, p. 611 et p. 612.
2. *Ibid.*, n. 675, *LW* 3, p. 590.

la volonté devient ainsi unie, en sorte que ce soit un unique un, le Père du royaume céleste engendre en soi son Fils unique en moi »[1]. Une telle union avec la volonté de Dieu n'est pas pour l'homme une forme de soumission, c'est au contraire ce qui constitue sa véritable liberté, ou encore « le vouloir libre [consiste] à s'unir complètement à la volonté de Dieu comme un unique un »[2]. En réalité, Eckhart ne fait que reprendre ici un thème classique de la littérature biblique, *que ce ne soit pas ma volonté mais la tienne qui se fasse* (Lc 22,42), et il énonce en même temps un point majeur de la vie religieuse, à savoir l'obéissance. Aussi, le prieur invite à se dessaisir de sa volonté propre, c'est-à-dire du fait de vouloir ceci ou cela, ou encore de vouloir une chose et de ne pas en vouloir une autre, pour remettre sa vie entre les mains de son supérieur, et laisser Dieu agir : « Dieu veut pour moi »[3]. C'est ainsi que la véritable obéissance est un acte d'abandon dans lequel la volonté de Dieu vient s'unir à ma volonté et la libère de tout mobil extérieur.

De la même manière, certains textes mettent en avant l'amour dans la mesure où cette expérience traverse l'Écriture et la vie de l'esprit. Dans toute sa prédication, Eckhart a souvent commenté le verset johannique : *Dieu est amour* (1Jn 4,8). L'amour de Dieu se manifeste tout particulièrement par l'Incarnation qui devient à son tour une invitation pour l'homme à aimer. Dans le premier *Sermon VI*, il confie non seulement que « l'amour est ce qui unit et diffuse », mais aussi que « l'amour commence là où s'arrête l'intelligence »[4], peut-être parce que l'expérience amoureuse est plus unitive que le raisonnement discursif. Et dans le *Sermon 49* à propos du même verset biblique, il affirme que l'amour humain unit à Dieu sans distinction : « Dans l'amour que l'on donne, il n'y a pas deux, mais un et union, et dans l'amour je suis plus Dieu que je ne suis en moi-même »[5]. Eckhart justifie souvent son propos en citant Augustin dans sa *Seconde Homélie sur la première Lettre de Jean :* « Tu aimes Dieu ? Que dois-je dire ? Que tu es Dieu / *Deum diligis ? Quid dicam, Deus eris* »[6]. Alors apparaît le thème de la similitude. Deux choses ne peuvent s'unir entre elles que lorsqu'elles sont semblables. Or dans l'amour, le sujet aimant devient semblable à l'objet aimé : « L'amour transforme celui qui aime lui-même et toutes choses en l'être aimé »[7], ou encore « l'aimant veut être uni à l'aimé »[8] d'après cette idée : « le semblable s'attache toujours au semblable »[9], et enfin « toutes les choses semblables

1. *Sermon 27*, *op. cit.*, p. 225.
2. *Sermon 109*, *op. cit.*, p. 657.
3. *Entretiens spirituels*, 1, *op. cit.*, p. 725.
4. *Sermon VI*, 1, n. 52, *op. cit.*, p. 90.
5. *Sermon 49*, *op. cit.*, p. 331.
6. Augustin, *Homélies sur la première Lettre de Jean*, II, n. 14, PL 35, 1997. Cf. *Sermon LV*, 4, n. 552, *op. cit.*, p. 442.
7. Maître Eckhart, *Sermon VI*, 4, n. 73, *op. cit.*, p. 106.
8. *Sermon XXIX*, n. 298, *op. cit.*, p. 269.
9. *Sermon XXXVI*, 1, n. 370, *op. cit.*, p. 315 et p. 316.

s'aiment réciproquement et s'unissent entre elles »[1]. C'est ainsi que l'amour est également considérée comme la puissance supérieure qui unit à Dieu[2].

Comment est-il possible d'expliquer une telle diversité de points de vue dans une même œuvre? Certes, on peut évoquer des motifs extérieurs. Les textes d'Eckhart ne sont pas des traités systématiques dans lesquels on serait en mesure d'exiger une parfaite uniformité dans les propos. Il s'agit d'écrits de circonstance, c'est-à-dire de textes prononcés et rédigés pour une occasion particulière. Les sermons s'adressent ainsi à un public très varié composé d'hommes et de femmes, de religieux et de laïcs, de personnes avancées dans la vie spirituelle mais aussi de novices et de débutants. On sait par exemple que certains d'entre eux ont été prononcés à Cologne au monastère cistercien de Mariengarten, composé de religieuses très attentives à la « surabondance de la bonté divine »[3]. De même, le thème d'un sermon varie en fonction du passage biblique proposé par la liturgie du jour, ce qui peut également expliquer la différence d'insistance sur l'une ou l'autre des puissances de l'âme. Et cependant, il faut toujours rechercher une cohérence interne dans la pensée du maître rhénan. Aussi, peut-on se demander s'il faut nécessairement rechercher la supériorité de l'une sur l'autre, ou bien alors n'est-il pas préférable d'envisager une articulation entre ces puissances?

La volonté est parfois appelée à coopérer avec l'intellect parce qu'il existe entre ces deux puissances une certaine complémentarité à l'intérieur d'une même œuvre. Dans le *Sermon 39*, Eckhart distingue ainsi l'intellect qui « ne se repose jamais » et la volonté, appelée pour l'occasion « sa sœur », pour laquelle « Dieu suffit bien en tant qu'il est bon »[4]. La volonté procure à l'âme humaine une certaine satisfaction ou jouissance, mais pour que celle-ci ne se complaise indéfiniment dans cet état et s'y enferme, elle doit toujours être dépassée par l'intellect qui l'ouvre à quelque chose de plus grand ou de plus haut. Et inversement, si l'esprit est constamment tendu par l'intellect, il risque à son tour de perdre patience ou de s'épuiser, c'est pourquoi la volonté offre de temps à autre quelques douces consolations. Ainsi, l'intellect a besoin de la volonté et réciproquement à tel point qu'il devient parfois difficile de distinguer leur opération: « Mon intellect est illuminé et uni dans l'amour; par là il connaît et aime Dieu tel qu'il est en lui-même »[5]. C'est ainsi que le *Sermon 96* associe plus qu'il ne distingue l'amour et la connaissance. Il est évident que l'amour d'une chose procure une certaine connaissance intime de celle-ci, et inversement la connaissance conduit parfois à l'amour. Ce rapprochement entre amour et connaissance s'appuie essentiellement sur une théologie trinitaire, l'amour étant la figure de l'Esprit saint alors que la connaissance est plus souvent associée au Fils, le prédicateur en

1. *Sermon 116*, *op. cit.*, p. 694.
2. *Sermon 82*, *op. cit.*, p. 504.
3. *Sermon 5*, *op. cit.*, p. 73.
4. *Sermon 39*, *op. cit.*, p. 284.
5. *Sermon 96*, *op. cit.*, p. 594.

conclut alors : « Ainsi devons-nous être unis par l'amour du Saint Esprit dans le Fils, et par le Fils connaître le Père et nous aimer en lui et lui en nous avec leur amour réciproque »[1]. Eckhart dépasse aussi bien une position strictement intellectualiste qu'une perspective complètement volontariste, et considère en fin de compte que « l'accomplissement de la béatitude réside dans les deux : la connaissance et l'amour »[2].

Distinction, articulation mais aussi dépassement de l'intellect et de la volonté, Eckhart semble adopter un point-de-vue plus radical encore, il envisage une union sans distinction par-delà les puissances de l'âme : « Je dis : ni la connaissance ni l'amour n'unissent »[3]. À cet égard, le *Sermon 108* sur la véritable pauvreté est particulièrement intéressant dans la mesure où il dresse un bilan des différentes manières d'envisager la question de la béatitude : « L'activité propre de l'homme est d'aimer et de connaître. Or la question se pose de savoir en quoi consiste essentiellement la béatitude. Certains maîtres ont dit qu'elle réside dans la connaissance, d'autres disent qu'elle réside dans l'amour, d'autres disent qu'elle réside dans la connaissance et l'amour, et ceux-là parlent mieux. Mais nous disons qu'elle ne réside ni dans la connaissance ni dans l'amour, bien plutôt il existe dans l'âme quelque chose d'où fluent la connaissance et l'amour; cela ne connaît ni n'aime comme les autres puissances de l'âme. Celui qui sait cela sait en quoi réside la béatitude »[4]. Eckhart propose dans ce texte une perspective plus haute, la béatitude se situe désormais au-delà des puissances de l'âme, c'est-à-dire au niveau de l'essence même de l'âme. Plus exactement, il distingue « les puissances de l'âme » (*die krefte der sêle*), et « quelque chose dans l'âme » (*einez ist in der sêle*)[5]. La question de la béatitude est alors déplacée. En effet, il ne s'agit s'agit plus de savoir quelle est la puissance « de » l'âme qui unit à Dieu, mais quel est le lieu « dans » l'âme où cette union se réalise? L'âme découvre alors en elle une profondeur qui dépasse l'activité des puissances, un « fond » difficile à déterminer d'où émanent et jaillissement ces deux puissances.

Eckhart évoque souvent l'existence d'une puissance supérieure dans l'âme, par-delà l'intellect et la volonté : « Il est dans l'âme on ne sait quoi de mystérieux et de caché et bien plus haut que là où se diffusent les puissances que sont l'intellect et la volonté [...] il est dans l'âme je ne sais quoi de tout à fait secret au-dessus de la première diffusion d'où sont issus l'intellect et la volonté [...] Ce que l'âme est en son fond, personne n'en sait rien »[6]. La difficulté vient en partie du fait que ce « fond de l'âme » est parfois appelé « intellect » : « Il est dans l'âme une puissance qui est l'intellect »[7], ou encore « j'ai parlé d'une puissance dans l'âme

1. *Sermon 96*, *op. cit.*, p. 595.
2. *Sermon 40*, *op. cit.*, p. 286.
3. *Sermon 61*, *op. cit.*, p. 391.
4. *Sermon 108*, *op. cit.*, p. 649.
5. *DW* 2, p. 496.
6. *Sermon 61*, *op. cit.*, p. 392.
7. *Sermon 39*, *op. cit.*, p. 281.

[...] *Il est trouvé intérieurement* (Si 44,17). L'intérieur est ce qui réside dans le fond de l'âme, dans le plus intérieur de l'âme, dans l'intellect qui ne sort pas, qui ne regarde rien »[1]. Par conséquent le mot « intellect » désigne à la fois la puissance conjointe à la volonté et une puissance supérieure dans l'âme, mieux encore : « Au-dessus de l'intellect en recherche est un autre intellect qui ne cherche pas, qui demeure dans son être pur et simple, saisi dans cette lumière »[2]. Dans le *Sermon 25*, Eckhart expose très clairement la structure de l'âme. S'appuyant sur l'autorité des maîtres, il montre comment les puissances de l'âme émanent de cette puissance supérieure et trouvent en elle leur perfection : « Les maîtres disent que deux puissances fluent de la partie supérieure de l'âme. L'une se nomme volonté, l'autre intellect, et la perfection de ces puissances se situe dans la puissance supérieure qui se nomme intellect »[3]. Il établit ensuite une distinction entre les puissances inférieures et la puissance supérieure : « Les maîtres disent que l'âme a deux visages : le visage supérieur contemple Dieu en tout temps, et le visage inférieur regarde un peu vers le bas et dirige les sens. Le visage supérieur, qui est la partie supérieure de l'âme, se situe dans l'éternité, n'a rien à voir avec le temps et ne sait rien du temps ni du corps »[4]. Du fait de son enracinement dans l'éternité, la partie supérieure de l'âme peut alors être considérée comme la plus noble : « Ah ! Qu'elle est noble, la puissance dont le lieu est au-dessus du temps et qui n'a pas de lieu ! »[5]. Eckhart emploie aussi les expressions « cœur de l'âme », « tête de l'âme »[6], ou encore « petite étincelle de l'âme »[7]. Les deux premières désignent ce qu'il y a de plus intime, de plus pur et de plus élevé, et la troisième expression indique un point de contact entre l'âme et Dieu, comme un embrasement quand le fond de Dieu vient toucher le fond de l'âme : « C'est une merveille que Dieu ait versé l'intellect dans l'âme »[8]. Cet intellect supérieur renvoie à ce qui en l'homme, est *à l'image et à la ressemblance de Dieu* (Gn 1,26), mais il désigne aussi l'être de l'âme ou sa substance, c'est pourquoi il est possible de l'appeler « intellect substantiel », par distinction avec « la puissance intellectuelle », qui est l'une des deux puissances de l'âme.

Les maîtres évoqués dans le *Sermon 25* sont Avicenne et Augustin. En effet, dans son commentaire sur le traité *De l'Âme*, Avicenne distingue bien deux visages dans l'âme, le premier est tourné vers les choses extérieures par son corps, alors que le second se porte vers le principe éternel de toutes choses[9]. Cette partie supérieure constitue l'être de l'âme et fait de celle-ci une substance distincte du

1. *Sermon 110*, *op. cit.*, p. 665 et p. 666.
2. *Sermon 66*, *op. cit.*, p. 416.
3. *Sermon 25*, *op. cit.*, p. 216.
4. *Ibid.*
5. *Ibid.*, p. 217.
6. *Sermon 6*, *op. cit.*, p. 77 et p. 78.
7. *Sermon 57*, *op. cit.*, p. 369.
8. *Sermon 70*, *op. cit.*, p. 441.
9. Avicenne, *Liber de Anima seu sextus de naturalibus*, I, chap. V, Louvain/Leiden, Peeters/Brill, 1972, p. 82 et p. 83.

corps : « Le principe des forces perceptives, motrices, conservatrices appartenant au tempérament est une autre chose que tu dois appeler l'âme. C'est cela la substance qui dispose des parties de ton corps, et, par suite, de ton corps »[1]. Dans son ouvrage *Sur la Trinité*, Augustin établit de la même façon une distinction entre la puissance inférieure qui raisonne sur les choses temporelles et la puissance première et supérieure, appelée aussi « le fond secret de l'esprit » (*abditum mentis*), qui contemple les réalités éternelles[2]. Eckhart connaît ces perspectives par l'intermédiaire de Dietrich de Freiberg qui rapproche les deux maîtres dans son traité sur *La Vision béatifique :*

> Ceci est ce que nous trouvons, quoi qu'en d'autres mots mais tout en conservant le sens, chez les philosophes qui distinguent dans notre puissance intellective un intellect agent d'un intellect possible, de sorte que chez ces philosophes, l'intellect agent est la même chose que le fond secret de l'âme chez Augustin, et l'intellect possible est identique à la cogitation extérieure d'Augustin[3].

Dietrich de Freiberg considère que la vision béatifique se produit dans la partie la plus noble et la plus élevée que Dieu a déposée en l'homme, là où l'homme est *à l'image et à la ressemblance de Dieu*, de sorte qu'il puisse ainsi retrouver une immédiateté avec son Créateur et une conformité divine. Bien qu'il préfère l'expérience de l'union à celle de la vision, Eckhart intègre parfaitement ce rapprochement entre les deux maîtres et s'inscrit complètement dans ce projet d'harmonisation entre les philosophes et les théologiens. Et cependant, la notion de fond de l'âme, ou de fond dans l'âme, déplace significativement l'interrogation sur la béatitude.

En effet, il ne s'agit plus seulement de savoir quelle est la puissance qui unit le plus étroitement à Dieu, mais il convient bien plutôt de déterminer le lieu dans l'âme où se réalise l'union. L'âme humaine ne se réduit pas à l'opération de ses puissances. Elle est également un lieu, *ein stât*, qui est « au-dessus du temps » (*obe zît*) et « maintenant présent » (*iezu gegenwürtig*)[4]. Ce lieu est aussi l'essence de l'âme, « une essence pure et simple » (*lûtern einvaltigen wesene*), qui la définit comme une substance distincte du corps, par-delà l'espace et le temps, et comme déjà plongée dans l'éternité de Dieu[5]. Le fond de l'âme est aussi en quelque sorte le fond de Dieu, c'est pourquoi il est plus juste de parler du fond de l'âme dans lequel Dieu opère son œuvre[6]. Comment faut-il par conséquent penser l'articulation entre les puissances de l'âme et la puissance supérieure, la puissance intellectuelle et l'intellect substantiel ? Eckhart propose deux distinctions

1. *Livre des Directives et remarques*, X, 3, Paris, Vrin, 1999, p. 310.
2. Augustin, *La Trinité*, XIV, 9, BA 16, p. 368 et p. 369.
3. Dietrich de Freiberg, *La Vision béatifique*, *Proème*, n. 5, in *Œuvres choisies*, Paris, Vrin, 2012, p. 71.
4. Maître Eckhart, *Sermon 25*, *op. cit.*, p. 217 ; *DW* 2, p. 34.
5. *Sermon 66*, *op. cit.*, p. 416 ; *DW* 3, p. 215.
6. *Sermon 61*, *op. cit.*, p. 392.

intéressantes. D'une part, il convient de distinguer l'opération et l'être[1]. Certaines choses sont réunies seulement dans l'opération. Ainsi par exemple, dans l'acte de voir, l'œil est fortuitement associé à mon âme, ils coopèrent ensemble dans l'opération de la vue sans toutefois devenir un dans l'être. En revanche, l'aliment que je mange pénètre dans mon corps et ne fait plus qu'un avec lui. Ainsi, l'âme humaine doit s'unir intimement à Dieu « dans une essence unique et non dans une œuvre / *an einem wesene, niht als an einem werke*[2], ou encore : « L'âme devient un avec Dieu et non unie / *die sêle die wirt ain mit gotte und nit veraint*[3]. C'est ainsi que s'établit d'autre part une distinction entre les expressions « devenir un » et « être uni ». « Etre uni » désigne l'action de réunir deux éléments distincts alors que « devenir un » indique un niveau plus élevé d'union par-delà les distinctions. Eckhart prend l'exemple du tonneau rempli d'eau. Quand on remplit un tonneau avec de l'eau, celle-ci est en quelque sorte unie au tonneau sans devenir pour autant le tonneau. Mais il ne saurait en être ainsi entre l'âme et Dieu, l'âme est en réalité comme une goutte d'eau versée dans du vin. L'eau se mêle plus intimement au vin au point de se diluer en lui et de devenir un avec lui : « Alors l'âme est merveilleusement ravie et se perd en elle-même, comme si on versait une goutte d'eau dans un bassin rempli du vin, si bien qu'elle ne sait plus rien d'elle-même et s'imagine qu'elle est Dieu »[4]. Cette métaphore d'origine patristique, comme celle du fer plongé dans le feu ou celle de la lumière diffusée dans l'air, sont très souvent employées au Moyen Âge pour exprimer l'union entre la nature humaine et la nature divine[5]. À partir de ces différentes distinctions, on peut dire que l'acte d'unir est une opération propre à la puissance intellectuelle qui conduit l'âme dans l'intellect substantiel, là où elle devient un avec Dieu parvenant ainsi à la béatitude la plus parfaite.

C'est alors qu'il faut distinguer chez Eckhart deux formes d'union. La première est une union christologique qui permet à la nature humaine de s'unir à la nature divine, ou plus exactement d'entrer dans l'unité des trois Personnes : « Et c'est pourquoi Dieu prit la nature humaine en soi et l'unit à sa personne. Alors la nature humaine devint Dieu [...] ta nature humaine et la sienne n'ont pas de différence, elle est une : ce qu'elle est dans le Christ, elle l'est en toi »[6]. Cette première forme d'union rendue possible par le Christ, se réalise aujourd'hui à partir des puissances de l'âme : « C'est pourquoi, si tu veux être le même Christ, et être

1. *Ibid.*, p. 390.
2. *Ibid.*; *DW* 1, p. 119.
3. *Sermon 52*, *op. cit.*, p. 344; *DW* 3, p. 86.
4. *Sermon 77*, *op. cit.*, p. 477.
5. Jean Scot Erigène, *De la division de la Nature. Periphyseon*, I, 451ab, Paris, P.U.F., 1995, p. 79. Sur l'origine patristique de cette image : J. Pépin, « *Stilla aquae modica, multo infusa vino, ferrum ignitum, luce perfusus aer*. L'origine patristique de trois comparaisons familières à la théologie mystique médiévale », *Divinitas* 11, 1967, p. 331-375; repris dans *Ex platonicorum persona. Études sur les lectures philosophiques d'Augustin*, Amsterdam, Adolf M. Hakkert, 1977, p. 271-315.
6. Maître Eckhart, *Sermon 2*, *op. cit.*, p. 57.

Dieu, détache-toi de tout ce que le Verbe éternel n'a pas assumé en soi »[1]. La seconde est une union dans l'essence, lorsque l'essence de l'âme est plongée dans la déité qui est l'essence nue de Dieu. Cette union se situe par-delà les puissances, dans le fond de l'âme, là où la grâce se diffuse : « La grâce s'écoule de l'essence de Dieu et se répand dans l'essence de l'âme, et non dans les puissances »[2], ou encore : « Quand toutes les images de l'âme sont écartées et qu'elle contemple seulement l'unique Un, l'être nu de l'âme rencontre l'être nu sans forme de l'unité divine »[3]. Peut-être que ces deux formes d'union ne sont en fin de compte que les deux aspects d'une même réalité. En ce qui concerne l'homme, il s'agit de s'unir toujours un peu plus à Dieu au moyen de son intellect, mais du point de vue de Dieu, l'âme ne peut que pâtir l'union qui se passe en elle : « Quelle noble souffrance c'est là que l'être nu de l'âme ne puisse pâtir rien d'autre que la seule et pure unité de Dieu / *wel ein edel liden das ist, daz das wesen der selen nit anders liden mag dan allein bloz einekeit gotiz* »[4]. Quoi qu'il en soit, il semble bien que l'union à Dieu soit quelque chose de possible dès à présent. Ce qui n'exclut pas le fait que l'homme doive s'efforcer de s'unir toujours un peu plus pour parvenir à cette union. Ou encore, cette union qui est permanente en Dieu, il est donné à l'homme de pouvoir la vivre de manière ponctuelle. Mais dans cet unique instant, toute l'éternité se manifeste pleinement.

Dès à présent, inscrire l'esprit dans une perspective d'unité

Pour Eckhart, la béatitude n'est pas uniquement une réalité eschatologique, comme une promesse à venir, c'est une expérience que l'homme peut vivre dès à présent. Cette immédiateté de l'union apparaît à travers un certain nombre de thèmes comme par exemple celui du « baiser de l'âme / *der kus der sêle* »[5]. Il s'agit là d'un thème biblique qui ouvre le *Cantique des Cantiques* et met en avant l'expérience amoureuse dans la relation entre l'homme et Dieu : *Qu'il me baise d'un baiser de sa bouche* (Ct 1,1). Eckhart interprète ce verset dès son enseignement latin pour évoquer à la fois le désir de l'âme d'« être un avec Dieu / *unum esse cum deum* », et la tendresse de Dieu qui « touche ce qui lui est inférieur, l'assimile à lui, le configure et le conforme / *afficit suum inferius et sibi assimilat, configurat et conformat* »[6]. Ce thème apparaît aussi dans les écrits allemands et en en particulier dans le *Sermon 74* qui commente le geste de Dieu à l'égard du prophète Jérémie : *Le Seigneur a étendu sa main, il a touché ma bouche* (Jr 1,9).

1. Maître Eckhart, *Sermon 2*, *op. cit.*, p. 57.
2. *Sermon 76*, *op. cit.*, p. 468.
3. *Sermon 62*, *op. cit.*, p. 394.
4. *Ibid.* ; *DW* 3, p. 438.
5. *Sermon 74*, *op. cit.*, p. 461 ; *DW* 2, p. 537.
6. *Sermon XIV*, 1, n. 151, *op. cit.*, p. 164 et p. 165 ; *LW* 4, p. 142 et p. 143.

Le baiser de l'âme exprime le moment où Dieu vient « toucher » la bouche de l'âme, *mînen munt rüeren*, c'est-à-dire « la partie supérieure de l'âme / *daz oberste teil der sêle* »[1]. Malgré le caractère très sensuel de cette expérience, il ne s'agit plus uniquement d'une expérience amoureuse, mais de quelque chose d'ultime qui concerne l'être de l'âme, sa vie substantielle. La baiser produit une union entre l'homme et Dieu : « Lorsque Dieu parle dans l'âme, elle et lui ne sont qu'un [...]. Plus nous nous élevons par notre connaissance, plus nous sommes un en lui / *sô got in die sêle sprichet, sô ist si und er einez* [...] *Ie wir mit unserm verstantnisse mê ûfgân, sô wir mê in im einez sîn* »[2]. Mais le plus intéressant dans cette interprétation, c'est sans doute le caractère actuel de cette union. En effet, Eckhart insiste à plusieurs reprises sur le fait que c'est « aujourd'hui » qu'une telle expérience se produit : « En un "aujourd'hui", Dieu promet de nous élire là où rien n'est, où cependant, dans l'éternité, il est un "aujourd'hui" / *in ein "hiute" gelobet uns got ze ûzerwelenne, dâ niht enist, dâ dannoch in der êwicheit ist ein "hiute"* »[3]. L'union entre l'âme et Dieu se réalise dès à présent, l'éternité de Dieu entre dans l'instant et fait de l'homme un être toujours nouveau. À cette actualité d'un Dieu présent au cœur de l'âme correspond un appel imminent pour l'homme à revenir vers son origine : « Le Père prononce en tout temps le Fils dans l'unité et répand en lui toutes créatures. Toutes requièrent de retourner d'où elles ont flué. Toute leur vie, tout leur être est un appel et une urgence vers ce dont elles sont issues / *allez ir leben und ir wesen daz ist allez ein ruofen und ein îlen wider ze dem, von dem sie ûzgegangen sint* »[4]. C'est aujourd'hui, *hiute*, et il y a une urgence, *ein îlen*, l'aujourd'hui du salut de l'homme et l'urgence d'une conversion vers Dieu.

On retrouve ce thème du baiser de l'âme dans deux autres textes. Dans le *Sermon 110*, Eckhart compare l'union entre l'âme et Dieu avec l'union parfaite qui existe entre les trois Personnes divines : « On dit qu'aucune union n'est plus grande que celle qui fait que les trois Personnes sont un seul Dieu. Ensuite on dit qu'aucune union n'est plus grande qu'entre Dieu et l'âme »[5]. Cette union se réalise au niveau de la plus haute puissance de l'âme et le fond le plus secret de Dieu. Eckhart précise la nature de cette relation dans laquelle chacun s'unit à partir de ce qu'il est, ou plus exactement « quand Dieu regarde la créature, il lui donne par là son être ; quand la créature regarde Dieu, elle reçoit par là son être »[6]. être »[6]. L'union est ici communion, c'est-à-dire instauration d'une relation qui fait être pleinement chaque individu ; Dieu en tant qu'il est un être de don et l'homme en tant qu'il est un être d'accueil. Que peut-il y avoir de meilleur pour l'homme que de coïncider avec ce qu'il est véritablement au plus profond de lui ?

1. *Sermon 74*, *op. cit.*, p. 461 ; *DW* 2, p. 537.
2. *Ibid.*
3. *Ibid.*, p. 462 ; *DW* 2, p. 538.
4. *Ibid.*, p. 461.
5. *Sermon 110*, *op. cit.*, p. 665 et p. 666.
6. *Ibid.*, p. 666.

C'est pourquoi l'expérience du baiser permet à l'âme d'atteindre *in via* une certaine plénitude : « Quand l'âme reçoit un baiser de la déité, elle acquiert toute sa perfection et sa béatitude, alors elle est embrassée par l'unité » [1]. Enfin, dans le *Sermon 114*, Eckhart aborde encore longuement le thème du baiser à travers la figure de l'homme humble : « Dieu et cet homme humble sont absolument un et non pas deux [...] cet homme est l'être de Dieu, et l'être de Dieu est cet homme. Ici a lieu le baiser de l'unité de Dieu et de l'homme humble » [2]. La singularité de l'homme humble reçoit l'unicité de Dieu et devient celle-ci. Par l'humilité, l'homme se met dans une disposition d'accueil et permet en quelque sorte à Dieu d'exister en tant qu'il est un être de don, et réciproquement en se donnant à l'homme, Dieu invite celui-ci à se réaliser pleinement en tant qu'il est un être d'accueil. L'union n'est donc pas uniquement une initiative de Dieu, elle procède également d'une disposition de l'âme, d'un acte de l'intellect. Eckhart définit l'homme par l'humilité, mais aussi par le travail de l'intellect qui dépouille de la matérialité et élève l'esprit vers les réalités intelligibles : « Un homme doué d'intellect est celui qui se comprend lui-même intellectuellement et qui est en lui-même détaché de toute matérialité et de toute forme » [3]. Ainsi l'union est une expérience qui a lieu dès à présent grâce à un acte de l'intellect qui élève l'esprit vers toujours plus d'unité avec Dieu.

À côté de ce beau thème du baiser de l'âme, il convient également de mentionner celui du ravissement, très souvent évoqué par Eckhart dans sa prédication. Le ravissement, qui exprime le fait d'« être enlevé » ou « ravi » en esprit, en allemand *zücken*, est lui-aussi un thème d'inspiration biblique qui fait référence à l'expérience de l'apôtre Paul : *Je sais un homme en Jésus-Christ qui fut ravi jusqu'au troisième ciel. Et je sais que cet homme fut ravi dans le paradis, et entendit des paroles mystérieuses qu'il n'est pas permis à un homme de dire* (2Co 12,2.3.4). Paul parle de lui à la troisième personne du singulier, il décrit une expérience qu'il a faite au cours de sa vie et cependant qui a lui donné accès à des mystères relevant d'une autre vie. Ainsi, l'éternité se mêle au présent. Dans la tradition, l'interprétation de cet épisode consiste à distinguer différents niveaux de connaissance : le premier ciel indique la vision sensible, le second ciel la vision imaginative, et le troisième ciel la vision intellectuelle qui permet de contempler Dieu [4]. Pour Eckhart, cette expérience souligne toujours la grande passivité de l'intellect dans l'union à Dieu. Dans le *Sermon 55*, le ravissement de Paul est décrit comme une expérience d'union dans laquelle l'esprit se perd et se dilue comme une goutte d'eau jetée dans la mer : « Or notez comment Dieu s'unit aux choses [...] si on jetait une goutte dans la mer, la goutte se transformerait en la mer et non pas la mer en la goutte. Il en est de même pour l'âme : quand Dieu l'attire en

1. *Sermon 110*, *op. cit.*, p. 666.
2. *Sermon 114*, *op. cit.*, p. 689 et p. 690.
3. *Ibid.*, p. 691.
4. Thomas d'Aquin, *STh.*, II-II, q. 175 a. 3, p. 999 et p. 1000; Augustin, *La Genèse au sens littéral*, XII, 28, BA 49, p. 431.

lui, elle est transformée en Dieu, de sorte que l'âme devient divine et Dieu ne devient pas l'âme »[1]. Le *Sermon 77* exprime de la même façon comment « l'âme est merveilleusement ravie et se perd elle-même [...] si bien qu'elle ne sait plus rien d'elle-même et s'imagine qu'elle est Dieu »[2]. Mais cette merveilleuse passivité de l'esprit humain ne signifie pas que l'intellect ne doit plus agir. Bien au contraire, ce geste divin invite l'esprit à se dépasser, à toujours se transcender dans son agir, l'âme est continuellement élevée afin de pouvoir agir en permanence au-dessus d'elle-même. Eckhart compare l'âme humaine à un instrument dans lequel Dieu vient jouer, et qui produit lui-même des sons selon la noblesse du maître d'œuvre : « Pour que l'œuvre soit parfaite, il faut que chaque instrument soit en coordination avec le maître d'œuvre qui la réalise; l'homme est un instrument de Dieu et l'instrument agit selon la noblesse du maître d'œuvre »[3]. Enfin, dans le *Sermon 78*, Eckhart montre bien ce double mouvement entre l'initiative divine qui attire l'intellect et le désir humain de s'élever vers Dieu. D'un côté, l'Esprit saint conduit l'intellect, l'introduit dans son fond afin de s'unir à lui, et de l'autre l'intellect aspire à retourner vers Dieu : « Saint Paul fut ravi au troisième ciel. Quels sont donc les trois ciels? Notez-le bien! Le premier est un détachement de toute corporalité, l'autre un éloignement de tout ce qui est image, le troisième une connaissance pure et directe de Dieu »[4].

À travers ces différents thèmes qui soulignent le caractère actuel d'une expérience de Dieu, se dévoile peu à peu la nature de cette union. Pour Eckhart, l'union est donc l'instauration d'une relation avec Dieu qui permet à l'homme de se réaliser dans son être et de parvenir dès à présent à la béatitude. Les formulations parfois très radicales de l'union sans distinction ne doivent en aucun nous faire perdre de vue la distinction ontologique entre l'homme et Dieu qui apparaît dès le *Commentaire de la Genèse* : « De même que la créature a son être et que son être, ou ce qui pour elle est être, c'est de recevoir l'être, ainsi, pour Dieu, être, c'est donner l'être, parce qu'en règle universelle, pour lui, agir ou œuvrer, c'est être / *sicut creatura habet esse suum et suum esse sive sibi esse est accipere esse, sic deo esse est dare esse, quia universaliter ipsi agere sive operari est esse* »[5]. Et parce qu'elle lui permet de se réaliser dans son être de créature, l'union conduit l'homme à la béatitude, ou encore, l'expérience de Dieu est pour l'homme une manière de manifester pleinement ce qu'il est vraiment, un être qui reçoit son être de Dieu. Le caractère actuel de cette union ne supprime pas l'acte de l'intellect en lui-même. Bien au contraire, cette expérience vécue au plus profond de l'âme, dans son être-même, donne à l'intellect de pouvoir véritablement agir, et l'acte d'unir devient alors comme l'expression d'une liberté humaine devant l'appel incessant et l'initiative divine.

1. Maître Eckhart, *Sermon 55*, *op. cit.*, p. 359.
2. *Sermon 77*, *op. cit.*, p. 477.
3. *Ibid.*, p. 476.
4. *Sermon 78*, *op. cit.*, p. 482.
5. *Commentaire de la Genèse*, n. 146, *OLME* 1, p. 431.

Et cependant, dans d'autres passages, Eckhart semble montrer que l'union est aussi une expérience à venir, ou plus exactement qu'elle n'est pas encore tout-à-fait réalisée, mieux encore qu'elle ne parvient pas à s'inscrire durablement en l'homme. Il existe en particulier des formulations au conditionnel qui soulignent le caractère éphémère de l'union entre l'âme et Dieu :

> Si l'esprit était en tout temps uni à Dieu dans cette puissance, l'homme ne pourrait pas vieillir, car l'instant où Dieu créa le premier homme, l'instant où le dernier homme finira et l'instant où je parle sont égaux en Dieu et ne sont rien qu'un seul instant/*waere der geist alle zît mit gote vereinet in dirre kraft, der mensche enmöhte niht alten; wan daz nû, dâ got den êrsten menschen inne machete, und daz nû, dâ der leste mensche inne sol vergân, und daz nû, dâ ich inne spriche, diu sint glîch in gote und enist niht dan ein nû* [1].

Pour parler de l'éternité, c'est-à-dire de ce temps qui est hors du temps qui passe, Eckhart emploie le terme d'instant, *daz nû*, un maintenant qui ne passe pas. En Dieu, présent, passé et futur ne forment qu'un seul et même instant. Lorsque l'esprit humain s'unit à Dieu, il atteint dans l'instant quelque chose qui est hors du temps, son essence éternelle et immuable, ou comme le dit Eckhart : « Je suis plutôt ce que j'étais et ce que je dois rester maintenant et à jamais / *ich bin, daz ich was und daz ich blîben sol nû und iemermê* » [2]. Mais pour l'homme, l'instant est toujours quelque chose de fragile et d'éphémère, la plénitude ne dure pas, ou plus exactement la durée reprend son cours et rompt le charme de l'instant : « Si l'esprit était en tout temps uni à Dieu dans cette puissance » [3]. Eckhart rappelle que l'union entre l'âme et Dieu n'existe que par intermittence, parce que l'homme est nécessairement inscrit dans la temporalité, mais aussi dans la corporalité et la multiplicité : « Si l'homme avait surmonté ces trois choses, il habiterait dans l'éternité [...] il habiterait dans l'unité et dans le désert » [4]. Par conséquent, l'acte d'unir de l'intellect permet à l'homme d'échapper toujours un peu plus à la multiplicité des choses temporelles, et en même temps, il laisse parfois transparaître l'éternité de Dieu dans l'instant présent : « Si l'homme était tout entier ainsi, il serait totalement incréé et incréable ; si tout ce qui est corporel et déficient était ainsi compris dans l'unité, ce ne serait rien d'autre que ce qu'est l'unité elle-même » [5]. Le fait d'être incréé et incréable est une des caractéristiques caractéristiques de Dieu, et si l'union à Dieu était quelque chose de permanent, alors l'homme aurait les mêmes caractéristiques que Dieu. Mais tel n'est pas le cas. Telle n'est pas la condition de l'homme qui ne peut vivre l'union à Dieu qu'à de rares moments de son existence quand « il se retrouve lui-même et toutes choses dans l'instant présent de l'unité » [6]. Eckhart semble s'inspirer de la

1. *Sermon 81*, *op. cit.*, p. 498 ; *DW* 1, p. 34.
2. *Sermon 108*, *op. cit.*, p. 651 ; *DW* 2, p. 505.
3. *Sermon 81*, *op. cit.*, p. 498.
4. *Sermon 90*, *op. cit.*, p. 546.
5. *Ibid.*, p. 548.
6. *Sermon 114*, *op. cit.*, p. 689.

manière dont Aristote conçoit le rapport entre l'intelligence et les intelligibles. Alors que pour Dieu, ou le principe, ce rapport est quelque chose de permanent qui lui procure une joie continue, pour l'homme cette expérience est toujours momentanée : « Et ce principe est une vie, comparable à la plus parfaite qu'il nous est donné, à nous de vivre pour un bref moment [...]. L'intelligence se pense elle-même en saisissant l'intelligible, car elle devient elle-même intelligible en entrant en contact avec son objet et en le pensant, de sorte qu'il y a identité entre l'intelligence et l'intelligible [...]. Cet état de joie que nous ne possédons qu'à certains moments, Dieu l'a toujours, cela est admirable »[1]. De la même façon pour Eckhart, l'union à Dieu est une expérience que l'homme peut vivre dès à présent. Mais dans la mesure où elle n'est pas quelque chose de permanent, cette expérience doit également devenir une perspective pour l'intellect.

C'est ainsi qu'il faut comprendre les nombreuses prières de conclusion dans lesquelles le prédicateur demande cette union. Il convient de noter la grande diversité d'expressions employées et la richesse du vocabulaire. On pourrait pratiquement analyser toute la terminologie de l'union à partir de ces prières de conclusion. Eckhart demande ainsi à Dieu de nous faire « passer d'une vie divisée à une vie unifiée / *von einem lebene, daz geteilet ist, in ein leben, daz vereinet ist* »[2], il prie aussi afin que nous soyons « unis à Dieu / *daz wir vereinet werden mit gote* »[3] et même « un dans l'unité qui est Dieu lui-même / *daz wir alsô ein sîn in der einicheit, diu got selber ist* »[4]. Mais dans tous les cas, Eckhart emploie toujours la même expression : « Qu'à cela Dieu nous aide / *des helfe uns got* ». Il rappelle ainsi l'initiative de la grâce divine : c'est Dieu qui rend l'homme capable d'une telle union. Et l'acte d'unir de l'intellect ne trouve sa pleine liberté qu'en accueillant totalement l'aide qui vient de Dieu pour éclairer son esprit. Enfin, il ne s'agit pas de prières d'action de grâce à propos d'un évènement qui aurait eu lieu, mais ce sont toutes des prières de demande, le prédicateur demande quelque chose à venir ou qui n'est pas complètement réalisé. Or, il n'existe pas vraiment de perspective eschatologique chez Eckhart. Ce qui l'intéresse, c'est de réfléchir aux conditions de possibilité d'une expérience de Dieu « ici » et « maintenant ». Par conséquent, que signifient ces prières de demande ? La prière ne consiste pas à rappeler à Dieu ce qu'il fait en permanence et de manière parfaite, mais elle éclaire l'intelligence de l'homme et l'invite à la vigilance intérieure. C'est dans cette dynamique de l'esprit qu'il faut comprendre les demandes d'une union à venir.

Que représente l'union dans la vie de l'esprit et quel sens peut-on donner à l'acte d'unir ? L'union à venir ouvre à l'intellect une perspective, un idéal vers lequel il doit tendre : « Ceci indique la grande union que nous devons avoir avec

1. Aristote, *Métaphysique*, Λ, 7, *op. cit.*, p. 681 et p. 682.

2. Maître Eckhart, *Sermon 105*, *op. cit.*, p. 639 ; *DW* 1, p. 137.

3. *Sermon 27*, *op. cit.*, p. 227 ; *DW* 2, p. 18. Voir aussi *Sermons 60*, *29* et *70*, *op. cit.*, p. 387, p. 238 et p. 444.

4. *Sermon 46*, *op. cit.*, p. 318 ; *DW* 2, p. 89.

Dieu dans l'être / *und meinet die grôzen einunge, die wir mit gote suln hân an einem wesene*»[1]. L'intellect unit toujours plus l'âme à Dieu et l'union à venir est pour lui une direction comme le souligne le verbe «indiquer», en allemand *meinen*. Dans le *Sermon 111*, Eckhart rappelle combien l'âme a toujours tendance à se lasser des choses, et par conséquent il est difficile de contenir son empressement. Aussi, Dieu ne peut simplement se manifester à elle dans la temporalité. La formule employée est très belle: «Il se donne à elle dans l'éternité d'un maintenant toujours nouveau, continuellement verdoyant / *nû gibet er sich ir in êwicheit in einem niuwen nû, grüenende âne underlâz*»[2]. Qui mieux que le Christ est capable de faire ainsi coïncider le temps et l'éternité? Pour Eckhart, cette perspective d'union propre à la vie intellectuelle s'inscrit plus largement dans la signification de toute l'existence chrétienne. Cet idéal, le fait de vouloir demeurer avec le Christ dans l'union, est à la fois une promesse et la réalisation de la vocation de l'homme: «C'est une récompense par trop grande que tous ceux qui le servent doivent demeurer avec lui dans l'union [...] C'est pour cette union que notre Seigneur a créé l'homme»[3]. Aussi, la vie de l'esprit est un désir permanent d'union qui donne à l'âme toute sa perfection et sa béatitude: «Nous devrions avoir un désir infiniment grand de l'union avec notre Seigneur Dieu [...] Quand l'âme est unie à Dieu, elle a en lui, dans toute sa perfection, tout ce qui est quelque chose [...]. Qu'est-ce que l'homme veut désirer ou savoir de plus quand il est ainsi heureux dans l'union à Dieu?»[4]. Eckhart parle alors de la fin, ou du but de la vie de l'esprit dans une dimension christologique. En effet, par l'Incarnation, le Fils de Dieu est entré dans la chair de l'homme et s'est uni à elle. Ainsi ce *Dieu fait homme* devient l'horizon de l'esprit: «Le Christ, notre Seigneur, est seul notre fin que nous devons suivre, notre but au-dessous duquel nous devons demeurer et auquel nous devons être unis, semblables à tout son honneur, ainsi qu'une telle union nous sied»[5]. L'union est pour la vie de l'esprit «un but» (*ein zil*), et le Christ représente «la fin» qu'il nous faut poursuivre, *der ist aleine unser ende, dem wir nâchvolgen suln*[6]. L'union à venir n'est pas une réalité eschatologique, elle représente dès à présent pour l'intellect une perspective indispensable dans son acte d'unir. Et déterminer une finalité à l'esprit ce n'est pas mettre un point final à son activité, bien au contraire. Si l'union au Christ est la finalité de l'existence humaine, cela signifie que la vie de l'esprit est une orientation permanente pour tendre vers cette fin. Il convient d'aller au-delà des représentations, dépouiller Dieu de l'enveloppe qui le recouvre, et sans doute aussi dépasser l'image que l'homme se fait de lui-même. Dans cette traversée des apparences, Eckhart nous rappelle que l'illusion la plus difficile à déconstruire, c'est

1. *Sermon 61*, *op. cit.*, p. 390; *DW* 1, p. 119.
2. *Sermon 111a*, *op. cit.*, p. 670; *DW* 4/2, p. 698.
3. *Sermon 101*, *op. cit.*, p. 616 et p. 617.
4. *Ibid.*
5. *Sermon 21*, *op. cit.*, p. 196.
6. *DW* 2, p. 449.

précisément la vision d'un homme qui se confond avec Dieu. L'homme est créé *à l'image et à la ressemblance avec Dieu* (Gn 1,26), quelque chose en lui porte donc la trace de Dieu, mais l'homme n'est pas Dieu. Et ainsi, il ne peut réaliser pleinement dans son humanité et accueillir parfaitement la béatitude, qu'en acceptant sa condition, sa finitude, son être dans le temps. Dans la mesure où rien ne dure vraiment, l'intellect doit s'inscrire continuellement dans cette perspective d'unité, et entretenir un désir permanent de s'unir au principe.

DEUXIÈME PARTIE

ÉTREINDRE L'INSAISISSABLE

CHAPITRE IV

SAISIR

Peut-il y avoir un travail de la pensée sans cet étonnement devant une réalité qui ne correspond pas toujours à nos représentations ? Il existe un écart permanent entre notre désir infini de connaître et le fait que certaines choses nous échappent, et peut-être même un sentiment tragique parce que ce qui est là au fond de nous, est précisément ce que nous ne parviendrons jamais parfaitement à recueillir. La vie de l'esprit est constamment écartelée entre la tendance à vouloir s'emparer d'une chose et la conscience que celle-ci demeure toujours hors de prise. Et cette difficulté n'est pas provisoire, on peut parler d'une étrange cécité de l'intellect face à l'opacité essentielle de certaines choses, l'épreuve de l'esprit devant ce qu'il ne peut s'approprier : « L'intellect prend Dieu tel qu'il est connu en lui-même, mais il ne peut jamais le saisir dans la mer de son insondabilité / *vernünfticheit nimet got, als er in ir bekant ist; dâ enkan si in niemer begrîfen in dem mer sîner gruntlôsicheit* »[1]. La question n'est pas tant de savoir ce que peut saisir l'intellect, mais bien plutôt jusqu'où celui-ci peut-il aller ? Et même, la conscience d'une limite de la pensée est-elle une limitation pour penser ?

L'acte de saisir, en allemand *begrîfen*, interroge de façon très précise la nature de la connaissance intellectuelle. Connaître, est-ce connaître un objet, être capable de le déterminer entièrement grâce à un certain nombre de caractéristiques ? Ou bien au contraire, l'intellect ne doit-il pas admettre que certaines choses lui seront toujours inconnues, et la connaissance authentique ne montre-t-elle pas précisément en quoi une chose ne sera jamais tout-à-fait réductible à ses représentations ? « J'ai parlé d'une puissance dans l'âme [...] elle prend Dieu dans son désert et dans son propre fond [...] l'âme a un être intellectuel et connaissant / *ich hân gesprochen von einer kraft in der sêle* [...] *si nimet got in sîner wüestunge und in sînem eigenen grunde* [...] *diu sêle hât ein vernünftic bekennelich wesen* »[2]. Ce qui est une difficulté pour la pensée, l'est aussi pour le

1. Maître Eckhart, *Sermon 61*, *op. cit.*, p. 392 ; *DW* 1, p. 123.

2. *Sermon 110*, *op. cit.*, p. 665 et p. 666 ; *DW* 1, p. 171 et p. 173.

langage dont l'activité consiste à saisir la réalité à travers les mots. Aussi, le propre de la pensée comme du langage n'est-il pas d'exprimer ce qui sans cesse nous échappe ? Connaître, n'est-ce pas étreindre l'insaisissable ?

L'ÉPREUVE DE L'INTELLECT DEVANT CE QU'IL NE PARVIENT PAS À SAISIR

Le verbe *begrîfen* que l'on peut traduire tout simplement par « saisir », désigne le mouvement de l'esprit humain qui se projette vers une chose pour l'atteindre et s'en emparer, comme le soleil « lorsqu'il répand sa lumière sur les choses corporelles, ce qu'il peut saisir, il le rend subtil et l'attire à lui vers le haut / *als diu sunne irn schîn ûzgiuzet ûf diu lîplîchen dinc, waz si denne begrîfen mac, daz machet si kleine und ziuhet ez ûf mit ir* »[1]. L'esprit peut ainsi envisager les choses extérieures et entrer en contact avec elles par l'intermédiaire des sens : « Ce que les sens saisissent du dehors se trouve porté spirituellement dans l'imagination, et là le regard de la connaissance s'en empare / *swaz die sinne begrîfent von bûzen, daz wirt geistlîche getragen in die bildaerinne und dâ sô vazzet ez daz înblicken des verstantnisses* »[2]. Cependant, Eckhart s'intéresse essentiellement au travail intérieur de l'intellect qui s'efforce de « saisir Dieu » (*got begrîfen*) »[3], non pas en tant qu'il est ceci ou cela, c'est-à-dire à travers certaines modalités, mais de « saisir immédiatement l'être divin simple et pur / *daz luter blos gotlich wesen sunder mittel begrîfen* »[4]. Le verbe *begrîfen* est alors synonyme de *nemen* qui est un terme abondamment employé pour exprimer l'acte de l'intellect. Grâce à lui, « nous prenons toujours l'être nu et pur, tel qu'il est en lui-même / *nû nemen wir wider wesen blôz und lûter, als ez in im selber ist* »[5], ou encore : « l'intellect prend Dieu dans sa nudité / *vernünfticheit nimet got blôz* »[6], et aussi : « cette puissance prend Dieu dans son vestiaire / *disiu kraft nimet got in sînem kleithûse* »[7]. L'intellect considère Dieu de façon plus ultime et inversement toutes choses sont appréhendées à partir des raisons contenues de toute éternité en Dieu : « L'intellect est par métaphore *ce grand aigle aux ailes largement déployées* qui *vint du Liban et s'empara de la moelle du cèdre* (Ez 17,3), c'est-à-dire des principes de la chose, et *arracha le faîte de ses frondaisons* (Ez 17,4), c'est-à-dire appréhende les raisons des choses » (*rationes rerum apprehendit*) »[8].

1. *Sermon 78*, *op. cit.*, p. 479 ; *DW* 1, p. 394.
2. *Sermon 14a*, *op. cit.*, p. 129 ; *DW* 4/1, p. 64 et p. 65.
3. *Sermon 65a*, *op. cit.*, p. 410 ; *DW* 1, p. 212.
4. *Sermon 114*, *op. cit.*, p. 691 ; *DW* 1, p. 250.
5. *Sermon 105*, *op. cit.*, p. 635 ; *DW* 1, p. 130.
6. *Sermon 86*, *op. cit.*, p. 530 ; *DW* 1, p. 153.
7. *Sermon 76*, *op. cit.*, p. 470 ; *DW* 1, p. 183.
8. *Sermon I sur l'Ecclésiastique*, n. 9, *op. cit.*, p. 20 ; *LW* 2, p. 238. *Cf.* O. Boulnois, « Qu'est-ce que la liberté de l'esprit ? La parole de Marguerite et la raison du théologien », in *Marguerite Porete et le* Miroir des simples âmes, *op. cit.*, p. 145.

C'est ainsi que le verbe *begrîfen* exprime également une manière de connaître et peut aussi se traduire par « comprendre », en latin *comprehendere*. Dans le *Sermon 76*, Eckhart utilise d'ailleurs ce terme pour traduire le verset paulinien : « *Demandez de pouvoir comprendre avec tous les saints* (ut possitis comprehendere cum omnibus sanctis) *ce qu'est la largeur, la hauteur, la longueur et la profondeur*, bitet, daz ir begrîfen müget mit allen heiligen, welhez sî diu breite, diu hoehe, diu lenge und diu tiefe (Ep 3,18) »[1]. Comprendre signifie rassembler, embrasser dans un même ensemble, contenir par la connaissance, en allemand *bekantnisse* ou *verstantnisse*. Le sens de *begrîfen* est synonyme de *verstân*. Eckhart parle ainsi de « tout ce que l'on peut saisir par la compréhension / *allez daz, daz man begrîfen mac mit der verstantnisse* »[2]. Mais il rapproche aussi souvent les verbes *begrîfen* et *bekennen :* « L'homme devrait comprendre et reconnaître que l'être est tellement noble / *diz solte der mensche begrîfen und bekennen, daz daz wesen sô edel ist* »[3], ou encore, il faut que « l'âme saisisse Dieu Dieu dans le Verbe éternel et le connaisse sans médiation et sans image / *ûf daz diu sêle in dem êwigen worte got begrîfet und bekennet âne mittel und âne bilde* »[4]. Il arrive même parfois que les trois termes soient employés ensemble indiquant ainsi un certain nombre de nuances difficiles à rendre en français :

> De même que toutes les créatures avec leurs images et leurs formes sont saisies intellectuellement par les anges, et que les anges reconnaissent intellectuellement et distinctement chaque chose en soi [...] tout à fait de même l'homme comprend l'image et la forme de toutes les créatures dans leur distinction / *also als alle creaturen mit bilden und formen in den engeln begriffen sind vernunfteklichen, und die engel bekennent vernunfteklich ain ieglich ding mit underschaid* [...] *also verstat der mentsch vernunfteklichen aller creatur bild und form mit underschaid*[5].

S'il est possible de traduire *begrîfen* et *bekennen* par « saisir » et « connaître », il est beaucoup plus difficile de rendre le sens précis de *verstân*, littéralement « tenir ensemble », « comprendre ».

Dans son élan qui la porte vers une chose, la connaissance s'imagine alors qu'elle peut parvenir à s'en emparer. Dans ce sens, le verbe *begrîfen* signifie « contenir »[6], « envelopper puissamment » (*krefticlîchen begriffen*)[7], et même « s'approprier » ou « saisir avec attachement » (*mit eigenschaft begriffen*)[8]. Il existe en effet une avidité de l'âme qui veut « saisir et posséder beaucoup de choses / *ez kumet von gîticheit der sêle, daz si vil wil begrîfen und hân* »[9]. Mais

1. *Sermon 76*, *op. cit.*, p. 470 ; *DW* 1, p. 182.
2. *Sermon 59*, *op. cit.*, p. 379 ; *DW* 2, p. 303.
3. *Sermon 105*, *op. cit.*, p. 637 ; *DW* 1, p. 133 et p. 134.
4. *Sermon 39*, *op. cit.*, p. 281 ; *DW* 3, p. 168.
5. *Sermon 114*, *op. cit.*, p. 690 ; *DW* 1, p. 249.
6. *Sermon 6*, *op. cit.*, p. 78 ; *DW* 2, p. 232.
7. *Sermon 68*, *op. cit.*, p. 431 ; *DW* 2, p. 346.
8. *Sermon 81*, *op. cit.*, p. 495 et p. 497 ; *DW* 1, p. 25 et p. 29.
9. *Sermon 76*, *op. cit.*, p. 468 ; *DW* 1, p. 178.

toutes les choses peuvent-elles se laisser ainsi contenir par l'intellect ? Et surtout, Dieu peut-il être réduit à un objet que la pensée peut entièrement appréhender ? S'il est possible de déterminer à son sujet un certain nombre d'attributs, certaines réalités divines, comme par exemple le mystère du *Verbe fait chair*, n'échappent-elles pas à la compréhension intellectuelle ? Eckhart rappelle à plusieurs reprises que « beaucoup de gens instruits ne le saisissent pas et trouvent que c'est bien difficile / *ez ist vil gelêrter liute, die diz niht enbegrîfent und dünket sie gar swaere* »[1], de même « tous ceux qui sont à Paris ne peuvent saisir avec toutes leurs leurs sciences ce que Dieu est dans la moindre créature / *alle die von Parîs enmügent niht begrîfen mit allen irn künsten, waz got sî in der minsten crêatûre* »[2], et ainsi « aucun maître ne peut parvenir à saisir / *kein meister begrîfen begrîfen möhten* »[3]. L'intellect éprouve alors une difficulté et perçoit quelque chose d'insaisissable et d'incompréhensible, en allemand *unbegriffen* ou encore *unbegrîfelich*. Qu'est-ce qui est insaisissable ? Le monde intelligible échappe en grande partie à l'intellect, « *der vernünftigen werlt, diu unbegrîfelich ist* »[4]. Eckhart évoque bien évidemment les œuvres divines « qui sont insaisissables et contenues dans le dévoilement de la Révélation divine / *diu sint unbegriffen und sint beslozzen unbeslozzenlîche nâch götlîcher offenbârunge* »[5], selon ce verset de l'apôtre Paul qui s'adresse à Dieu en s'écriant : *Comme tes jugements sont incompréhensibles et tes voies insondables*, quam incomprehensibilia sunt iudicia eius, et investigabiles viae eius (Rm 11,33) qu'Eckhart traduit par : « *wie unbegrîfelich sint dîniu urteil, und wie gar ungruntlich sint dîne wege* »[6]. Il convient ainsi de rapprocher ces adjectifs des deux termes *unbekannt* et *unbedecket* qui signifient « inconnu » et « caché ». Eckhart emploie également les substantifs *unbekantnisse* et *unbekantheit* que l'on peut traduire par « inconnaissance ». Exposé à une lumière trop excessive, l'intellect parvient à une forme de cécité ou d'aveuglement : « Dieu est *une lumière qui brille dans les ténèbres* (Jn 1,5). Il est une lumière qui aveugle, c'est-à-dire une lumière telle qu'elle est insaisissable / *ein lieht, daz verblendet* [...] *ein sôgetân lieht, daz unbegriffen ist* »[7].

Saisir, comprendre... étreindre l'insaisissable. Parmi les sources qui sont à l'origine d'une telle activité de l'intellect, il convient de signaler en premier lieu l'Écriture elle-même et en particulier la référence constante à l'*Évangile de Jean : La lumière brille dans les ténèbres, et les ténèbres ne l'ont pas comprise* (Jn 1,5). Dans son *Commentaire latin*, Eckhart donne une première interprétation du verset : *et tenebrae eum non comprehenderunt*, en distinguant d'un côté la

1. *Sermon 80*, *op. cit.*, p. 492 ; *DW* 2, p. 102 et p. 103.
2. *Sermon 113*, *op. cit.*, p. 686 ; *DW* 4/1, p. 277.
3. *Sermon 6*, *op. cit.*, p. 82 ; *DW* 2, p. 243.
4. *Sermon 100*, *op. cit.*, p. 612 ; *DW* 1, p. 291.
5. *Sermon 82*, *op. cit.*, p. 504 ; *DW* 3, p. 21.
6. *Sermon 48*, *op. cit.*, p. 325 ; *DW* 3, p. 36.
7. *Sermon 107*, *op. cit.*, p. 643 ; *DW* 3, p. 251.

lumière qui représente Dieu, le principe de toutes choses, et de l'autre les ténèbres qui figurent tout le créé sachant qu'il existe toujours « quelque chose d'opaque dans les créatures / *aliquo opaco in creaturis* », dans la mesure où celles-ci sont constamment soumises au changement[1]. Mais progressivement apparaît une toute autre interprétation du mot « ténèbres ». Eckhart indique alors que le principe demeure toujours « caché en lui-même / *principium in se ipso latet absconditum* »[2]. De la même façon, ce qui est le plus élevé et le plus subtil, comme par exemple l'intellect angélique et à plus forte raison l'intellect divin, demeure pour nous « invisible et inconnu » (*invisibile et incognitum*)[3]. Et d'une certaine manière, aucun intellect créé ne peut comprendre la grandeur de Dieu. L'interprétation du terme « ténèbres » souligne à la fois la nature captive et obscurcie de l'intellect humain, et le caractère fondamentalement caché de Dieu :

> L'intellect, dont l'activité s'origine aux sens, est obscurci par l'ombre des phantasmes par lesquels et dans lesquels il connaît [...] il est certain que Dieu est absolument *incompréhensible à la pensée*, comme il est dit en Jr 31 / *intellectus, qui ortum habet a sensibus, umbra phantasmatum, per quae et in quibus intelligit, obumbratur* [...] *constat quod deus est simpliciter* incomprehensibilis cogitatu, *ut dicitur Ier. 31*[4].

C'est aussi dans ce sens qu'Eckhart interprète le verset johannique dans sa prédication allemande. Ainsi, le *Sermon 114* évoque la non-connaissance de la déité et l'idée d'un Dieu caché, *deus absconditus* : « La fin suprême de l'être est la ténèbre ou non-connaissance de la déité cachée qui rayonne la lumière, *mais les ténèbres ne l'ont pas comprise* [...] Et c'est pourquoi le prophète dit : *En vérité, tu es le Dieu caché* au fond de l'âme (Is 45,15) / *waerlich, du bist der verborgen got* »[5]. Dans le *Sermon 5*, Eckhart souligne le fait que cette inconnaissance n'est pas quelque chose de provisoire que l'intellect pourrait dépasser dans l'avenir, bien au contraire Dieu demeure à jamais inconnaissable : « *In principio* [...] Qu'est-ce que le terme suprême ? C'est la ténèbre cachée de l'éternelle déité, elle est inconnue, elle ne fut jamais connue, elle ne sera jamais connue. Dieu demeure en lui-même inconnu, et la lumière du Père éternel a brillé éternellement, mais *les ténèbres ne comprennent pas la lumière* »[6]. Et de même, le *Sermon 23* affirme le caractère éternellement inconnaissable de Dieu : « Les ténèbres cachés de la lumière invisible en l'éternelle déité sont ignorées et ne seront jamais connues. Et la lumière du Père éternel a éternellement brillé dans ces ténèbres et ces ténèbres ne saisissent pas la lumière »[7]. L'intellect humain ne peut saisir Dieu en tant qu'il est le principe au-dessus de toutes choses et au-delà de toutes les images

1. *Commentaire sur l'Évangile de Jean*, n. 74, *OLME* 6, p. 150.
2. *Ibid.*, n. 75, *OLME* 6, p. 152.
3. *Ibid.*, n. 83, *OLME* 6, p. 166.
4. *Ibid.*, n. 83 et n. 84, *OLME* 6, p. 166, p. 168 et p. 169.
5. *Sermon 114*, *op. cit.*, p. 692 ; *DW* 1, p. 253.
6. *Sermon 5*, *op. cit.*, p. 75.
7. *Sermon 23*, *op. cit.*, p. 207 et p. 208.

et représentations. Dieu est fondamentalement inconnaissable et cette difficulté n'est pas provisoire. Il n'est pas connaissable, il ne l'a jamais été et ne le sera jamais. Et cependant, cette inconnaissance de Dieu apparaît comme la « fin suprême » vers laquelle l'esprit doit parvenir.

Dans l'ouvrage *Au-delà de l'image. Une archéologie du visuel au Moyen Âge (V^e^-XVIe siècle)*, Olivier Boulnois montre combien cette inintelligibilité de Dieu est très clairement une thèse dionysienne [1]. Il existe en effet chez le Pseudo-Denys une interprétation intéressante du terme de « ténèbres ». Dans la *Théologie mystique*, la « ténèbre plus que lumineuse » désigne le caractère de celui qui est « au-dessus de tout savoir » [2]. Par conséquent, on ne peut « saisir intelligiblement » la cause première qui n'est « rien de ce qui est accessible à notre connaissance » et « échappe à tout raisonnement, à toute appellation, à tout savoir » [3]. De même, dans la *Hiérarchie céleste*, Dieu est défini comme celui qui est « au-delà », « invisible, illimité, insaisissable » [4]. Ainsi, toutes les affirmations à son égard sont toujours inadéquates alors que les négations sont vraies [5]. La connaissance, précise Eckhart, consiste à diviser et à établir des distinctions, or en ce qui concerne Dieu, il n'est pas possible de le « saisir par distinction » (*mit underscheit begrîfen*) [6]. Aussi, les secrets divins demeurent toujours inaccessibles [7], à moins que la lumière de Dieu ne vienne s'envelopper d'ombre pour entrer dans l'âme humaine [8]. Dans les *Noms divins*, il est dit de Dieu qu'il ne ressemble à aucune créature [9], ou encore « il n'est rien de ce qui est et on ne peut donc le connaître à travers rien de ce qui est » [10]. Ces textes dionysiens sont connus dans le monde latin grâce aux traductions et commentaires de Jean Scot Erigène qui va même jusqu'à affirmer que Dieu lui-même ne se connaît pas : « Comment la nature divine pourrait-elle se connaître elle-même dans ce qu'elle est, puisqu'elle n'est rien ? La nature divine surpasse tout ce qui est, puisqu'elle n'est pas elle-même être, mais que tout être procède d'elle, qui dépasse éminemment toute essence et toute substance en vertu de sa transcendance […] Dieu ne se connaît donc pas en ce qu'il est, car il n'est pas quelque chose, et Dieu demeure incompréhensible à la fois pour lui-même et pour toute intelligence » [11]. En d'autres termes, on ne peut connaître que ce qui est, ou ce qui a une forme bien déterminée. En tant qu'il est au-delà de l'être et sans forme, Dieu ne peut être

1. O. Boulnois, *Au-delà de l'image. Une archéologie du visuel au Moyen Âge V^e^-XVIe siècle*, Paris, Seuil, 2008, p. 140-154.

2. Pseudo-Denys l'Aréopagite, *Théologie mystique*, chap. I n. 1, *op. cit.*, p. 176. Cf. *Sermon 9*, *op. cit.*, p. 102.

3. *Ibid.*, chap. V, p. 183 et p. 184. Cf. *Sermon 94b*, *op. cit.*, p. 581.

4. *Hiérarchie céleste*, chap. II n. 3, *op. cit.*, p. 190.

5. Maître Eckhart, *Sermon 57*, *op. cit.*, p. 370.

6. *Sermon 70*, *op. cit.*, p. 442 ; *DW* 3, p. 265.

7. Pseudo-Denys l'Aréopagite, *Hiérarchie céleste*, chap. II n. 5, *op. cit.*, p. 194.

8. *Ibid.*, chap. I n. 2, *op. cit.*, p. 186. Cf. *Sermon 112*, *op. cit.*, p. 681.

9. *Noms divins,* chap. IX n. 6, *op. cit.*, p. 158. Cf. *Sermon 9*, *op. cit.*, p. 102.

10. *Ibid.*, chap. VII n. 3, *op. cit.*, p. 145. Cf. *Sermon 51*, *op. cit.*, p. 341.

11. Jean Scot Erigène, *De la division de la Nature*, II, 589b, *op. cit.*, p. 375.

connu ni se connaître lui-même. Olivier Boulnois souligne alors combien cette thèse s'éloigne de la pensée augustinienne pour qui au contraire Dieu est la forme vers laquelle toute intelligence tente de se conformer : « Fidèle à la tradition de Proclus et de Denys, [Jean Scot Erigène] maintient donc l'inaccessibilité de l'essence divine. La théophanie relève de l'économie du visuel; elle n'est plus comme chez Augustin, la manifestation de l'essence divine dans sa forme intelligible »[1].

Peut-être faut-il enfin rappeler l'importance pour Eckhart de deux traités célèbres au Moyen Âge, à savoir le *Livre des Causes*, une compilation des *Eléments de théologie* de Proclus, et le *Livre des XXIV Philosophes*, un petit compendium de néoplatonisme christianisé[2]. Eckhart retient essentiellement de sa lecture du *Livre des Causes* la suréminence de la cause première qui est « riche »[3], « pure et sans mélange »[4], « l'être au-dessus de l'intelligence »[5], ou comme le dit le *Sermon 62*, « un être suréminent et un néant superessentiel / *ein uber swebende wesen und ein uber wesende nitheit* »[6]. C'est pourquoi les mots seront toujours insuffisants pour exprimer la cause première[7], et ainsi « Dieu, qui est sans nom – il n'a pas de nom, est inexprimable »[8]. Eckhart connaît également le second traité et s'y réfère explicitement dans le *Sermon 86 :* « Vingt-quatre maîtres se réunirent pour parler de ce qu'est Dieu »[9]. Le *Sermon 88* évoque la proposition VI qui semble définir Dieu comme « ce qui n'est rien »[10]. Plus importantes peut-être, les propositions XVI et XXIII rappellent que Dieu est non seulement « ce que le propre du langage ne signifie pas à cause de son excellence, comme les esprits ne le saisissent pas à cause de sa dissemblance »[11], mais encore « celui que l'esprit apprend à connaître de sa seule ignorance »[12]. Et ainsi dans le *Sermon 56*, Eckhart définit Dieu comme « l'homme inexprimable pour lequel il n'y a pas de nom / *der unsprechelîche mensche, der niht wort enhât* »[13].

Ces différents textes ont ainsi façonné la manière dont Eckhart perçoit l'acte de saisir. L'épreuve que traverse l'intellect, est non seulement celle de l'irréductibilité de certaines choses aux représentations de la pensée, mais aussi celle du langage toujours insuffisant devant l'éminence de ce qui est à dire. Les mots, comme les idées, sont les éléments qui permettent à l'intellect de saisir la réalité.

1. O. Boulnois, *Au-delà de l'image*, *op. cit.*, p. 147.
2. *Le Livre des XXIV Philosophes*, Paris, Vrin, 2009.
3. *Livre des Causes*, XXI, *op. cit.*, p. 71. Cf. *Sermons 47* et *55*, *op. cit.*, p. 320 et p. 357.
4. *Ibid.*, XX, *op. cit.*, p. 69. Cf. *Sermons 30* et *39*, *op. cit.*, p. 241 et p. 283.
5. *Ibid.*, IV, *op. cit.*, p. 45. Cf. *Sermon 47*, *op. cit.*, p. 321.
6. Maître Eckhart, *Sermon 62*, *op. cit.*, p. 395 ; *DW* 3, p. 442.
7. *Livre des Cause*, VI, *op. cit.*, p. 49. Cf. *Sermon 56*, *op. cit.*, p. 362.
8. Maître Eckhart, *Sermon 100*, *op. cit.*, p. 610.
9. *Sermon 86*, *op. cit.*, p. 525.
10. *Sermon 88*, *op. cit.*, p. 535. *Livre des XXIV Philosophes*, VI, *op. cit.*, p. 161.
11. *Livre des XXIV Philosophes*, XVI, *op. cit.*, p. 185.
12. *Ibid.*, XXIII, *op. cit.*, p. 201.
13. Maître Eckhart, *Sermon 56*, *op. cit.*, p. 363 ; *DW* 1, p. 330.

Eckhart expose le fonctionnement du langage humain et décrit les trois manières de relier un mot à la réalité : « On ne peut parler des choses que selon trois modes : premièrement, au moyen de ce qui est au-dessus d'elles, deuxièmement au moyen de la ressemblance entre les choses, troisièmement au moyen de l'opération des choses »[1]. Quand l'esprit s'attache à une chose à travers l'expérience du langage, il s'efforce d'en saisir la cause, la ressemblance éventuelle avec d'autres choses et l'opération. C'est ainsi qu'il est possible de parler de l'arbre en évoquant la puissance du soleil qui fait monter la sève de la racine aux branches, on peut également le comparer à d'autres arbres, et comme ceux-ci, son opération consiste à produire des fruits. Les mots peuvent ainsi exprimer l'arbre qui devient alors un objet pour ma pensée, un objet que ma pensée est entièrement capable de déterminer. Mais qu'en est-il de Dieu ? « Personne ne peut dire véritablement de Dieu ce qu'il est »[2], et plus loin : « on ne peut pas véritablement parler de Dieu parce qu'il n'y a rien au-dessus de Dieu et que Dieu n'a pas de cause. En second lieu, nous parlons des choses par comparaison. C'est pourquoi on ne peut pas non plus véritablement parler de Dieu, rien n'étant semblable à lui. En troisième lieu, on s'exprime sur les choses au moyen de leurs opérations [...] Toutes les créatures sont trop infimes pour révéler Dieu »[3]. Il n'existe pas de terme approprié pour parler de Dieu, les qualités que nous lui attribuons, proviennent de nos attentes et expriment ce que nous sommes, mais elles ne parviennent pas à dire ce qu'il est en lui-même, et ainsi Dieu n'a pas de nom, il est inexprimable : « Le Dieu insondable est sans nom, car tous les noms que lui donne l'âme, elle les emprunte à son propre intellect [...] Dieu est superessentiel, insaisissable et inconnaissable pour la connaissance naturelle / *got ist überwesenlich und überredelich und überverstentlich, daz natiurlich verstân ist* »[4].

S'appuyant sur la pensée du philosophe Avicenne, Eckhart étend cette insuffisance du langage à l'âme elle-même[5]. Le mot « âme » est une désignation extérieure qui saisit uniquement l'opération de l'âme, sa relation avec le corps, le fait qu'elle est le principe de vie qui « anime » le corps : « C'est comme lorsqu'on nomme quelqu'un "charpentier" ; on ne le désigne pas par là en tant qu'homme, ou en tant qu'Henri, ni réellement selon son être, on le nomme d'après son travail »[6]. Ainsi, le langage est incapable d'exprimer ce que l'âme est en elle-même : « Le mot "âme" ne signifie pas le fond et n'atteint pas la nature de l'âme [...]. Celui qui doit nommer l'âme selon la simplicité, la pureté et la nudité, telle qu'elle est en elle-même, ne peut pas trouver de nom pour elle »[7]. Eckhart ne se contente pas de souligner l'insuffisance du langage, il dénonce aussi le risque d'enfermer la réalité à l'intérieur d'un mot qui est comme un vêtement trop étroit :

1. Maître Eckhart, *Sermon 56*, *op. cit.*, p. 362.
2. *Ibid.*, p. 363.
3. *Sermon 57*, *op. cit.*, p. 369.
4. *Sermon 55*, *op. cit.*, p. 357 ; *DW* 3, p. 380.
5. Avicenne, *Liber de Anima seu sextus de naturalibus*, I, chap. I, *op. cit.*, p. 15 et p. 16.
6. Maître Eckhart, *Sermon 100*, *op. cit.*, p. 609.
7. *Ibid.*

« Le mot qui nomme l'âme la désigne dans la prison du corps »[1]. Aussi, faut-il simplement commencer par reconnaître cette difficulté : « Il n'est pas facile de trouver un nom quelconque à l'âme qui puisse dire l'essence elle-même, par cela elle est semblable à Dieu qui est sans nom »[2].

Dans son effort pour essayer de saisir la réalité de certaines choses, l'intellect se trouve devant une difficulté, incapable d'exprimer et de penser ce qu'il ressent au plus profond de lui, il fait alors l'expérience d'une impossibilité fondamentale. Pour la théologie, cette limite de l'intellect est d'une certaine manière un motif récurrent qui aboutit à la distinction classique entre nature et surnature, raison et foi, connaissance et révélation. Ce qui n'est pas accessible à la raison naturelle de l'homme devient alors l'objet d'une révélation surnaturelle : « Il est impossible de connaître l'essence de la première essence [...] La vision de Dieu par essence, est en réalité impossible à l'intellect créé à partir des choses purement naturelles, possible cependant à partir des choses surnaturelles »[3], ou encore : « Toute la lumière que peut réaliser l'intellect est, comparée à cette lumière [de la grâce], comme une seule goutte d'eau comparée à la mer »[4]. Cette perspective théologique est bien présente chez Eckhart qui est tout-à-fait conscient de la disproportion entre l'intelligence humaine et la grâce divine : « En comparaison [avec la lumière de la grâce], la lumière naturelle est aussi petite que ce que la pointe d'une aiguille peut saisir de la terre par rapport à la terre entière, ou ce que la pointe d'une aiguille pourrait saisir du ciel qui est incroyablement plus grand que toute la terre »[5]. Mais ne peut-on pas aller plus loin, ou plus exactement s'en tenir aux limites de la simple raison et envisager d'un point de vue philosophique quelles sont les conséquences d'une telle épreuve pour la pensée. La connaissance ne doit-elle pas prendre en compte cette impossibilité fondamentale ? En quoi consiste plus précisément cette étrange cécité de l'intellect ?

« C'EST QUELQUE CHOSE. MAIS CE QUE C'EST, JE NE PEUX LE COMPRENDRE »

Que peut saisir l'intellect humain ? Qu'est-ce qui lui échappe ? Et jusqu'où peut-il aller ? Dans le *Sermon 9*, un texte magnifique sur la naissance éternelle, c'est-à-dire sur l'œuvre que la grâce divine produit dans l'âme humaine, Eckhart s'efforce également de démontrer par des propositions naturelles, et par conséquent sur un plan strictement philosophique, ce que l'intellect ressent au plus profond de lui : « Je veux vous démontrer ce discours avec des propositions naturelles, afin que vous puissiez saisir par vous-mêmes que cela est ainsi, bien

1. *Ibid.*, p. 610.
2. *Sermon LV*, 4, n. 547, *op. cit.*, p. 439.
3. *Commentaire de l'Exode*, n. 281, *LW* 2, p. 255.
4. *Sermon 70*, *op. cit.*, p. 441.
5. *Ibid.*

que je croie plus l'Écriture que moi-même. Mais cela vous convient davantage et mieux à partir de propositions démontrables [...]. Cela est à l'intérieur [...] tout à l'intérieur »[1]. Eckhart affirme clairement la supériorité de la foi sur les raisons naturelles. Mais celles-ci sont nécessaires pour l'auditeur, afin de renforcer sa foi. Démontrer revient ainsi à observer ce qui se passe au-dedans, décrire minutieusement les mouvements qui traversent l'âme. Evoquant les propos d'un maître, Eckhart décrit ainsi cette épreuve de l'intellect devant ce qui lui échappe :

> Je perçois une chose en moi qui brille devant mon intellect. Je ressens bien que c'est quelque chose. Mais ce que c'est, je ne peux le comprendre. Il me semble simplement que si je pouvais le saisir, je connaîtrais toute la vérité / *Ich wirde eines in mir gewâr, daz glenzet vor mîner vernunft. Des bevinde ich wol, daz ez etwas ist. Aber waz ez sî, des enkan ich niht verstân. Denne aleine dünket mich des : künde ich ez begrîfen, ich bekente alle wârheit*[2].

Les mots sont importants. Il s'agit bien ici de décrire l'acte de l'intellect qui « saisit » une chose, essaie d'en « comprendre » la nature et ainsi de « connaître » la vérité. On retrouve les verbes *begrîfen*, *verstân* et *bekennen*. Mais, il convient également de noter tout ce qui appartient au registre de ce qu'il est possible d'appeler la perception intellectuelle, la vie intérieure. L'intellect « perçoit », « ressent » et suppose : « il me semble... » Le sujet pensant a clairement conscience d'un quelque chose présent au fond de lui, mais il ne parvient pas à s'approprier la nature ou l'essence de cette chose : « Je ressens bien que c'est quelque chose. Mais ce que c'est, je ne peux le comprendre ».

Il est difficile d'identifier quel est ce maître païen dont Eckhart fait allusion au début de ce passage. On peut cependant évoquer l'expérience décrite par Avicenne pour exprimer comment l'âme humaine est capable de se connaître elle-même indépendament de sa liaison avec le corps. Imaginons, dit-il, que l'âme soit créée soudainement de telle sorte qu'elle ne puisse pas ressentir les effets de son corps, alors très certainement, elle aurait pourtant immédiatement conscience d'exister : « Et si tu imagines que ta personne a été créée dès le début avec une intelligence et une disposition saines, et qu'on la suppose dans un ensemble de situation et de disposition tel que ses parties ne soient pas vues et que ses membres ne se touchent pas, mais soient séparés et suspendus un instant dans l'air libre, tu la trouverais négligeant toutes choses hormis la certitude de son être »[3]. Cet épisode de « l'homme volant » indique non seulement que l'âme a conscience d'exister, mais encore qu'elle est de nature spirituelle, immatérielle, et substantiellement différente du corps : « Le principe des choses perceptrices, motrices, conservatrices appartenant au tempérament est autre chose que tu dois appeler l'âme. C'est cela la substance qui dispose des parties de ton corps, et par suite, de ton corps. Cette substance est unique en toi ; plutôt, elle est toi »[4].

1. *Sermon 9*, *op. cit.*, p. 96, p. 97 et p. 103, p. 104.
2. *Ibid.*, p. 104 ; *DW* 4/1, p. 363.
3. Avicenne, *Livre des Directives et Remarques*, III, *op. cit.*, p. 303 et p. 304.
4. *Ibid.*, p. 310 et p. 311.

De la même façon, Eckhart s'efforce de décrire ce que l'âme perçoit de manière claire et distincte, l'évidence de son existence, mais à la différence d'Avicenne qui définit la nature de l'âme, Eckhart souligne au contraire une certaine cécité. L'essence de l'âme demeure pour lui bien difficile à déterminer. Le maître rhénan se rapproche alors d'Aristote qui souligne déjà une certaine opacité de l'homme à lui-même, une difficulté à atteindre la vérité présente en lui : « L'investigation de la vérité est, en un sens, difficile [...] La présente difficulté prend sa source non dans les choses, mais en nous-mêmes. Ce que les yeux des chauves-souris sont, en effet, à l'éclat du jour, l'intelligence de notre âme l'est aux choses qui sont de toutes les plus naturellement évidentes »[1].

Rien n'est plus difficile que la connaissance de soi, Eckhart avoue ainsi : « Il n'est pour l'âme aucune chose de plus inconnaissable qu'elle-même [...] Elle ne connaît aucune chose moins qu'elle-même »[2]. Ce qui est présent au plus profond de l'homme n'est-il pas cela même qui est pour lui le plus difficile à appréhender ? Eckhart emploie une belle expression pour évoquer cette opacité et parle ainsi de ce qui se situe « dans le plus caché de l'âme / *in dem verborgensten der sêle* »[3]. Une énigme, un secret. Et cependant, à travers cette opacité, quelque chose se révèle. L'intellect humain est capable de s'interroger sur lui-même et dans cette interrogation, il acquiert une certaine connaissance. Quand il pense une chose, l'intellect découvre de toute évidence le fait qu'il existe, et qu'il existe comme conscience de quelque chose : « Je perçois une chose en moi [...] Je ressens bien que c'est quelque chose ». L'acte de saisir est essentiel à l'intellect, et à travers cet acte, celui-ci comprend qu'il est capable de tendre vers une chose sans la réduire à un objet, et même qu'il existe une différence entre le sujet pensant et l'objet pensé : « C'est quelque chose ». L'intellect sait parfaitement que tout ce qui est présent en lui, ne provient pas nécessairement de lui. Il existe une altérité entre le sujet pensant et le contenu de la pensée, et par conséquent une certaine autonomie de la pensée. L'intellect se distingue en ceci des autres puissances : « Les puissances de l'âme sont en quelque sorte limitées et captives de leurs objets. Tandis que l'intellect, en qui se trouve la vérité, est libre »[4]. Dans l'élan qui le porte vers une chose, l'intellect découvre alors son absolue liberté : « L'âme est dégagée à l'intérieur et libre de tout intermédiaire et de toute image / *ledic und vrî von allem mittel und von allen bilden* »[5]. L'intellect est libre par rapport aux images et représentations qui se forment en lui, y compris par rapport à celles qu'il se fait de lui comme en témoigne sa capacité à s'interroger sur lui-même, sur ce qui se passe au plus profond de lui. Dans cette liberté, l'intellect éprouve aussi une impossibilité, il prend conscience de sa limite.

1. Aristote, *Métaphysique*, α, 1, *op. cit.*, p. 107 et p. 108.
2. Maître Eckhart, *Sermon 9*, *op. cit.*, p. 98.
3. *Ibid.*, p. 132 ; *DW* 4/1, p. 343.
4. *Sermon XVII*, 2, n. 168, *op. cit.*, p. 180.
5. *Sermon 9*, *op. cit.*, p. 98 ; *DW* 4/1, p. 348 et p. 349.

La limite de l'intellect porte sur la nature des choses, leur essence lui est toujours quelque peu étrangère : « Mais ce que c'est, je ne peux le comprendre ». L'esprit perçoit très distinctement en lui que les choses sont, mais il ne sait pas ce qu'elles sont en elles-mêmes. Cette difficulté dépend d'une part de la nature même de l'intellect et d'autre part de la grandeur excessive de certaines choses : « Les choses nous sont difficiles à connaître [parce] qu'elles passent la mesure de notre intellect de par l'éminence de leur être / *quia excedunt proportionem nostri intellectus propter eminentiam sui esse* »[1]. Certaines choses échappent à l'esprit comme la transcendance de Dieu, mais aussi la profondeur de l'âme humaine. Bien qu'il soit parfaitement libre, l'intellect saisit et connaît grâce aux images et représentations qu'il construit à partir de l'expérience sensible. Ainsi apparaît une disproportion entre l'intellect et la chose, une difficulté qui n'est pas quelque chose de provisoire. Non seulement, il est difficile pour l'intelligence naturelle de saisir la profondeur de certaines choses, confie Eckhart, *res sunt nobis difficiles ad cognoscendum*, mais peut-être faut-il admettre qu'il y a quelque chose de fondamentalement insaisissable pour la pensée ? Une inconnaissance essentielle, une ignorance qui n'est pas un point de départ, mais le terme vers lequel l'esprit parvient : « Si tu voulais devenir absolument ignorant de toutes choses, oui tu devrais parvenir jusqu'à l'ignorance de ton propre corps et de ta propre vie / *möhtest dû aller dinge zemâle unwizzende werden, jâ, möhtest dû komen in ein unwizzen dînes eigenen lîbes und lebens* »[2]. Cependant, cette difficulté n'est pas un arrêt de la pensée, bien au contraire, elle met l'esprit en éveil : « L'ignorance mène [l'âme] dans un étonnement et produit en elle [un désir de] pourchasser / *daz unwizzen ziuhet sie in ein wunder und tuot sie disem nâchjagen* »[3].

À travers cette épreuve, l'intellect découvre enfin en lui une forme de désir, une quête infinie, une espérance que rien ne peut ravir : « Si je pouvais l'atteindre, je connaîtrais toute la vérité / *künde ich ez begrîfen, ich bekente alle wârheit* »[4]. Il semble que l'impossibilité de comprendre ce que sont les choses, est aussi ce qui introduit un dynamisme dans l'intellect qui désire connaître toujours plus et atteindre la vérité : « Nous devons pourchasser Dieu jusqu'à ce que nous l'apercevions et ne jamais nous arrêter jusqu'à ce que nous le saisissions / *daz wir disem nâchjagen, biz daz wir ez erspüeren, und niemer ûfhoeren, biz daz wir ez begrîfen* »[5]. Et ce dynamisme est sans fin. Eckhart insiste beaucoup sur l'adjectif « caché » (*verborgen*), qu'il emploie aussi bien à propos de l'âme que de Dieu, ou plus exactement, il joue sur les verbes « cacher » et « révéler » (*offenbâren*). Dieu se manifeste à l'esprit et se cache tout à la fois, il se montre mais toujours sous le mode de la dissimulation : « Cela se cache et se montre. Cela vient, mais d'une manière dérobée / *ez birget sich und wîset sich doch. Ez komet aber in einer*

1. *Commentaire de la Genèse*, n. 41, *OLME* 1, p. 288 et p. 299.
2. *Sermon 9*, *op. cit.*, p. 101 ; *DW* 4/1, p. 354 et p. 355.
3. *Ibid.*, p. 103 ; *DW* 4/1, p. 361.
4. *Ibid.*, p. 104 ; *DW* 4/1, p. 363.
5. *Ibid.*, p. 103 ; *DW* 4/1, p. 362.

dieplîchen wîse »[1]. Dieu agit ainsi pour ne pas être réduit à un simple objet de la pensée, et en même temps il produit un dynamisme dans la pensée : « C'est précisément parce que cela est caché qu'on doit et qu'il faut le poursuivre / *dar umbe muoz man im und sol im nâchloufen, die wîle ez verborgen ist* »[2]. L'intellect n'aura jamais fini de saisir ce qui est là, présent au plus profond de lui. C'est sans doute dans ce dynamisme de la pensée qu'il faut envisager l'épisode de la conversion de Paul dans lequel Eckhart exprime explicitement cette épreuve de l'intellect devant ce qui lui échappe.

La rencontre de l'apôtre Paul avec le Christ Ressuscité sur le chemin de Damas est sans aucun doute pour Eckhart une expérience décisive qui lui permet d'exprimer pleinement le mouvement de l'esprit en quête d'absolu. Composé pour la fête de la conversion de l'apôtre, le *Sermon 66* commente l'épisode extrait des *Actes des Apôtres* dans lequel *Paul*, après avoir été enveloppé par une lumière venue du ciel, *se releva de terre et, les yeux ouverts, il ne vit rien* (Ac 9,8). Eckhart traduit le latin *nihil videbat* par l'allemand *er ensach niht*[3]. Après une brève explication qui annonce les quatre sens de cette expression, le *Sermon* se compose de trois grandes parties. Dans la première, Eckhart expose le thème de la lumière du ciel : Comme il était en chemin, et qu'il approchait de Damas, tout à coup une lumière du ciel brilla autour de Paul (Ac 9,3). Il existe différentes lumières naturelles comme celle du soleil, des étoiles ou encore du feu, mais la lumière du ciel dont parle le texte biblique désigne Dieu lui-même, *une lumière inaccessible* (1Tm 6,16) à moins qu'elle ne se communique elle-même à l'esprit humain tout en restant parfaitement distincte et indépendante : « Dieu flue dans toutes les créatures et n'est cependant touché par aucune créature »[4]. Puis, dans une seconde partie, le prothème est amené à partir du *Cantique des cantiques : J'ai cherché dans ma couche durant toute la nuit celui qu'aime mon âme et je ne l'ai pas trouvé* (Ct 3,1). Eckhart montre ainsi comment l'âme ne parvient pas à atteindre celui qu'elle recherche de tout son cœur, à moins qu'elle n'abandonne « un peu » certaines choses, et en particulier tous les noms et attributs que nous donnons à Dieu. C'est ce que signifie l'expression *ein wênic*, en latin *paululum*, dans le verset suivant : *Lorsque j'avançai un peu, je trouvai celui que mon âme cherche* (Ct 3,4). Enfin, la troisième partie développe la division annoncée au début et expose les quatre sens de l'expression *il ne vit rien* (Ac 9,8). La difficulté de ce passage réside déjà dans la compréhension de l'adverbe allemand *niht* qu'il est possible de rendre tout simplement par le mot « rien », mais lorsque le texte l'évoque sous la forme substantive *daz niht* ou *ein niht*, on peut aussi le traduire par « néant », c'est-à-dire : « Il vit le néant ». À travers le thème du néant, Eckhart exprime à la fois la radicale transcendance de Dieu et son irréductibilité face aux créatures.

1. *Ibid.*, p. 104 ; *DW* 4/1, p. 364.
2. *Ibid.*, p. 103 ; *DW* 4/1, p. 362.
3. *Sermon 66*, *op. cit.*, p. 414 ; *DW* 3, p. 211-231.
4. *Ibid.*, p. 416.

Au cœur de la conversion, le dialogue avec le Ressuscité conduit Paul à cette question : *Qui es-tu, Seigneur ?* (Ac 9,5). La conversion est passage, retournement intellectuel de l'âme en Dieu, *ûfkeren in got vernünfticheit*[1], transformation des représentations. Dans le *Sermon 66*, Eckhart interroge ainsi ses auditeurs sur leur manière de saisir Dieu, il décrit les limites de leurs représentations et évoque progressivement comment ils doivent apprendre à connaître. Il existe souvent un écart entre ce que nous recherchons et ce que nous trouvons. Ou plus exactement, nous ne trouvons pas nécessairement ce que nous recherchons pourtant ardemment, parce que nous cherchons mal. La plupart des gens cherchent Dieu là où il n'est pas, c'est pourquoi ils ne le trouvent pas. Et tout d'abord, il ne faut pas le chercher au milieu des créatures : « Quoi que nous cherchions dans les créatures, tout est nuit. Voilà ce que je pense : tout ce que nous cherchons en quelque créature est ombre et nuit »[2]. Mais, l'esprit doit également renoncer à saisir Dieu à travers certaines caractéristiques :

> Si tu le prends comme une lumière ou un être ou une bonté, tout le temps que tu connais encore quelque chose de Dieu, ce n'est pas Dieu [...] Si quelqu'un voit quelque chose ou si quelque chose s'introduit dans la connaissance, ce n'est pas Dieu pour la raison qu'il n'est ni ceci ni cela / *nimest dû in denne als ein lieht oder ein wesen oder eine güete, bekennest dû noch iht von im, daz enist got niht* [...] *der iht sihet oder vellet iht in dîn bekennen, daz enist got niht ; dâ von niht, wan er noch diz noch daz enist*[3].

Et par-delà, Eckhart procède à une critique du langage qui conduit à reconnaître que Dieu est sans nom : « Dieu est au-dessus de tout nom, personne ne peut parvenir à désigner Dieu / *got ist über alle namen ; nieman enkan im zuokomen* »[4]. C'est en quelque sorte la connaissance par analogie qui est mise en cause ici, c'est-à-dire un type de connaissance qui procède par comparaison avec quelque chose de connu. Comment l'intellect doit-il saisir Dieu ? Peut-être faut-il préférer une connaissance qui insiste davantage sur la dissemblance et reconnaître une manière ultime de saisir Dieu : « Il faut prendre Dieu comme mode sans mode, comme être sans être, car il n'a pas de mode / *man muoz got nemen wîse âne wîse und wesen âne wesen, wan er enhât keine wîse* »[5]. Eckhart invite l'esprit à parvenir vers une connaissance qui soit entièrement sans mode et sans mesure, *in daz bekantnisse, daz dâ alzemâle âne wîse und âne mâze sî* »[6]. C'est dans ce cadre qu'il faut envisager l'aveuglement de l'apôtre Paul, son étrange cécité lui donne en quelque sorte une certaine lucidité : « Celui qui ne voit rien d'autre et qui est aveugle, voit Dieu / *swer anders niht ensihet und blint ist, der sihet got* »[7], et de

1. *DW* 1, p. 350.
2. *Sermon 66*, *op. cit.*, p. 417.
3. *Ibid.*, p. 417 et p. 418 ; *DW* 3, p. 221 et p. 223.
4. *Ibid.*, p. 418 ; *DW* 3, p. 222.
5. *Ibid.*, p. 421 ; *DW* 3, p. 231.
6. *Ibid.*
7. *Ibid.*, p. 420 ; *DW* 3, p. 228.

de la même façon : « Quand l'âme est aveugle et ne voit rien d'autre, elle voit Dieu / *swenne diu sêle blint ist und anders niht ensihet, sô sihet si got* »[1], ou encore : « Si Dieu doit être connu de l'âme, il faut qu'elle soit aveugle / *sol got werden bekant der sêle, sô muoz si blint sîn* »[2]. La cécité n'est plus seulement la manifestation d'une limite de l'intellect, mais le fait d'être aveugle, *blint sîn*, devient la condition indispensable à une connaissance plus haute.

Toute la force et l'originalité du *Sermon 66* résident bien évidemment dans l'interprétation de l'expression *il ne vit rien* (Ac 9,8). Plus exactement, Eckhart propose les quatre manières de comprendre cette expression. Les deux premières envisagent Dieu en lui-même et les deux dernières le considèrent dans son rapport aux créatures. Il est également possible de regrouper les deux significations centrales autour de « il ne vit rien que Dieu / *ensach er niht wan got* », et de même pour les deux significations extrêmes avec « un néant » (*ein niht*)[3]. Les deux significations centrales soulignent le caractère exclusif de Dieu : « Lorsqu'il se releva, il ne vit rien que Dieu [...] en toutes choses il ne vit rien que Dieu ». L'apôtre Paul ne voit rien d'autre que Dieu seul, à l'exclusion de tout le reste, et toutes les créatures n'existent plus désormais qu'en tant qu'elles portent la trace de Dieu. En ce qui concerne la notion de néant, il convient de distinguer deux types de néant. Le néant de la créature montre que celle-ci n'est « rien » sans Dieu, comme par exemple dans le *Sermon 41 :* « Toutes les créatures sont un pur néant »[4]. La quatrième signification exprime alors l'irréductibilité de Dieu aux créatures qui peuvent être considérées comme un néant par défaut. Mais, la notion de néant possède également un sens positif. Le néant de Dieu est un néant par excès qui exprime quant à lui la transcendance de Dieu, comme par exemple dans le *Sermon 62 :* « Dieu est un être suréminent et un néant suressentiel / *er ist ein uber swebende wesen und ein uber wesende nitheit* »[5]. Par conséquent, ce que l'intellect saisit dans cette étrange cécité, c'est le caractère transcendant, exclusif et irréductible de Dieu. L'expérience de Paul montre ainsi que la véritable connaissance consiste à saisir Dieu dans son incompréhensibilité. « Dieu est un néant et Dieu est un quelque chose. Ce qui est quelque chose est aussi un néant / *got ist ein niht, und got ist ein iht. Swaz iht ist, daz ist ouch niht* »[6]. Le mot « quelque chose » (*ein iht*), qui résonne parfaitement bien en allemand avec celui de néant, *ein niht*, est un terme indéfini qui souligne le caractère indéterminé et irréductible de Dieu. Eckhart n'exprime pas seulement l'épreuve de l'intellect devant ce qui lui échappe, mais il indique également que ce qui se dérobe à l'intellect, est précisément cela même qu'il doit s'efforcer de comprendre. Pouvoir étreindre l'insaisissable, parvenir par-delà les images et représentations à

1. *Ibid.*, p. 421 ; *DW* 3, p. 229.
2. *Ibid.* ; *DW* 3, p. 230.
3. *Ibid.*, p. 414 et p. 415 ; *DW* 3, p. 211 et p. 212.
4. *Sermon 41*, *op. cit.*, p. 294.
5. *Sermon 62*, *op. cit.*, p. 395 ; *DW* 3, p. 442.
6. *Sermon 66*, *op. cit.*, p. 418 ; *DW* 3, p. 223.

saisir Dieu dans son incompréhensibilité, la connaissance doit déconstruire tout ce que l'intellect croit posséder : « Nous devons éternellement nous abîmer : du quelque chose au néant / *wir sulen ewiklich versinken von ite zu nute* » [1].

Loin de limiter le travail de l'esprit, l'incompréhensibilité de Dieu stimule l'activité de l'intellect et manifeste également la profondeur de la pensée, le pouvoir infini de représentation : « À quel point [nos pensées] sont vastes et insondables, c'est merveille. Je peux aussi bien me représenter ce qui est au-delà de la mer que ce que qui est ici près de moi » [2]. L'intellect est capable d'envisager une chose absente, et même quelque chose qui relève de la pure imagination :

> Or considérons cette connaissance dans l'âme qui possède une gouttelette d'intellect, une étincelle, une brindille [...] Cette puissance forme en elle-même les choses qui ne sont pas présentes, en sorte que je connais les choses aussi bien que si je les voyais de mes yeux et mieux encore – je pense bien à une rose en hiver – et avec cette puissance, l'âme opère dans le non-être / *disiu kraft bildet in sich diu dinc, diu niht gegenwertic ensint, daz ich diu dinc als wol bekenne, als ob ich sie saehe mit den ougen, und noch baz – ich gedenke wol eine rôsen in dem winter – und mit dirre kraft würket diu sêle in unwesene* [3].

L'insaisissabilité de Dieu produit un manque dans l'esprit, et de ce manque va naître un désir, le désir permanent de le poursuivre et de le rechercher. L'évocation du *Cantique des Cantiques* permet à Eckhart d'articuler harmonieusement la connaissance intellectuelle et le désir amoureux. C'est peut-être cela la fine pointe du texte, aimer la vérité quand bien même elle serait toujours hors de prise, parce qu'elle est hors de prise, toujours aimer la vérité !

CONNAÎTRE, ÉTREINDRE L'INSAISISSABLE

L'épreuve de l'intellect devant ce qu'il ne peut saisir, exprime en réalité la nature de la connaissance humaine. Que signifie connaître dans les limites de la simple raison ? L'enseignement d'Eckhart à Erfurt porte la trace de cette question qui définit en grande partie l'esprit de la scolastique allemande. Il existe un écho de cet enseignement dans le *Paradis de l'âme intellective*, un ensemble de sermons rassemblés dans les années 1340 pour faire mémoire des plus illustres figures venus prêchés au couvent dominicain et qui témoigne de l'âge d'or de la spiritualité dominicaine allemande. On trouve également un grand nombre de sermons écrits par Eckhart à cette période dans le recueil de Franz Pfeiffer, dont les *Sermons 9*, *13*, *15* et *16* sur la naissance éternelle, et le *Sermon 113* dans lequel le maître rhénan définit précisément la nature de la connaissance intellective à travers cette question : « Qu'est-ce que Dieu ? » Comment est-il possible de définir le connaître intellectif ? En quoi la connaissance de Dieu est-elle en

1. *Sermon 62*, *op. cit.*, p. 398 ; *DW* 3, p. 448.
2. *Sermon 66*, *op. cit.*, p. 416.
3. *Sermon 86*, *op. cit.*, p. 529 ; *DW* 1, p. 151.

quelque sorte « modélisante » par rapport à ce que doit être toute connaissance intellectuelle ? L'intellect commence par découvrir au plus profond de lui que les choses ne correspondent jamais tout-à-fait à ses représentations et celui-ci éprouve alors une difficulté fondamentale : « Le monde tout entier ne peut le saisir. Tout ce que l'on peut dire ou penser de Dieu n'est pas exactement Dieu. Ce que Dieu est en lui-même, personne ne peut y parvenir / *alliu disiu werlt enmac ez niht begrîfen. Allez, daz man von gote gesprechen oder gedenken mac, daz enist got zemâle niht. Waz got sî in im selber, dar zuo enkan nieman komen* »[1]. Connaître, c'est prendre conscience d'une limite dans l'acte de penser et saisir combien une chose se dérobe à nos représentations : « Dieu est quelque chose qu'aucun sens ne peut atteindre ni saisir ; je ne sais rien d'autre à propos de lui / *got ist etwaz, daz kein sin erlangen noch begrîfen enkan; anders enweiz ich niht von im* »[2]. Mieux encore, la connaissance intellective consiste précisément à percevoir dans une chose ce qui est fondamentalement inappropriable, Dieu dans son impénétrabilité : « Celui qui connaît Dieu en tant qu'il est inconnaissable, celui-là connaît Dieu / *swer daz von gote bekennet, daz er unbekant ist, der bekennet got* »[3]. Dans d'autres sermons, Eckhart parle également d'une « connaissance inconnaissante / *ein unbekante bekantnisse* »[4], c'est-à-dire une connaissance qui saisit Dieu en tant qu'il est inconnaissable, et celle-ci représente à ses yeux la plus haute forme de connaissance humaine qui maintient l'intellect dans un dynamisme permanent. La véritable connaissance inscrit l'esprit dans un désir infini, le désir de tendre vers ce qu'il ne pourra jamais s'approprier pleinement. C'est ainsi que le *Sermon 113* sur l'épisode biblique dans lequel un homme, Zachée, *cherchait à voir qui était Jésus* (Lc 19,2-4), inscrit toute la thématique de la connaissance humaine dans la dynamique du désir. Si l'esprit ne parvient pas à voir Dieu, c'est parce que le désir est trop petit, il faut en effet un très grand désir pour pouvoir appréhender de grandes choses, ou encore : « Plus [l'âme] désire [...] plus sa capacité à saisir devient grande / *ie mê si begert* [...] *ie mê ir begrif wîter wirt* »[5]. Connaître consiste alors à entretenir en permanence le désir d'un quelque chose qui toujours nous échappe, comme une étreinte infinie.

À la fin du *Sermon 30*, Eckhart emploie ce très beau verbe allemand *umbevâhen* que nous traduisons par « étreindre »[6]. Composé à partir du verbe *vâhen* qui signifie « prendre », « attraper » ou tout simplement « saisir », et du préfixe *umbe* qui indique un mouvement ciculaire autour d'une chose, ici et là, partout et en tous lieux, cet acte de l'esprit essaie de s'emparer étroitement d'une chose, de l'entourer de toute son attention, de l'embrasser sans aucune appropriation. Le verbe « étreindre » exprime à la fois le désir d'envisager une chose

1. *Sermon 113*, *op. cit.*, p. 686 ; *DW* 4/1, p. 277.
2. *Ibid.*, p. 685 ; *DW* 4/1, p. 274.
3. *Ibid.* ; *DW* 4/1, p. 275.
4. *Sermons 9* et *15*, *op. cit.*, p. 103 et p. 139 ; *DW* 4/1, p. 361 et p. 478.
5. *Sermon 113*, *op. cit.*, p. 685 ; *DW* 4/1, p. 274.
6. *Sermon 30*, *op. cit.*, p. 242 ; *DW* 3, p. 370.

dans sa totalité et de manière radicale, et la nécessité de multiplier les points de vue parce qu'aucune prise n'est à elle seule suffisante. Cet acte est peut-être la manière la plus subtile d'appréhender une réalité et permet alors à l'esprit de s'approcher de Dieu. Irréductible aux autres formes de connaissance, la connaissance de Dieu est incontestablement le modèle de toute connaissance humaine : « Celui qui connaît assez bien Dieu pour savoir qu'il est inconnaissable par les créatures connaît Dieu plus particulièrement. Et celui qui connaît simplement qu'on ne peut connaître Dieu connaît plus parfaitement » [1]. D'où ce principe, qu'il est possible d'étendre à toute connaissance humaine, qu'il s'agisse de Dieu comme de n'importe quelle autre chose : « Ce que je ne sais pas, je le sais très bien / *daz ich ez niht enweiz, des weiz ich ez wol* » [2]. Dans la mesure, où Dieu n'est pas réductible à un objet qu'on pourrait entièrement déterminer, sa connaissance devient le modèle de ce que c'est que penser. Suivant ce point de vue, Dieu est également la chose la plus intéressante à penser, parce que l'intellect n'aura jamais fini de parcourir ce qu'est Dieu : « Qu'est-ce que Dieu / *waz ist got* » ? Dans le *Sermon 113*, Eckhart se demande comment il est possible de concevoir Dieu. Il attribue à Augustin cette idée selon laquelle Dieu est « quelque chose dont on ne peut rien concevoir de meilleur » [3]. Mais, n'est-ce pas là encore une façon de le concevoir et de l'enfermer dans une définition ? C'est pourquoi Eckhart préfère cette expression étonnante : « Dieu est quelque chose, je ne sais quoi, je ne sais vraiment pas quoi / *got ist etwaz, ich enweiz waz, ich enweiz waerlîche waz* » [4]. Le mot *etwaz* exprime parfaitement bien le caractère absolument indéterminé d'une chose et le fait qu'elle soit irréductible à n'importe quel autre objet. Eckhart l'applique aussi bien à Dieu qu'à l'âme humaine, *etwaz in der sêle*.

Comment est-il possible de connaître véritablement ce qu'est un homme ? On peut bien le déterminer grâce à certaines caractéristiques extérieures comme par exemple son métier. Mais, ces caractéristiques peuvent-elles vraiment le définir ? « Lorsqu'on nomme quelqu'un charpentier ; on ne le désigne pas par là en tant qu'homme, ou en tant qu'Henri, ni réellement selon son être, on le nomme d'après son travail » [5]. De la même manière, il est possible de repérer dans l'âme un certain certain nombre de puissances, et même des puissances supérieures comme la volonté et l'intellect. Mais l'âme humaine se réduit-elle à ses puissances ? Eckhart parle volontiers d'un quelque chose dans l'âme qui est toujours par-delà : « Ce n'est ni ceci ni cela, cependant c'est un quelque chose qui est plus élevé au-dessus de ceci et de cela » [6]. Il y a en l'homme plus que lui-même, un fond sans fond, un

1. *Sermon 97*, *op. cit.*, p. 599.
2. *Ibid.* ; *DW* 4/1, p. 227.
3. Augustin, *Le Libre arbitre*, II, chap. 6 n. 14, BA 6, p. 295 : « Quelque chose de meilleur que ce qu'il y a de meilleur dans ma nature ». Voir aussi *La Doctrine chrétienne*, 7, 7, BA 11/2, p. 85 ; Anselme de Cantorbery, *Proslogion*, chap. II et III, Paris, Vrin, 1992, p. 13-15. *Cf.* Maître Eckhart, *Sermon XXIX*, n. 295, *op. cit.*, p. 268.
4. Maître Eckhart, *Sermon 113*, *op. cit.*, p. 686 ; *DW* 4/1, p. 276.
5. *Sermon 100*, *op. cit.*, p. 609.
6. *Sermon 81*, *op. cit.*, p. 499.

quelque chose d'inappropriable qui fait de lui un être toujours irréductible. Et c'est précisément parce qu'il ne ressemble à aucune chose que l'homme ressemble à Dieu: « L'homme doit [...] ne ressembler à personne, alors il est véritablement semblable à Dieu. Car c'est le propre de Dieu et sa nature d'être dissemblable et de ne ressembler à personne »[1]. Pour Eckhart, penser la personne humaine, c'est montrer combien l'individu échappe lui aussi à toutes sortes de déterminations, faisant ainsi de lui un être unique, absolument libre : « *Homo* veut dire homme [...] un être doué d'intellect [...] détaché de toute matière et de toute forme. Plus il est détaché de toutes choses et tourné en lui-même, plus il connaît clairement et intellectuellement toutes choses en lui-même, sans se tourner vers l'extérieur, et plus il est homme »[2]. Mais se connaître en tant qu'homme, c'est aussi admettre cette part de nous-mêmes qui toujours nous échappe.

Il est impossible de saisir et d'exprimer pleinement certaines réalités et pourtant les mots sont nécessaires parce qu'ils sont les matériaux uniques à travers lesquels transparaît quelque chose qui les traverse et les dépasse, comme une inaccessibilité essentielle qui tend le discours et le rend toujours inachevé. L'enjeu est de constituer un langage qui n'enferme pas certaines choses dans la matérialité des mots mais qui ouvre constamment l'intellect vers une réalité toujours au-delà. Pour cela, Eckhart a fréquemment recours à certaines figures de style et autres procédés rhétoriques[3]. Ainsi, l'oxymore est une construction particulière qui consiste à placer l'un à côté de l'autre deux termes dont le sens est opposé comme par exemple dans l'expression « une parole inexprimée » (*ein ungesprochen wort*), ou encore « un rêve éveillé » (*ein wachender troum*)[4]. Ce rapprochement inattendu produit alors un paradoxe qui interroge l'esprit et l'amène à dépasser la matérialité des mots pour envisager ce qui ne peut être dit. L'emploi de l'hyperbole rejoint une même préoccupation. Formée à partir du préfixe latin *super* qui se traduit en allemand par *über*, l'hyperbole exprime très clairement que la réalité est toujours « au-delà » des mots. Dans le second *Sermon XII*, Eckhart parle ainsi de la « surabontante abondance » (*supereffluentis affluentiae*), pour dire que Dieu donne toujours bien au-delà de tout ce que nous pouvons espérer[5]. Dans le *Sermon 5*, il évoque de la même manière « la surabondance de la bonté divine » (*der übervlüzzicheit gotes güete*)[6]. À côté de ces figures figures de style, Eckhart emploie également des procédés rhétoriques comme la négation, l'abondance ou encore l'excès. Ce qui ne peut être dit, il convient de le

1. *Sermon 46*, *op. cit.*, p. 317 et p. 318.
2. *Sermon 114*, *op. cit.*, p. 691.
3. E. Mangin, *Maître Eckhart ou la profondeur de l'intime*, Paris, Seuil, 2012, p. 209-215.
4. Maître Eckhart, *Sermons 66* et *74*, *op. cit.*, p. 419 et p. 459; *DW* 2, p. 529 et *DW* 3, p. 224; *Sermon XII*, 2, n. 132, *op. cit.*, p. 148.
5. *Sermon XII*, 2, n. 144, *op. cit.*, p. 158.
6. *Sermon 5*, *op. cit.*, p. 73; *DW* 1, p. 384.

nier ou de le dire abondamment « avec des paroles nombreuses et choisies »[1]. C'est le philosophe Stanislas Breton qui a le premier parlé d'excès pour qualifier le langage d'Eckhart[2]. Fernand Brunner quant à lui évoque un « goût pour les positions extrêmes »[3]. Le terme d'excès peut se définir comme le fait de dépasser constamment les limites, de sortir en permanence des frontières et d'aller toujours au-delà. L'épreuve de l'intellect est nécessairement quelque chose d'excessif dans la mesure où elle conduit à un dépassement par rapport à toutes déterminations. Ce procédé rhétorique se manifeste concrètement dans le refus des nuances et distinctions pour s'installer dans une logique du « tout ou rien ». L'excès devient ainsi une manière d'exprimer les choses dans ce qu'elles ont d'inappropriable. Parce que ce qui est à dire excèdera toujours ce qui peut en être dit, l'écriture porte en elle la trace de cet écart.

C'est ainsi qu'Eckhart dénonce un certain nombre d'attitudes humaines et de dérives liées au langage. La dérive la plus classique consiste précisément à confondre les mots avec la totalité de la réalité désignée : « Nous devons apprendre à ne donner à Dieu aucun nom avec l'illusion que nous l'avons par-là suffisamment loué et exalté, car Dieu est au-dessus des noms et inexprimable »[4]. La critique ne porte pas ici sur les mots, mais sur notre rapport aux choses à travers eux : une « illusion », c'est-à-dire une attitude de l'esprit, un emploi abusif du langage qui consiste à croire que certains noms peuvent parfaitement contenir la réalité divine. Il ne peut y avoir de parfaite adéquation entre le mot et la réalité, le mot est un signe insuffisant. Eckhart évoque également une autre dérive assez fréquente et peut-être plus grave : « Certaines personnes s'imaginent qu'elles sont très saintes et très parfaites, se répandent en grandes choses et en grandes paroles, recherchent et désirent cependant beaucoup, veulent aussi posséder beaucoup, se préoccupent beaucoup d'elles-mêmes, et de ceci et de cela »[5]. Cette attitude consiste à faire de grands discours sur les choses divines comme pour rendre hommage à Dieu. En fait, Eckhart dénonce ici deux choses. D'une part, quand l'homme parle de Dieu, en réalité il parle surtout de lui-même, de ses propres préoccupations et de ses attentes : « Elles se préoccupent beaucoup d'elles-mêmes / *sie hânt sô vil sehennes ûf sich* »[6]. Le langage nous apprend ainsi plus de choses sur le sujet qui parle que sur l'objet du discours. Aussi, celui qui parle doit constamment apprendre à s'effacer. D'autre part, Eckhart montre aussi que la parole est une forme de pouvoir : « Elles veulent posséder beaucoup / *sie wellent ouch vil haben* »[7]. Les grandes paroles et les beaux discours sont en réalité des moyens redoutables pour séduire et prendre le pouvoir sur celles et ceux qui

1. *Sermon 117*, *op. cit.*, p. 700.
2. S. Breton, *op. cit.*, p. 99-166.
3. F. Brunner, « Eckhart et le goût des positions extrêmes », in *Voici Maître Eckhart*, *op. cit.*, p. 209 et p. 230.
4. Maître Eckhart, *Sermon 74*, *op. cit.*, p. 461.
5. *Sermon 91*, *op. cit.*, p. 556 et p. 557.
6. *Ibid.* ; *DW* 2, p. 295.
7. *Ibid.*

écoutent. La parole véritable est au contraire un effacement permanent devant ce qui se donne à l'esprit.

La critique du langage chez Eckhart n'est donc pas un refus de parler, mais elle permet de considérer la parole humaine pour ce qu'elle est, un balbutiement, une approximation : « Nous ne pouvons parler de Dieu en termes adéquats. Ce que nous disons de lui, nous devons le balbutier / *wir enmügen von gote niht eigenlîche sprechen. Waz wir von im sprechen, daz müezen wir stameln* »[1]. Les paroles humaines ne peuvent dire la totalité du mystère divin et ne sont alors que des tentatives incessantes pour dire et redire constamment ce qui ne peut être dit : « Toutes les créatures veulent exprimer Dieu dans toutes leurs œuvres ; elles l'expriment toutes aussi approximativement qu'elles le peuvent, elles ne peuvent cependant pas l'exprimer / *alle crêatûren wellent got sprechen in allen irn werken; sie sprechent alle, sô sie nâhest mügen, sie enmügen in doch niht gesprechen* »[2]. Ces balbutiements et approximations ne sont pourtant pas des maladresses du langage. Dans la mesure où la connaissance véritable consiste à tourner tout autour d'une réalité sans jamais s'en emparer, le langage est nécessairement comme des vagues qui vont et viennent, des perspectives qui ne donnent qu'un aspect des choses. Eckhart emploie alors l'image du copeau qui tombe de la poutre pour montrer que les paroles humaines indiquent bien quelque chose de la réalité qu'elles désignent, mais ce quelque chose n'est qu'une toute petite partie de l'ensemble :

> L'œuvre que l'ange accomplit en Dieu est si élevée que jamais aucun maître ni aucun entendement ne pourraient parvenir à saisir cette œuvre. Mais de cette œuvre un copeau tombe (comme tombe un copeau de la poutre que l'on taille), un éclair / *daz werk, daz der angel in gote hât, daz ist sô hôch, daz nie kein meister noch sin dar zuo enmöhte komen, daz sie daz werk begrîfen möhte. Aber von dem werke vellet ein spân – als dâ ein spân abevellet von einem balken, den man houwet – ein blîchen*[3].

Beauté des mots qui dirige l'esprit vers une réalité ultime, humilité de la connaissance qui s'incline devant ce qui lui échappe. À la suite d'Augustin, Eckhart définit la connaissance véritable comme une forme de sagesse.

Dans son ouvrage *Sur la Trinité*, Augustin distingue en effet « science » et « sagesse », *scientia* et *sapientia*[4]. Cette distinction repose sur une vision hiérarchique de la réalité dans laquelle l'homme occupe une position intermédiaire. Le monde corporel constitue le plus bas niveau de la réalité et cependant, il contient déjà en lui les « raisons séminales », *rationes seminales*, qui sont comme la semence des principes dans les éléments physiques. Au plus haut niveau, se trouvent les réalités divines et Dieu lui-même, dont l'intellect contient

1. *Sermon 36*, *op. cit.*, p. 269 ; *DW* 2, p. 190 et p. 191.
2. *Sermon 74*, *op. cit.*, p. 459 ; *DW* 2, p. 531.
3. *Sermon 6*, *op. cit.*, p. 82 ; *DW* 2, p. 242 et p. 243.
4. Augustin, *La Trinité*, XII, chap. 13 n. 21 et chap. 14 n. 23, BA 16, p. 251-257.

les « raisons éternelles », *rationes aeternae*. Entre ces deux ordres se tient la « raison de l'homme », *ratio hominis*. Augustin distingue alors deux fonctions dans la raison humaine, d'un côté la « raison supérieure », *ratio superior*, qui tourne son regard vers les réalités éternelles et divines, et de l'autre la « raison inférieure », *ratio inferior*, qui envisage et appréhende quant à elle les réalités corporelles. C'est ainsi qu'Augustin parvient à distinguer deux formes de connaissance en l'homme : « Il y a cependant une différence entre la contemplation des biens éternels et l'action qui nous permet de faire un bon usage des biens temporels : l'une est le fait de la sagesse, l'autre de la science »[1]. La science est une connaissance du monde temporel et changeant qui s'appuie sur la raison inférieure. Elle a pour finalité l'action, une meilleure efficacité pratique afin que l'homme puisse agir dans le monde, et lui procure ainsi une certaine satisfaction matérielle. La sagesse est une connaissance acquise par la raison supérieure, la connaissance des choses éternelles et immuables, et par conséquent une contemplation de Dieu. Si ces deux formes de connaissance ont leur légitimité propre, seule la contemplation de Dieu permet à l'homme d'atteindre la béatitude parfaite. Bien que la sagesse soit supérieure à la science étant donné la hauteur de sa finalité, la science est néanmoins utile et nécessaire à la sagesse dans la mesure où elle permet de s'abstenir du mal et de rechercher le bien. La science prépare l'homme durant sa vie à accueillir la sagesse.

Eckhart reprend cette distinction dans le *Sermon 94* composé pour la fête de sainte Elisabeth de Hongrie. Le prédicateur rend un bel hommage à la sagesse de cette femme : *Elle a ouvert sa bouche à la sagesse* (Pr 31,26). À la suite d'Augustin, il distingue dans l'âme deux puissances : « Notre Seigneur Dieu a donné à l'âme deux sortes de puissance pour lui venir en aide, et ainsi avec les puissances inférieures, elle sert l'homme dans le temps, et avec les puissances supérieures, elle sert Dieu dans l'éternité »[2]. Par conséquent, il existe aussi deux manières de connaître, ou comme le précise Eckhart, « deux sortes de sagesse / *ez ist zweierhande wîsheit* »[3]. La première est une sagesse « terrestre » et « passagère » (*irdisch und vergenclich wîsheit*), qui est comme une connaissance pratique permettant à l'homme d'agir dans le monde : « Une sagesse est passagère, elle consiste à se comprendre d'après le temps et à pouvoir s'y adapter, comme un art en quelque sorte, afin que l'on puisse se défendre contre le malheur et qu'on puisse s'adapter à la chance. Celui qui peut agir ainsi devient un homme riche et se nomme bienheureux d'après la sagesse qui est terrestre »[4]. Cette première sagesse qui est définie comme « un art » (*ein kunst*), recouvre ce qu'Augustin appelle la science. À côté de celle-ci se tient une autre sagesse, « la sagesse éternelle » (*êwige wîsheit*), à travers laquelle l'homme devient éternellement bienheureux. Bien que la sagesse terrestre soit déjà comme une

1. Augustin, *La Trinité*, XIV, 22, p. 251.
2. Maître Eckhart, *Sermon 94b*, *op. cit.*, p. 579.
3. *Ibid.*, p. 578 ; *DW* 4/1, p. 179.
4. *Sermon 94a*, *op. cit.*, p. 572.

odeur qui permet de tendre vers la nature divine, elle n'est pas aussi élevée que la sagesse éternelle qui prend sa source en Dieu lui-même : « L'autre sagesse est un influx de la pureté divine, elle est une fontaine de la noblesse divine et elle est Dieu lui-même / *diu ander wîsheit ist ein învluz götlîcher klârheit und ist ein brunne götlîcher edelkeit und ist got selber* »[1].

Parmi les éléments importants du *Sermon 94*, il convient de mentionner le passage dans lequel Eckhart s'interroge sur le langage employé à propos de Dieu, et se demande plus particulièrement comment rendre compte de la multiplicité des noms qui lui sont attribués dans l'Écriture : « Pourquoi en est-il ainsi que l'Écriture donne beaucoup de noms à Dieu. Elle dit qu'il est tout-puissant, sage et bon »[2]. La première raison repose sur la nature de Dieu, ou plus exactement sur le fait qu'il dépasse toute nature : « Dieu ne peut être contenu dans aucune nature / *diu êrste sache ist, daz got niht beslozzen enist in keiner natûre* »[3]. Toutes les créatures possèdent une nature déterminée à partir de laquelle il est possible de les nommer. Or, étant donné qu'il est toujours au-delà de toute nature, Dieu ne peut être contenu à l'intérieur d'un seul terme. La seconde raison souligne le fait que Dieu est sans ressemblance, toujours au-dessus de tout ce que nous voulons lui attribuer : « On ne peut donner aucune ressemblance à Dieu [...] Tout ce que l'on peut dire de Dieu n'est pas Dieu »[4]. Enfin, la troisième raison insiste sur la dissemblance radicale de Dieu à l'égard de toutes choses créées : « Il ne ressemble à aucune nature, et [...] on ne peut parvenir à sa connaissance par aucune ressemblance. La plus haute créature que Dieu a créé dans la nature angélique est aussi dissemblable à Dieu que la moindre souillure par rapport à la nature que tu regardes avec tes yeux »[5].Toutes ces raisons montrent que le langage est une manière de saisir la réalité, *begrîfen*, et que les mots concernant les choses créées parviennent à percevoir la réalité désignée : « Que je dise “un homme”, et ainsi je saisis la nature humaine. Que je dise “un comte”, et ainsi je saisis la seigneurie du comte. Que je dise “un ange”, et ainsi je saisis la nature angélique ». Autrement dit, pour toutes choses créées, le nom employé recouvre et contient la réalité désignée. Mais, il n'en est pas de même à propos de Dieu. Tous les termes que nous employons à son égard seront toujours incapables de saisir la réalité divine : « Que je dise “Dieu”, et je ne peux saisir la splendeur divine ni la seigneurie divine / *daz ich spriche got, dâ mite enmac iche götlîchen adel noch götlich hêrschaft niht begrîfen* »[6]. Epreuve de l'intellect devant ce qui lui échappe, ou alors sagesse de l'homme consentant à ses propres limites ? Il semble bien que cette difficulté soit pour Eckhart une manière de définir la plus haute sagesse.

1. *Sermon 94b*, *op. cit.*, p. 579 ; *DW* 4/1, p. 184.
2. *Ibid.*, p. 580.
3. *Ibid.* ; *DW* 4/1, p. 188.
4. *Ibid.*, p. 580 et p. 581.
5. *Ibid.*, p. 581.
6. *Ibid.* ; *DW* 4/1, p. 190.

La connaissance humaine devient sagesse quand l'esprit prend conscience de ses limites et du caractère irréductible de certaines réalités : « La sagesse ne peut jamais être saisie dans les choses temporelles / *die wîsheit enmac nieman in disen zîtlîchen dingen begrîfen* » [1]. Cette limite est une épreuve pour l'intellect, et d'une certaine manière une forme de mort, il doit renoncer à s'approprier la réalité et réduire à néant toutes les images et représentations : « Cette mort, l'âme doit l'avoir en ce qui concerne la connaissance de Dieu, elle l'éprouve en elle-même / *diz sterben sol diu sêle haben an dem bekantnisse gotes, daz si an ir selber vûle* » [2]. Eckhart se distingue d'Augustin dans la mesure où il n'oppose pas une connaissance actuelle de l'homme et une sagesse à venir auprès de Dieu. Pour le maître rhénan, la sagesse éternelle est dès maintenant cette connaissance de Dieu en tant qu'il échappe à toutes les images et représentations : « Dieu est celui qui demeure insaisissable à toutes les créatures / *Got der blîbet unbegriffen von alle crêatûren* » [3]. Elle est ce regard plus haut qui entrevoit l'inouï. C'est sans doute cela la splendeur de Dieu, le fait qu'il échappe à tout ce que nous pouvons dire et imaginer : « Personne ne peut saisir la splendeur de Dieu ni ce qu'il est vraiment avec de tels mots / *nieman enmac gotes adel noch sîn wirdicheit mit deheinen worten begrîfen* » [4]. Il s'ensuit deux conséquences pour la vie de l'intellect. Cette sagesse éveille en l'homme le désir de tendre vers ce qu'il ne pourra jamais complètement s'approprier : « Il n'y a rien d'autre que le fait de devoir ouvrir ton désir à ce qui est le plus haut / *daz enist anders niht, dan daz dû uf solt tuon dîn begerunge in dem allerhoehsten* » [5], et elle entraîne son esprit dans une quête sans fin : « Nous recherchons pendant tout le temps de notre vie ce que nous n'aurons jamais fini de trouver / *wir vorschen alle unser lebetage dar nâch, dan daz wir ez iemer bevinden* » [6]. Mais cette quête permanente est aussi une forme d'émerveillement, l'émerveillement de l'intellect devant la beauté d'une réalité qui échappe continuellement à ses représentations : « Quand l'âme parvient à la connaissance que Dieu est dissemblable à toute nature, elle parvient dans une merveille / *als diu sêle in daz bekantnisse kumet, daz got alsô unglîch ist allen natûren, sô kumet si in ein wunder* » [7]. En s'efforçant d'exprimer l'insaisissable, la sagesse éternelle éveille le désir et ouvre à la merveille.

1. *Sermon 94b*, *op. cit.*, p. 579 ; *DW* 4/1, p. 184.
2. *Sermon 94a*, *op. cit.*, p. 575.
3. *Sermon 94b*, *op. cit.*, p. 580 ; *DW* 4/1, p. 185.
4. *Ibid.*, p. 581 ; *DW* 4/1, p. 189.
5. *Sermon 94b*, *op. cit.*, p. 580 ; *DW* 4/1, p. 185.
6. *Sermon 94a*, *op. cit.*, p. 573 ; *DW* 4/1, p. 181.
7. *Sermon 94b*, *op. cit.*, p. 582 ; *DW* 4/1, p. 194.

CHAPITRE V

S'ÉMERVEILLER

Dans son désir de connaître, il arrive que l'esprit soit soudain arrêté, et parfois même fortement ébranlé, devant l'étrangeté d'une réalité qu'il ne parvient pas à saisir. Loin d'être un obstacle pour la pensée, l'étonnement est à l'origine de toute recherche authentique. Pour Platon, cette attitude est propre à la démarche philosophique, elle exprime la liberté de l'esprit capable de mettre le monde à distance : « Il est tout à fait d'un philosophe, ce sentiment : s'étonner. La philosophie n'a point d'autre origine »[1]. Et de la même façon, Aristote précise qu'il ne peut y avoir de véritable savoir sans la reconnaissance d'une certaine ignorance : « C'est, en effet, l'étonnement qui poussa, comme aujourd'hui, les premiers penseurs aux spéculations philosophiques. Au début, leur étonnement porta sur les difficultés qui se présentaient les premières à l'esprit [...] Or apercevoir une difficulté et s'étonner, c'est reconnaître sa propre ignorance »[2]. Ainsi l'étonnement inaugure le mouvement de la pensée, et constitue en quelque sorte le propre de l'homme : « Nous croyons presque tout savoir ou du moins pouvoir tout savoir. Et pourtant, il y a toujours et il y aura toujours des êtres pour s'étonner. L'étonnement est essentiel à la condition de l'homme »[3]. Mais il existe une autre forme d'étonnement, un étonnement auquel l'esprit parvient au terme de sa recherche, comme une sorte d'effroi devant l'insaisissable, un émerveillement face à l'étrange beauté d'une réalité qui échappe à la pensée[4].

C'est cette seconde forme d'étonnement qui apparaît le plus souvent chez Eckhart. L'acte de s'émerveiller est tout à la fois étonnement et admiration, et peut-être aussi contemplation. L'émerveillement désigne une manière plus haute de regarder, être attentif à la subtilité des choses naturelles dans la mesure où elles contiennent plus qu'elles-mêmes, parce que leur beauté ouvre sur une réalité qui

1. Platon, *Théétète*, 155d, Paris, Les Belles Lettres, 1924, p. 177.
2. Aristote, *Métaphysique*, A, 2, *op. cit.*, p. 16 et p. 17.
3. J. Hersch, *L'Etonnement philosophique*, Paris, Gallimard, 1993, p. 8.
4. J.-L. Chrétien, *L'Effroi du beau*, Paris, Cerf, 2008, p. 11.

les dépasse. Un tel regard interroge alors le travail d'expression et de représentation. S'émerveiller, c'est envisager les créatures, non pas en elles-mêmes, mais en tant qu'elles portent en elle la trace du Créateur : « Toutes les créatures veulent exprimer Dieu »[1]. Et le langage devient alors un lieu d'émerveillement. Toujours insuffisants, les mots sont pourtant capables de laisser transparaître la présence ineffable d'un quelque chose qui cherche à se dire. S'émerveiller parce que la lumière se révèle dans la nuit, et dans le silence la parole.

ENTRE ÉTONNEMENT ET ADMIRATION, L'INTELLECT DEVANT L'INCOMPRÉHENSIBLE ET L'EXTRAORDINAIRE

Le verbe allemand *wundern*, également employé sous la forme pronominale *sich wundern*, désigne de façon générale l'attitude de l'esprit humain devant quelque chose qui lui échappe. Eckhart l'emploie quelque fois pour dénoncer le comportement de certaines personnes parce qu'elles s'étonnent de tout, ou bien au contraire parce qu'elles ne s'étonnent plus de rien. Ainsi, dans le *Sermon 6* qui envisage la question de Dieu à la fois « un » et « trois », Eckhart souligne une certaine naïveté :

> Les gens incroyants et certains chrétiens ignorants s'en étonnent, et même certains clercs en savent là-dessus aussi peu qu'une pierre; ils considèrent trois comme trois vaches ou trois pierres / *es wundernt sich unglöubige liute und etlîche ungelêrte kristene liute, und joch etlîche pfaffen wizzen dâ von als wênic als ein stein : die nement drîe als drîe küeje oder drîe steine*[2].

L'étonnement exprime ici un défaut dans la connaissance qui résulte d'une confusion, ou plus exactement d'une manière erronée d'envisager le terme « trois ». Certaines personnes considèrent de la même manière ce terme qu'il soit appliqué aux Personnes divines ou à n'importe quel autre élément de la nature. Mais il arrive aussi que d'autres personnes soient tellement repliées sur elles-mêmes qu'elles deviennent complètement indifférentes aux événements extérieurs et ne s'étonnent plus de rien. Dans le *Sermon 21*, Eckhart semble regretter le désenchantement de certains qui ne s'étonnent plus du caractère extraordinaire des paroles de Dieu : « Les gens auraient pu s'en étonner / *die liute möhte ez wundern* »[3]. Or, accueillir aujourd'hui la parole de Dieu est encore plus admirable que l'enfantement de son Fils par la vierge Marie. Malheureusement, le regard de l'homme est parfois incapable de percevoir le merveilleux dans le plus ordinaire. Dans ce second cas, l'étonnement est un état d'esprit qui manque à de nombreuses personnes, ce qui permet d'envisager le sens positif de ce terme.

1. Maître Eckhart, *Sermon 74*, *op. cit.*, p. 459.
2. *Sermon 6*, *op. cit.*, p. 79 ; *DW* 2, p. 234.
3. *Sermon 21*, *op. cit.*, p. 188 ; *DW* 2, p. 428.

Au niveau le plus simple, le verbe *wundern* désigne l'état de l'esprit devant une réalité qui ne correspond pas à ses représentations. C'est ainsi que le prédicateur avoue sa surprise devant l'interprétation hâtive et trop facile de certains de ses frères : « Je suis surpris que certains clercs, qui sont bien instruits et veulent être de grands clercs, se satisfassent si vite et se laissent tromper / *nû wundert mich von etlîchen pfaffen, die wol gelêret sint und grôze pfaffen wellent sîn, daz sie sich alsô schiere lâzent genüegen und lâzent sich betoeren* »[1]. De la même manière, l'âme humaine qui s'est unie à Dieu, ne parvient pas à comprendre comment l'esprit peut encore désirer autre chose : « Quand l'âme se fond totalement d'amour en Dieu, elle ne sait rien d'autre que l'amour. Elle s'imagine que tous le connaissent comme elle. Elle s'étonne que quelqu'un connaisse autre chose que Dieu / *si wundert, daz ieman iht anders bekennet wan got aleine* »[2]. Peut-être existe-t-il toujours une certaine naïveté, la naïveté de croire que la réalité hors de nous correspond parfaitement à nos représentations. Cet étonnement inaugure le mouvement de la pensée, il devient le point de départ d'une recherche, et donne à l'âme le désir de connaître. Au-dessus de cette surprise, il existe un autre étonnement, l'étonnement de l'esprit devant une réalité qui lui échappe et demeure à jamais incompréhensible, comme une sorte d'aboutissement pour la pensée, la conscience d'une limite. Certaines choses se dérobent aux représentations intellectuelles comme par exemple la parole de Dieu, toujours irréductible aux interprétations humaines : « Je m'étonne que la sainte Écriture soit si dense et les maîtres disent qu'on ne peut l'interpréter simplement telle qu'elle est / *mich wundert, daz die heilig geschrifft so voll ist* »[3], ou encore : « je m'étonne que, sans l'avoir contemplé en esprit, saint Jean ait jamais osé dire qu'il y a trois Personnes / *mich wundert, daz sant Johannes ie getorste gesprechen, enhaete er ez in dem geiste niht gesehen, daz drî persônen sîn* »[4]. L'étonnement est ici de l'ordre du constat, l'esprit découvre l'inaccessibilité fondamentale d'une réalité, et quand l'admiration l'emporte sur l'étonnement, celui-ci s'émerveille. L'émerveillement est l'attitude de l'esprit qui éprouve une très grande admiration et se laisse séduire par les qualités exceptionnelles d'une chose, si petite soit-elle, parce qu'elle ouvre à une autre réalité. Ainsi, Eckhart ne cache pas son admiration devant les formes que peut revêtir la nature, et prend alors l'exemple des brins d'herbe dont l'extraordinaire ressemblance ne cesse de l'émerveiller : « Un maître dit : Que tous les brins d'herbe soient si différents, cela vient de la surabondance de la bonté divine qui se répand surabondamment dans toutes les créatures afin que sa munificence soit d'autant plus manifestée. Alors je dis; il est plus merveilleux que tous les brins d'herbe soient si semblables / *ez ist wunderlîcher, wie alle grasspier sô glîch sint* »[5]. Il est difficile d'identifier qui est ce maître.

1. *Sermon 46*, *op. cit.*, p. 316; *DW* 2, p. 83.
2. *Sermon 66*, *op. cit.*, p. 418; *DW* 3, p. 222.
3. *Sermon 23*, *op. cit.*, p. 203; *DW* 2, p. 466.
4. *Sermon 112*, *op. cit.*, p. 679; *DW* 2, p. 597.
5. *Sermon 5*, *op. cit.*, p. 73; *DW* 1, p. 384 et p. 385.

Peut-être s'agit-il d'Anaxagore qui expliquait la distinction entre les choses et imaginait une intelligence capable de les différencier[1]. Eckhart ne s'émerveille pas de la diversité, mais de l'unité entre les choses, c'est-à-dire de leur intelligibilité. L'émerveillement spontané qui est encore un étonnement devant la multiplicité, doit être renversé en émerveillement devant la présence du simple. L'émerveillement n'est-il pas en fin de compte une forme d'attachement aux choses les plus simples? Surprise, étonnement et émerveillement signalent en quelque sorte les trois degrés de l'esprit devant ce qu'il ne parvient pas à s'approprier, mais alors que l'étonnement éprouve une incompréhension essentielle, l'émerveillement désigne plutôt le sentiment d'admiration devant la grandeur suréminente d'une chose.

L'adjectif *wunderlîch* exprime ces deux sens d'étonnement et d'émerveillement. Dans le *Sermon 80* à propos du don de Dieu, Eckhart établit une correspondance entre les adjectifs «étonnant» et «inconcevable»: «Ce que Dieu a donné et ce que Dieu a promis de donner, c'est très étonnant, c'est inconcevable et incroyable / *daz got gegeben hât und daz got gelobet hât ze gebenne, daz ist gar wunderlich und ist unbegrîfelich und unglouplich*»[2]. Dans ce cas, *wunderlich* pourrait également se traduire par «étrange» ou «prodigieux». Dans le *Sermon 67* qui commente la parole de Dieu : *Voyez, j'envoie mon ange* (Ml 3,1), le merveilleux rejoint l'extraordinaire: «Quand on dit *voyez*, on entend trois choses: ou ce qui est grand, ou ce qui est merveilleux, ou ce qui est extraordinaire / *Dâ man sprichet:* sehet, *dâ verstât man driu dinc : einez, daz grôz ist, oder einez, daz wunderlich ist, oder einez, daz seltsaene ist*»[3]. Eckhart utilise le plus souvent la forme substantive *daz wunder* qui peut se traduire par «merveille» ou «merveilleux». La merveille est un signe qui révèle à l'esprit la présence de Dieu, c'est ainsi que le *Sermon 33* parle «des signes et des merveilles» contenus dans la nature, *zeichen und wunder*[4]. Elle devient «prodige» lorsqu'elle exprime l'amour infini de Dieu pour tous les hommes: «*Dieu aime*. Quel prodige [...] Bénédiction divine! Quel prodige c'est là! / *got minnet. Ein wunder!* [...] *Got segen! Waz wunders ist diz*»[5]!, ou plus exactement le prodige exprime l'état de celui qui ne perçoit plus que Dieu à travers toutes choses : «Et ce serait un prodige si l'âme qui a une fois goûté et recherché Dieu pouvait jamais goûter quelque autre chose / *und ez waere ein wunder, diu sêle, diu gotes einest gesmecket und versuochet haete, daz der iemer iht anders gesmacken möhte*»[6]. L'emploi de l'adverbe *wunderlîche* est beaucoup plus rare. Eckhart l'utilise pour parler de la conversion de Paul[7], du ravissement de l'âme[8] ou encore

1. Thomas d'Aquin, *STh.*, I, q. 47 a. 1, p. 489.
2. Maître Eckhart, *Sermon 80*, *op. cit.*, p. 489; *DW* 2, p. 94.
3. *Sermon 67*, *op. cit.*, p. 423; *DW* 2, p. 116.
4. *Sermon 33*, *op. cit.*, p. 256; *DW* 2, p. 176.
5. *Sermon 91*, *op. cit.*, p. 553; *DW* 2, p. 287.
6. *Sermon 70*, *op. cit.*, p. 441 et p. 442; *DW* 3, p. 263.
7. *Sermon 17*, *op. cit.*, p. 172.
8. *Sermon 77*, *op. cit.*, p. 477.

de la divinisation de l'homme[1]. On peut le traduire par « merveilleusement » ou encore par « étrangement », comme par exemple dans l'expression « bien que cela sonne étrangement… / *aleine ez wunderlîche lûte* »[2], à propos de sa manière d'interpréter les choses.

Toute cette terminologie autour de l'émerveillement s'est progressivement élaborée au cours du Moyen Âge. Le verbe *wundern* est la traduction en allemand du latin *miror, mirari* qui signifie « voir avec étonnement » ou encore « admirer ». Souvent employé au pluriel, le mot *mirabilia*, c'est-à-dire « les choses merveilleuses », apparaît au XIe siècle pour désigner des êtres, objets et phénomènes étranges[3]. Dans le *Livre des Merveilles* écrit vers 1210, Gervais de Tilbury donne une définition précieuse dans laquelle il distingue « miracles » et « merveilles ». Ces deux termes renvoient à une réalité qui frappe le regard de l'esprit en raison de sa rareté, mais alors que les miracles, attribués à la toute puissance divine, défient les lois de la nature, les merveilles sont des réalités qui se dérobent à notre intelligence bien qu'elles soient naturelles : « Par merveilles, nous entendons ce qui échappe à notre compréhension, bien que naturel : ce qui fait la merveille, c'est notre impuissance à rendre compte de la cause d'un phénomène »[4]. Le merveilleux se situe donc dans l'ordre des choses naturelles. En soulignant ce qui est incompréhensible dans la nature, il dirige l'esprit vers Celui qui demeure présent au sein de sa création. L'étonnement se transforme alors en une forme d'admiration devant une œuvre qui porte en elle l'empreinte de son Créateur. Et la nature devient cet autre livre dans lequel on peut découvrir la présence de Dieu et comprendre ses œuvres à travers le monde. C'est dans cette perspective que les auteurs du Moyen Âge envisagent l'étude de la physique. En écho à son *Livre des Œuvres divines*, Hildegarde de Bingen compose ainsi son *Livre des subtilités des créatures divines* dans lequel elle expose sa physique qui est comme un reflet du Créateur dans sa création et un miroir dans lequel l'homme peut contempler la présence de Dieu[5]. L'émerveillement est ce regard devant l'étrange beauté d'un monde qui porte en lui la trace de Dieu, et débouche chez l'abbesse sur une écriture poétique qui chante la merveille : « Ô très noble verdeur, toi qui prends racine dans le soleil, tu brilles dans la sereine clarté, dans le mouvement d'une roue, qui échappe à l'intelligence humaine. Toi verdeur, tu es enveloppé par la force des mystères célestes »[6]. La « verdeur », en latin *viriditas*, que l'on traduit parfois très littéralement par « viridité », est la force naturelle de la vie, la vitalité présente dans toutes les créatures qui donne au monde toute sa beauté. Elle est à la

1. *Sermon 49*, *op. cit.*, p. 331.

2. *Sermon 6*, *op. cit.*, p. 82 ; *DW* 2, p. 243.

3. M. Meslin (dir.), *Le Merveilleux. L'imaginaire et les croyances en Occident*, Paris, Bordas, 1984 ; J. Le Goff, *Héros et merveilles au Moyen Âge*, Paris, Seuil, 2005.

4. Gervais de Tilbury, *Le Livre des merveilles*, Paris, Les Belles Lettres, 2004, p. 20.

5. Hildegarde de Bingen, *Le Livre des subtilités des créatures divines*, Grenoble, Jérôme Millon, 2002.

6. *Livre des Visions*, III, 13, 7, Paris, Cerf, 1996, p. 708.

fois le principe d'intelligibilité de toutes choses et « ce qui échappe à l'intelligence », et le regard devient alors contemplation qui chante les merveilles de la nature : « Ô très noble verdeur ». Chez Hildegarde de Bingen, théologie et science de la nature, écriture poétique et louange liturgique, tout est intimement lié dans l'acte de s'émerveiller suivant cette autre parole : *Admirables sont les œuvres du Très-Haut seul, glorieuses et cachées et invisibles sont ses œuvres* (Si 11,4).

Dans son œuvre latine, Eckhart emploie le verbe *mirari*, le substantif *mirabilia* et l'adjectif *mirabilis*. Evoquant une herbe, la luminelle ou herbe luminaire, qui a la propriété de guérir les yeux et de rendre la vue, Eckhart parle ainsi d'une « merveilleuse efficacité » (*mirabilem efficaciam*)[1]. De même, il existe des choses étonnantes concernant les animaux, *de mirabilibus animalium est*[2]. On retrouve aussi la forme verbale comme par exemple dans l'expression « il n'est pas étonnant / *nec est mirandum* »[3]. Toutefois, il convient de souligner que toute cette terminologie se trouve essentiellement dans ses commentaires de l'Écriture. Pour Eckhart, l'émerveillement est d'abord une notion biblique. Ainsi dans son *Commentaire de la Genèse*, l'adjectif merveilleux, ou admirable, s'applique au nom de Dieu : *Que ton nom est admirable*, *quam admirabile est nomen tuum* (Ps 8,2), et juste après : *Il sera appelé admirable*, *vocabitur admirabilis* (Is 9,6)[4]. Ici, l'émerveillement est un éblouissement devant la transcendance de l'ineffable. Dans son *Commentaire sur l'Évangile de Jean*, Eckhart évoque un passage du *Livre de l'Ecclésiastique* dans lequel l'homme s'adresse au Seigneur pour lui demander des miracles et des merveilles : *Renouvelle les signes et produis d'autres merveilles / innova signa et immuta mirabilia* (Si 36,6)[5]. Et alors, le cœur de l'homme pourra s'ouvrir au merveilleux comme l'indique la parole du prophète Isaïe : *Alors tu verras, et tu seras dans l'abondance ; ton cœur admirera et se dilatera / videbis et afflues, et mirabitur et dilatabitur cor tuum* (Is 60,5)[6]. C'est le sentiment de la grandeur sublime. Enfin, dans le second *Sermon XII*, l'imminence du salut apparaît comme quelque chose de merveilleux selon ce passage extrait du *Livre de la Sagesse* : *mirabuntur in subitatione insperatae salutis / Ils seront émerveillés par la soudaineté d'un salut inespéré* (Sg 5,2)[7]. Ce verset exprime encore ce qui dépasse la pensée, ici il s'agit de ce qui est impensable à l'avance. Toutes ces nuances correspondent à l'idée de transcendance. Dans l'Écriture, l'émerveillement est l'attitude fulgurante de l'homme qui fait l'expérience du caractère exceptionnel des œuvres divines. Une telle expérience est celle du caractère inconcevable de Dieu, mais l'émerveillement n'indique-t-il pas une certaine passivité ou affection de l'esprit devant ce qui

1. Maître Eckhart, *Commentaire de la Genèse*, n. 192, *OLME* 1, p. 495.
2. *Ibid.*, n. 293, p. 629.
3. *Sermon pascal*, n. 2, *LW* 5, p. 138.
4. *Commentaire de la Genèse*, n. 298, *OLME* 1, p. 635-637.
5. *Commentaire sur l'Évangile de Jean*, n. 322, *LW* 3, p. 271.
6. *Ibid.*, n. 718, p. 628.
7. *Sermon XII*, 2, n. 144, *op. cit.*, p. 158.

se révèle à lui ? Dans quelle mesure cette attitude est-elle un acte de l'intellect, et en quoi consiste l'émerveillement ?

Avant même de savoir comment l'intellect s'émerveille, il convient de souligner combien la présence de l'intellect en l'homme est déjà en soi une source d'émerveillement. Dans le *Sermon 70*, Eckhart commente le mot « clarté » contenu dans le verset : *Dieu l'a rendu dans la clarté de ses saints* (Si 45,1). L'intellect est une lumière naturelle qui éclaire l'âme humaine. Dans cette lumière, toutes les choses corporelles paraissent étroites et petites, et pourtant, celles-ci deviennent toujours plus nobles lorsqu'elles sont illuminées par l'intellect. Alors que la volonté est issue de la bonté, l'intellect ne provient ni de la sagesse ni de la vérité, mais de Dieu lui-même. C'est pourquoi, la lumière naturelle de l'intellect est un motif d'émerveillement : « C'est une merveille que Dieu ait versé l'intellect dans l'âme / *ez ist ein wunder, daz got in die sêle gegozzen hât vernünfticheit* »[1]. Certes, la lumière naturelle de l'âme est infiniment plus petite que la lumière de la grâce, et cependant, dans la mesure où l'intellect trouve son origine en Dieu, sa lumière est déjà très grande : « Cette lumière est aussi tellement ample [...], elle est plus ample que l'amplitude »[2], ou encore : « il est dans l'âme une puissance plus vaste que le ciel qui est incroyablement vaste, si vaste qu'on ne peut vraiment pas l'exprimer, mais cette même puissance est encore beaucoup plus vaste »[3]. L'intellect est une puissance merveilleuse non seulement parce qu'il trouve son origine en Dieu, mais aussi dans la mesure où, comme la nature divine, il est tellement « ample » et « vaste » qu'on ne peut jamais complètement l'appréhender. Eckhart souligne également le caractère merveilleux du chemin qui reconduit l'intellect vers Dieu. En effet, le Créateur a déposé son image et sa ressemblance dans l'intellect de telle sorte que les créatures douées d'une telle puissance puissent retrouver le chemin de Dieu comme le souligne le *Sermon 74* : « Que l'on se souvienne de la grande noblesse que Dieu a mise dans l'âme afin que l'homme parvienne ainsi dans une merveille jusqu'à Dieu / *daz der mensche dâ mite kome in ein wunder ze gote* »[4], et plus loin : « toutes les créatures douées d'intellect [...] veulent exprimer Dieu et il demeure cependant inexprimé »[5]. L'émerveillement n'est-il pas déjà un accès à Dieu ? L'intellect est une chose merveilleuse dans la mesure où il trouve son origine et sa fin en Dieu, et sa profondeur infinie ne fait que manifester le caractère inappropriable de Celui qui en est la source.

1. *Sermon 70*, *op. cit.*, p. 441 ; *DW* 3, p. 261.
2. *Ibid.*
3. *Sermon 59*, *op. cit.*, p. 378.
4. *Sermon 74*, *op. cit.*, p. 459 ; *DW* 2, p. 528 et p. 529.
5. *Ibid.*, p. 152.

Rien d'étonnant à ce que l'intellect lui-même puisse produire à son tour des choses merveilleuses : « La pensée fait des merveilles / *der gedank würket wunder* »[1]. Que fait donc l'intellect qui soit si merveilleux ? La percée est un acte merveilleux qui permet à l'intellect d'entrer dans l'intime et d'y recevoir tout ce que Dieu peut donner : « Eh bien ! Si tu pénètres un peu plus avant dans l'origine, merveille sur merveille s'accomplira dans ton âme / *eyâ, kumest dû ein wênic vürbaz in den ursprunc, sô sol wunder über wunder mit dîner sêle werden gewürket* »[2]. Eckhart évoque également l'union de l'intellect avec Dieu qui conduit à un état merveilleux de réciprocité entre l'un et l'autre : « Écoute la merveille ! Quel merveilleux état à l'extérieur et à l'intérieur [...] c'est le terme où l'esprit demeure en paix, dans l'unité de la chère éternité / *nû lose wunder! Welch wunderlich stân ûze und innen* [...] *dâ der geist blîbet mit ruowe in einicheit der lieben êwicheit* »[3]. L'émerveillement est bien le terme de la vie intellectuelle, comme une manière de contempler l'éternité présente en toutes choses. Il désigne alors un état d'esprit, *stân*. Le verbe *losen* évoque une sorte d'attention, une écoute prévenante devant la beauté d'une réciprocité entre l'homme et Dieu qui rayonne aussi bien à l'intérieur qu'à l'extérieur. Eckhart emploie enfin le mot de « merveille » à propos de la naissance de Dieu dans l'âme. Cette naissance s'effectue dans l'intellect qui est « la partie supérieure de l'âme », ou encore « la tête de l'âme »[4]. C'est dans ce lieu qui est également « on ne sait quoi de très mystérieux »[5] que Dieu le Père engendre son Fils, et dans cette naissance, l'âme renaît également et devient fils dans le Fils. Cet engendrement de l'âme est quelque chose de merveilleux : « L'âme opère des merveilles dans sa lumière naturelle, elle est si puissante / *si vermac wunder in irm natiurlîchen liehte, si ist sô kreftig* »[6]. L'émerveillement n'est plus ici un état d'esprit, la merveille est une œuvre que l'âme opère dans l'intellect. Il est important que ce soit l'âme, et non uniquement l'intellect, qui opère, car il peut alors y avoir une dimension affective dans l'émerveillement. En quoi consiste plus précisément l'acte de s'émerveiller et comment l'intellect y participe-t-il ?

L'émerveillement naît de la découverte de la transcendance, il permet l'union silencieuse au principe inconnaissable. Dans le *Sermon 94*, Eckhart définit ainsi l'émerveillement de l'âme : « Quand l'âme parvient à la connaissance que Dieu est dissemblable à toute nature, elle parvient dans une merveille, elle est à nouveau empressée et parvient dans le silence / *als diu sêle in daz bekantnisse kumet, daz got alsô unglîch ist allen natûren, sô kumet si in ein wunder und wirt wider getriben und kumet in ein swîgen* »[7]. On notera à trois reprises l'emploi du verbe *kumen* qui signifie « parvenir ». Certes l'émerveillement n'est sans doute

1. *Sermon 107*, *op. cit.*, p. 640 ; *DW* 3, p. 240.
2. *Sermon 96*, *op. cit.*, p. 595 ; *DW* 3, p. 302.
3. *Sermon 84*, *op. cit.*, p. 512 ; *DW* 3, p. 488.
4. *Sermon 29*, *op. cit.*, p. 236.
5. *Ibid.*, p. 237.
6. *Ibid.* ; *DW* 3, p. 328.
7. *Sermon 94b*, *op.cit.*, p. 582 ; *DW* 4/1, p. 194.

pas le terme définitif de la vie intérieure qu'il faut toujours recommencer, et cependant cette opération constitue un aboutissement provisoire, l'état ultime dans lequel l'âme parvient. Dans la seconde version de ce même *Sermon 94*, le prédicateur préfère parler de « crainte respectueuse » (*êrwirdige vorhte*)[1]. La crainte est une notion biblique qui désigne, comme l'émerveillement, une forme de respect devant la grandeur de Dieu (Ac 10,2 ; Ph 2,12). Plus exactement, l'acte de s'émerveiller est l'attitude de l'esprit devant l'irréductibilité de Dieu à toutes images et représentations, l'inaccessibilité du principe par un discours affirmatif, le fait qu'il soit « dissemblable à toute nature », ou encore : « Plus on lui ajoute de la dissemblance, plus on se rapproche de sa connaissance »[2]. C'est là une connaissance plus haute, une manière ultime de regarder Dieu, et peut-être même une forme de contemplation. S'émerveiller, n'est-ce pas contempler à travers toutes choses la présence de Dieu à jamais insaisissable ? Cet acte nécessite une conversion du regard, et la création toute entière devient une épiphanie.

LE REGARD CONVERTI, LA CRÉATION TRANSFIGURÉE

Le regard projette constamment tout autour de lui sa propre manière de voir, et ce qui se donne à voir semble pourtant souvent lui échapper, ou tout au moins ne correspond jamais tout à fait à cette perspective. De cet écart naît une difficulté, une étrange cécité s'empare de l'homme alors même qu'il veut s'approprier les choses par son regard. Ne faut-il pas envisager la création en tant qu'elle dépasse nos images et représentations, admettre qu'elle appartient aussi à un ordre qui n'est pas le nôtre ? À travers le regard porté sur les créatures, se révèle une présence. La création dépasse largement nos perspectives, elle est encore beaucoup plus vaste et porte en elle plus qu'elle-même. Mon regard sur la création me conduit à reconnaître la présence de l'autre, ou plus exactement, l'autre se révèle à moi tout en demeurant en lui même, dans son altérité. S'émerveiller, regarder la merveille, *daz wunder saehen*[3], n'est-ce pas contempler l'étrange simplicité des créatures qui portent en elles la présence d'une liberté absolue ? Le verbe « contempler » (*schouwen*) désigne une manière plus haute de regarder, mais aussi une forme de connaissance capable d'accueillir l'inouï, c'est-à-dire ce qui se donne à mon regard sous le mode de l'inappropriable ou de l'insaisissable[4]. Mieux encore, contempler intellectuellement, *schouwen vernünfticlîche*, c'est parvenir là où « personne n'est capable d'en parler ou de le révéler parfaitement »[5]. Et par conséquent, la contemplation est la façon la plus adéquate d'« en-visager » Dieu sans le réduire à des représentations et en le laissant

1. *Sermon 94a*, *op. cit.*, p. 575 ; *DW* 4/1, p. 194.
2. *Sermon 94b*, *op. cit.*, p. 582.
3. *Sermon 26*, *op. cit.*, p. 221.
4. *Sermon 21*, *op. cit.*, p. 191.
5. *Sermon 81*, *op. cit.*, p. 498.

pleinement exister par lui-même. Une telle contemplation est caractéristique du regard émerveillé que les anges portent éternellement sur Dieu. Mais pour l'homme, cet émerveillement passe nécessairement par la médiation des créatures. L'intellect humain ne peut contempler la réalité divine qu'à partir des choses extérieures [1]. C'est pourquoi son regard a toujours besoin d'être converti, de se tourner vers Dieu : « l'âme est tournée droit vers Dieu avec l'intellect / *diu sêle die rihte ist ûfgekêret in got mit vernünfticheit* » [2]. Et voici comment l'intellect participe à l'acte d'émerveillement. Eckhart parle à la fois d'une conversion avec l'intellect et d'une contemplation intellectuelle. L'intellect est à l'origine de ce regard sur la création, un regard plus haut qui envisage les choses non en elles-mêmes, mais en tant qu'elles portent en elles la trace de Dieu. Mais pour cela, il lui faut opérer en quelque sorte une réduction, comme une concentration qui permet aux créatures de révèler la présence du Créateur.

Cette forme d'émerveillement apparaît dans les *Confessions* après l'épisode de la conversion et juste avant d'embarquer pour Carthage. Augustin et sa mère Monique sont tous les deux accoudés à une fenêtre qui ouvre sur le jardin : « C'était à Ostie, près des bouches du Tibre, à l'écart des agitations [...] nous parlions ensemble dans un tête-à-tête fort doux » [3]. Certains commentateurs parlent d'extase [4], d'autres de vision [5] ou encore de contemplation [6]. Augustin emploie un certain nombre de verbes comme « ravir », « absorber » ou « plonger » (*rapiat et absorbat et recondat*), qui expriment une certaine passivité de l'esprit propre à l'extase [7]. Mais il parle également de « visions » (*visiones*) et de « spectateur » ou « celui qui contemple » (*spectatorem suum*) [8]. Le plus étrange est sans doute l'utilisation du champ lexical de l'ouïe pour parler de cette expérience. Les verbes « parler », « entendre » ou encore « faire silence » (*sileat*), sont très souvent employés [9]. L'expérience d'Ostie exprime une révélation intérieure qui s'écoute dans le silence de l'esprit et du cœur. Il s'agit en fait d'un regard plus élevé qui permet d'« atteindre la région de l'abondance inépuisable » [10] et « l'éternelle sagesse qui demeure au-dessus de tout » [11]. Augustin décrit une montée, un mouvement ascensionnel qui part de la création pour s'élever jusqu'à la source : « Alors, nous élevant d'un cœur plus ardent vers l'être même, nous avons traversé, degré par degré, tous les êtres corporels, et le ciel lui-même, d'où

1. *Sermon 16b*, *op. cit.*, p. 163.

2. *Sermon 57*, *op. cit.*, p. 371 ; *DW* 1, p. 351.

3. Augustin, *Les Confessions*, IX, chap. 10 n. 23, BA 14, p. 115.

4. A. Mandouze, « L'extase d'Ostie. Possibilités et limites de la méthode des parallèles », in *Augustinus Magister*, Paris, Études augustiniennes, 1954, p. 67-84.

5. P. Henry, *La Vision d'Ostie. Sa place dans la vie et l'œuvre de saint Augustin*, Paris, Vrin, 1938.

6. A Solignac, « La doctrine spirituelles des Confession », BA 13, p. 191-197.

7. Augustin, *Les Confessions*, IX, chap. 10, n. 25, BA 14, p. 120.

8. *Ibid.*

9. *Ibid.*, IX, chap. 10 n. 25, p. 118.

10. *Ibid.*, n. 24, p. 117.

11. *Ibid.*, n. 25, p. 119.

le soleil, la lune et les étoiles jettent leur lumière sur la terre. Et nous montions encore au-dedans de nous-mêmes »[1]. Mais il existe également un mouvement descendant qui montre comment cette source se répand en toutes choses : « C'est là que la vie est la sagesse par qui sont faites toutes les choses présentes et celles qui furent et celles qui seront »[2]. L'expérience d'Ostie s'efforce d'exprimer l'émerveillement de l'esprit devant une création qui laisse transparaître la présence de Dieu : « Et nous montions encore au-dedans de nous-mêmes, en fixant notre pensée, notre dialogue, notre admiration sur tes œuvres / *et adhuc ascendebamus interius cogitando et loquendo et mirando opera tua* »[3], et plus loin : « Car, si on peut les entendre, toutes ces choses disent : *Ce n'est pas nous qui nous sommes faites mais celui-là nous a faites demeure à jamais* (Ps 99,3.5) »[4]. Il en ressort tout d'abord une certaine harmonie, le sentiment profond que chaque chose est vraiment conforme à ce qu'elle doit être, parfaitement à sa place, et en même temps, dans une juste relation avec l'ensemble des créatures et avec Dieu. Il semble aussi que l'émerveillement constitue une forme d'arrêt dans le temps. Le cours des choses s'interrompt soudainement, passé, présent et futur ne font plus qu'un seul et même instant : « La vie éternelle fût telle qu'a été cet instant d'intelligence après lequel nous avons soupiré »[5]. Enfin, la plus grande passivité de l'esprit absorbé par la sagesse éternelle rencontre l'éveil de l'homme dans toutes ses dimensions. Cette expérience répond aussi bien aux poussées du cœur qu'aux attentes de la partie supérieure de l'âme, appelée ici « les prémices de l'esprit » (*primitias spiritus*)[6]. L'émerveillement est un acte de l'intelligence qui procure à l'homme une sérénité intérieure, comme une forme de paix provisoire pour se reposer un instant : « Après les fatigues d'un long voyage; nous y refaisions nos forces pour la traversée »[7]. La quête de l'homme est sans fin, mais il lui est parfois donné de pouvoir s'arrêter pour contempler la présence de Dieu au milieu de sa création.

Eckhart connaît bien cet épisode de la conversion d'Augustin qu'il évoque à plusieurs reprises[8]. Il mentionne explicitement le passage qui précède l'expérience d'Ostie dans lequel Augustin est frappé d'admiration devant la grandeur infinie de Dieu : « Et j'étais insatiable en ces jours-là de l'admirable douceur que je goûtais à considérer la profondeur de ton dessein sur le salut du genre humain / *nec satiabar illis diebus dulcitudine mirabili, considerare altitudinem consilii tui* »[9]. L'adjectif « admirable » (*mirabili*) exprime l'émerveillement de l'esprit devant la profondeur des desseins de Dieu qui échappent constamment à

1. *Ibid.*, n. 24, p. 117.
2. *Ibid.*
3. *Ibid.*, p. 116.
4. *Ibid.*, n. 25, p. 119.
5. *Ibid.*, p. 121.
6. *Ibid.*, p. 119.
7. *Ibid.*, n. 23, p. 115.
8. Maître Eckhart, *Sermon VIII*, n. 91, *op. cit.*, p. 118; *Sermon 17*, *op. cit.*, p. 172.
9. Augustin, *Les Confessions*, IX, chap. 6 n. 14, BA 14, p. 97.

nos considérations intellectuelles, et par conséquent nous délivrent des représentations dans lesquelles nous nous enfermons : « Et s'enfuit loin de nous l'inquiétude pour notre vie passé »[1]. Libéré du passé, l'esprit se concentre pleinement sur l'instant et savoure avec délice le moment présent. On notera l'emploi des termes « douceur » et « goûter » qui soulignent le caractère sensuel de l'émerveillement. Lorsqu'il reprend et commente cet épisode, Eckhart montre alors comment les créatures constituent un chemin merveilleux qui conduit vers Dieu : « Notre Seigneur a invité tous les hommes à revenir à lui [....] avec la création de toutes les créatures qu'il a faites si belles et si nobles [...] Aussi merveilleux que sont les esprits des hommes, aussi merveilleux est le chemin vers Dieu / *als wunderlich als diu gemüete sint der liute, als wunderlich ist der wec ze gote* »[2]. Ce qui veut dire que la transcendance de Dieu sur l'homme est égale à la transcendance de l'homme sur le monde. Eckhart fait ici un éloge inattendu de la création et s'inscrit dans une perspective théologique qui envisage le monde comme un « vestige » dans lequel Dieu est présent.

L'émerveillement pose très nettement la question du rapport entre les créatures et le Créateur, et plus exactement il renvoie au problème de la représentation. Dans quelle mesure les choses qui nous entourent portent-elles la trace de leur principe, en latin *vestigium* ? Dans l'Antiquité, les auteurs envisagent déjà cette idée que le monde sensible est un reflet du monde intelligible. Ainsi, au livre VI de la *République*, Platon prend l'exemple d'une ligne qu'on partage en deux segments de longueur inégale représentant chacun l'un et l'autre monde : « Sur ce, prends, par exemple, une ligne sectionnée en deux parties, qui sont deux segments inégaux ; sectionne à nouveau, selon le même rapport, chacun des deux segments, celui du genre visible comme celui du genre intelligible »[3]. De même, Philon d'Alexandrie considère que le monde est une image du *logos* éternel, mais une image dégradée par rapport à l'original[4]. Il emploie alors le terme grec de *mimèma*, qui sera traduit en latin par *vestigium*. Sans remettre en cause le caractère tout-à-fait exceptionnel de Dieu, la pensée chrétienne va introduire une appréciation non dépréciative de la création et de l'homme, et toutes les créatures veulent alors exprimer leur ressemblance avec Dieu. Augustin est sans aucun doute l'un des penseurs qui a le plus insisté sur cette manière d'envisager la création, et il considère que l'âme humaine est ce qui porte plus particulièrement la trace de Dieu parce qu'il existe entre eux une certaine analogie. La Trinité trouve en effet un écho de ce qu'elle est dans les trois puissances de l'âme que sont la mémoire, l'intelligence et la volonté : « Même si la pensée humaine n'est pas de la même nature que Dieu, l'image de cette nature, qui est meilleure que tout autre nature, doit cependant être cherchée en nous, dans ce qui, dans notre nature,

1. Augustin, *Les Confessions*, IX, chap. 6 n. 14, BA 14, p. 97.
2. Maître Eckhart, *Sermon 17*, *op. cit.*, p. 170 et p. 171 ; *DW* 4/1, p. 87.
3. Platon, *République*, VI, 509 d, Paris, Les Belles Lettres, 1975, p. 140.
4. Philon d'Alexandrie, *De opificio mundi*, Paris, Cerf, 1961, p. 145.

est le meilleur »[1]. Au Moyen Âge, Bonaventure reprend cette idée de la ressemblance et précise encore la question de la représentation. Dans son *Commentaire des Sentences*, il distingue alors l'ombre, le vestige et l'image : « La créature conduit à la connaissance de Dieu à la manière d'une ombre, à la manière d'un vestige et à la manière d'une image [...] on dit qu'il s'agit d'une ombre, quand sa représentation est éloignée et confuse ; on dit qu'il s'agit d'un vestige quand sa représentation est éloignée, mais distincte ; et on dit qu'il s'agit d'une image quand sa représentation est proche et distincte »[2]. Dans son *Itinéraire de l'esprit vers Dieu*, Bonaventure distingue encore *vestigium* et *imago* et introduit l'idée d'une progressivité. Bien qu'il existe une certaine contemplation de Dieu à travers ses vestiges présents dans le monde, seule la vie de l'âme en tant qu'elle est image, peut parvenir à la plus haute ressemblance : « Parmi les êtres créés, les uns sont un vestige, les autres une image de Dieu [...]. Aussi bien, pour parvenir à la contemplation du Premier principe, qui est essentiellement spirituel, éternel, transcendant, devons-nous passer par ses vestiges corporels, temporels et extérieurs [...]. Nous devons ensuite entrer dans notre âme qui est l'image immortelle de Dieu, spirituelle et intérieure »[3]. C'est-à-dire qu'il pense d'abord une transcendance de l'âme sur le monde, puis dans l'âme, de Dieu sur l'âme, comme Augustin et Eckhart. Bien qu'il insiste souvent sur la dissemblance entre les créatures et Dieu, le maître rhénan reprend aussi cette thématique de la ressemblance.

En effet, pour lui, toutes les créatures sont des « signes vers Dieu / *ein winken ze gote* », ou « font signe à l'homme vers Dieu / *sie winkent den menschen ze gote* »[4]. Dans le *Sermon 17*, Eckhart tient compte de leur diversité et même d'une certaine imperfection. La diversité des créatures n'est pas un obstacle à l'unité de Dieu, bien au contraire, elle permet à chacun de revenir à lui d'une façon qui lui est propre. Quant à leur imperfection, elle ne constitue pas un défaut, mais plutôt une forme de pédagogie divine. Dieu n'a pas déposé la perfection dans les créatures de peur que l'esprit humain ne s'y enferme : « Dieu, qui est simple, s'est partagé dans toutes les créatures, afin que l'âme ne puisse en aucun cas se détourner de Dieu dans les créatures, qu'elle trouve en elles la ressemblance avec Dieu » (*gotes glîchnisse*)[5]. C'est pour cela que Dieu dans son unité a choisi une grande diversité de créatures pour se manifester à l'âme comme le rappelle également le *Sermon 98 :* « Une seule créature ne peut révéler Dieu à elle seule. C'est pourquoi, il a créé de nombreuses créatures afin que chacune puisse à sa façon révéler Dieu / *einerleie crêatûre enmöhte gotes niht bewîsen dan ein lützel. Dar umbe geschuof er manigerleie crêatûren, daz ir ieglîchiu got bewîsete* »[6].

1. Augustin, *La Trinité*, XIV, 11, BA 16, p. 372 et p. 373.
2. Bonaventure, *Commentaire des Sentences*, I, d. 3, q. 2 ad. 4, Paris, P.U.F., 2002, p. 76 et p. 77.
3. *Itinéraire de l'esprit vers Dieu*, chap. I n. 2, *op. cit.*, p. 27 et p. 29.
4. Maître Eckhart, *Sermon 17*, *op. cit.*, p. 171 ; *DW* 4/1, p. 86.
5. *Ibid.*, p. 172 ; *DW* 4/1, p. 88.
6. *Sermon 98*, *op. cit.*, p. 602 ; *DW* 4/2, p. 726.

Et Dieu lui-même éprouve un grand plaisir à savourer les créatures comme le montre enfin le *Sermon 89*. Aussi l'homme doit-il apprendre à savourer les créatures « non pas comme des créatures, mais comme des dons de Dieu [...] toujours et à jamais / *als gâben gotes* [...] *als ie und iemer* » [1]. N'est-ce pas cela l'émerveillement, une manière de recueillir dans l'intellect la totalité de la création qui devient alors un chemin vers Dieu, mieux encore en tant qu'elle est le chemin à travers lequel Dieu se donne à voir : « Toutes les créatures parviennent dans mon intellect pour qu'elles deviennent intelligibles en moi. Je suis le seul qui peut préparer toutes les créatures à retourner vers Dieu [...] Lorsque toutes les créatures s'expriment, alors Dieu advient » [2]. L'émerveillement devant la création est corrélatif de ma capacité à intelliger, et donc à retourner vers Dieu, c'est-à-dire à le recevoir.

Pour Eckhart, l'émerveillement semble étroitement lié à la figure du prophète. C'est ainsi qu'il applique régulièrement le terme de « merveille » au prophète Jean Baptiste, à propos duquel les gens se demandent avant même sa naissance : « Quelle merveille doit advenir de cet enfant / *waz wunders sol werden von disem kinde* » [3] ? Eckhart parle également de l'émerveillement du prophète qui qualifie l'Esprit saint de « fleuve impétueux » parce qu'il ne sait pas quoi en dire : « Tel est l'étonnement du prophète qu'il ne sait comment nommer le saint Esprit en raison de son œuvre rapide et merveilleuse / *und enweiz der prophête von wunder, wie er den heiligen geist nennen sol von sînem snellen und wunderlîchen werke* » [4]. L'émerveillement est donc le regard de cet homme, ou encore « le prophète s'émerveille », et un tel acte se produit en particulier pour deux choses, *der prophête wundert sich an zwein dingen* » [5]. Ce qui émerveille le prophète, c'est d'une part la beauté de la création qui est l'œuvre de Dieu, et d'autre part la grande noblesse de l'âme humaine qui concentre toute l'attention du Créateur : « Voici l'une : que fait Dieu avec les étoiles, la lune et le soleil ? L'autre étonnement concerne l'âme : Dieu a fait de si grandes choses avec elle et à cause d'elle » [6]. Eckhart se réfère au *Psaume* dans lequel l'homme rend grâce et s'émerveille devant la grandeur de Dieu, pour la splendeur de la création, et plus merveilleux encore, la création de l'homme : *Seigneur notre Dieu, que ton nom est admirable par toute la terre* [...] *quand je vois tes cieux, œuvres de tes doigts, la lune et les étoiles que tu as fixées. Qu'est-ce que l'homme pour que tu penses à lui* (Ps 8,2.4-5). Ici, l'admiration devant la transcendance du nom est déplacée par Eckhart envers les cieux, et l'interrogation étonnée du psalmiste devant la fragilité de l'homme se renverse en admiration devant la grandeur de l'âme. Dans le *Sermon 20*, Eckhart précise en quoi consiste l'activité prophétique. Les prophètes

1. *Sermon 89*, *op. cit.*, p. 543 ; *DW* 4/2, p. 771.
2. *Ibid.*, p. 543 et p. 544.
3. *Sermon 76* et *77*, *op. cit.*, p. 467, 471 et p. 474, 476 ; *DW* 1, p. 176, 185 et *DW* 3, p. 422, 427.
4. *Sermon 118*, *op. cit.*, p. 702 : *DW* 3, p. 395.
5. *Sermon 2*, *op. cit.*, p. 55 ; *DW* 1, p. 414 et p. 415.
6. *Ibid.*

sont à la fois des hommes de la parole et des hommes du silence. Ils expriment la parole de Dieu sans parler eux-mêmes. Soit ils se tournent vers le monde extérieur et parlent aux hommes de Dieu, soit au contraire ils préfèrent se taire parce qu'ils ne peuvent en parler. Mais la raison est toujours la même : « Dieu était si grand et si caché qu'il ne pouvait pas se former dans leur entendement [...] ils voyaient dans la vérité cachée et trouvaient en Dieu le mystère qu'ils ne pouvaient traduire en paroles »[1]. C'est pourquoi, le prophète souligne la « subtilité » de Dieu, mais aussi la « subtilité » de l'âme. Le mot « subtilité », en allemand *kleinlicheit*, exprime la finesse, la délicatesse, l'étrange beauté d'une chose qu'on ne parvient pas à saisir, ou plus exactement, toute sa beauté provient du fait qu'elle révèle autre chose. Et de cette subtilité, naît l'émerveillement.

Dans l'Écriture, et plus particulièrement dans l'Ancien Testament, le prophète est « l'homme de Dieu », celui qui est chargé de transmettre la parole de Dieu, mais aussi un « voyant » ou un « visionnaire », capable de voir ce que d'autres ne voient pas grâce à des révélations divines[2]. Alors que dans l'Antiquité grecque, l'individu s'adresse aux prophètes comme par exemple la Pythie de Delphes, afin de répondre à l'incertitude devant l'avenir espérant que les dieux seront disposés à communiquer ce qu'ils savent, dans le monde biblique au contraire, Dieu ne répond pas aux questions intéressées sachant que ses volontés sont toujours impénétrables. Le prophète de l'Ancien Testament s'oppose même le plus souvent à la société, à ceux qui en sont les dirigeants, c'est-à-dire aux rois et aux prêtres. La prophétie dénonce une conduite, exige une conversion, et finalement interpelle la liberté de l'homme. C'est dans ce sens qu'il faut comprendre la nature des visions. Ainsi, le prophète Amos annonce la fin prochaine d'Israël à travers quatre visions : les sauterelles, le feu, l'étain et une corbeille de fruits en fin d'été (Am 7,1-8,3). Sur un plan littéraire la vision se compose de la description d'une image suivie de son interprétation. Ainsi tous ces fléaux évoquent la destruction du pays : *Voici ce que me fit voir le Seigneur mon Dieu* (Am 7,1.4. 7 ; 8,1). Le prophète ne parle jamais en son nom propre, mais il ne fait que transmettre un message qui vient de Dieu, il reçoit sa mission de Dieu : *Le Seigneur m'a pris de derrière le bétail et le Seigneur m'a dit : Va! Prophétise à Israël mon peuple* (Am 7,15). Malgré cet effacement, le prophète est tout de même celui qui intercède pour son peuple auprès de Dieu : *Seigneur, je t'en prie* (Am 7,2.5). Enfin, il faut noter le genre apocalyptique dans lequel s'exprime la vision, et le caractère imminent de la fin des temps : *La fin est arrivée pour Israël mon peuple* [...] *les chants du temple gémiront ce jour-là nombreux seront les cadavres* (Am 8,2.3). Ce regard n'est pourtant pas une prévision de ce que sera l'avenir, mais il s'agit d'une manière de dénoncer une situation actuelle afin d'inviter l'homme à changer immédiatement, un regard qui interpelle la liberté de chacun. Mais s'agit-il encore de merveilleux ?

1. *Sermon 20*, *op. cit.*, p. 184.
2. J.-L. Sicre, *Profetismo en Israel*, Estella, Editorial Verbo divino, 1998.

Très répandue au Moyen Âge, y compris parmi certains de ses disciples comme Henri Suso, la vision n'est pourtant pas un genre littéraire qui a retenu l'attention d'Eckhart. Elle façonne incontestablement sa manière de penser le prophétisme, mais le maître rhénan traverse essentiellement cette question à partir d'une unique figure, il ne retient de l'Écriture que l'expérience du plus grand prophète. Qu'il s'agisse de son *Commentaire de l'Exode* ou de sa prédication, la figure de Moïse occupe une place importante dans son enseignement qui exprime parfaitement bien l'acte de voir et toute sa complexité. Le prophète est capable d'envisager Dieu comme le rappelle le verset: *Le Seigneur parlait à Moïse face à face comme on parle d'homme à homme* (Ex 33,11). Et ainsi, Eckhart souligne le fait que « Moïse vit Dieu face à face / *Moyses sache got von antlüte ze antlüte* »[1]. En même temps, il rappelle que « jamais homme ne vit Dieu / *nie mensche engesach got* »[2], selon cette parole de Dieu lui-même: *Tu ne peux pas voir ma face car l'homme ne saurait me voir et vivre* (Ex 33,20). Le *Commentaire latin* précise en effet que « la vision de Dieu par essence, est en réalité impossible à l'intellect créé à partir des choses purement naturelles »[3]. Dans cette perspective, il est également impossible de donner un nom à Dieu: « De même le Dieu insondable est sans nom, car tous les noms que lui donne l'âme, elle les emprunte à son propre intellect [...] Moïse lui demanda son nom. Dieu dit: *Celui qui est t'a envoyé* (Ex 3,14) »[4]. Pour Eckhart, la clé d'intelligibilité de cette question se trouve dans l'épisode du buisson ardent (Ex 3,1-6) qui exprime tout l'émerveillement de l'homme devant la grandeur ineffable de Dieu: « Ceci est magnifiquement illustré par Moïse, lorsqu'il conduisit son troupeau de moutons dans la vallée pour s'y reposer. Là, il vit le buisson qui brûlait mais ne se consumait point, et il dit: *Je vais y aller et voir la merveille* (Ex 3,3) / *dô sach er den busch glüejen und niht verbrinnen, und sprach: ich wil gân und sehen daz wunder* »[5]. La seule vision dont parle Eckhart est celle du prophète Moïse au début de sa mission. Elle s'enracine dans un phénomène naturel, et cependant son intelligence ne parvient pas à comprendre ce qui est devant ses yeux. L'incompréhension fait place à l'admiration, les choses naturelles peuvent alors exprimer la grandeur de Dieu. À cet épisode du buisson ardent, il faut ajouter également l'autre manifestation de Dieu dans l'épaisseur de la nuée, et *Moïse approcha de la nuit épaisse où Dieu était* (Ex 20,21): « Moïse entra dans la nuée et avança dans la montagne, et là il vit la lumière. C'est dans les ténèbres que l'on trouve véritablement la lumière »[6]. Ou encore, les ténèbres évoquent la « non-connaissance de la déité cachée qui rayonne la lumière »[7]. Moïse regarde avec émerveillement le

1. Maître Eckhart, *Sermon 52*, *op. cit.*, p. 344; *DW* 3, p. 87.
2. *Sermon 40*, *op. cit.*, p. 289; *DW* 3, p. 196.
3. *Commentaire de l'Exode*, n. 281, *LW* 2, p. 226.
4. *Sermon 55*, *op. cit.*, p. 357.
5. *Sermon 98*, *op. cit.*, p. 603; *DW* 4/2, p. 728 et p. 729.
6. *Sermon 23*, *op. cit.*, p. 207.
7. *Sermon 114*, *op. cit.*, p. 692.

caractère inaccessible de Dieu, ou comme le dit cet autre prophète : *En vérité, tu es le Dieu caché*, vere tu es deus absconditus (Is 45,15).

LA PUISSANCE MERVEILLEUSE DES PAROLES HUMAINES

De cette magnifique transfiguration de la création qui donne aux créatures la possibilité d'exprimer leur Créateur, il en ressort également un extraordinaire pouvoir des paroles humaines : « Les paroles ont aussi une grande puissance; on pourrait opérer des merveilles avec des paroles / *wort hânt ouch grôze kraft; man möhte wunder tuon mit worten* »[1]. En quoi consiste ce grand pouvoir des paroles humaines, et que peuvent-elles bien produire d'aussi merveilleux ? Par-delà sa critique du langage et des représentations, Eckhart s'interroge sur les conditions de possibilité d'une parole humaine qui n'enferme pas à l'intérieur des mots mais ouvre l'esprit à plus grand que lui, il esquisse en quelque sorte ce que doivent être les mots, et nous conduit ainsi à « une parole véritable / *ein wâr wort* »[2]. Ce travail presque de conversion à l'intérieur du langage apparaît par exemple à la fin du *Sermon 81* à propos de l'intellect, « cette puissance qui seule est libre » parce qu'elle échappe à toutes les déterminations[3]. Eckhart commence par évoquer les nombreux noms qui lui sont attribués : « C'est une garde de l'esprit [...] c'est une lumière de l'esprit [...] c'est une petite étincelle »[4]. Cette accumulation est une manière de dire combien la réalité échappe aux mots que nous employons. Puis, Eckhart en vient à nier ce qui ne peut être dit : « Ce n'est ni ceci ni cela »[5]. Et en même temps, son propos devient plus poétique. Ne pouvant déterminer l'intellect au plus profond de l'âme, il s'efforce de décrire de façon imagée ce qui s'y passe, le fait que l'âme devient comme une prairie au printemps qui « fleurit et verdoie ». Ce passage exprime une rupture dans le langage : « J'ai dit parfois [...] mais maintenant je dis / *underwîlen-nû* », et le lecteur passe alors des différentes déterminations vers quelque chose d'indéterminé : « C'est un quelque chose qui est plus élevé au-dessus de ceci et de cela que le ciel ne l'est de la terre »[6]. Mais le saut le plus important est encore à venir, le texte fait passer des paroles à une vision. En effet, Eckhart emploie plusieurs fois l'expression « j'ai dit », *ich hân gesprochen*, avant d'exprimer à deux reprises le verbe « voyez » à l'impératif, *sehet* »[7]. Peu à peu, les paroles humaines s'effacent pour laisser transparaître quelque chose qui cherche à se dire, la vérité elle-même s'exprime à travers l'épaisseur du langage : « C'est vrai et la vérité le dit elle-même / *ez ist war*

1. *Sermon 28*, *op. cit.*, p. 232; *DW* 1, p. 306.
2. *Sermon 41*, *op. cit.*, 294; *DW* 1, p. 71.
3. *Sermon 81*, *op. cit.*, p. 499.
4. *Ibid.*
5. *Ibid.*
6. *Ibid.*
7. *Ibid.*, p. 500; *DW* 1, p. 42 et p. 44.

und diu wârheit sprichet ez selbe »[1]. La puissance des paroles humaines consiste en réalité à conduire l'esprit vers cette autre parole, et la parole véritable n'est pas autre chose que l'accueil de la vérité. Et c'est alors que les paroles humaines produisent des choses merveilleuses.

On s'accorde pour reconnaître aujourd'hui l'importance du langage eckhartien, sa grande créativité verbale et son apport décisif à la langue allemande[2]. Le maître rhénan a forgé tout un vocabulaire pour exprimer ce qui se passe dans l'esprit, les actes nombreux et variés de l'intellect dont notre étude ne fait en réalité qu'une ébauche. Cette richesse dans la description témoigne d'une grande qualité d'observation, l'écriture s'efforce d'esquisser de son mieux une réalité infinie. La diversité des mots exprime l'infinie richesse de la vie intérieure, mais peut-être aussi son caractère admirablement indicible. Eckhart se plaît parfois à énumérer une longue liste comme pour mettre en abîme l'expérience, toujours au-delà des mots. Le *Sermon 111* en offre un très bel exemple « de ces choses spirituelles qui agissent au-dedans / *geislîchiu dinc sint înwürkende* »[3], et il convient de souligner ici la difficulté d'une traduction incapable de rendre toutes les nuances de la langue allemande. Que se produit-il dans l'âme ? Réponse : *Ein umbehâhen, ein îndrucken, ein învliezen, ein însigelen, ein însliezen, ein îndringen, ein înbergen, ein însmelen, ein învelzen, ein înzwingen, ein înblîben* »[4]. Tous ces verbes sont employés comme des substantifs, tous expriment une certaine intériorité comme l'indique le préfixe *in-*, mais que dire de plus et comment est-il possible de traduire tous ces termes dont certains constituent un apax dans toute la langue allemande ? « Un embrassement, une impression, un influx, un sceau, une inclusion, une pénétration, un abri, une diffusion, un embellissement, une impulsion, une inhabitation ». Il ne faut jamais renoncer à appliquer sa pensée sur ce qui est toujours hors de prise, l'écriture n'est peut-être au fond qu'un exercice périlleux pour exprimer l'indicible.

C'est dans cette perspective qu'il convient de signaler également le style employé par Eckhart et la dimension poétique de son écriture. Le rythme, la reprise systématique ou récurrence de certains termes, les jeux de sonorité et les effets de rimes constituent les principales caractéristiques de cette prose rimée que l'on retrouve tout particulièrement dans sa prédication[5]. Ainsi, le *Sermon 89* sur le verset *Ne craignez pas ceux qui tuent le corps* (Mt 10,28), présente un travail rédactionnel tout-à-fait remarquable. Les *Sermons* ne sont pas composés sous forme de vers qui riment entre eux mais par des phrases dont les mots ou les expressions produisent des jeux de sonorité. Par exemple les termes *minne* et

1. *Sermon 81*, *op. cit.*, p. 500 ; *DW* 1, p. 41.

2. J. Quint, « Die Sprache Meister Eckharts als Ausdruck seiner mystichen Geisteswelt », *Deutsche Vierteljahrschrift für Literaturwissenschaften und Geistesgeschichte* 6, 1928, p. 671-701 ; D. Bremer Buono, « Le Langage de la mystique dans l'œuvre allemande de Maître Eckhart », *Studi medievali* 33, 1992, p. 337-400.

3. Maître Eckhart, *Sermon 111c*, *op. cit.*, p. 675 ; *DW* 4/2, p. 701.

4. *Ibid.* ; DW 4/2, p. 703.

5. J. Koch, « Arten und Aufbau der Sermones », *LW* 4, p. 29-37.

inne, c'est-à-dire « amour » et « intime », sont rapprochés et volontairement employés à plusieurs reprises donnant ainsi au texte une certaine musicalité : « Dans l'amour par lequel Dieu s'aime intimement, il aime intimement toutes les créatures / *In der minne, dâ sich got inne minnet, dâ inne minnet er alle crêatûren* »[1]. Certaines phrases reviennent plusieurs fois et introduisent une ponctuation dans le texte à la manière d'un refrain comme par exemple : « Je vous prie d'écouter, car je veux vous dire quelque chose que je n'ai encore jamais dit », ou encore : « Je reviens maintenant à mon enseignement ». Plus poétique sans doute, l'expression « Dieu qui vient et passe / *Got der wirt und entwirt* », que l'on pourrait aussi traduire par « Dieu qui va et vient »[2]. Littéralement, *entwirt* signifie « dé-devient ». Eckhart rapproche ici les verbes *wirt* et *entwirt* en raison de leur sonorité, et cette expression revient ensuite sous la forme d'une inclusion. En effet, vers la fin du texte, un paragraphe commence par « Dieu qui vient / *Got der wirt* », et s'achève par « c'est là que Dieu passe / *Dâ entwirt Got* »[3]. Après le jeu des mots, vient l'élaboration des phrases qui sont construites sous forme de chiasme ou de parallèle. On peut citer dès le début du texte le parallèle :

> Le plus noble qui soit en l'homme, est le sang lorsqu'il veut le bien
> / *Daz edelste, daz an dem menschen ist, daz ist daz bluot, swenne ez wol wil.*
> Mais le plus mauvais qui soit en l'homme est aussi le sang, alors qu'il veut le mal,
> / *Aber daz ergeste, daz an dem menschen ist, daz ist daz bluot, sô ez übel wil*[4].

Le chiasme est une figure de rhétorique formée par le croisement de deux termes parallèles comme par exemple :

> Ceux qui tuent le corps / *die iuch toeten wellent*
> Ce sont la chair et le sang / *daz ist bluot und vleisch.*
> Ce sont la chair et le sang / *Daz dâ ist bluot und vleisch*,
> Qui meurent ensemble / *daz stirbet mit einander*[5].

Signalons encore pour leur belle composition ces deux phrases qui reviennent dans le deuxième et le troisième paragraphe créant ainsi un enchaînement et une continuité dans le texte :

> L'œuvre était si grande / *daz werk was sô grôz*
> que l'œuvre n'était autre / *daz daz werk anders niht enwas*
> que l'âme / *dan diu sêle*
> et que l'âme / *und diu sêle*
> n'était autre que l'œuvre de Dieu / *enwas anders niht dan daz werk gotes* [...]

1. Maître Eckhart, *Sermon 89*, *op. cit.*, p. 542 ; *DW* 4/2, p. 765.
2. *Ibid.*, p. 543 ; *DW* 4/2, p. 768.
3. *Ibid.*, p. 544 ; *DW* 4/2, p. 771 et p. 773.
4. *Ibid.*, p. 541 ; *DW* 4/2, p. 761.
5. *Ibid.*

L'œuvre est si grande, *daz werk ist sô grôz*
que l'œuvre n'est rien d'autre, *daz daz werk anders niht enist*
que l'amour, *dan diu minne*
et que l'amour, *und diu minne*
n'est rien d'autre que Dieu, *enist anders niht dan got* [1].

Ce passage montre bien qu'il existe un système de rimes à l'intérieur même du texte, et la beauté de cette écriture tient essentiellement à sa grande sobriété. Eckhart évoque de nombreuses choses, et finalement beaucoup d'émotion, avec très peu de mots. Enfin, l'ensemble du *Sermon 89* est construit à partir d'un rythme ternaire. Bien évidemment, on pense à la Trinité dans l'expression « non pas toi le Père, ni toi le Fils, ni toi l'Esprit ». Mais Eckhart évoque également « la nature de Dieu, son être et sa déité », ou encore « son œuvre ressemblante, son œuvre agissante, et son œuvre permanente ». Il en est de même avec « l'homme extérieur », « l'homme intérieur » et « l'homme intime ». Et quelque fois dans ce rythme ternaire qui devient en quelque sorte comme la respiration du texte, chaque expression est toujours un peu plus longue produisant ainsi une impression d'ampleur : « Lorsque je me tenais dans le fond, dans la profondeur, dans la rivière et à la source de la déité ».

Pour finir, il faut relever dans les paragraphes trois et quatre, un style très particulier à ce *Sermon 89* permettant de redire les choses, mais jamais tout-à-fait de la même façon, et en y ajoutant toujours quelque chose de nouveau :

Dans l'amour, par lequel Dieu s'aime intimement,
il aime intimement toutes les créatures.
Avec l'amour, par lequel Dieu s'aime intimement,
il aime toutes les créatures,
non pas en tant que créatures mais les créatures en tant qu'elles sont Dieu.
Dans l'amour, par lequel Dieu s'aime intimement,
il aime intimement toutes choses [...]

Dans le goût, par lequel Dieu a un goût intime pour lui-même,
il a un goût intime pour toutes les créatures.
Avec le goût, par lequel Dieu a du goût pour lui-même,
il a du goût pour toutes les créatures,
non pas en tant que créatures mais les créatures en tant qu'elles sont Dieu.
Dans le goût par lequel Dieu a un goût intime pour lui-même,
il a un goût intime pour toutes choses [2].

Cette très belle construction synthétise toutes les figures que nous venons d'évoquer dans un rythme qui devient comme une vibration intérieure pour celui qui l'écoute, et finit par s'imprimer durablement dans l'âme. La prose rimée introduit en effet une musicalité dans le texte qui permet à l'âme humaine de faire

1. Maître Eckhart, *Sermon 89*, *op. cit.*, p. 542 ; *DW* 4/2, p. 764 et p. 765.
2. *Ibid.*, p. 542.

résonner la parole, et les mots sont comme des instruments à travers lesquels passe le souffle créateur, « Dieu qui va et vient ».

Voilà toutes les merveilles qu'il est possible d'exprimer avec des paroles. Celles-ci constituent en quelque sorte un passage vers une réalité qui toujours nous échappe. Elles ouvrent un chemin, et nous conduisent à l'émerveillement. Difficile de ne pas évoquer à ce sujet le *Poème* d'Eckhart, un petit texte unique en son genre non seulement parce qu'il s'agit vraisemblablement du seul poème écrit par le maître rhénan[1], mais aussi étant donné le caractère exceptionnel de son niveau rédactionnel[2]. Composé de huit strophes, appelées également « périodes », comportant chacune dix vers, ou « membres », qui se divisent en deux sous-parties, celui-ci est rédigé sous la forme d'une séquence et s'inscrit par conséquent dans les formes classiques de la musique médiévale[3]. Comment les mots sont-ils capables d'évoquer plus qu'eux-mêmes ? Comme un refrain qui rythme le texte, Eckhart ne cesse de rappeler la limite du savoir humain et l'impossibilité de saisir le sens de certaines réalités. Non seulement le commencement dépasse le sens commun, mais la réalité divine elle-même semble nous échapper malgré toutes les images et représentations que nous tentons de construire sur elle : « Au commencement, bien au-delà du sens [...] le même cercle qu'aucun sens ne saisit / *In dem begin hô uber sin* [...] *den selben reif nî sîn begreif* »[4]. De même, nous ne parvenons jamais pleinement à savoir ce qu'est Dieu, ou plus exactement lui-seul sait ce qu'il est : « Les trois sont un. Sais-tu quoi ? Non. Cela se sait soi-même mieux que tout [...] Qui sait sa demeure ? Qu'il en sorte et nous dise quelle est sa forme / *dî drî sîn ein. Weiz du waz ? Nein. Iz weiz sich selber aller meist* [...] *wer weiz sîn hûs ? der gê her ûz und sage uns, welich sîn forme sî* »[5]. Il est intéressant de noter combien certaines expressions appartiennent à la littérature classique. Ainsi la formule « *dî drî sîn ein. Weiz du waz* » rappelle le « *quid tres* » d'Augustin[6]. Eckhart multiplie également les images et représentations comme celle du fleuve, du feu ou encore des trois anneaux entrelacés. Plus étonnant, ce petit texte parvient à synthétiser les discours théologiques et philosophiques. En effet, dans les deux premières strophes, Eckhart expose la procession du Fils à partir du Père, puis la spiration de l'Esprit saint à partir des deux. Il passe ensuite de la distinction des Personnes

1. K. Ruh, « Mystique dionysienne : Le *Granum sinapis* », in *Initiation à Maître Eckhart. Théologien, prédicateur, mystique*, Paris, Cerf, 1997, p. 61-81.

2. « Textkritik zum Mystikerlied *Granum sinapis* », *in* K. Ruh, *Kleine Schriften*, Berlin-New York, Walter de Gruyter, 1984, t. 2, p. 91-93.

3. M.-A. Vannier, « Maître Eckhart et le *Granum sinapis* », *VS* 731, 1999, p. 223-235 ; É. Mangin, « Au cœur des mots, la rencontre ineffable. Une lecture du *Grain de sénevé* de Maître Eckhart », *Esprit et Vie* 244, 2012, p. 10-18.

4. Maître Eckhart, *Le Poème*, in *Sermons, traités, poème*, *op. cit.*, p. 842 et p. 843.

5. *Ibid.*, p. 843 et p. 844.

6. Augustin, *La Trinité*, VII, chap. 6 n. 11, BA 15, p. 543 : « N'est-ce pas parce que nous voulons avoir un mot qui exprime en quel sens il faut concevoir la Trinité et ne pas rester absolument sans rien dire, quand on nous demande ce que sont ces trois (*quid tres*), puisque trois il y a, de notre aveu ? ».

divines à la conception unitive de Dieu, mais aussi d'une pensée affirmative à une pensée apophatique comme en témoigne la troisième strophe : « Ici règne une profondeur sans fond / *hîr ist ein tûfe sunder grunt* »[1]. Enfin, Eckhart envisage dans la cinquième strophe les deux caractéristiques philosophiques qui sont attribuées à la Cause première, à savoir le bien et l'être : « Ce désert, un bien [...] Cela est / *daz wûste gut* [...] *us ist* »[2]. En quelques lignes seulement, le *Poème* parvient à synthétiser l'ensemble des discours tout en rappelant continuellement leur limite. Il faut savoir que tout discours sur Dieu est toujours à dépasser, et en même temps, ce qui ne peut se dire, il faut le dire abondement. Mieux encore, le *Poème* rappelle la présence indéfectible de ce qui échappe constamment à notre intelligence : « Cela est, et pourtant personne ne sait quoi / *us ist und weis doch nimant was* »[3].

Le texte donne à voir une difficulté, et de cette difficulté naît le texte. L'écriture ne se justifie vraiment qu'à propos d'un quelque chose qui se dérobe constamment. Et c'est ainsi que le *Poème* devient passage, un passage vers quelque chose de merveilleux : « Le chemin te conduit dans un désert merveilleux / *der wek dich treit in eine wûste wunderlîch* »[4]. Au cœur du texte, les strophes IV à VI décrivent une expérience, l'expérience du désert, un paysage immense et silencieux qui ouvre sur de vastes horizons : « Au large, si loin, d'une étendue sans mesure / *die breît, di wît, unmêzik lît* »[5]. Dans la tradition biblique, le désert est le lieu de la rencontre avec Dieu, le lieu de l'épreuve et de l'amour retrouvé : *Je la conduirai au désert et je parlerai à son cœur* (Os 2,16). Eckhart emploie ce terme pour désigner Dieu dans son plus extrême dépouillement, sa radicale nudité[6], ou alors pour parler de l'âme humaine dans ce qu'elle a de plus intime[7]. Mais la « solitude » de Dieu ou le « silence » de l'âme ne désignent-ils pas au fond la même chose, ce lieu où Dieu se donne à l'homme, là où l'homme retrouve la ressemblance avec Dieu ? Dans le *Poème*, Eckhart semble vouloir décrire ce lieu de la rencontre, ou plus exactement, à travers une succession sans fin de termes antithétiques, il trace les contours imprécis de ce lieu qui échappe à toutes les déterminations : « C'est ici, c'est là, c'est loin, c'est près, c'est profond, c'est haut. C'est ainsi que ce n'est ni ceci ni cela. C'est lumineux, c'est clair, c'est tout sombre, c'est innomé, c'est inconnu / *Us hî, us dâ, us verre, us nâ, us tîf, us hô, us ist alsô, daz us ist weder diz noch daz. Us licht, us clâr, us vinster gâr, us unbenant, us unbekant* »[8]. Chaque expression ouvre tout un univers de significations, signalons par exemple le rapprochement possible entre « c'est loin

1. Maître Eckhart, *Le Poème*, *op. cit.*, p. 843.
2. *Ibid.*, p. 844.
3. *Ibid.*
4. *Ibid.*, p. 843.
5. *Ibid.*, p. 844.
6. *Sermon 110*, *op. cit.*, p. 665.
7. *Sermon 116*, *op. cit.*, p. 697.
8. *Le Poème*, *op. cit.*, p. 844.

et c'est près » avec le ravissement de « loin-près » dont parle Marguerite Porete et qui n'est autre que la Trinité [1]. Et en même temps, il existe comme une mise en abîme du langage qui s'auto-déconstruit comme pour faire passer vers quelque chose d'autre. Cette déconstruction du langage permet d'exprimer la merveille, la nature qui nous entoure, s'ouvre à la présence indicible de celui qui en est l'auteur, et l'homme est invité à parvenir sur cette trace : « Marche sans chemin sur l'étroit sentier alors tu parviendras sur la trace du désert / *Genk âne wek den smalen stek, sô kums du an der wûste spôr* » [2]. Il ne peut y avoir de passage vers le merveilleux sans une interrogation à propos des concepts employés habituellement pour qualifier la réalité.

Toute la force du *Poème* consiste alors à faire passer le lecteur d'un Dieu lointain à un Dieu proche : « C'est loin, c'est près » [3]. N'est-ce pas cela l'émerveillement, ce passage subtil qui va de l'effroi à l'admiration ? Au début, Eckhart évoque en effet l'effroi, en allemand *schrik*, devant l'incompréhensible étrangeté de Dieu : « L'entrelacement des trois produit un profond effroi / *der drîer strick hat tîfen schrik* » [4]. L'effroi c'est l'attitude éprouvée devant le surgissement de l'autre, et la conscience très nette d'une insaisissable proximité [5]. À la fin du *Poème*, l'auteur parvient à savourer la bonté de celui qui dépasse toutes nos représentations : « Ô Bien par-delà l'essentiel / *ô uberweselîches gut* » [6]. Cette exclamation exprime l'admiration de celui qui découvre au plus profond de lui, la présence indéfectible de l'autre et son abondante générosité. L'émerveillement exprime peut-être aussi une plénitude intérieure, une sorte d'accomplissement de la personne, la possibilité de dire « je » en face d'un « tu ». En effet, le *Poème* n'évoque pas seulement la découverte d'un Dieu qui n'est jamais très loin de l'homme. Il s'efforce aussi de dire combien l'homme est capable de se tenir en face de Dieu comme un « je » devant un « tu ». Et dans cet inlassable amour que Dieu me porte, je finis par découvrir enfin ce que je suis, un être créé à l'image et à la ressemblance : « Si je m'enfuis de toi, tu parviens vers moi. Si je m'abandonne, alors je te trouve / *vlî ich von dir, du kumst zu mir. Vorlîs ich mich, sô vind ich dich* » [7]. Peut-être d'ailleurs que l'homme ne peut découvrir Dieu et se connaître vraiment soi-même qu'à partir d'une épreuve qui consiste à se perdre, mais à se perdre en lui. Quoi qu'il en soit, le passage de l'effroi à l'émerveillement ne peut s'opérer qu'à partir d'une prise en compte de la liberté qui permet à chacun d'exister selon son être, « je » et « tu ». Seule cette liberté retrouvée ouvre à

1. Marguerite Porete, *Le Miroir des simples âmes anéanties*, *op. cit.*, chap. 58 et chap. 61, p. 132 et p. 138. Voir aussi J.-R. Valette, « Marguerite Porete et le discours courtois », in *Marguerite Porete et le* Miroir des simples âmes, *op. cit.*, p. 196.

2. Maître Eckhart, *Le Poème*, *op. cit.*, p. 845.

3. *Ibid.*, p. 844.

4. *Ibid.*, p. 843.

5. J.-L. Chrétien, *L'Effroi du beau*, *op. cit.*, p. 9.

6. Maître Eckhart, *Le Poème*, *op. cit.*, p. 845.

7. *Ibid.*

une véritable rencontre, une rencontre infinie où l'homme ne cesse de rechercher celui qu'il ne peut jamais définitivement trouver, mieux encore : « L'infini de ma recherche n'est que l'accueil sans fin défait et fidèle sans fin de cette transcendance offerte au premier regard » [1].

1. J.-L. Chrétien, *L'Effroi du beau*, *op. cit.*, p. 13.

CHAPITRE VI

CHERCHER

La vie de l'esprit est traversée par une aspiration profonde, retrouver son origine, tendre vers sa fin : *Nous cherchons ton visage* (Dn 3,41)[1]. « Chercher » est un acte de l'intellect qui prend tout son sens dans la mesure où la connaissance véritable consiste à étreindre l'insaisissable, ou encore, l'impossibilité fondamentale d'atteindre le principe de toutes choses est précisément ce qui donne à l'esprit tout son dynamisme et sa vitalité : « Car on le cherche pour le trouver avec plus de douceur, on le trouve pour le chercher avec plus d'ardeur / *nam et quaeritur ut inveniatur dulcius, et invenitur ut quaeratur avidius* »[2]. La quête de Dieu devient alors une course sans fin, l'intellect est comme un chien qui se lance à la poursuite d'un lièvre sans jamais se lasser ni s'arrêter : « Il voit le lièvre, le flaire et arrive sur sa trace, court derrière le lièvre [...] Il en est ainsi de celui qui a vu Dieu et l'a goûté, il n'abandonne pas et continue à courir / *er enlaezet niht abe, er loufet alwege* »[3]. La question est la suivante : Comment est-il possible d'entretenir en permanence le désir d'une vérité toujours inaccessible ? Ne faut-il pas éprouver un certain manque, affronter l'absence, aimer la vérité ?

C'est ainsi qu'on retrouve le thème de l'amour, l'amour véritable qui procède d'un manque, aimer sachant que ce que je cherche est absent, chercher en aimant précisément ce qui se dérobe constamment. *Ut quaeratur avidius*, l'amour donne à l'esprit la force de tendre en permanence vers une réalité toujours inappropriable, et la connaissance devient une attention prévenante à l'égard de tout ce qui se manifeste, une crainte au sens biblique qui conduit l'intellect à attendre ce qui vient jusqu'à lui : « Aussi longtemps que l'intellect ne trouve pas la vérité propre de l'être, ni n'en touche le fond [...] alors il se tient entièrement dans une attitude de recherche et d'attente »[4]. Eckhart évoque alors le cœur de l'homme, un

1. Maître Eckhart, *Sermon 31*, *op. cit.*, p. 243.
2. Augustin, *La Trinité*, XV, chap. 2 n. 2, BA 16, p. 422 et p. 423.
3. Maître Eckhart, *Sermon 31*, *op. cit.*, p. 247 ; *DW* 2, p. 633.
4. *Sermon 16a*, *op. cit.*, p. 153.

cœur intelligent qui attend patiemment et observe attentivement la trace de Dieu. *Nous te suivons de tout cœur et nous te craignons et nous cherchons ton visage* (Dn 3,41), ou encore : *Cherchez-le dans la simplicité du cœur* (Sg 1,1).

« Parce que cela est caché »

Le verbe « chercher » qui traduit l'allemand *suochen*, exprime un mouvement de l'esprit qui se met en quête et se dirige vers une réalité, un acte de l'intellect tourné vers l'intérieur : « L'intellect cherche toujours à l'intérieur / *vernünfticheit ist alwege inne suochende* »[1]. Eckhart établit une distinction entre « chercher à l'intérieur » (*inne suochen*) et « chercher au-dehors » ou « chercher à l'extérieur » (*ûzen-ûzwerter suochen*)[2]. Le fait de rechercher à l'extérieur est le signe d'une certaine indigence, car l'âme qui a gouté la lumière divine, ne cherche plus au-dehors. C'est pourquoi la plus haute puissance de l'âme « cherche en elle-même / *si ist in ir selber suochende* »[3], mais surtout elle « cherche toujours / *si ist alwege suochende* »[4], et « ne se repose jamais / *si engeruowet niemer* »[5]. Eckhart évoque au sujet de l'intellect l'idée d'une quête sans fin et précise ainsi dans un autre texte : « J'ai parlé d'une puissance dans l'âme [...] elle pénètre et continue à chercher [...] elle ne se satisfait de rien et continue à chercher en avant / *si suochet vort* [...] *si suochet vürbaz* »[6]. La vie de l'esprit est une course permanente en avant vers une réalité toujours hors de prise, c'est pourquoi le verbe *suochen* est souvent mis en parallèle avec *loufen*, « courir »[7]. Dans cette perspective, il est intéressant de noter les autres verbes qui sont associés à *suochen* et constituent en quelque sorte des synonymes permettant de préciser le sens de cette quête. Le verbe *meinen* qui signifie « viser » ou encore « tendre vers », indique l'idée d'une direction, il s'agit de s'orienter en direction d'une fin précise : « La nature cherche ou vise Dieu / *diu nature suochet oder meinet got* »[8]. Eckhart emploie également très souvent le verbe *jagen*, « chasser » : « La nature cherche en secret et pourchasse et aspire toujours à y trouver Dieu / *si suochet heimlîche und jaget und krieget iemermê nach dem* »[9]. Cette quête sans fin de l'intellect rejoint le désir profond de l'âme, et ainsi *suochen* se rapproche enfin de *begern*, c'est-à-dire « désirer », car l'homme ne désire vraiment une chose que dans la mesure où Dieu s'y trouve[10]. En dehors de ces trois verbes *meinen*, *jagen* et *begern* qui apportent

1. *Sermon 39*, *op. cit.*, p. 283 ; *DW* 3, p. 174.
2. *Sermons 57* et *29*, *op. cit.*, p. 368 et p. 237 ; *DW* 1, p. 343 et *DW* 2, p. 326.
3. *Sermon 39*, *op. cit.*, p. 281 ; *DW* 3, p. 169.
4. *Ibid.*, p. 283 ; *DW* 3, p. 174.
5. *Ibid.*, p. 284 ; *DW* 3, p. 179.
6. *Sermon 110*, *op. cit.*, p. 665 ; *DW* 1, p. 171 et p. 172.
7. *Sermon 61*, *op. cit.*, p. 389 ; *DW* 1, p. 118.
8. *Sermon 39*, *op. cit.*, p. 282 ; *DW* 3, p. 172.
9. *Ibid.*
10. *Ibid.*

des nuances intéressantes, il convient bien évidemment de signaler l'emploi de *vinden* qui est plutôt un antonyme, ou plus exactement, « chercher » et « trouver » constituent une dynamique importante dans la vie de l'esprit. Certes, il existe toujours un décalage entre ce que nous cherchons et ce que nous trouvons. Mais comment est-il possible d'expliquer le fait que nous cherchons le plus souvent au-dehors ce qui est en réalité présent au plus profond de nous ? N'est-il pas évident qu'il est impossible de trouver Dieu si nous le cherchons là où il n'est pas ? À travers l'ensemble de ses écrits, Eckhart envisage trois grandes questions : « Qui cherchez-vous ? / *wen suochet ir* »[1], mais surtout : « Où et de quelle manière ? / *wâ und in welher wîse* »[2]. Si la première question ne semble pas poser trop de difficulté, la seconde en revanche doit faire l'objet d'une attention toute particulière.

L'emploi du verbe *quaerere* est également très fréquent dans la prédication latine. Il faut signaler en particulier le troisième et le quatrième *Sermon XXXIV* sur le verset : *Cherchez en premier le royaume de Dieu*, quaerite ergo primum regnum dei (Mt 6,33), dans lesquels Eckhart expose longuement le sens de ce verbe et la manière dont il faut chercher[3]. Il ne s'agit pas d'explorer une réalité dans tous les sens ni par hasard, chercher consiste à déterminer par avance une fin droite et certaine : « Il est utile et nécessaire de se fixer à l'avance une fin droite et certaine [...] le maître céleste nous exhorte pour que nous cherchions et déterminions à l'avance une fin droite / *ut quaeramus sive finem rectum praestituamus*[4]. Or, cette fin semble bien être la même pour toutes choses : « Ce que nous recherchons : le royaume de Dieu », en revanche, il convient de s'interroger sur la manière de chercher et plus exactement de déterminer une priorité : « Quel ordre nous devons donner à la recherche »[5]. Eckhart rappelle qu'il ne faut pas chercher son intérêt personnel : « Celui qui cherche son propre plaisir ou sa propre joie, s'égare »[6]. Il faut aussi veiller à ne pas chercher quelque chose de créé, ni autre chose que Dieu, car l'insuffisance inévitable de cette chose finit par produire dans l'esprit un profond désarroi : « Si nous cherchons de l'or ou quoi que ce soit de créé, rien ne nous apparaît ni n'est possédé, aussi longtemps que nous sommes en recherche sur le chemin, et ainsi le chemin sera pesant et difficile parce que l'objet désiré nous manque »[7]. Seul Dieu doit être recherché, et il doit être recherché pour lui-même, et son absence produit dans l'esprit un désir authentique de chercher : « Que l'on recherche seulement Dieu, la lumière, la sagesse, la vérité, le royaume, et alors le chemin tout entier est signe, scintillement, odeur, saveur, splendeur de la lumière elle-même qui est recherchée, et ainsi le cœur s'adoucit et se dilate, et

1. *Sermon 33*, *op. cit.*, p. 255 ; *DW* 2, p. 173.
2. *Ibid.*, p. 256 ; *DW* 2, p. 176.
3. *Sermons XXXIV*, 3 et *XXXIV*, 4, *op. cit.*, p. 302-307 ; *LW* 4, p. 302-307.
4. *Sermon XXXIV*, 4, n. 355, *op. cit.*, p. 306 ; *LW* 4, p. 306.
5. *Ibid.*
6. *Sermon XXXIV*, 3, n. 351, *op. cit.*, p. 305.
7. *Ibid.*, n. 349, *op. cit.*, p. 303.

l'homme qui cherche Dieu est affermi »[1]. On notera une certaine sensibilité dans le vocabulaire. Il existe un plaisir de chercher, plus on s'approche de l'objet recherché plus le plaisir est grand, et dans la mesure où il ne peut jamais être pleinement satisfait, ce plaisir est infini et à jamais vivant :

> Si quelqu'un cherchait ou désirait du feu, dès qu'il se sentirait proche d'être réchauffé et de pouvoir apprécier la chaleur, serait réjoui et affermi, sachant qu'il ne cherche pas ou n'a pas cherché en vain le feu, mais que ce qu'il recherche est là / *si aliquis ignem quaereret seu desideraret, statim ut in proximo sentiret se calefieri et calorem perpenderet, laetaretur et confortaretur, sciens iam se non frustra quaerere ignem vel quaesisse, sed adesse, quod quaerit*[2].

Il existe incontestablement un impératif pour la pensée, une exclusivité ou radicalité dans la manière de chercher Dieu : « Considérez et cherchez uniquement Dieu / *got lutterlichen mainent und suochend* »[3]. L'intellect doit le rechercher « sans mode » (*âne wîse*)[4], « ni ceci ni cela » (*weder diss noch das*)[5], et finalement « sans pourquoi et par amour » (*âne warumbe und von minne*)[6]. Et de façon ultime, cette radicalité dans la recherche de Dieu trouve son fondement dans la figure du Christ lui-même qui ne cherche et ne désire rien d'autre que l'honneur du Père : « Notre Seigneur Jésus-Christ était affranchi et pauvre [...] il ne cherchait (*ensuochte*) absolument rien pour lui-même, il désirait (*begerte*) seulement la louange et l'honneur du Père, ainsi que notre béatitude (Jn 8,55) »[7]. L'acte de chercher prend ainsi sa source dans l'Écriture qui donnera ensuite naissance à toute une littérature dont Eckhart est incontestablement l'héritier.

> *J'ai cherché celui que chérit mon âme, je l'ai cherché et ne l'ai pas trouvé [...] J'ai dépassé les sentinelles qui gardent la cité, j'ai rencontré celui que chérit mon âme* / quaesivi quem diligit anima mea, quaesivi illum, et non inveni [...] Paululum cum pertransissem eos, inveni quem diligit anima mea (Ct 3,1.2.4).

Toute l'Écriture peut se comprendre à partir de ce thème de l'homme qui cherche Dieu. Cette quête donne lieu à de hauts faits, mais elle n'exclue pas quelques détours et même certains égarements. Dans le *Cantique des Cantiques*, ce thème transparaît à travers l'image de l'épouse qui cherche ça et là son bien-aimé et le trouve en dépassant toutes choses. Aussi, pour trouver Dieu, l'âme doit « franchir et dépasser d'un bond toutes les créatures »[8], ou encore : « Celui qui ne les repousse pas ne trouve pas Dieu »[9]. Le monde environnant peut quelque fois constituer un obstacle dans la quête de Dieu. L'homme se laisse en effet si souvent

1. *Sermon XXXIV*, 3, n. 349, *op. cit.*, p. 303.
2. *Ibid.*, n. 350, *op. cit.*, p. 304; *LW* 4, p. 304.
3. *Sermon 49*, *op. cit.*, p. 332; *DW* 1, p. 82.
4. *Sermon 50*, *op. cit.*, p. 337; *DW* 1, p. 92.
5. *Sermon 23*, *op. cit.*, p. 205; *DW* 2, p. 475.
6. *Sermon 46*, *op. cit.*, p. 315; *DW* 2, p. 80.
7. *Sermon 21*, *op. cit.*, p. 189; *DW* 2, p. 430.
8. *Sermon 39*, *op. cit.*, p. 280.
9. *Sermon 66*, *op. cit.*, p. 421.

distraire par les choses extérieures. Mais, il existe une difficulté plus essentielle, quelque chose d'irréductible. L'Écriture souligne l'idée que Dieu lui-même ne se manifeste jamais tout-à-fait à l'homme : *Vraiment tu es un Dieu caché* (Is 45,15). Pourtant ce retrait n'est pas un obstacle. Dieu se donne et se cache tout à la fois comme pour entretenir en l'homme le désir permanent de le chercher et afin qu'il ne trouve jamais de satisfaction définitive qui viendrait interrompre son élan : « Plus on te cherche, moins on te trouve. Tu dois chercher Dieu de telle sorte que tu ne le trouves nulle part. Si tu ne le cherches pas, tu le trouves / *so man dich ie me suchet, so man dich ie minder vindet. Du solt in suchen, also das du in niena vindest. Suchest du in nit, so vindest du in* »[1]. L'existence humaine est une quête sans fin, un effort permanent pour retrouver une proximité avec Dieu. *En toutes choses j'ai cherché du repos, et c'est dans l'héritage du Seigneur que je demeurerai* (Si 24,11). C'est ainsi qu'apparaît le thème du repos qui aura une grande postérité dans la littérature chrétienne. Toutes choses cherchent le repos, les créatures par leur tendance naturelle, l'âme humaine en fuyant l'agitation extérieure et le trouble intérieur, et Dieu lui-même : « Non seulement le Créateur cherche son propre repos [...] mais il cherche à ramener à lui toutes les créatures en leur origine première, c'est-à-dire le repos »[2]. Plus exactement, l'esprit ne saurait trouver le repos dans l'inconstance des choses extérieures, et en même temps le repos véritable en Dieu ne peut être un état définitif durant cette vie, celui-ci est plutôt un horizon qui définit le sens de sa quête : « Dans sa course, il cherche le repos / *in sînem loufe suochet er eine stille* »[3]. La question consiste alors à savoir de quelle manière faut-il chercher Dieu de telle sorte que l'esprit ne s'arrête jamais dans une quête toujours à recommencer ? L'Écriture montre alors que l'homme ne pourrait pas véritablement chercher Dieu si ce dernier n'était pas d'abord venu à sa recherche.

Le *Nouveau Testament* poursuit et prolonge cette réflexion en précisant la manière selon laquelle l'homme doit chercher Dieu : *Pourquoi chercher parmi les morts celui qui est vivant ?* (Lc 24,5) ou encore : *Si donc vous êtes ressuscités, cherchez les choses d'en haut,* quae sursum sunt quaerite (Col 3,1). Le Christ ouvre un chemin, il indique quelle doit être l'attitude de l'homme pour revenir vers le Père, mais il exprime surtout l'amour de Dieu qui vient à la recherche de l'homme : *Si tu savais le don de Dieu* (Jn 4,10). En effet, l'homme ne pourrait pas trouver Dieu si celui-ci n'était pas lui-même à sa recherche : *L'heure vient et elle est déjà venue, où les vrais adorateurs adorerons le Père en esprit et en vérité ; car ce sont de tels adorateurs que le Père cherche* (Jn 4,23). Pour Eckhart, les vrais adorateurs sont celles et ceux qui ne cherchent rien d'autre que Dieu, et si on leur demandait : « Pourquoi cherches-tu Dieu ? », ils ne répondraient pas autre chose que ceci : « Parce qu'il est Dieu »[4]. La véritable manière de chercher Dieu

1. *Sermon 114*, *op. cit.*, p. 692 ; *DW* 1, p. 253.
2. *Sermon 82*, *op. cit.*, p. 502.
3. *Sermon 29*, *op. cit.*, p. 237 ; *DW* 2, p. 327.
4. *Sermon 25*, *op. cit.*, p. 215.

est de le chercher pour lui-même : « Il faut que l'âme se dépouille de toutes choses, afin que, nue, elle cherche Dieu dans sa nudité, et rien d'autre que lui » [1]. Et cet effort de l'âme s'enracine dans un don de Dieu : *Si tu savais le don de Dieu* (Jn 4,10). Ce mouvement vers l'homme apparaît même aux yeux de Dieu comme une nécessité : « Dieu a un tel besoin de nous chercher comme si toute sa déité en dépendait [...] et Dieu peut aussi peu se passer de nous que nous de lui » [2]. L'exclusivité dans la quête existe aussi bien pour Dieu que pour l'homme, celui-ci ne doit chercher que Dieu seul à l'exclusion de tout le reste, et Dieu lui-même ne peut faire autrement que de venir chercher l'homme. Cette double nécessité n'affecte ni la liberté de l'homme ni celle de Dieu. En se donnant à l'homme, Dieu restaure en lui toute sa liberté : « L'être humain acquiert par la grâce le pouvoir sur son vouloir libre » [3]. Et ce don n'est pas pour Dieu une contrainte, mais procède de son amour infini : « Même si nous pouvons nous détourner de Dieu, Dieu ne peut jamais se détourner de nous » [4].

Les auteurs chrétiens se sont emparés de ce très beau thème de la quête de Dieu, et sans doute à travers eux s'inscrit également toute une partie de la grande littérature [5]. Parmi ces auteurs, Eckhart mentionne bien évidemment Augustin. Dans ses *Confessions*, l'évêque d'Hippone exprime un dialogue dans lequel le narrateur décrit sa quête de Dieu : « Tu es grand Seigneur et digne de louange [...] Je veux, Seigneur, te chercher / *quaeram te, domine* » [6]. L'intérêt de cet ouvrage réside sans doute dans la volonté de revenir sur toute son existence et la capacité à prendre en compte ses égarements. Si nous ne trouvons pas ce que nous cherchons, c'est parce que nous cherchons mal. Il n'est pas surprenant de perdre Dieu si nous le cherchons dans le mensonge : « Toi, tu es la vérité qui présides au-dessus de toutes choses; et moi, dans mon avarice, j'ai voulu ne pas te perdre, mais avec toi j'ai voulu posséder le mensonge » [7]. Il faut donc être bien attentif à notre intention, et ne rien chercher en dehors de Dieu, surtout pas le mensonge qui est incompatible avec celui qui est la vérité [8]. Mais que cherchons-nous lorsque nous cherchons Dieu ? « Ton meilleur serviteur, dit Augustin, c'est celui qui est plus attentif non pas à entendre de toi ce qu'il veut lui-même, mais plutôt à vouloir ce qu'il entend de toi » [9]. Parmi celles et ceux qui cherchent Dieu, beaucoup sont encore trop attachés à eux-mêmes et en définitive, ce qu'ils cherchent à travers la quête de Dieu, c'est leur intérêt propre [10]. Enfin, la tentation est grande de

1. *Sermon XXIV*, 2, n. 246, *op. cit.*, p. 236.
2. *Sermon 25*, *op. cit.*, p. 218.
3. *Sermon 109*, *op. cit.*, p. 657.
4. *Sermon 25*, *op. cit.*, p. 218.
5. O. Millet et Ph. de Robert, « L'héritage culturel », in *Culture biblique*, Paris, P.U.F., 2001, p. 339-406.
6. Augustin, *Les Confessions*, I, chap. 1 n. 1, BA 13, p. 273 et p. 275.
7. *Ibid.*, X, chap. 41 n. 66, BA 14, p. 261.
8. Maître Eckhart, *Sermon XII*, 2, n. 140, *op. cit.*, p. 154 et p. 155.
9. Augustin, *Les Confessions*, X, chap. 26 n. 37, BA 14, p. 209.
10. Maître Eckhart, *Sermon 101*, *op. cit.*, p. 616.

rechercher Dieu très loin et à l'extérieur, alors qu'en réalité, il est tout proche de l'homme : « Tu étais au-dedans, et moi au-dehors et c'est là que je te cherchais [...] tu étais avec moi et je n'étais pas avec toi »[1], ou comme le dit Eckhart : « Nombreux sont ceux qui ont cherché la lumière et la vérité, mais seulement à l'extérieur, là où elles ne sont pas [...] Et ils n'ont pas trouvé la vérité, car la vérité est à l'intérieur, dans le fond, et non à l'extérieur »[2]. Ainsi, la grande question qui traverse l'ensemble des *Confessions*, c'est celle du lieu où il faut chercher Dieu : « Et quel lieu y a-t-il en moi où puisse venir en moi mon Dieu, où Dieu puisse venir en moi [...] Où est-il ? Où la vérité a-t-elle de la saveur ? Il est dans l'intime du cœur, mais le cœur s'est égaré loin de lui [...] Cherchez ce que vous cherchez, mais cela n'est pas où vous cherchez ! / *quaerite quod quaeritis, sed ibi non est, ubi quaeritis* »[3]. Où faut-il être pour chercher Dieu ? C'est étonnant que l'âme soit le plus souvent dispersée là où Dieu n'est pas alors qu'elle ne peut pas être sans celui qui la cherche[4]. L'existence humaine est donc de l'ordre du combat, le combat permanent pour prendre conscience de ce qui est présent au cœur de l'homme. Et pourtant, les *Confessions* s'ouvrent et s'achèvent par le thème du repos. C'est parce que Dieu est l'origine et la fin de toutes choses, que celles-ci cherchent en Dieu le repos : « Tu nous faits orientés vers toi et notre cœur est sans repos tant qu'il ne repose pas en toi / *et inquietum est cor nostrum, donec requiescat in te* »[5], et à la fin : « Seigneur Dieu, donne-nous la paix, la paix du repos, la paix du sabbat, la paix qui n'a pas de soir »[6]. Certes Dieu seul est le repos, et cependant il existe un lieu dans l'âme où Dieu lui-même peut se reposer : « Alors tu te reposeras en nous [...] et ainsi ce repos sera tien à travers nous »[7].

Tout en s'inscrivant parfaitement dans cette tradition biblique et patristique, Eckhart va néanmoins donner à ce thème de la recherche de Dieu une orientation toute personnelle. C'est dans la perspective d'un Dieu caché, d'une vérité toujours au-delà de nos représentations, et finalement dans l'expérience d'une limite de la pensée, qu'il faut envisager cet acte de l'intellect. L'acte de chercher apparaît comme un mouvement naturel de l'intellect, et plus largement de toutes les créatures qui recherchent la ressemblance avec Dieu : « Toutes les créatures cherchent quelque chose qui ressemble à Dieu / *alle crêatûren suochent etwaz gote glîch* »[8]. Cette aspiration s'explique par le fait que Dieu est la cause première qui se répand en toutes choses et la fin ultime vers laquelle elles tendent toutes. Dans la mesure où la plus haute puissance de l'âme est aussi celle qui ressemble le plus à Dieu, le fait de chercher est un acte propre à l'intellect : « Il est dans l'âme

1. Augustin, *Les Confessions*, X, chap. 27 n. 38, BA 14, p. 209.
2. Maître Eckhart, *Sermon 13*, *op. cit.*, p. 120.
3. Augustin, *Les Confessions*, I, chap. 2 n. 2, et IV, chap. 12 n. 18, BA 13, p. 275, p. 439 et p. 441.
4. Maître Eckhart, *Sermon 85*, *op. cit.*, p. 521.
5. Augustin, *Les Confessions*, I, chap. 1 n. 1, BA 13, p. 273.
6. *Ibid.*, XIII, chap. 35 n. 50, BA 14, p. 521.
7. *Ibid.*, XIII, chap. 36 n. 52, BA 14, p. 523.
8. Maître Eckhart, *Sermon 29*, *op. cit.*, p. 237 ; *DW* 2, p. 326.

une puissance qui est l'intellect [...] Du fait que cette puissance n'est semblable à rien, elle est semblable à Dieu [...] toutes les créatures pourchassent Dieu et agissent naturellement pour devenir semblables à lui [...] Dieu est un être qui réside toujours dans le plus intime. C'est pourquoi l'intellect cherche toujours intérieurement »[1]. Eckhart exprime même l'idée que l'intellect est la puissance qui permet à toutes les créatures de retourner vers Dieu : « Toutes les créatures parviennent dans mon intellect pour qu'elles deviennent intelligibles en moi. Je suis le seul qui peut préparer toutes les créatures à retourner vers Dieu / *alle crêatûren tragent sich in mîn vernunft, daz sie in mir vernünftic sîn. Ich aleine bereite alle crêatûren wider ze gote* »[2], et plus loin : « J'emporte seul toutes les créatures hors de leur intellect à l'intérieur de mon intellect, afin qu'elles soient un en moi / *ich aleine bringe alle crêatûren ûz ir vernunft in mîn vernunft, daz sie in mir ein sint* »[3]. L'intellect apparaît à travers ce passage comme une médiation indispensable. En les connaissant, l'intellect intègre les créatures de façon intellectuelle et les amène ainsi vers Dieu. Eckhart reprend l'idée que l'homme, créé *à l'image et à la ressemblance de Dieu* (Gn 1,26), est le sommet de la création, il exprime une certaine plénitude ou *plérôme* (Ep 1,23), ou encore : « Dans la forme de l'homme, c'est la totalité de son œuvre que Dieu a consignée »[4]. Alors que les créatures sont images d'une idée en Dieu, l'homme est à l'image de Dieu lui-même. C'est pourquoi il est aussi le maître de la création, grâce à lui, toutes les créatures reviennent à Dieu. L'homme a donc une responsabilité particulière à l'égard de la création toute entière. La recherche de Dieu est donc non seulement un mouvement naturel de l'intellect, elle est aussi ce qui conduit toute la création vers son principe : « L'âme douée d'intellect [est] capable de connaître toutes choses et de ramener toutes les créatures à leur origine première »[5].

À côté de cet exposé qui exprime la nécessité de chercher Dieu, Eckhart semble pourtant procéder à une mise en abîme de la quête. À travers tous ces textes, il indique en effet une déconstruction de plus en plus radicale. Certes, l'homme ne doit pas rechercher son intérêt propre, ni rechercher autre chose que Dieu, pas même quelque chose en Dieu, et ainsi : « S'il ne cherche rien, il trouve Dieu et toutes choses en lui [...] l'homme ne doit rien chercher / *ein mensche ensol nihtes niht suochen* »[6]. Ce dépouillement radical ne remet pas en cause la nécessité d'une recherche, mais il interroge la manière de chercher. La figure de l'homme juste exprime ce détachement dans la quête : « Le juste n'aime rien de soi-même, parce qu'il ne s'aime pas lui-même en tant qu'il est lui-même, bien plutôt il se hait et se fuit »[7]. Plus radicale encore, « le juste ne cherche rien » et « ne

1. *Sermon 39*, *op. cit.*, p. 281, p. 282 et p. 283.
2. *Sermon 89*, *op. cit.*, p. 543 ; *DW* 4/2, p. 768 et p. 769.
3. *Ibid.*, p. 544 ; *DW* 4/2, p. 773.
4. Hildegarde de Bingen, *Le Livre des Œuvres divines*, IV, n. 105, Paris, Albin Michel, 1989, p. 121.
5. Maître Eckhart, *Sermon 55*, *op. cit.*, p. 358.
6. *Sermon 117*, *op. cit.*, p. 698 ; *DW* 3, p. 59.
7. *Sermon XXXIV, 3*, n. 351, *op. cit.*, p. 305.

vise aucun pourquoi / *der gerehte ensuochet niht* […] *enmeine kein warumbe* »[1], parce qu'il vit en Dieu : « Dans le juste rien ne doit agir que Dieu seul »[2]. Ne rien chercher, c'est laisser Dieu chercher à travers l'homme, car en effet, « Dieu ne se repose jamais, il poursuit et presse constamment pour que le juste se manifeste / *sô engeruowet got niemer, er enjage und entrîbe alle zît dar zuo, ez werde offenbâr der gerehte* »[3]. Cette déconstruction dans notre manière humaine de chercher Dieu a pour effet d'ouvrir l'homme à une quête plus authentique puisqu'elle est la quête même de Dieu : « L'homme juste n'aime en Dieu ni ceci ni cela […] et ne cherche rien, car en tout ce qu'il fait, il agit sans pourquoi, de même que Dieu agit sans pourquoi et n'a pas de pourquoi / *got würket sunder warumbe und enhât kein warumbe* »[4]. Et d'ailleurs, la véritable quête de Dieu consiste peut-être à le chercher là où il est caché : « En vérité, tu es un Dieu caché au fond de l'âme […]. Plus on te cherche, moins on te trouve. Tu dois le chercher de telle sorte que tu ne le trouve nulle part. Si tu ne le cherches pas, tu le trouves »[5].

À travers ses œuvres, Eckhart s'efforce de montrer combien la nécessité de chercher Dieu doit s'enraciner dans une expérience de l'impossible : « C'est précisément parce que cela est caché qu'on doit et qu'il faut le poursuivre / *dar umbe muoz man im und sol im nâchloufen, die wîle ez verborgen ist* »[6]. Dans ce texte, Eckhart parle d'une « ignorance », *unwizzen*, d'une « connaissance inconnaissante », *unbekante bekantnisse*, ou encore d'une difficulté de savoir : « Je ne peux le savoir », *des enmac ich niht gewizzen*[7]. La connaissance intellectuelle procède par images et représentations qui viennent de l'extérieur, par conséquent, ce qui est uniquement à l'intérieur demeure fondamentalement caché à l'intellect : « Ce que Dieu opère sans image dans le fond et dans l'être, je ne peux le savoir »[8]. L'intellect sait très nettement que quelque chose est présent, mais il ne sait ni sa nature ni comment cette chose est présente en lui : « L'ignorance mène l'âme dans un émerveillement et produit en elle un désir de pourchasser, car elle sait clairement que cela est, mais elle ne sait pas comment cela est, ni ce que c'est / *daz unwizzen ziuhet sie in ein wunder und tuot sie disem nâchjagen, wan si bevindet wol, daz ez ist, und enweiz aber niht, wie noch waz ez ist* »[9]. Cette ignorance n'est donc pas stérile, elle produit au contraire le désir de chercher, et peut-être que l'intellect ne cherche vraiment qu'au moment où il saisit que l'objet de sa quête est toujours hors de prise. Alors seulement sa quête devient plus forte parce qu'elle est portée par le désir. Et il ne peut y avoir de désir que parce que quelque chose lui manque. Ce que vise l'intellect demeure toujours absent, ou plus

1. *Sermon 102*, *op. cit.*, p. 619 ; *DW* 2, p. 253 et p. 254.
2. *Ibid.*, p. 621.
3. *DW* 2, p. 259.
4. *Sermon 91*, *op. cit.*, p. 553 et p. 554 ; *DW* 2, p. 289.
5. *Sermon 114*, *op. cit.*, p. 692.
6. *Sermon 9*, *op. cit.*, p. 103 ; *DW* 4/1, p. 362.
7. *Ibid.*, p. 103 et p. 102 ; *DW* 4/1, p. 360 et p. 361.
8. *Ibid.*, p. 102.
9. *Ibid.*, p. 103 ; *DW* 4/1, p. 361.

exactement : « Cela apparaît et demeure caché […] cela se cache et se montre. Cela vient, mais d'une manière dérobée / *Ez schein und was verborgen* […]. *Ez birget sich und wîset sich doch. Ez komet aber in ein dieplîchen wîse* »[1]. Pourquoi ce que recherche l'intellect demeure-t-il toujours plus ou moins caché, et pourquoi Dieu ne se manifeste-t-il jamais pleinement à lui ? Il semble qu'Eckhart évoque une pédagogie de Dieu. Celui-ci reste caché comme si ce qui comptait, était seulement l'acte de chercher, et ainsi : « Nous devons le pourchasser jusqu'à ce que nous l'apercevions et ne jamais nous arrêter jusqu'à ce que nous le saisissions / *daz wir disem nâchjagen, biz daz wir ez erspüeren, und niemer ûfhoeren, biz daz wir ez begrîfen* »[2]. Dieu étant insaisissable, la quête est sans fin, et le désir infini. Dieu se révèle et se cache tout à la fois comme pour entretenir en l'homme le désir permanent de le chercher : « Dieu se retire sans autre raison que de stimuler [les hommes] et d'amplifier leur désir / *er entziuhet sich durch niht wan daz er sie reize und wît mache an der begerunge* »[3].

Entretenir le désir d'une vérité toujours inaccessible, l'attente de Dieu

Sans doute, il est difficile de déterminer ce qu'est le désir étant donné la diversité des formes que celui-ci peut prendre suivant l'objet vers lequel il se porte. Peut-être faut-il être attentif à son orientation et distinguer les désirs du corps, comme certains besoins, et ceux de l'esprit qui correspondent à une aspiration plus profonde, sachant que les uns peuvent enfermer l'esprit dans la prison des choses matérielles, alors que les autres l'emportent comme une vague au-delà de lui-même vers d'autres réalités ? La question qui est soulevée ici, est celle de la place du désir dans la vie de l'esprit. Même si certains désirs constituent un obstacle dans le travail de la pensée, est-il possible de penser sans désir ? Non seulement désir et pensée ne sont pas incompatibles, mais il ne peut y avoir une pensée authentique sans l'épreuve d'un manque d'où jaillit le désir. On ne peut s'empêcher de penser à Grégoire de Nysse dans la *Vie de Moïse* qui définit l'attitude de l'âme dans la recherche de Dieu comme une tension permanente « vers ce qui est en avant », en grec *épectase*[4]. Grégoire de Nysse commente l'épisode dans lequel Moïse parle à Dieu face à face et le prie de lui montrer sa gloire (Ex 33,11.18). Comment l'homme qui se trouve devant Dieu peut-il lui demander de se manifester encore ? La question de Moïse révèle combien Dieu demeure inaccessible à l'homme. Et en même temps, Dieu lui indique un lieu près de lui, un « creux » dans le rocher où Moïse doit se tenir (Ex 33,21)[5]. Grégoire de Nysse

1. *Sermon 9*, *op. cit.*, p. 104 ; *DW* 4/1, p. 362 et p. 364.
2. *Ibid.*, p. 103 ; *DW* 4/1, p. 362.
3. *Sermon 112*, *op. cit.*, p. 681 ; *DW* 2, p. 604.
4. Grégoire de Nysse, *Vie de Moïse*, II, 225, SC 1, p. 263.
5. *Ibid.*, 219-220, p. 257 et p. 259.

expose alors le sens spirituel de ce lieu et décrit l'attitude de l'âme dans la recherche de Dieu. S'inspirant du platonisme, le texte commence par montrer comment l'âme doit se détourner des choses sensibles pour s'élever vers le ciel : « L'âme délivrée de ses attaches terrestres s'élance légère et rapide vers les hauteurs, s'envolant des choses inférieures vers le ciel »[1]. Puis, à la lumière du verset paulinien : *oubliant ce qui est en arrière, et m'avançant vers ce qui est devant* (Ph 3,13), Grégoire de Nysse définit la vie de l'esprit comme une course sans fin, une tension en avant vers un quelque chose qui toujours se dérobe : « L'âme s'élève toujours davantage au-dessus d'elle-même, *tendue* par le désir des choses célestes *vers ce qui est en avant* (*sunepecteinoméne*), comme dit l'Apôtre, et son vol la mènera toujours plus haut »[2]. Le désir est indispensable dans la recherche de Dieu, il donne de la vigueur à l'âme pour qu'elle ne s'arrête jamais dans sa quête : « Le désir, en effet, qu'elle a de ne pas renoncer, pour ce qu'elle a déjà acquis, aux sommets qui sont au-dessus d'elle, lui communique un mouvement ascensionnel qui n'a pas de cesse »[3]. À la différence des choses matérielles qui s'épuisent en agissant, les choses spirituelles trouvent toute leur force dans ce dépassement permanent qui conduit l'âme vers celui dont l'être est « inaccessible à la connaissance »[4].

Parmi les auteurs qui ont directement influencé Eckhart sur cette question, Augustin est sans doute l'un de ceux qui a le plus pris en compte la place du désir dans la quête de l'inaccessible. Augustin emploie différents termes pour exprimer la complexité du désir humain. Ainsi, *appetitus* désigne l'élan qui porte l'esprit vers une chose et *desiderium* caractérise plutôt la relation avec quelque chose d'absent. Si *quaerere* indique la quête de Dieu, les mots *cupiditas*, *concupiscentia* et *libido* désignent la jouissance à l'égard des choses matérielles. Le désir est inscrit au plus profond de nous : « Le désir est le fond du cœur / *desiderium sinus cordis est* »[5]. En effet, l'homme a été créé *à l'image et à la ressemblance de Dieu* (Gn 1,26), et grâce au désir, il s'ouvre à son appel, s'oriente vers lui et se laisse conformer à lui. Il peut bien ignorer ou refuser cet appel, mais il ne peut en aucun cas s'y soustraire comme l'exprime l'inquiétude de celui qui est loin de Dieu : « Tu nous as faits orientés vers toi, et notre cœur est sans repos tant qu'il ne repose pas en toi / *fecisti nos ad te et inquietum est cor nostrum, donec requiescat in te* »[6]. L'homme qui se disperse dans la recherche des biens matériels, ne peut échapper à l'inquiétude, et pour accueillir l'appel de Dieu inscrit au fond de lui, il doit constamment élargir son désir : « Nous saisirons si nous étendons notre désir autant que nous le pouvons / *capiemus si desiderium quantum possumus extendamus* »[7]. Augustin donne ainsi au désir un caractère ontologique, mais il montre

1. *Ibid.*, n. 224, p. 261 et p. 263.
2. *Ibid.*, n. 225, p. 263.
3. *Ibid.* n. 226, p. 263.
4. *Ibid.*, n. 235, p. 269.
5. Augustin, *Homélies sur l'Évangile de Jean*, XL, 10, BA 73A, p. 327.
6. *Les Confessions*, I, chap. 1 n. 1, BA 13, p. 273.
7. *Homélies sur l'Évangile de Jean*, XL, 10, BA 73A, p. 327.

également comment la force du désir est indispensable au travail de l'esprit. Dans l'ouvrage *Saint Augustin et le désir de Dieu*, Isabelle Bochet analyse comment Augustin a su prendre en compte une forme de paradoxe dans la recherche[1]. À peine avons-nous trouvé qu'il faut déjà se remettre en quête : « On ne cherche [Dieu] que pour le trouver, on ne trouve que pour le chercher / *inveniendum quaeritur, et quaerendum invenitur* »[2]. De ce fait, l'esprit humain pourrait légitimement se sentir découragé : « Il semble donc, puisqu'on le cherche toujours, qu'on ne le trouve jamais / *videtur enim, quod semper quaeritur, nunquam inveniri* »[3]. Mais l'apparence est trompeuse, il faut lui opposer la certitude de la foi. En effet, celle-ci assure à l'intelligence que la recherche n'est pas vaine et qu'il est possible d'atteindre la vérité[4]. Le caractère de la recherche dépend de la nature de l'objet recherché. Si l'objet est limité, alors la recherche s'arrête avec la découverte de l'objet. Mais, dans la mesure où Dieu est toujours incompréhensible, la quête de l'homme est infinie. L'esprit ne doit donc jamais se décourager devant le caractère infini de sa recherche. De plus, cette quête sans fin préserve l'esprit de la lassitude et du dégoût qui menace l'homme quand il atteint son objet, et rend celui qui cherche de plus en plus capable de Dieu : « On ne doit jamais s'arrêter, tant que la recherche elle-même approfondit davantage le domaine de l'incompréhensible et qu'elle rend de plus en plus parfait celui qui est en quête d'un si grand bien »[5]. Il convient alors de savoir entretenir le désir qui maintient une tension permanente entre la recherche d'une chose et sa découverte. Plus exactement, le désir donne à l'esprit la force nécessaire qui le porte inlassablement vers une chose qu'il ignore encore : « Cette tension dans la recherche est en effet le parti le plus sûr [...] Ainsi cherchons-nous comme devant trouver, et trouvons comme devant chercher encore / *sic ergo quaeramus tanquam inventuri : et sic inveniamus, tanquam quaesituri* »[6].

C'est dans cette perspective que s'inscrit la pensée eckhartienne. Pour le maître rhénan, le désir est l'une des trois puissances inférieures de l'âme : « Les puissances inférieures de l'âme sont trois. La première se nomme discernement, *rationalis* [...]. La deuxième puissance se nomme la courroucée, *irascibilis* [...]. La troisième puissance se nomme désir, *concupiscibilis* / *die nidersten crefte, der sint drie. Die erste heiset bescheidenheit,* rationalis [...] *die ander craft heiset du zurnerin,* irascibilis [...] *die dritte craft heiset begerunge,* concupiscibilis »[7]. Le désir se distingue ainsi de l'intellect qui est l'une des trois puissances supérieures. Alors que les puissances inférieures tournent l'esprit vers les choses extérieures, les puissances supérieures l'orientent vers l'intérieur et par conséquent vers Dieu. Mais faut-il pour autant séparer le désir et l'intellect ? Eckhart dénonce

1. I. Bochet, *Saint Augustin et le désir de Dieu*, Paris, Études augustiniennes, 1982, p. 143-174.
2. Augustin, *La Trinité*, XV, chap. 2 n. 2, BA 16, p. 422 et p. 423.
3. *Ibid.*, p. 421 et p. 422.
4. *Lettre 120*, I, 4, CSEL XXXIV, 1, p. 707 et p. 708.
5. *La Trinité*, XV, chap. 2 n. 2, BA 16, p. 423.
6. *Ibid.*, IX, chap. 1 n. 1, BA 16, p. 75.
7. Maître Eckhart, *Sermon 62*, *op. cit.*, p. 396 ; *DW* 3, p. 444 et p. 445.

parfois un manque de maturité dans le désir, une incapacité à pouvoir fermement orienter son désir, c'est le cas de Marie de Béthanie, la sœur de Marthe, qui était *assise aux pieds du Seigneur* (Lc 10,39) : « Marie était si pleine de désir : Elle désirait sans savoir quoi et voulait elle ne savait quoi »[1]. Il lui arrive également d'opposer la complexité des désirs liés aux choses matérielles par rapport à la simplicité d'une aspiration profonde vers Dieu. Eckhart prend alors l'exemple de certaines femmes coquettes qui hésitent dans leur façon de s'habiller et convoitent différentes couleurs pour leurs vêtements : « Les femmes convoitent parfois du rouge parce qu'elles veulent avoir là la satisfaction de leur désir et quand elle ne l'y trouve pas, elles convoitent une autre fois du vert, et cependant leur désir ne peut être satisfait parce que leur désir n'est pas simple »[2]. L'esprit se porte vers une chose, puis vers une autre, et le désir est changeant parce qu'il ne peut y avoir de satisfaction durable dans les choses matérielles. Pourtant, Eckhart ne déprécie jamais le désir, il existe un désir légitime dans la mesure où Dieu lui-même désire : « Le plus noble désir de Dieu est d'engendrer. Il n'est pas satisfait avant d'avoir engendré son Fils en nous [...] Le désir de Dieu est de se donner à nous »[3]. La question est plutôt de distinguer les désirs en fonction du niveau de satisfaction qu'ils procurent à l'homme, ou plus exactement, Eckhart s'efforce de montrer qu'il n'existe pas de satisfaction définitive pour les choses spirituelles, et par conséquent le désir de celles-ci est infini : « Pour les choses corporelles : plus on en mange, plus on est rassasié, mais dans les choses spirituelles, il n'est pas de rassasiement : plus on en possède, plus on en a le désir »[4]. En d'autres termes, le désir des réalités spirituelles est d'autant plus grand qu'on ne parvient jamais à les posséder pleinement : « Tout le temps que l'on désire les choses, on ne les a pas. Quand on les a, on les aime et le désir disparaît »[5]. Pour Eckhart, le désir devient ce qui tend l'intellect vers une chose qu'il ne parvient jamais complètement à saisir, comme par exemple la connaissance de la vérité.

Ce qui manque à l'intellect, c'est de pouvoir saisir pleinement la vérité. Et ce manque est essentiel. Eckhart décrit l'état incréé de l'homme, ce qu'il est de toute éternité en Dieu, plongé dans l'unité absolue et sans distinction du principe. La notion d'incréé ne remet pas en cause la dimension créaturelle de l'homme, elle indique seulement que quelque chose en lui pré-existe dans l'Intellect divin, une existence idéelle ou encore « selon un mode non-né / *nâch mîner ungebornen wîse* »[6]. Dans cet être éternel, l'homme n'éprouve aucun désir puisqu'il jouit pleinement et immédiatement de la vérité : « Lorsque j'étais dans ma cause première [...] alors je ne voulais rien, je ne désirais rien, car j'étais libre, je me connaissais moi-même, jouissant de la vérité / *dô ich stuont in mîner êrsten sache*

1. *Sermon 84*, *op. cit.*, p. 509.
2. *Sermon 51*, *op. cit.*, p. 341.
3. *Sermon 76*, *op. cit.*, p. 467 et p. 469.
4. *Sermon 91*, *op. cit.*, p. 554.
5. *Sermon 69*, *op. cit.*, p. 435.
6. *Sermon 108*, *op. cit.*, p. 651 ; *DW* 2, p. 503.

[…] *dô enwolte ich niht, noch enbegerte ich niht, wan ich was ein ledic sîn und ein bekenner mîn selbes nâch gebrûchlîcher wârheit* »[1]. Mais dans l'état présent, l'homme a perdu cette grande proximité avec la vérité, c'est alors qu'apparaît le désir pour tendre l'esprit vers ce qu'il recherche sans jamais pouvoir l'atteindre. Et celui-ci devient la condition de l'homme en quête de vérité, ou encore : « Dieu opère et l'âme désire. À Dieu appartient l'opération, à l'âme le désir / *ez würket got und begert diu sêle. Gôt hât daz werk und diu sêle daz begern* »[2]. La vérité se présente désormais à l'esprit sous le mode de l'absence, et l'homme est toujours plus ou moins dans la distance par rapport Dieu. L'intellect s'efforce de retrouver la vérité, il cherche la similitude et ne peut la trouver au milieu des créatures, même si celles-ci portent en elles quelque chose de Dieu. Eckhart reconnaît que les créatures peuvent conduire l'esprit vers Dieu, et cependant, celles-ci ne manifesteront jamais qu'une infime partie de la vérité : « Dieu a répandu la vérité sur la créature, et cependant elle n'est pas la vérité elle-même, comme Dieu est la vérité. Et cependant, la vérité est présente de différentes manières dans les créatures »[3]. La vérité contenue dans les créatures n'est qu'une partie de la vérité, et non la vérité pleine et entière. Celles-ci ne peuvent contenir toute la vérité, elles indiquent tout au mieux une direction, comme une goutte d'eau conduit vers la mer. Aussi, l'intellect ne trouve aucune satisfaction dans les créatures, il cherche sans jamais se reposer une vérité qu'il ne peut atteindre. Eckhart emploie alors une très belle image pour exprimer l'effort permanent de l'esprit et le désir incessant de Dieu. Il compare l'intellect à la colombe que Noé envoie hors de l'arche après le déluge (Gn 8,8-9). Ne trouvant pas sur la terre d'endroit parfaitement stable pour reposer ses pattes, l'oiseau retourne vers l'arche comme l'âme vers son Créateur : « Cela représente une âme intellective qui ne trouve aucun repos dans les créatures au sujet de la droite vérité / *Daz meinet eine ieglîche vernünftige sêle, diu von rehter wârheit keine ruowe vindet an den crêatûren* »[4]. Il manque aux créatures de pouvoir pleinement manifester la vérité.

De manière plus essentielle encore, Eckhart exprime très nettement le caractère inaccessible de la vérité :

> L'intellect ne touche jamais dans cette vie le fond de la vérité surnaturelle qui est Dieu […] La vérité est dans le fond, mais elle est recouverte et cachée à l'intellect […] Ainsi l'homme ne peut absolument pas savoir ce qu'est Dieu / *diu vernunft gerüeret niemer in disem lebene den grunt der übernatiurlîchen wârheit, diu got ist* […] *diu wârheit sî in dem grunde, si ist aber bedecket und verborgen der vernunft* […] *alsô enmac der mensche zemâle niht wizzen, waz got ist*[5].

1. *Sermon 108*, *op. cit.*, p. 647 ; *DW* 2, p. 492.
2. *Sermon 68*, *op. cit.*, p. 429 ; *DW* 2, p. 342.
3. *Sermon 85*, *op. cit.*, p. 519.
4. *Ibid.* ; *DW* 4/1, p. 128.
5. *Sermon 16a*, *op. cit.*, p. 153 et p. 154 ; *DW* 4/1, p. 594 et p. 595.

Les adjectifs « recouverte », *bedecket*, et « cachée », *verborgen*, pourraient indiquer une difficulté provisoire. Certaines images et représentations constituent certes un obstacle pour la pensée, mais il ne suffit pas de les supprimer pour que la vérité se manifeste. Eckhart précise en effet que l'intellect « ne touche jamais dans cette vie la vérité / *niemer in disem lebene* ». Celle-ci est présente au fond de l'homme, mais ce dernier ne peut jamais l'atteindre. Plus exactement, si l'intellect peut « connaître une vérité », il n'a jamais pleinement accès « au fond de la vérité surnaturelle / *den grunt der übernatiurlîchen wârheit* ». Ici, Eckhart ne justifie pas cette difficulté à partir des limites naturelles de l'intellect, il semble indiquer un souhait délibéré de Dieu :

> L'intellect ne se repose seulement que dans la vérité essentielle [...]. Il ne se satisfait que de l'être. Et Dieu le lui enlève continuellement afin d'éveiller son flux, et l'incite à aller toujours plus loin et à poursuivre et à saisir le bien véritable et sans fond, de sorte qu'il ne se laisse satisfaire par aucune chose / *und daz ziuhet ir got vürbaz und vürbaz, umbe daz er irn vlîz erwecke, und reizet sie, ie vürbaz ze gânne und mê ze ervolgenne und ze begrîfenne daz gewâre gruntlôse guot, und daz si ir niht enlâze benüegen mit keinen dingen* [1].

Dieu ne s'intéresse-t-il pas davantage à l'effort fourni par l'intellect qu'au résultat obtenu ? C'est la raison pour laquelle il éveille constamment en l'homme le désir : « Parfois Dieu se retire sans autre raison que de stimuler [certaines personnes] et d'amplifier leur désir / *wît mache an der begerunge* » [2]. Cette attitude de Dieu qui fait éprouver la vérité à l'homme sous la forme du manque, se comprend à partir du fonctionnement naturel de l'intellect. Lorsqu'il saisit une chose, celui-ci produit un nom ou un concept qui fait de cette chose un objet et l'enferme définitivement : « Quand l'intellect connaît une vérité d'un être, aussitôt il s'incline devant elle et s'y délaisse dans le repos, et là il prononce de façon intellectuelle sa parole sur l'objet qu'il a devant lui » [3]. Au contraire, en présence d'une réalité qui lui échappe, l'intellect se met dans une attitude permanente de recherche : « Aussi longtemps que l'intellect ne trouve pas la vérité propre de l'être [...] il travaille encore / *si arbeitet noch* » [4]. Dieu est à l'origine de ce manque, il entretient en permanence le désir de l'homme afin de ne jamais enfermer la vérité à l'intérieur d'un mot déterminé et définitif. Que reste-t-il à l'homme ? Comment l'intellect doit-il agir de son côté pour entretenir le désir de la vérité ?

En réponse à ce manque, l'attitude la plus raisonnable est celle de l'attente : « L'intellect se tient entièrement dans une attitude de recherche et d'attente [...] recherchant dans une attitude d'attente [...] il se tient dans une attitude d'attente [...] il ne se repose jamais, il attend / *si stât allez in einem suochenne und in einem beitenne* [...] *suochende in einem beitenne* [...] *si stât alles in einem beitenne* [...]

1. *Ibid.*, p. 154 ; *DW* 4/1, p. 596.
2. *Sermon 112*, *op. cit.*, p. 681 ; *DW* 2, p. 604.
3. *Sermon 16a*, *op. cit.*, p. 153.
4. *Ibid.* ; *DW* 4/1, p. 593.

si enruowet noch niht, mêr : si beitet »[1]. À plusieurs reprises, Eckhart emploie le verbe « attendre », *beiten*, qui indique un acte de l'intellect lié au désir et à l'expérience d'un manque. Attendre, n'est pas une attitude passive, bien au contraire l'intellect ne connaît pas le repos, *si enruowet niht*. L'attente est un temps de préparation, l'intellect se dispose intérieurement pour recevoir une partie de la vérité : « Il ne se repose pas, il attend et se prépare en vue d'une chose qui doit être connue et qui est encore cachée / *si beitet und bereitet sich noch ze einem, daz noch bekant sol werden und noch verborgen ist* »[2]. L'attente est une vigilance intérieure, elle exprime également le temps donné à l'homme pour élargir toujours et toujours plus son désir afin d'accueillir un court instant la vérité.

La figure biblique de Zachée qui *cherchait à voir Jésus* (Lc 19,2-4), exprime bien cette attitude d'attente propre à l'intellect. Eckhart lui consacre tout un *Sermon* qui est sans doute un des textes les plus importants sur la question du désir. Eckhart rappelle que si nous ne parvenons pas toujours à percevoir la vérité, c'est parce que notre désir est trop petit : « Le fait que nous ne pouvons pas voir Dieu provient de la petitesse du désir [...] Celui qui doit contempler Dieu, il faut qu'il ait un désir très haut [...] Je dis que Dieu est capable de tout, mais il n'est pas capable de refuser quelque chose à un homme grandement désirant »[3]. Il convient de toujours « élargir », « agrandir », ou encore « amplifier » le désir de l'âme, en allemand *wîten* ou *weiten*, car « plus elle désire, plus il lui est donné ; plus elle reçoit, plus sa capacité à saisir est grande »[4]. Eckhart reprend cette idée à Augustin comme il le dit explicitement dans un autre texte : « Augustin dit : que celui qui veut beaucoup recevoir amplifie son désir / *wer vil enpfâhen welle, der wîte die begerunge* »[5]. Dans son *Commentaire du Psaume 83*, l'évêque d'Hippone précise en effet à propos des pauvres à qui il est donné de pouvoir désirer Dieu : « L'accomplissement de leur désir est différé pour que leur désir s'accroisse ; et leur désir s'accroît pour saisir enfin celui qui en est l'objet. Car ce n'est pas une chose de peu d'importance que Dieu doit accorder à ce désir ; ou celui qui désire ne doit pas être peu exercé pour devenir capable de recevoir un si grand bien / *desiderium eorum differtur, ut crescat; crescit, ut capiat. Non enim paruum aliquid daturus est Deus desideranti, aut parum exercendus est ad capacitatem tanti boni* »[6]. L'intellect est ainsi comme un récipient qui s'accroît à mesure que son désir grandit, mieux encore : « Il est dans l'âme une puissance plus vaste que le ciel qui est incroyablement vaste [...] Le désir est vaste, immensément vaste / *diu begerunge ist wîte, âne mâze wît* »[7]. Dans la mesure où il est

1. *Sermon 16a*, *op. cit.* ; *DW* 4/1, p. 593, p. 594 et p. 595.
2. *Ibid.*, p. 153 et p. 154 ; *DW* 4/1, p. 595.
3. *Sermon 113*, *op. cit.*, p. 684 et p. 685.
4. *Ibid.*, p. 685.
5. *Sermon 112*, *op. cit.*, p. 681.
6. Augustin, *Les Commentaires des Psaumes*, 83, n. 3, CCSL XXXIX, p. 1148.
7. Maître Eckhart, *Sermon 59*, *op. cit.*, p. 378 et p. 379 ; *DW* 2, p. 303.

incommensurable, seul Dieu peut répondre à l'attente infinie de l'homme à condition de ne pas le réduire à un objet. Eckhart emploie alors une magnifique expression pour évoquer le caractère insaisissable de Dieu, il dit de lui qu'il est « quelque chose », un « je ne sais quoi », et même un « je ne sais vraiment pas quoi / *got ist etwaz, ich enweiz waz, ich enweiz waerlîche waz* »[1]. Ainsi envisagé, Dieu seul est désirable parce qu'il n'aura jamais fini de satisfaire le désir infini de l'homme : « Tout ce que le désir peut désirer de mieux est encore loin et petit par rapport à Dieu. Il est au-dessus de tout ce que le désir peut désirer / *er ist über allez daz, daz gerunge gern mac* »[2]. Le *Sermon 113* s'achève alors sur le thème de l'amour qui permet à l'âme d'éprouver la vérité : « Ce que Dieu est dans l'âme amoureuse de Dieu, personne ne le sait, à part l'âme dans laquelle il est / *waz got sî in einer gotminnender sêle, daz enweiz nieman wan diu sêle, in der er ist* »[3]. Il ne s'agit plus ici de distinguer le savoir intellectuel et l'expérience amoureuse. Bien au contraire, l'amour véritable rejoint la connaissance et devient cet élan qui emporte l'intellect vers une vérité toujours hors d'atteinte.

L'AMOUR RETROUVÉ, L'ÉTREINTE INFINIE

L'amour occupe une place importante dans la quête de Dieu[4]. Bien qu'elle ne soit pas à proprement parler un acte de l'intellect, la puissance d'aimer est indissociablement liée à la connaissance de la vérité. Sans doute parce que l'amour est un thème biblique majeur, et même une exigence pour l'homme : *Tu aimeras le Seigneur ton Dieu de tout ton cœur* [...] *et ton prochain comme toi-même* (Lc 10,27 ; Mt 22,37.39)[5]. C'est là un des grands commandements qui traverse toute l'Écriture (Dt 6,5), pourtant il n'est pas demandé à l'homme quelque chose d'impossible, l'amour étant d'abord l'attention prévenante du Créateur à l'égard de sa créature, c'est Dieu lui-même qui donne à l'homme la capacité d'aimer comme en témoigne d'une manière excellente l'Incarnation du Verbe : *En cela s'est manifesté l'amour de Dieu en nous : Dieu a envoyé son Fils dans le monde afin que nous vivions par lui* (1Jn 4,9)[6]. Eckhart insiste même sur le caractère intense et exclusif de l'amour. Parlant de l'homme qui vit de l'amour de Dieu, il affirme en effet : « L'homme divin et déiforme lui-même, comme tel, n'aime rien, ne savoure rien et même ne connaît rien d'autre que le vouloir et l'honneur de Dieu / *homo divinis et deiformis ipse ut sic nihil amat, nihil sibi sapit, sed nec novit quidpiam* [...] *nisi sit voluntas dei et honor dei* »[7], et il ajoute plus loin que celui-ci « aime davantage le bien / *intensius amat bonum*, et « s'en réjouit

1. *Sermon 113*, *op. cit.*, p. 686 ; *DW* 4/1, p. 276.
2. *Ibid.* ; *DW* 4/1, p. 277.
3. *Ibid.* ; *DW* 4/1, p. 277 et p. 278.
4. E. Mangin, *Maître Eckhart et la profondeur de l'intime*, *op. cit.*, p. 173-188.
5. Maître Eckhart, *Sermons XXX* et *XL*, *op. cit.*, p. 275-285 et p. 329-338.
6. *Sermon VI*, 2, n. 57-61, *op. cit.*, p. 94-96.
7. *Commentaire sur l'Évangile de Jean*, n. 390, *LW* 3, p. 333.

davantage/*de illo intensius gaudet*»[1]. Il ne suffit pas seulement d'aimer, l'homme doit aimer plus, aimer mieux, ne rien aimer d'autre que Dieu et aimer davantage toutes choses en Dieu. Il ne s'agit pas là d'un paradoxe, mais d'un type de relation différent à retrouver. Adopter comme mesure d'aimer le vouloir divin n'éloigne pas l'homme des biens subalternes. Il invite à délaisser la créature en elle-même pour en retrouver toute la saveur en Dieu. Apprécier les choses à partir de leur origine, aimer et percevoir en elles quelque chose de divin. Eckhart ne cache pas les difficultés ni les pièges de l'amour. Aimer n'est pas une chose facile ! C'est là tout l'intérêt de son propos : rappeler l'intensité de l'amour sans en méconnaître les dangers. L'amour humain prend des formes bien différentes, et ainsi il ne faut pas confondre ni mettre sur le même plan « l'amour de Dieu » et « l'amour de soi ». De même, il convient d'être attentif dans l'amour à son orientation. L'âme est attirée par les créatures, Eckhart parle alors de « l'amour du monde », de « l'amour des choses terrestres » et de « l'amour des biens présents »[2]. Mais, l'âme est aussi « amour des réalités éternelles » et aspire à retourner vers Dieu[3]. Enfin, même l'amour à l'égard de Dieu est un sentiment ambigu. En effet, que cherchons-nous en réalité lorsque nous cherchons Dieu ? Eckhart a bien analysé la complexité de ce sentiment en montrant que dans cette quête, nous cherchons souvent autre chose que lui. Comment pourrions-nous donc trouver ce que nous ne cherchons pas vraiment ?

Et pourtant l'amour est indispensable dans la quête de Dieu. D'ailleurs l'anthropologie biblique ne dissocie pas le cœur et l'intelligence : *Un cœur intelligent recherche le savoir* (Pr 15,14), ou encore : *Nous te suivons de tout notre cœur* [...] *et nous cherchons ta face* (Dn 3,41)[4]. Ainsi les verbes « chercher » et « aimer » (*minnen*) sont souvent employés ensemble par Eckhart[5]. L'acte de chercher est propre à l'intellect, et cependant toutes les puissances cherchent Dieu selon une certaine modalité : « Les maîtres disent que l'âme a trois puissances. La première puissance cherche partout le plus délectable. La deuxième cherche toujours le plus élevé. La troisième puissance cherche toujours le meilleur [...] Où est ce Dieu que pourchassent toutes les créatures ? »[6]. Alors que la volonté s'attache au « plus délectable » (*süezeste*), l'intellect s'intéresse quant à lui à ce qui est « le meilleur » (*daz beste*), sachant que la seconde puissance, l'*irascibilis* appelé aussi « puissance ascendante »[7], tend vers le « plus élevé » (*daz hoehste*)[8]. Il ne faut pas introduire une hiérarchie entre les puissances à partir de cette

1. *Commentaire sur l'Évangile de Jean*, n. 391, p. 333 et p. 334.

2. *Sermon X*, n. 111, *Sermon XLI*, 1, n. 410, et *Sermon XV*, 2, n. 161, *op. cit.*, p. 130, p. 342 et p. 173.

3. *Sermon XII*, 1, n. 122, *op. cit.*, p. 141.

4. *Sermon VI*, 1, n. 54, et *Sermon XL*, 2, n. 398 et n.° 399, *op. cit.*, p. 91 et p. 335, p. 336; *Sermon 31*, *op. cit.*, p. 243-248.

5. *Sermon 13*, *op. cit.*, p. 119.

6. *Sermon 30*, *op. cit.*, p. 241.

7. *Sermon 93*, *op. cit.*, p. 569.

8. *Sermon 30*, *op. cit.*, p. 241 ; *DW* 3, p. 368.

distinction, ni considérer que l'intellect occupe une position supérieure par rapport à la volonté. D'ailleurs, à la fin du texte, Eckhart accorde une certaine importance à l'expérience amoureuse : « Un saint dit : j'éprouve parfois en moi une telle douceur que je m'oublie moi-même, ainsi que toutes les créatures et que je veux complétement me fondre en toi. Et quand je veux t'étreindre, Seigneur, tu me le dérobes. Seigneur, quelle est par là ton intention ? Si tu m'attires, pourquoi m'en prives-tu ensuite ? Si tu m'aimes, pourquoi me fuis-tu ensuite ? »[1]. Ce « saint » n'est autre qu'Augustin qui rappelle combien Dieu introduit en l'homme un sentiment de douceur qui le ravit au plus profond[2]. Les verbes « se fondre en toi » (*zervliezen in dich*), « étreindre complètement » (*zemâle umbevâhen*) et même « attirer » (*reizen*) expriment l'expérience amoureuse[3]. Mais surtout, Eckhart décrit ici de façon très explicite l'épreuve du manque dans le sentiment amoureux. Dieu se dérobe et s'enfuit, plus délicat encore, il n'attire l'homme à lui que pour le priver ensuite de sa présence. « Pourquoi » et « quelle est son intention » ? Eckhart a parfaitement compris qu'il ne peut y avoir d'amour véritable sans ce désir permanent vers une chose qui demeure toujours hors d'atteinte. Plus le désir de l'homme est grand, plus le don de Dieu est important, ou encore : « Seigneur, tu le fais afin que je puisse beaucoup recevoir de toi »[4].

Il ne faut pas séparer la connaissance et l'amour, mais les tenir ensemble et surtout ordonner ces deux expériences. Certes, Eckhart affirme parfois que « la connaissance est meilleure / *diu bekantnisse ist bezzer* », et même que « la connaissance est meilleure que l'amour / *diu bekantnisse ist bezzer dan diu minne* »[5]. Mais il ajoute immédiatement après que « les deux valent mieux qu'un / *aber zwei sint bezzer dan ein* », c'est-à-dire que l'association des deux puissances est meilleure que la meilleure des puissances à elle seule, ou encore que la connaissance est plus forte quand elle « porte en elle l'amour / *diu bekantnisse treget die minne in ir* »[6]. Mais surtout ce terme de « meilleur » (*bezzer*) est à entendre dans le sens de « premier ». La connaissance est meilleure en ce sens qu'elle est première et « conduit l'amour / *diu bekantnisse* [...] *leitet die minne* »[7]. Mais que serait la connaissance sans l'amour qui « éveille le désir, l'avidité / *aber minne wil begerunge, meinunge* »[8]. Les deux puissances sont donc étroitement liées l'une à l'autre dans la quête de Dieu. Plus exactement, la connaissance procure à l'amour une orientation bien claire, sans laquelle cette dernière serait aveugle et désordonnée. En retour, l'amour donne à la connaissance une force et une vigueur qui la rendent capable de se diriger inlassablement vers son objet. N'est-ce pas cela la connaissance véritable ? Dans son

1. *Ibid.*, p. 242.
2. Augustin, *Les Confessions*, X, chap. 40 n. 65, BA 14, p. 259.
3. Maître Eckhart, *Sermon 30*, *op. cit.*, p. 242 ; *DW* 3, p. 370.
4. *Ibid.*
5. *Sermon 24*, *op. cit.*, p. 210 ; *DW* 1, p. 315 et p. 314.
6. *Ibid.* ; *DW* 1, p. 314.
7. *Ibid.* ; *DW* 1, p. 315.
8. *Ibid.*

interprétation du verset : *Maintenant je sais vraiment*, *nunc scio vere* (Ac 12,11), Eckhart s'interroge sur le sens de l'expression « connaître vraiment / *waerlîche bekennen* »[1]. Toute la difficulté de ce texte réside dans la détermination d'un ordre entre la connaissance et l'amour : « La connaissance a la clef et ouvre, et pénètre, et fait sa percée, et trouve Dieu sans voile et dit alors à son compagne la volonté ce dont elle a pris possession, bien qu'il y ait eu déjà auparavant la volonté, car ce que je veux, je le cherche / *swaz ich wil, daz suoche ich* »[2]. Qu'est-ce qui est premier ? La connaissance ouvre le chemin, mais pourrait-elle parvenir aussi loin si l'amour n'était pas déjà présent en elle ? « Ce que je veux, je le cherche ». Le désir n'est-il pas ce qui meut toute quête ? La connaissance véritable est cette vue plus haute qui s'efforce de tenir ensemble le travail conjoint de toutes les puissances humaines, elle exige un amour authentique qui tend constamment l'esprit vers une chose toujours hors de prise.

« Marie cherchait Dieu seul [...] et elle ne désirait rien d'autre que Dieu / *Mariâ suochte got aleine* [...] *und si enbegerte nihtes dan gotes* »[3]. La figure de Marie-Madeleine illustre parfaitement toute l'importance du désir amoureux dans la quête de Dieu, et le fait même qu'Eckhart choisisse tout particulièrement cette femme, alors que la tradition s'attache plus souvent aux deux disciples Pierre et Jean, est tout-à-fait révélateur d'une volonté de dépasser les débats de l'École qui mettent en concurrence la connaissance et l'amour. Dans son *Commentaire sur l'Évangile de Jean*, il envisage de manière indépendante l'attitude de Marie-Madeleine qui est alors définie comme « celle qui cherche et aime vraiment / *quaerenti et vere amanti* »[4]. De même, les deux *Sermons 34* et *35* consacrés à cette grande amoureuse du Christ, sont traversés par la dynamique des verbes « chercher » et « trouver », *suochen* et *vinden*. Le début du *Sermon 34* rappelle la rencontre entre la jeune femme et le Christ ressuscité : « *Marie-Madeleine se rendit au tombeau* (Jn 20,1) et chercha notre Seigneur Jésus-Christ ». Et à deux reprises, il lui est demandé : « Qui cherches-tu ? / *wen suochest dû* »[5]. À la fin du *Sermon 35*, Eckhart indique un chemin pour trouver celui qu'elle cherche, et pour cela, il convient « qu'elle ne désire rien que Dieu / *daz si nihtes dan gotes beger* »[6]. Les deux *Sermons* soulignent plus exactement un décalage entre ce qu'elle cherche et ce qu'elle trouve. Non seulement, Marie-Madeleine ne trouve pas exactement ce qu'elle cherche, mais le plus étrange c'est qu'elle ne parvient pas pleinement à reconnaître celui qui est pourtant l'objet de sa quête. En fin de compte, Eckhart souligne une difficulté, une forme de cécité : « On se demande pourquoi elle ne vit pas notre Seigneur alors qu'il était si près d'elle / *nû ist ein vrâge, warumbe si unsern herren niht ensach, dô er ir sô nâhe*

1. *Sermon 79*, *op. cit.*, p. 485 ; *DW* 1, p. 48.
2. *Sermon 79*, *op. cit.*, p. 486 ; *DW* 1, p. 52.
3. *Sermon 35*, *op. cit.*, p. 265 ; *DW* 2, p. 589.
4. *Commentaire sur l'Évangile de Jean*, n. 706, *LW* 3, p. 619.
5. *Sermon 34*, *op. cit.*, p. 260 ; *DW* 2, p. 575.
6. *Sermon 35*, *op. cit.*, p. 265 ; *DW* 2, p. 589.

was »[1]. Comment est-il possible de comprendre cette cécité de la jeune femme alors même que son amour pour le Christ procède d'un esprit « plongé dans le fond de l'être divin / *gesenket in den grunt götlîches wesens* »[2] ?

Toute la beauté de cette interprétation repose sur une certaine ambiguïté dans le personnage de Marie-Madeleine, Eckhart s'attache en effet à montrer la force et la fragilité du désir amoureux dans la quête de Dieu. Le texte souligne la très grande proximité de la jeune femme avec le Seigneur, une relation intime qui dépasse de loin l'expérience des disciples Pierre et Jean. En effet, Pierre est ici défini comme « celui qui aimait Dieu / *der got minnete* », tandis que Jean est « celui qui était aimé de Dieu / *der von gote geminnet wart* »[3]. Mais dans l'un comme dans l'autre cas, il existe encore une certaine extériorité, une distance entre l'aimant et l'aimé. Au contraire, Marie-Madeleine est intimement liée et unie au Seigneur ; « Elle était à lui [...] son cœur était avec lui. Là où il était, là était son cœur / *si was sîn* [...] *ir herze was mit im. Swâ er was, dâ was ir herze* »[4]. Par-delà l'intellect et la volonté, le cœur exprime le lieu d'une grande proximité avec Dieu, ou plus exactement, il indique comment la personne humaine toute entière est tendue vers lui comme le montre le fait qu'elle reste debout dans l'adversité, là où d'autres seraient effondrés par le chagrin : « Elle était en elle-même tellement tendue vers Dieu avec toutes ses puissances qu'elle l'était aussi extérieurement / *si was enbinnen sô gar gerihtet in got mit allen irn kreften ; dar umbe stuont si von enbûzen* »[5]. Toute la force de son amour réside dans le fait qu'elle désire, et son désir est d'autant plus grand que le corps de l'être aimé a disparu. Le désir procède de l'absence, et nourrit en retour un amour de plus en plus exclusif : « Elle n'a rien fait d'autre que de t'aimer / *sô enhât si niht getân, wan daz si dich minnete* »[6]. À aucun moment, Eckhart ne remet en cause la force de son amour entièrement tourné vers celui qui est la vérité, et pourtant, le texte souligne aussi une certaine fragilité.

Comment est-il possible d'expliquer le fait que Marie-Madeleine ne parvient pas à reconnaître celui qui est là, présent à ses côtés, si près d'elle ? Certes, on peut évoquer une tristesse bien légitime : « Il se peut que ses yeux aient été obscurcis par les larmes, en sorte qu'elle ne puisse pas le voir aussitôt. Peut-être aussi que l'amour l'avait aveuglée / *Vil lîhte mohte sîn, daz si ir ougen verweinet hâte, daz si in snellîclîche niht enmohte gesehen. Daz ander : daz sie diu minne hâte verblendet* »[7]. Bien qu'il soit parfait, l'amour humain est toujours perfectible. L'existence est une course sans fin, un long chemin toujours inachevé. C'est pourquoi, le *Sermon 35* s'achève d'ailleurs sur l'idée d'un repos impossible :

1. *Sermon 34*, *op. cit.*, p. 263 ; *DW* 2, p. 583.
2. *Ibid.*, p. 262 ; *DW* 2, p. 582.
3. *Ibid.*, p. 260 ; *DW* 2, p. 577.
4. *Ibid.*, p. 260, 261 ; *DW* 2, p. 578.
5. *Ibid.*, p. 262 ; *DW* 2, p. 580.
6. *Ibid.* ; *DW* 2, p. 582.
7. *Ibid.*, p. 263 ; *DW* 2, p. 583.

« Elle ne peut avoir de repos avant qu'il ne lui soit rendu »[1]. Et cependant, la difficulté demeure, une difficulté plus essentielle qui ne vient pas de la jeune femme mais du Christ lui-même : « Seigneur, quelle est ton intention en te dérobant si longtemps à cette femme ? / *herre, waz meinest dû dâ mite, daz dû dich dirre vrouwen sô lange mohtest entziehen* »[2]. Le Christ se manifeste, *offenbâren*[3], et cependant demeure caché, *verborgen*[4], comme pour indiquer à la jeune femme que l'amour véritable consiste à renoncer à tout sentiment d'appropriation pour apprendre à saisir l'autre là où précisément il est inaccessible. C'est ainsi que Marie-Madeleine devient non seulement la figure du désir amoureux constamment tendu vers une vérité qui toujours se dérobe, mais aussi l'illustration d'une connaissance véritable de Dieu en tant qu'il est fondamentalement inappropriable. Le *Sermon 34* propose alors une très belle image pour exprimer cette expérience de l'impossible. Connaître véritablement Dieu, c'est saisir seulement « quelque chose de Dieu [...] comme un parfum / *etwaz gotes* [...] *als ein gesmak* »[5]. Eckhart n'oublie pas l'épisode de Béthanie, le geste magnifique de Marie-Madeleine qui répand sur les pieds de Jésus un parfum de nard dont l'odeur se diffuse dans toute la maison (Jn 12,1-8). Le parfum exprime la présence subtile d'une chose qui ne peut jamais s'offrir à nous comme un simple objet. Chercher revient à scruter inlassablement la trace ineffable de l'être.

Peut-être faut-il noter encore un dernier détail, une phrase très brève qui précise l'attitude de Marie-Madeleine : « Elle était tellement préoccupée de lui / *si was alsô gar an in vervliezzen* », ce qui donne en allemand moderne : *sie war so ganz mit ihm beflissen*[6]. L'adjectif *beflissen* peut se traduire par « appliqué », « assidu » ou encore « empressé ». Il existe aussi le substantif *Beflissenheit* qui signifie « application », « soin » et « effort ». Dans *Kleines Mittelhochdeutsches Wörterbuch*, Beate Henning propose deux synonymes pour *vervliezzen*, d'une part *sich bemühen*, qui signifie « s'efforcer », et d'autre part *besorgt sein*, « être inquiet », « soucieux », « préoccupé »[7]. La « préoccupation » de Marie-Madeleine ne rejoint-elle pas l'inquiétude de Marthe : « Tu te soucies et t'inquiètes pour bien des choses / *dû bist sorcsam, dû wirst betrüebet umbe vil* »[8] ? Dans l'un comme dans l'autre cas, l'esprit n'est nullement écrasé, ni enfermé. Bien au contraire, Marie-Madeleine se tient debout avec toutes ses puissances en éveil, elle prend un peu de hauteur « afin de voir plus loin autour d'elle / *daz si deste verrer möhte gesehen umbe sich* »[9]. Son attitude est une attention, c'est-à-dire une application constante de l'esprit sur une réalité, une concentration de l'activité mentale qui

1. *Sermon 35*, *op. cit.*, p. 265.
2. *Sermon 34*, *op. cit.*, p. 262 ; *DW* 2, p. 582.
3. *Sermon 35*, *op. cit.*, p. 265 ; *DW* 2, p. 589.
4. *Sermon 34*, *op. cit.*, p. 262 ; *DW* 2, p. 580.
5. *Ibid.*, p. 261 ; *DW* 2, p. 579.
6. *Sermon 35*, *op. cit.*, p. 265 ; *DW* 2, p. 588.
7. B. Henning, *Kleines Mittelhochdeutsches Wörterbuch*, Tübingen, Niemeyer, 2007, p. 420.
8. Maître Eckhart, *Sermons 35* et *84*, *op. cit.*, p. 265 et p. 509 ; *DW* 3, p. 483.
9. *Sermon 34*, *op. cit.*, p. 262 ; *DW* 2, p. 580.

opère une sélection parmi les choses pour aller directement à l'essentiel, une sorte de discernement qui ne connaît pas de repos. L'attention est un élan permanent dans lequel l'intellect se renouvelle, s'enrichit et découvre sans cesse de nouvelles choses qui le tendent vers l'avant. Il s'agit là d'une notion biblique comme en témoignent les expressions *gardez-vous bien* (Dt 4,23), *n'oublie pas* (Pr 3,1) ou encore : *appliquez-vous* (Pr 4,1). Dans le *Nouveau Testament*, cette attitude devient un appel à la vigilance : *veillez-donc* (Lc 21,36). Ainsi, dans le *Sermon 34*, Eckhart précise : « Elle était tellement préoccupée de lui qu'elle n'avait retenu qu'une seule de ses paroles : *Où l'avez-vous mis ?* (Jn 20,15) / *si was alsô gar an in vervlizzen, daz si sîner worte niht dan ein behalten hâte : wâ hât ir in hine geleget* »[1] ? Parmi toutes les questions qui peuvent légitimement se poser à l'esprit, Marie-Madeleine porte toute son attention sur l'une d'entre elles. Il ne s'agit pas de savoir qui est-il, ni pourquoi il n'est pas là, pas même comment faut-il le chercher, mais bien : où est-il ? De façon ultime, l'intellect doit rechercher le lieu où se trouve la vérité, et dans la mesure où celle-ci ne se laisse jamais totalement appréhendée, sa quête est infinie.

L'Écriture n'est-elle pas pour Eckhart ce lieu où l'intellect doit chercher en permanence une vérité toujours inappropriable ? Vaste et inexprimable, la parole de Dieu ne peut se laisser contenir à l'intérieur de nos interprétations toujours trop étroites, et en même temps, elle est la seule à pouvoir pleinement satisfaire le désir infini de notre intelligence. L'attente se fait écoute, une écoute attentive qui permet au Verbe éternel de s'exprimer, et toute la prédication devient alors cet effort permanent pour laisser transparaître la parole inexprimable. Chercher à travers l'Écriture quelque chose de Dieu, scruter inlassablement la manifestation du Verbe dans l'épaisseur des mots, et pouvoir l'exprimer le justement possible.

1. *Sermon 35*, *op. cit.*, p. 265 ; *DW* 2, p. 588.

TROISIÈME PARTIE

LAISSER RÉSONNER LA PAROLE

CHAPITRE VII

ÉCOUTER

Écouter la voix des choses qui fait descendre l'homme au plus profond de lui, entrer à l'intérieur non pas pour s'entendre soi-même, mais bien parce que l'esprit fait résonner en lui une autre parole, l'écoute est plus qu'une simple perception qui s'impose du dehors, elle est une disposition de l'esprit, une attention particulière à ce qui se donne au-dedans : « À l'écoute, non de moi-même, mais du *logos,* il est sage de reconnaître que tout est un »[1]. Ce fragment d'Héraclite rappelle combien l'écoute est constitutive du travail de la pensée, de l'accueil d'une parole. Composé à partir du verbe *légeïn* qui signifie « parler », le *logos* désigne la parole en tant qu'elle exprime la pensée, ce mot renvoie également à la raison universelle, au principe commun à toutes choses qui se communique en particulier à l'intelligence de l'homme. Et celui qu'Eckhart appelle « l'un de nos plus anciens maîtres »[2], souligne déjà combien l'écoute du *logos* est quelque chose de difficile : « Les hommes sont éternellement incapables de le comprendre, aussi bien avant d'en avoir entendu parler, qu'après en avoir entendu parler pour la première fois », et tout simplement : « Ces gens ne savent ni écouter ni parler »[3]. Enfermé dans ses représentations, l'individu éprouve sa propre limite lorsqu'il s'agit d'envisager ce qui est commun à tous les hommes : « Le *logos* est commun, et pourtant la multitude vit comme si chacun avait sa propre intelligence »[4]. Cette difficulté ne conduit pourtant pas à une impasse pour la pensée, Héraclite invite au contraire à élargir toujours plus son âme et insiste sur la nécessité d'apprendre à écouter : « Les frontières de l'âme, tu ne saurais les trouver, tes pas même épuiseraient-ils toutes les routes, tant elle a un profond *logos* [...] Ce qu'on peut voir, entendre, apprendre, je le préfère »[5].

1. Héraclite, *Fragments*, n. 50, Paris, Aubier, 1985, p. 111.
2. Maître Eckhart, *Sermon 36*, *op. cit.*, p. 268.
3. Héraclite, *op. cit.*, n. 1 et n. 19, p. 105 et p. 108.
4. *Ibid.*, n. 2, p. 105.
5. *Ibid.*, n. 45 et n. 55, p. 111.

Pour Eckhart, l'écoute est bien évidemment liée à la parole, la parole de Dieu, le *Verbe fait chair* présent au cœur l'Écriture. L'écoute de la parole est une activité importante dans sa propre vie, et en particulier dans sa charge de prédicateur. Toute la force de sa prédication tient au fait qu'elle s'enracine toujours dans un travail d'écoute, et inversement, l'écoute attentive de la parole conduit nécessairement vers une expression verbale de celle-ci. C'est pourquoi Eckhart s'est intéressé aux conditions intérieures qui rendent possibles une telle activité ainsi qu'aux différentes formes qu'elle peut revêtir. L'écoute est un acte de l'intellect qui se dispose en permanence pour accueillir la parole grâce à des exercices comme la lecture et la question, sans pour autant oublier le fait que pour entendre vraiment, il faut sans doute commencer par se taire et garder le silence : « On ne peut servir cette parole avec rien de mieux que le silence et le calme. Là, on peut l'entendre et on la comprend vraiment » [1].

PERCEVOIR AU-DEDANS, ACCUEILLIR LA PAROLE

Le verbe « écouter » (*hœren*) désigne une activité de l'âme qui renvoie d'abord à la sensibilité, au fait d'être affecté par quelque chose qui vient de l'extérieur, un son, un bruit, une parole : « La propriété de l'oreille est d'entendre les sons harmonieux et les voix / *dem ôren daz eigen ist, daz ez hœre süeze lûte und stimme* » [2]. Avec la vue, mais aussi le toucher, l'odorat et le goût, l'écoute fait partie des cinq sens, *die vünf sinne*, qui permettent à l'homme de s'ouvrir au monde et de percevoir des sensations [3]. Comme le fait de manger et de boire, l'écoute est quelque chose de naturel propre à tous les êtres vivants qui possèdent un corps [4], elle procure même parfois à l'homme une sensation agréable comme en témoigne l'emploi du verbe « goûter » ou « savourer » (*smecken*), lorsqu'il s'agit d'« entendre un doux chant et une douce voix / *süeze gesanc und süeze stimme hœren* » [5]. Certes, il existe un risque de distraction et d'éparpillement à l'extérieur, ce qui constitue un obstacle pour le travail intérieur de l'esprit : « L'âme se disperse à l'extérieur avec les puissances et elle se distrait par l'opération de chacune : la puissance de voir dans l'œil, la puissance d'entendre dans les oreilles, la puissance de parler dans la langue ; et ainsi ses opérations sont déficientes pour opérer à l'intérieur, car chaque puissance qui se disperse à l'extérieur est imparfaite » [6]. Mais, étant donné qu'il est impossible pour l'homme d'exister indépendamment des sensations, la question est plutôt de savoir comment intérioriser celles-ci, et passer ainsi de la dispersion à la concentration : « Ce que je

1. Maître Eckhart, *Sermon 13*, *op. cit.*, p. 123.
2. *Sermon 93*, *op. cit.*, p. 569 ; *DW* 2, p. 143.
3. *Ibid.*, p. 568, et *Sermon 36*, *op. cit.*, p. 269 ; *DW* 2, p. 138 et p. 191.
4. *Sermon 73*, *op. cit.*, p. 455.
5. *Sermon 48*, *op. cit.*, p. 327 ; *DW* 3, p. 43.
6. *Sermon 13*, *op. cit.*, p. 121.

vois ou entends corporellement pénètre spirituellement en moi [...] tout ce que reçoivent les sens extérieurs est porté spirituellement à l'intérieur / *daz ich lîplîche sihe oder hœre, daz kumet geistlîche in mich* [...] *allez, daz die ûzern sinne enpfâhent, daz ez geistlîche wirt îngetragen* »[1].

Plus encore que la vue, l'écoute est l'attitude qui dispose le plus sûrement l'âme vers l'intérieur : « L'écoute me conduit à l'intérieur, alors que la vue m'indique l'extérieur / *daz hœren bringet mê în, aber daz sehen wîset mê ûz* »[2]. Eckhart s'appuie sur l'un des *Sermons sur le Cantique des Cantiques* dans lequel Bernard de Claivaux commente l'acte de foi du centurion romain : *Vraiment cet homme était le Fils de Dieu* (Mc 15,39)[3]. Si l'on s'en tient aux apparences, on voit un homme plutôt laid, les bras étendus sur la croix, livré à la risée des méchants. C'est par la voix, grâce au cri lancé vers le Père, que le centurion a reconnu la beauté du crucifié, la grandeur du Fils de Dieu : « L'ouïe a découvert ce qui avait échappé à la vue. L'apparence a trompé les yeux ; la vérité a pénétré par les oreilles [...] il ne crut pas d'après ce qu'il vit mais, sans aucun doute, d'après ce qu'il entendit, parce que *la foi naît de l'écoute* (Rm 10,17) »[4]. Cette supériorité de l'écoute sur la vue n'est pas absolue. D'ailleurs, la vue étant le sens le plus élevé, il aurait été plus digne que la vérité pénètre dans l'âme par les yeux, estime Bernard de Clairvaux. Mais, le Sauveur a voulu que le remède parvienne à l'homme à l'endroit même où il a besoin d'être guéri. Comme l'homme est devenu aveugle en écoutant les propos venimeux du serpent, c'est en écoutant la parole de Dieu que celui-ci pourra progressivement retrouver la vue. Par conséquent, l'écoute est la seule manière d'accueillir la vérité durant cette vie : « En attendant, tant que la vue n'est pas encore au point, nous devons éveiller l'ouïe et l'exercer à accueillir la vérité [...]. Telle est l'ouïe qu'offre celui qui dit : *Parle, Seigneur, ton serviteur écoute* (1Sam 3,9) et : *J'écouterai ce que le Seigneur Dieu dira au-dedans de moi* (Ps 84,9) »[5]. De la même manière, Eckhart envisage la supériorité de l'écoute sur la vue : « Un maître dit que la puissance de l'écoute est beaucoup plus noble que la puissance de la vue, car on apprend plus de sagesse avec l'écoute qu'avec la vue, et on vit plus dans la sagesse / *dar umbe sprichet ein meister, daz diu kraft des hœrennes vil edeler sî dan diu kraft des sehennes, wan man lernet mê wîsheit mit hœrenne dan mit sehenne und lebet hie mê in der wîsheit* »[6]. Mais il ne justifie pas cette hiérarchie des sens à partir du péché du premier homme ; Eckhart fait reposer cette supériorité sur une distinction plus fondamentale entre agir et pâtir : « Là où nous nous comportons de façon passive, nous sommes plus parfaits que quand nous agissons [...] l'opération qui consiste à écouter la parole éternelle est en moi, alors que l'opération qui consiste à voir vient de moi. Et par l'écoute, je suis

1. *Sermon 33*, *op. cit.*, p. 256 et p. 257 ; *DW* 2, p. 177 et p. 178.
2. *Sermon 13*, *op. cit.*, p. 124 ; *DW* 4/1, p. 421.
3. Bernard de Clairvaux, *Sermons sur le Cantique des Cantiques*, XXVIII, n. 4 et 5, SC 431, p. 353 et p. 355.
4. *Ibid.*, n. 5, p. 355.
5. *Ibid.*, n. 6, p. 357 et p. 359.
6. Maître Eckhart, *Sermon 13*, *op. cit.*, p. 124 ; *DW* 4/1, p. 421.

pâtissant, alors que par la vue, je suis opérant / *wan daz werk des hœrennes des êwigen wortes daz ist in mir und daz werk des sehennes daz gât von mir. Und daz hœren bin ich lîdende, aber das sehen bin ich würkende* »[1]. L'écoute est ce qui dispose l'homme à accueillir quelque chose en lui.

Par-delà la sensibilité, l'écoute devient ainsi une attitude profonde de l'esprit, un acte de l'intellect qui accueille la parole de Dieu cachée dans le fond de l'âme : « La parole gît cachée dans l'âme, en sorte qu'on ne la connaît ni ne l'entend, à moins qu'on ne lui permette d'être perçue dans la profondeur; auparavant elle n'est pas entendue; bien plutôt, il faut que toute voix et tous bruits disparaissent, il faut qu'un calme limpide soit présent, un silence »[2]. Dieu s'adresse à tous les hommes, il parle à toutes les puissances de l'homme, mais seul l'intellect est capable de l'entendre. C'est ainsi qu'Eckhart interprète l'expression « jeune homme » dans le verset : *Je te le dis, jeune homme, lève-toi* (Lc 7,14) : « Pourquoi dit-il *jeune homme*? L'âme n'a rien en quoi Dieu puisse parler si ce n'est l'intellect. Certaines puissances sont si indigentes que Dieu ne peut parler en elles. Sans doute il parle, mais elles ne l'entendent pas [...]. L'homme ne désigne pas d'autre puissance que l'intellect »[3]. Il existe donc une écoute intérieure dans laquelle l'intellect se dispose pour recevoir la parole de Dieu. Et ainsi, celui qui veut entendre cette parole doit se dépouiller de tout ce qui constitue un obstacle : « Celui qui veut entendre la parole et être le disciple de Jésus doit monter et élever son intellect au-dessus de toutes choses corporelles et traverser la fureur de l'inconstance des choses éphémères. Tout le temps que subsiste quelque versatilité, que ce soit dissimulation, ou colère, ou tristessee, elle couvre l'intellect qui ne peut entendre la parole / *wer daz wort hœren wil und Kristî jüngern wesen wil* [...] *daz bedecket die vernunft, daz si daz wort niht gehœren mac* »[4]. Dans le *Sermon 6* sur le verset : *En ce temps-là, l'ange Gabriel fut envoyé par Dieu* (Lc 1,26), Eckhart expose très clairement la place de l'écoute dans le fonctionnement de la parole. Il distingue tout d'abord ce qu'on appellerait aujourd'hui le discours et la pensée, les paroles extérieures sont « une manifestation de la parole intérieure / *ein offenbârunge des innern wortes* »[5]. Mais, les pensées, ou paroles intérieures, sont elles-mêmes des représentations de la parole éternelle, *daz êwige wort*. Il convient donc de distinguer également les paroles humaines et la parole de Dieu. Tout le travail de la pensée commence ainsi par l'écoute. La « parole véritable » (*ein wâr wort*), c'est l'accueil dans l'intellect d'une parole qui se donne à celui qui sait entendre :

> *En ce temps-là*. Lorsque la parole est tout d'abord reçue dans mon intellect, elle est si nette et si subtile qu'elle est une véritable parole avant d'être représentée dans ma pensée [...] Ainsi la parole éternelle est-elle exprimée intérieurement au cœur

1. Maître Eckhart, *Sermon 13*, *op. cit.*, p. 124; *DW* 4/1, p. 421.
2. *Sermon 24*, *op. cit.*, p. 209.
3. *Sermon 29*, *op. cit.*, p. 235 et p. 236.
4. *Sermon 78*, *op. cit.*, p. 479; *DW* 1, p. 393.
5. *Sermon 6*, *op. cit.*, p. 77; *DW* 2, p. 229.

> de l'âme, au plus intime, au plus pur, dans la tête de l'âme dont j'ai récemment parlé, dans l'intellect / In der zît. *In dem, dâ daz wort ze dem êrsten enpfangen wirt in mîner vernunft, dâ ist ez sô lûter und sô kleinlich, daz ez ein wâr wort ist, ê ez gebildet wirt in mînem gedanke* [...] *Alsô wirt daz êwige wort gesprochen inwendic in dem herzen der sêle, in dem innersten, in dem lûtersten, in dem houbete der sêle, dâ ich nû von sprach, in vernünfticheit*[1],

ou encore il faut « que l'on écoute la parole de Dieu au plus intime de soi / *daz man gehœric sî gotes worte in dem innigesten* »[2]. Eckhart s'inscrit ainsi à la suite d'Augustin qui accorde un primat à la parole intérieure sur la parole prononcée au-dehors lorsqu'il parle du Verbe « que nous prononçons dans notre cœur » et « qui n'appartient à aucune langue / *verbum nullius linguae* »[3]. Dès lors, comment est-il possible d'être attentif à ce qui se donne au-dedans ? Mais aussi, qu'est-ce que la parole de Dieu ?

Le terme de « parole » (*daz wort*) est peut-être la manière la plus adéquate pour définir la nature de Dieu : « La parole, c'est Dieu, Dieu est une parole / *wort, daz ist got, got ist ein wort* »[4], ou encore : « Dieu est une parole, une parole inexprimée [...] Dieu est une parole qui s'exprime elle-même / *got ist ein wort, ein ungesprochen wort* [...] *Got ist ein wort, daz sich selben sprichet* »[5]. Dieu parle, le Père exprime son Verbe, et cette parole est créatrice de toutes choses : « Le Fils est une parole du Père [...] le Père énonça une parole, c'était son Fils. Dans cette parole il énonça toutes choses / *der sun ist ein wort des vaters* [...] *der vater sprach ein wort, daz was sîn sun. In dem einigen worte sprach er alliu dinc* »[6]. Ainsi s'exprime la puissance du Père : *Les cieux sont fondés par la puissance de la parole du Seigneur* (Ps 32,6)[7]. La parole de Dieu, appelée également « parole éternelle »[8] ou « Verbe éternel »[9], *daz êwige wort*, désigne plus particulièrement la figure du Fils : « Il est le Verbe du Père / *er ist ein wort des vaters* »[10] suivant le verset johannique : *Au commencement était le Verbe, et le Verbe était près de Dieu et Dieu était le Verbe* (Jn 1,1)[11]. Le Père céleste engendra dans l'âme de Marie son Fils unique et le Verbe éternel reçut en elle toute son humanité[12]. Le Dieu créateur ne cesse de veiller sur sa création et de l'entretenir, comme en témoigne la figure du Christ et son enseignement auprès des hommes. C'est ainsi que la parole de Dieu renvoie aux propos et enseignements du Christ dans

1. *Ibid.* ; *DW* 2, p. 229 et p. 230.
2. *Sermon 69*, *op. cit.*, p. 437 ; *DW* 2, p. 370.
3. Augustin, *La Trinité*, XV, 20, BA 16, p. 475.
4. Maître Eckhart, *Sermon 68*, *op. cit.*, p. 430 ; *DW* 2, p. 344.
5. *Sermon 74*, *op. cit*, p. 459 ; *DW* 2, p. 529.
6. *Sermon 63*, *op. cit*, p. 399 ; *DW* 3, p. 454 et p. 455.
7. *Sermon 48*, *op. cit*, p. 325.
8. *Sermon 95*, *op. cit*, p. 589.
9. *Sermon 42*, *op. cit*, p. 298.
10. *Sermon 18*, *op. cit*, p. 181 ; *DW* 1, p. 15.
11. *Sermons 59* et *102*, *op. cit*, p. 380 et p. 620.
12. *Sermon 71*, *op. cit*, p. 445.

l'Écriture comme l'indique cette expression qui revient à plusieurs reprises : « Notre Seigneur Jésus-Christ prononça ces paroles / *disiu wort sprach unser herre Jêsus Kristus* »[1]. À cette parole prononcée par Dieu correspond cette autre parole consignée par écrit : « L'Écriture contient aussi une autre parole encore meilleure / *ein ander wort stât ouch in der geschrift, daz ist noch bezzer* »[2], ou encore : « Ces paroles sont écrites dans le saint Évangile / *disiu wort stânt geschriben in dem heiligen êwangeliô* »[3].

L'Écriture, qui se dit en allemand *diu geschrift* à partir du latin *scriptura*, est considérée comme étant elle aussi la parole de Dieu : « L'Écriture est la parole de Dieu / *scriptura est ipsum verbum dei* »[4]. Dans le premier *Sermon XXIV* qui commente l'expression lucanienne : *Il est écrit*, scriptum est (Lc 19,41), Eckhart expose de manière traditionnelle la nature de l'Écriture. Il commence par rappeler la cohérence entre l'Ancien et le Nouveau Testament, la loi de Dieu adressée à Moïse et sa révélation en Jésus-Christ. Le Nouveau Testament ne fait qu'accomplir ce qui est contenu dans l'ensemble de l'Écriture, et le Verbe de Dieu est alors comparé à une sorte de bréviaire : « Le Verbe de Dieu vint donc, en s'abrégeant lui-même dans la chair, devint une brève somme, un bréviaire en quelque sorte, contenant et incluant toutes choses / *venit igitur verbum dei, in se ipso breviato in carne, fecit unam summam brevem, quoddam breviarium, continens omnia et includens* »[5]. De même que la parole extérieure est une manifestation sensible du Verbe intérieur, les paroles du Christ contenues dans l'Évangile sont des manifestations réduites de son être. Sans lui, la parole de Dieu se fragmente en de multiples paroles humaines, c'est-à-dire sans unité profonde[6]. Eckhart souligne alors la grande autorité de l'Écriture et la présence d'une vérité indestructible : « En disant : *il est écrit*, il enseigne qu'une grande dignité, une grande autorité se trouve dans l'Écriture sainte ainsi qu'une indestructible vérité / scriptum est *inquiens certe magnam reverantiam, magnam auctoritatem docet inesse scripturis sanctis et insolubilem veritatem* »[7]. Enfin, Eckhart indique le caractère irréductible de l'Écriture qu'aucune intelligence humaine ne peut complétement pénétrer. Il mentionne explicitement les propos d'Augustin dans son livre *Sur la Genèse au sens littéral :* « L'autorité de l'Écriture prévaut contre les ressources de tout esprit humain »[8]. La parole de Dieu transcende toute parole humaine, et cependant Dieu s'exprime à travers un langage humain, il utilise des hommes, en particulier les prophètes, pour se communiquer au-dehors. C'est pourquoi il faut toujours « sonder pleinement » le sens de chaque parole, *daz wort*

1. *Sermon 101*, *op. cit*, p. 614 ; *DW* 2, p. 610.
2. *Sermon 91*, *op. cit*, p. 552 ; *DW* 2, p. 286.
3. *Sermon 42*, *op. cit*, p. 297 ; *DW* 2, p. 378.
4. *Sermon XXIX*, 1, n. 228, *op. cit.*, p. 224 ; *LW* 4, p. 213.
5. *Ibid.*, n. 226, p. 223 ; *LW* 4, p. 212.
6. H. de Lubac, « Verbum abbreviatum », in *Exégèse médiévale. Les quatre sens de l'Écriture*, Paris, Aubier, 1959-1964, p. 187-192.
7. Maître Eckhart, *Sermon XXIX*, 1, n. 227, *op. cit.*, p. 223 ; *LW* 4, p. 212.
8. Augustin, *La Genèse au sens littéral*, II, chap. 5 n. 9, BA 18, p. 161.

volgrunden[1], et en même temps s'émerveiller devant le caractère insondable des paroles de Jésus-Christ: «Eh bien! Remarquez combien sont merveilleuses et insondables les paroles de Jésus-Christ / *eyâ, nû merket, wie wunderlich und sunderlich sint diu wort Jêsû Kristî*»[2]. Il existe alors une tension permanente parce que les paroles humaines ne pourront jamais exprimer pleinement la grandeur de Dieu, et en même temps, la parole de Dieu ne peut se dire en dehors du langage humain.

Heureux plutôt ceux qui entendent la parole de Dieu et qui la gardent, quinimmo beati, qui audiunt verbum dei, et custodiunt illud (Lc 11,28). Sans méconnaître les difficultés liées à l'écoute de la parole de Dieu, Eckhart s'est surtout efforcé de montrer la grande béatitude promise à ceux qui savent écouter. Dans le *Sermon 21* qui commente ce verset, Eckhart exprime le lien entre accueillir le Verbe de Dieu et devenir enfant du Père: «Et le Christ dit: *Celui qui entend la parole de Dieu et la garde, celui-là est heureux*. Or appliquez-vous à en noter le sens [...] Dans ce Verbe, le Père prononce mon esprit et ton esprit et l'esprit de tout être humain, semblable à ce même Verbe. Dans cette même parole, tu es et je suis naturellement fils de Dieu comme ce même Verbe»[3]. L'écoute de la parole permet ainsi à l'homme de se conformer au Verbe et de retrouver la ressemblance avec Dieu. Eckhart envisage alors la figure de Marie. D'une certaine manière, la mère du Sauveur n'est pas au-dessus de celles et ceux qui aujourd'hui encore sont capables d'accueillir cette parole: «L'homme qui entend la parole de Dieu et qui la garde est plus heureux que ne le fut Marie dans cette naissance qui la rendit corporellement mère du Christ»[4]. Ou plus exactement, la grande dignité de Marie vient du fait qu'elle a su recevoir en elle le Verbe de Dieu comme n'importe quelle personne, et c'est ainsi qu'elle devient pour tous un chemin vers le Père. Eckhart précise dans un autre *Sermon*: «L'ange s'adresse non seulement à elle, mais à une très grande multitude, à chaque âme bonne qui désire Dieu. Je dis: si Marie n'avait pas d'abord conçu spirituellement Dieu, il ne serait jamais né d'elle corporellement. Une femme dit à notre Seigneur: *Heureux le corps qui t'a porté* (Lc 11,27). Notre Seigneur dit: Non seulement est heureux le corps qui m'a porté; *heureux sont ceux qui entendent la parole de Dieu et qui la gardent* (Lc 11,28)»[5]. Eckhart reprend en grande partie l'enseignement d'Augustin et s'inspire en particulier des *Sermons 184* à *196* pour la Nativité dans lesquels il comprend la sainteté de Marie à partir de sa capacité à accueillir et à écouter la parole de Dieu. En effet, Marie a d'abord conçu le Christ, le Verbe unique de Dieu, dans son esprit avant de le concevoir en son sein: *fides in mente, Christus in ventre*[6]. C'est pourquoi, il convient de s'interroger sur les conditions

1. Maître Eckhart, *Sermon 20*, *op. cit*, p. 184; *DW* 2, p. 455.
2. *Sermon 21*, *op. cit*, p. 195; *DW* 2, p. 447.
3. *Ibid.*, p. 190.
4. *Ibid.*, p. 188.
5. *Sermon 5*, *op. cit*, p. 70.
6. Augustin, *Sermon 196*, 1, PL 37, 1019. Voir aussi le *Sermon 215*, 4, PL 39, 1074.

qui permettent à l'intellect d'entendre et d'accueillir la parole. À partir des propos de Grégoire le Grand[1], Eckhart évoque alors les quatre choses que doit possèder un tel esprit: «La première, c'est qu'il doit s'être mortifié lui-même en tous ses mouvements charnels, avoir tué en lui toutes les choses corruptibles et être lui-même mort à tout ce qui est corruptible. La seconde condition, c'est qu'il se soit totalement et absolument élevé en Dieu par la connaissance, par l'amour et par une intériorité véritable et totale. La troisième, c'est qu'il ne fasse à personne ce qui lui serait pénible si on le lui faisait. La quatrième, c'est qu'il soit généreux quant aux choses temporelles et au bien spirituel, qu'il donne tout cela généreusement»[2]. Les deux dernières conditions sont plutôt d'ordre éthique, celui ou celle qui veut entendre la parole, doit s'abstenir de faire du mal et être généreux envers les autres. Les deux premières évoquent quant à elles le nécessaire détachement de l'esprit qui doit faire disparaître tout ce qui est corruptible afin de pouvoir s'élever vers Dieu. On retrouve ailleurs cette idée d'un dépouillement nécessaire pour accueillir le Verbe: «Celui qui doit entendre Dieu doit être séparé, loin des autres [...] Heureux l'homme qui s'applique à entendre ce que Dieu dit en lui»[3]. Dieu parle au-dedans, à l'intérieur de l'âme, aussi ne faut-il pas se tenir trop à l'extérieur. Cependant, beaucoup de choses viennent remplir l'âme, c'est pourquoi il convient également de se dépouiller par rapport à tout ce qui risque de recouvrir cette parole. Dans quelle mesure le détachement de l'âme restaure-t-il la capacité de l'homme à écouter? N'y a-t-il pas malgré tout une difficulté fondamentale qui résiste à cet effort?

Tout en reconnaissant l'importance de l'écoute, la béatitude liée à cet acte, Eckhart n'ignore pas pour autant la difficulté des hommes à entendre la parole de Dieu parce qu'ils sont trop souvent dispersés au-dehors. C'est pourquoi la question des conditions de possibilité d'une écoute authentique traverse de nombreux sermons. Ainsi, dans le *Sermon 90* sur le verset: *Qui m'entend ne sera pas confondu,* qui audit me non confundetur (Eccl. 24,30), Eckhart insiste sur la nécesité d'une écoute intérieure de la parole[4]. Il montre ainsi comment l'esprit ne doit pas se disperser au-dehors dans la corporalité, la multiplicité et la temporalité. L'homme qui s'est affranchi de toutes choses, demeure alors dans l'unité[5]. Mais, il existe également une difficulté plus essentielle, une incapacité fondamentale pour l'esprit humain à pouvoir entendre pleinement la parole de Dieu. Évoquant les propos d'Aristote et ceux d'Avicenne concernant la capacité de l'âme à pouvoir concevoir le monde intelligible, Eckhart conclut dans un autre sermon de manière assez radicale sur le caractère incompréhensible de celui-ci: «Aucune pensée ne peut l'entendre / *enkein gedanc enhœret dar zuo*»[6].

1. Grégoire le Grand, *Sermon 18*, 1, PL 76, 1150.
2. Maître Eckhart, *Sermon 21*, *op. cit*, p. 188.
3. *Sermon 69*, *op. cit*, p. 436 et p. 437.
4. *Sermon 90*, *op. cit*, p. 546.
5. *Ibid.*, p. 549.
6. *Sermon 100*, *op. cit*, p. 612; *DW* 1, p. 291.

L'intellect ne peut accueillir pleinement la parole, et cependant cette difficulté de l'écoute n'est pas en soi un obstacle pour la pensée, mais devient une invitation à se dépouiller toujours un peu plus afin de bien disposer l'esprit vers l'intérieur. Eckhart envisage ailleurs un passage du *Livre de l'Exode* dans lequel le peuple s'adresse à Moïse pour qu'il leur parle parce qu'ils ne peuvent pas entendre Dieu (Ex 20,19). Mais ici, la difficulté vient du fait qu'ils se situent trop à la périphérie des choses et dans les apparences trompeuses, ils doivent alors briser la coque extérieure pour percevoir ce qui est au-dedans : « Le peuple alla trouver Moïse et dit : *Parle-nous, car nous ne pouvons entendre Dieu* [...] Ils se tenaient loin et dirent à Moïse : *Moïse, parle-nous, nous ne pouvons pas entendre Dieu.* Ils étaient loin et telle était la coque qui les empêchait d'entendre Dieu »[1]. Pour Eckhart, la difficulté d'écouter au-dedans la parole de Dieu renvoie à un nécessaire détachement qui produit dans l'esprit une certaine vacuité.

L'écoute de la parole est indissociablement liée à un travail de détachement dans lequel l'âme devient progressivement un lieu de silence. L'esprit doit tout d'abord se dégager de tous les bruits extérieurs afin d'entrer à l'intérieur de soi : « Il faut que l'homme ait foulé aux pieds toutes les choses terrestres »[2], ou encore : « Qui doit entendre l'éternelle sagesse du Père doit être à l'intérieur, doit être chez soi, doit être un ; alors il peut entendre la sagesse éternelle du Père / *swer die êwige wîsheit des vaters hœren sol, der sol inne sîn und sol dâ heime sîn und sol ein sîn, sô mac er hœren die êwige wîsheit des vaters* »[3]. Mais il existe un détachement encore plus radical, un détachement intérieur à l'égard de soi-même et de toutes les images et représentations que nous construisons au-dedans, ou comme le dit le Christ lui-même : « Nul ne peut entendre ma parole ni mon enseignement s'il ne s'est quitté lui-même [...] Celui qui a laissé totalement sa volonté goûte mon enseignement et entend ma parole / *nieman enmac mîn wort hœren noch mîne lêre, er enhabe denne sich selben gelâzen* [...] *der allen sînen willen hât gelâzen, dem smacket mîn lêre und hœret mîn wort* »[4]. L'esprit doit être totalement vide, complètement « dénudé de soi-même »[5]. Cette vacuité, ou nudité intérieure, est la condition indispensable à toute écoute véritable, il s'agit presque d'une loi physique : « Quel que soit le sens qui doit reconnaître quelque chose, il doit être nu de toute connaissance : l'œil en son fond doit être nu de toute couleur pour reconnaître la couleur, et de même pour l'oreille par rapport à la voix afin qu'elle puisse entendre quelque chose »[6]. Dans le *Sermon 5*, Eckhart prend l'exemple de la voix qui se projette sur les parois d'une haute montagne, ainsi notre âme doit devenir ce lieu vide de toutes formes dans lequel le Père prononce son Verbe, et l'âme elle-même prononce en retour cette même parole comme un écho :

1. *Sermon 23*, *op. cit*, p. 203.
2. *Sermon 78*, *op. cit*, p. 480.
3. *Sermon 90*, *op. cit*, p. 546 ; *DW* 1, p. 192.
4. *Sermon 110*, *op. cit*, p. 665 ; *DW* 1, p. 170.
5. *Sermon 16a*, *op. cit.*, p. 154.
6. *Sermon 58*, *op. cit.*, p. 374.

« De la même manière que si quelqu'un se trouvait devant une haute montagne et s'écriait : Es-tu là ? La résonance et l'écho lui répondraient : Es-tu là ? S'il disait : Sors ! L'écho répondrait aussi : Sors ! [....] Ainsi fait Dieu : il engendre son Fils unique dans la partie la plus élevée de l'âme. En même temps qu'il engendre son Fils unique en moi, je l'engendre à mon tour dans le Père »[1]. En définitive, l'intellect doit devenir un lieu de silence pour accueillir le Verbe éternel : « Il faut être dans le calme et dans le silence pour que cette parole puisse être entendue »[2], ou encore : « Eh bien ! Celui qui doit entendre cette parole dans le Père – ou règne un grand silence – celui-là doit être très silencieux et détaché de toutes les images et même de toutes les formes »[3], et enfin : « Tout ce qui est dans l'âme doit parler et louer, et personne ne doit entendre cette voix. Dans le silence et le repos [...] Dieu parle dans l'âme et s'exprime totalement dans l'âme »[4]. Le repos met fin à l'altération. L'acte d'écouter exige en quelque sorte une totale disponibilité dans laquelle transparaît quelque chose de la parole.

Le Christ, Verbe éternel du Père, n'est-il pas dès lors le modèle parfait de l'écoute véritable ? À plusieurs reprises, Eckhart cite à propos de l'écoute le verset johannique : *Tout ce que j'ai entendu de mon Père, je vous l'ai fait connaître* (Jn 15,15). Dans le *Sermon 95* consacré à ce verset, il rappelle que tout se passe dans l'intellect qui accueille la parole : « Même si tu n'entends ni ne comprends rien de cette parole, il y a pourtant dans l'âme une puissance [...] dans cette puissance, cette parole est comprise »[5]. C'est dans l'intellect que le Verbe advient, lui qui est l'image véritable du Père dans la mesure où il n'y a rien en lui qui ne soit dans le Père et réciproquement : « Personne ne vient au Père si ce n'est par le Fils. Qui voit le Père voit le Fils »[6]. Le Christ introduit l'homme dans une relation plus intime avec le Père, dans cette écoute de la parole, l'homme devient alors fils du Père : « Ce que le Fils entend du Père, il nous l'a révélé pour que nous soyons le même fils »[7]. La filiation divine est une identification à l'Unique engendré en Dieu. À côté de ce modèle représenté par la figure du Christ, se trouve l'homme, lui qui a toujours besoin de progresser dans l'écoute de la parole. Dans le *Sermon 84*, Eckhart évoque la figure de Marie de Béthanie qui *était assise aux pieds de notre Seigneur et écoutait sa parole* (quae etiam sedens secus pedes domini, audiebat verbum illius) (Lc 10,39)[8]. Il souligne l'insuffisance de cette relation encore trop extérieure et soupçonne même une attitude un peu égoïste, il parle de « la douce consolation et [de] la joie qu'elle puisait aux paroles éternelles qui s'écoulaient de la bouche du Christ »[9]. La jeune femme est encore débutante

1. *Sermon 5*, *op. cit*, p. 72 et p. 73.
2. *Sermon 13*, *op. cit.*, p. 123.
3. *Sermon 59*, *op. cit*, p. 380.
4. *Sermon 24*, *op. cit*, p. 211.
5. *Sermon 95*, *op. cit*, p. 589 et p. 590.
6. *Sermon 110*, *op. cit*, p. 661.
7. *Sermon 46*, *op. cit*, p. 316.
8. *Sermon 84*, *op. cit*, p. 507.
9. *Ibid.*

dans l'écoute : « Elle était tout d'abord à l'École et apprenait à vivre [...] *Marie était assise aux pieds de notre Seigneur et écoutait ses paroles.* Et elle apprenait car elle fut d'abord à l'École et apprenait à vivre »[1]. Marie doit apprendre à écouter, c'est-à-dire à passer d'une écoute extérieure à une écoute plus intérieure, il lui faut se mettre à l'écoute du maître intérieur. La difficulté de l'écoute ne fait que renforcer l'idée d'un nécessaire apprentissage. Eckhart rejoint ainsi la pensée augustinienne, et plus exactement les propos d'Adéodat : « Mais moi, j'ai appris par l'avertissement de tes paroles que les mots ne font qu'avertir l'homme pour apprendre, et qu'il est très peu de chances que le langage révèle quelque chose de la pensée de celui qui parle ; mais la vérité de ce qui est dit, celui-là seul nous l'enseigne, qui, lorsqu'il parlait à l'extérieur, nous a averti qu'il habite à l'intérieur »[2].

L'HÉRITAGE AUGUSTINIEN

L'écoute de la parole de Dieu occupe une place importante dans l'œuvre d'Augustin, non seulement sur un plan historique et personnel – c'est en effet en parcourant l'Écriture qu'Augustin s'est converti[3] –, mais également sur un plan plus ontologique : « Je ne me réjouis pas, dit-il, d'entendre ma propre voix, mais je me réjouis d'entendre la voix de l'époux. Mon être est d'écouter, le sien de dire [...] je suis l'oreille, il est la parole / *ego sum in audiendo, ille in dicendo* [...] *ego sum in aure, ille Verbum* »[4]. L'écoute est donc la posture intérieure qui donne à l'homme son être propre, c'est en écoutant qu'il existe pleinement, aussi écouter lui procure une joie intense : « Oui, je le répète, je goûte une joie plus solide à écouter la parole de Dieu, qu'à la prêcher / *gaudium, inquam, meum tunc solidum est, quando audio, non quando praedico* »[5]. En quoi l'Écriture est-elle le lieu par excellence où se communique la parole de Dieu ? Comment faut-il l'écouter ? Et, bien qu'il soit plus plaisant d'écouter que d'annoncer, quel est le lien étroit entre écoute et prédication ?

Pour Augustin, l'Écriture porte en elle la trace de cette parole que Dieu adresse aux hommes. Dans son ouvrage sur *La Doctrine chrétienne*, il entreprend une réflexion sur l'interprétation des signes de cette parole transmise par les hommes et consignée par écrit : « Car même les signes donnés par Dieu et contenus dans les saintes Écritures nous ont été révélés par les hommes qui les ont rédigés »[6]. Plongés dans le monde sensible et temporel, les hommes ne peuvent avoir accès à la parole de Dieu que par la médiation des signes : « Les cœurs avec leur faiblesse ne pourraient pas entendre la parole intelligible sans l'intermédiaire

1. *Ibid.*, p. 515 et p. 516.
2. Augustin, *Le Maître*, chap. 14 n. 46, BA 6, p. 153.
3. *Les Confessions*, VII, chap. 21 n. 27, BA 13, p. 639-643.
4. *Homélies sur l'Évangile de Jean*, XIII, 12, BA 71, p. 698 et p. 699.
5. *Sermon 179*, 2, PL 38, 967.
6. *La Doctrine chrétienne*, II, chap. 2 n. 3, BA 11/1, p. 241.

d'une voix accessible aux sens »[1]. De même que *le Verbe s'est fait chair*, la parole de Dieu s'exprime dans un langage humain. Il existe un lien très fort entre l'Écriture et le Christ, Verbe de Dieu. Écouter aujourd'hui l'Écriture, c'est écouter le Christ. Et réciproquement, le Christ est la clé d'intelligibilité de toute l'Écriture. Désormais, le Christ est présent à travers l'Écriture, et le texte vient combler physiquement son absence, il est pour tous les hommes le signe de sa présence : « C'est pourquoi, écoutons l'Évangile comme si le Seigneur était présent [...] les précieux enseignements qui sortaient de la bouche du Seigneur, c'est pour nous qu'ils ont été écrits, pour nous qu'ils ont été conservés, pour nous qu'ils sont proclamés. Le Seigneur est dans les hauteurs, mais le Seigneur se tient également ici »[2]. Et ainsi, toute l'Écriture doit être interprétée à partir du Christ, c'est lui qui permet de comprendre le *Nouveau* comme l'*Ancien Testament :* « Toute l'Écriture divine, qui a été écrite avant, l'a été pour prédire la venue du Seigneur; et tout ce qui, après, a été consigné par écrit et confirmé par l'autorité divine, raconte le Christ et enseigne l'amour »[3]. De ce fait, seule l'Écriture conduit l'intelligence de l'homme sur le chemin de la vérité : « Puisque nous étions sans force pour trouver la vérité par un raisonnement limpide, et que pour ce motif nous avions besoin de l'autorité des saintes Lettres, j'avais déjà commencé à croire que, d'aucune façon, tu n'aurais accordé à cette Écriture une autorité, aussi prépondérante désormais par toute la terre, si tu n'avais pas voulu, et que par elle on crût en toi, et que par elle on te cherchât »[4]. Mais avant d'atteindre ces vérités merveilleuses et profondes contenues dans l'Écriture, l'intelligence doit tout d'abord apprendre à écouter.

Bien qu'elle soit constitutive de l'homme, l'écoute de la parole n'est pas pour lui quelque chose de spontanée. Augustin se plaît à rappeler comment historiquement et concrètement, il a beaucoup erré avant de parvenir à saisir le sens profond de l'Écriture. Sa première rencontre avec celle-ci s'est d'ailleurs soldée par un échec. Comparée aux textes magnifiques de Cicéron comme par exemple celui de l'*Hortensius*, l'Écriture ne semble pas très intéressante sur un plan littéraire[5]. Augustin lui reproche même sa manière trop humaine et grossière d'envisager la question de Dieu. Avec les manichéens, il va procéder à une lecture amputée de l'Écriture, une lecture partielle qui rejette l'Ancien Testament et ne retient que certains passages choisis des Évangiles[6]. C'est sa rencontre avec Ambroise, qui va lui permettre de découvrir le sens spirituel de l'Écriture caché sous la lettre : « Et, comme s'il recommandait une règle avec le plus grand soin, souvent dans ses discours au peuple, Ambroise disait une chose que j'entendais avec joie : *la lettre tue mais l'esprit vivifie* (2Co 3,6); et en même temps, dans les

1. *Homélies sur l'Évangile de Jean*, XXXVIII, 11, BA 73A, p. 273.
2. *Ibid.*, XXX, 1, BA 72, p. 615 et p. 617.
3. *La première Catéchèse*, chap. 4 n. 8, BA 11/1, p. 69.
4. *Les Confessions*, VI, chap. 5 n. 8, BA 13, p. 533.
5. *Ibid.*, III, chap. 5 n. 9, BA 13, p. 377.
6. *Ibid.*, III, chap. 6 n. 10, BA 13, p. 379.

textes qui semblaient à la lettre contenir une doctrine perverse, il soulevait le voile mystique et découvrait un sens spirituel »[1]. Chez Augustin, l'écoute de la parole va de pair avec une interrogation au sujet de son sens. L'Écriture possède des sens multiples et ainsi, un même passage peut donner lieu à plusieurs interprétations : « Mais lorsque des mêmes mots de l'Écriture, on tire non pas un seul mais deux ou plusieurs sens tout en ignorant quel sens l'écrivain a eu en vue, il n'y a aucun danger à admettre n'importe quel de ces sens, à condition de pouvoir montrer d'après d'autres passages des saintes Écritures qu'il s'accorde avec la vérité »[2]. Il arrive même que l'intelligence parvienne parfois à des sens divergents. Dans ce cas encore, l'intelligence ne doit pas s'en effrayer. Le critère ultime qui décide de la véracité de ces différentes interprétations, c'est la figure du Christ : « Il faut rapporter le tout au Christ, si nous voulons saisir le véritable sens; ne nous écartons pas de la pierre angulaire [...] Quelques doutes que fassent naître dans notre esprit les saintes Écritures, que l'homme ne s'éloigne pas du Christ, et s'il le découvre dans ses lectures, qu'il soit certain de les avoir comprises, et qu'il ne se persuade point qu'il les comprend, tant qu'il n'y rencontre pas le Christ »[3]. En réalité, l'Écriture possède une profondeur infinie qui autorise plusieurs manières d'écouter à condition que celles-ci soient conformes à l'ensemble, et surtout fidèles au Christ. Dans un passage très intéressant qui compare l'Écriture à des nuages, Augustin montre comment la parole de Dieu se dévoile et se voile à l'homme tout à la fois : « Dieu fait reverdir les âmes par sa parole, mais il les irrigue depuis les nuées, c'est-à-dire les écrits des prophètes et des apôtres. Il est exact de les appeler des nuées, parce que lorsque s'y ajoute l'obscurité des allégories, qui les recouvrent d'une sorte de brouillard, ces paroles qui résonnent et passent en frappant l'air deviennent comme des nuées, et lorsqu'on en fait sortir la substance en les expliquant, c'est en quelque sorte une pluie de vérité qui se répand sur ceux qui les comprennent bien »[4]. Par conséquent, l'écoute de la parole est une activité sans fin, l'homme n'aura jamais fini de parcourir l'Écriture.

Parmi les nombreux textes d'Augustin sur l'écoute de la parole, peut-être faut-il signaler le *Sermon 179* sur le verset : *Ayez-soin de pratiquer la parole, et ne vous contentez pas de l'écouter, vous séduisant vous-mêmes* (Jc 1,22), dans lequel il envisage les rapports entre l'écoute et la prédication[5]. L'écoute permet d'entrer dans l'intelligence du texte, et place l'homme en vérité devant Dieu. Par l'écoute, l'homme reçoit docilement la parole, alors que la prédication le met en avant par rapport à Dieu, et l'expose ainsi plus facilement à l'orgueil : « C'est bien inutilement que le prédicateur annoncerait au-dehors la parole de Dieu, s'il ne l'écoutait tout d'abord au-dedans de lui / *Verbi Dei enim inanis est forinsecus*

1. *Ibid.*, VI, chap. 4 n. 6, BA 13, p. 529.
2. *La Doctrine chrétienne*, III, chap. 27 n. 38, BA 11, p. 389.
3. *Les Commentaires des Psaumes*, 96, 2, CCSL XXXIX, p. 1354 et p. 1355.
4. *La Genèse contre les Manichéens*, II, chap. 4 n. 5, BA 50, p. 277et p. 279.
5. *Sermon 179*, PL 38, 966-972.

praedicator, qui non est intus auditor »[1], et plus loin : « Si nous sommes simples auditeurs, il nous est facile d'être humbles ; mais si nous sommes prédicateurs, nous sommes exposés au danger de la vaine gloire, où il faut nous comprimer / *ubi audimus ergo, humiles sumus ; ubi autem praedicamus, et si non elatione periclitamur, certe vel frenamur* »[2]. Tout commence donc par l'écoute, une écoute attentive qui place l'homme au-dedans, sous le regard de Dieu. Et en même temps, l'apôtre Jacques invite les hommes non seulement à écouter la parole de Dieu mais aussi à la mettre en pratique. Le critère d'une écoute authentique n'est-il pas d'ailleurs sa grande fécondité sur le plan extérieur ? Augustin accorde une place importante à la prédication parce qu'elle mène les hommes vers le Christ, le Maître intérieur. Et ainsi, tous les hommes, qu'ils écoutent ou enseignent, doivent commencer par se mettre à l'écoute du Verbe de Dieu : « Le Verbe sera le seul maître [...]. Au-dedans de nous-mêmes, où l'œil de l'homme ne peut pénétrer ; dans cette partie secrète de votre cœur et de votre esprit, où tient École celui qui vous inspire d'applaudir, nous sommes tous auditeurs et disciples [...]. Tous donc nous devons écouter attentivement dans l'intérieur de notre âme, et tous aussi nous devons observer fidèlement cette divine parole au-dedans, aussi bien qu'au-dehors / *omnes ergo intus auditores sumus ; et omnes et foris et intus in conspectu Dei fectores esse debemus* »[3]. Toute activité humaine doit s'enraciner dans l'écoute de la parole de Dieu.

Dans sa manière d'envisager l'écoute de la parole, Eckhart est très influencé par la pensée d'Augustin qu'il cite à plusieurs reprises. Dans les *Entretiens spirituels*, il associe ainsi l'écoute de la parole et l'obéissance véritable : « Dans la véritable obéissance, on ne doit pas trouver : je veux telle et telle chose, ceci ou cela, mais un total renoncement à ce qui t'est propre [...]. C'est ainsi que saint Augustin dit : Le fidèle serviteur ne souhaite pas qu'on lui dise ou qu'on lui donne ce qu'il aimerait entendre ou voir, car sa première et suprême application est d'entendre ce qui plaît davantage à Dieu / *wan sîn êrster, hœhster vlîz ist ze hœrenne, waz gote allermeist gevellet* »[4]. Eckhart cite ici un passage des *Confessions* dans lequel Augustin s'interroge sur la manière dont l'homme écoute la parole. Dieu s'adresse à tous les hommes, mais tous ne l'entendent pas parce qu'ils sont encore trop attachés à leur volonté propre. Aussi, le serviteur est celui, non pas qui entend ce qu'il veut, mais qui veut ce qu'il entend : « Ton meilleur serviteur, c'est celui qui est plus attentif non pas à entendre de toi ce qu'il veut lui-même, mais plutôt à vouloir ce qu'il entend de toi / *optimus minister tuus est, qui non magis intuetur hoc te audire quod ipse voluerit, sed potius hoc velle quod a te audierit* »[5]. Toute activité humaine doit s'enraciner dans l'écoute de la parole, ou comme le dit Augustin dans un autre texte : « Celui qui veut que Dieu

1. *Sermon 179*, n. 1, PL 38, 966.
2. *Ibid.*, n. 2, PL 38, 967.
3. *Ibid.*, n. 7, PL 38, 970.
4. Maître Eckhart, *Entretiens spirituels*, 1, *op. cit.*, p. 725.
5. Augustin, *Les Confessions*, X, chap. 26 n. 37, BA 14, p. 208 et p. 209.

l'écoute, doit commencer par écouter Dieu / *qui vult audiri a Deo, prius audiat Deum* »[1]. Pour Eckhart, l'écoute et l'obéissance, *gehôrsame*, sont étroitement liées. Il existe d'ailleurs une proximité entre les verbes « écouter » et « obéir », *hœren* et *gehœren*. Dans un sens plus large, écouter signifie accueillir avec faveur, apporter son adhésion, sa confiance et en fin de compte obéir. Quant à l'obéissance véritable, elle n'est pas une forme de soumission à l'égard d'un supérieur, mais elle est une expression de la liberté humaine qui consent à se laisser traverser par la volonté de Dieu, une manière d'être attentif à sa parole, une écoute intérieure. Une telle articulation met en valeur le caractère passif de l'écoute, écouter c'est recevoir quelque chose qui vient dans l'intellect. Cependant, l'écoute peut aussi manifester une forme de dynamisme intérieur. Écouter la parole de Dieu, c'est aussi interpréter ce qui se donne au-dedans.

Tout commence par une écoute patiente et détachée de la parole de Dieu. Et en même temps, cela ne dispense pas l'intellect d'un certain discernement qui s'efforce de rendre intelligible ce qu'il accueille en lui. L'acte d'écouter devient alors un travail d'interprétation. Dans le *Sermon 23*, Eckhart évoque à deux reprises les propos d'Augustin sur cette question : « Messire saint Augustin dit que L'Écriture est une mer profonde [...] Saint Augustin dit : Au début, l'Écriture sourit aux jeunes enfants [...], elle se moque des gens sages »[2]. Ces deux références renvoient à un même passage des *Confessions* dans lequel Augustin souligne la disproportion entre la profondeur de l'Écriture et l'étroitesse de certaines interprétations : « Admirable profondeur de tes oracles, dont voici devant nous la surface caressante aux tout petits ! Mais admirable profondeur, mon Dieu, admirable profondeur »[3]. Dans la suite du texte, Augustin dénonce aussi bien l'attitude des manichéens qui rejettent l'*Ancien Testament*, que l'interprétation grossière de certains qui reconnaissent certes l'autorité de toute l'Écriture, mais lui font dire ce qu'ils veulent eux-mêmes[4]. Dans cette même perspective, Eckhart distingue d'un côté les maîtres et les sages, et de l'autre l'enfant, ou encore une personne humble et simple. Les maîtres et les savants semblent vouloir s'approprier l'Écriture et la réduire à leurs perspectives. Ils pensent pouvoir « pénétrer », *durch grabent*, « déchiffrer », *auff thun*, et « sonder l'Écriture », *der geschrifft gründen* [5]. Au contraire, il convient d'aborder l'Écriture avec plus de simplicité et de modestie, « l'interpréter simplement telle qu'elle est / *bedeütten also bloss, als sy ist* »[6], et ainsi en « toucher le fond », *ergründen*[7]. L'Écriture est à la fois plus simple que toutes les constructions compliquées de l'esprit, et infiniment plus riche que toutes les interprétations grossières, parce qu'il existe toujours derrière le sens littéral, un sens caché :

1. *Sermon 126*, n. 4, PL 38, 126.
2. Maître Eckhart, *Sermon 23*, *op. cit.*, p. 203 et p. 204.
3. Augustin, *Les Confessions*, XII, chap. 14 n. 17, BA 14, p. 367.
4. *Ibid.*, p. 369.
5. Maître Eckhart, *Sermon 23*, *op. cit.*, p. 203 et p. 204 ; *DW* 2, p. 466 et p. 467.
6. *Ibid.*, p. 203 ; *DW* 2, p. 466.
7. *Ibid.*, *DW* 2, p. 465.

« Tout ce que nous pouvons en entendre et tout ce que l'on peut nous dire recèle un autre sens caché / *alles, das wir hie horen mogen, unnd alles, das man uns gesagen mag, das hat alles eynen anderen, verborgenen synn darinn* »[1]. Eckhart affirme ainsi le caractère irréductible de l'Écriture, et emprunte alors à Grégoire le Grand l'image de la mer profonde et tumultueuse : « Il est juste de dire que les livres sacrés font penser à la vision d'une mer, car il y a en eux les grandes eaux déferlantes des pensées, les flots pressés des significations »[2]. Dans ce passage, Grégoire le Grand montre comment le sens littéral fait constamment surgir des pensées et des significations de plus en plus riches. Interpréter simplement l'Écriture telle qu'elle est, c'est rechercher constamment le sens caché d'une parole qui toujours nous échappe parce qu'elle est le Verbe de Dieu. L'écoute est donc aussi nécessairement cette attitude active de l'intellect qui interprête, *bediuten*, et interroge, *vrâgen*, ce qu'il accueille en lui.

Écouter la parole de Dieu, s'efforcer d'interpréter son sens caché, mais aussi interroger la vie. L'esprit ne doit-il pas écouter ce qui est présent en lui, ce que la vie porte en elle et peut dire de cette parole ? Dans le *Sermon 39*, Eckhart établit un lien entre « écouter » et « interroger » à partir d'une citation d'Augustin : « Saint Augustin demanda ce qu'est la vie éternelle et il répondit ainsi : Si tu me demandes ce qu'est la vie éternelle, interroge et écoute la vie éternelle elle-même / *vrâge und hœre daz êwic leben selbe* »[3]. Ce passage évoque un bref commentaire d'Augustin sur le verset johannique : *Je suis la voie, la vérité et la vie* (Jn 14,6). Le Christ apparaît alors comme celui qui répond aux interrogations humaines : « Vous cherchiez par où marcher : *Je suis la voie*, vous dit-il. Vous cherchiez le terme où vous devez aboutir : *Je suis la vérité et la vie*. Vous ne pouvez vous égarer en allant à lui, par lui / *quaerebas qua ires : Ego sum via. Quaerebas quo ires : Ego sum veritas et vita. Non errabis quando is ad illum, per illum* »[4]. Ce qu'Eckhart retient de ce passage qu'il remanie à sa manière, c'est tout d'abord le fait que l'écoute est un élément important dans la connaissance d'une réalité. On ne peut connaître une chose qu'à partir de l'expérience que nous en faisons[5]. Et ainsi, celui qui veut connaître la vie, doit vivre et se mettre à l'écoute de la vie. Écouter devient alors un processus dynamique qui rejoint l'acte d'interroger, et inversement l'interrogation est une manière active d'écouter les choses. Enfin, Eckhart parle de la vie éternelle, c'est-à-dire du Christ lui-même. En effet, il ne peut y avoir une réflexion sur l'existence humaine sans une prise en compte du Verbe incarné. Eckhart n'ignore pas qu'Augustin s'est interrogé à partir de sa propre existence. C'est au cœur même de l'expérience concrète que l'homme découvre la parole de Dieu et se met progressivement à son écoute. L'écoute

1. Maître Eckhart, *Sermon 23*, *op. cit.*, p. 204 ; *DW* 2, p. 467.
2. Grégoire le Grand, *Homélies sur Ezéchiel*, VI, n. 13, SC 327, p. 215.
3. Maître Eckhart, *Sermon 39*, *op. cit*, p. 279 ; *DW* 3, p. 160.
4. Augustin, *Sermon 150*, chap. 8 n. 10, PL 38, 814.
5. M. Henry, « Cette vérité qui s'appelle la vie », in *C'est moi la vérité. Pour une philosophie du christianisme*, Paris, Seuil, 1996, p. 46-70.

prend tout son sens à l'intérieur d'une pensée qui cherche la trace de Dieu dans l'existence la plus ordinaire. Au terme, écouter consiste à observer attentivement ce qui se passe dans l'expérience, les mouvements qui traversent l'esprit, les actes de l'intellect. C'est bien ainsi qu'Augustin a construit sa réflexion dans les *Confessions*, articulant tout à la fois l'écoute de la parole et l'écoute de soi : « Dis-moi au nom de tes miséricordes, Seigneur mon Dieu, ce que tu es pour moi [...]. Dis-le de façon que je l'entende. Voici les oreilles de mon cœur devant toi, Seigneur »[1].

Dans l'ouvrage *Saint Augustin et les actes de parole*, Jean-Louis Chrétien décrit ainsi l'expérience de l'écoute à travers un certain nombre de verbes tels que lire, interroger et se taire[2]. Lire est pour Augustin une activité importante dans l'écoute attentive de la parole. Plus qu'une manière de constater, la lecture est déjà un acte de compréhension. Dans l'une de ses *Homélies sur l'Évangile de Jean*, Augustin considère les actes de Jésus et les miracles qu'il accomplit, comme une forme de parole. Il établit alors très explicitement un lien entre *legere* et *intellegere :* « De même que, si nous considérons quelque part des lettres magnifiques, il ne nous suffirait pas de louer la main du scribe qui les a tracées égales, régulières et belles, il nous faudrait encore lire ce qu'il a voulu nous faire connaître par elles, de même, celui qui se contente de considérer ce fait se réjouit de sa beauté pour en admirer l'auteur, mais celui qui le comprend le lit pour ainsi dire »[3]. Il ne s'agit pas d'admirer des formes, mais de comprendre un sens. La lecture consiste à comprendre le sens d'une parole, il s'agit plus exactement de saisir l'intention de l'auteur : « Bien sûr, nous tous qui lisons, nous tendons nos efforts pour dépister et saisir ce qu'a voulu celui que nous lisons »[4]. La lecture devient un travail de discernement dont la forme la plus haute consiste à déchiffrer la volonté de Dieu : « Puissions-nous accéder ensemble aux paroles de ton livre, et y chercher ton intention à travers l'intention de ton serviteur »[5]. Ce qui est le plus intéressant, c'est qu'Augustin s'est efforcé de souligner une difficulté, et peut-être même une opacité irréductible. En effet, on ne peut jamais complètement lire ou déchiffrer l'intention de celui qui parle : « Par quelles démarches, en effet, reconstituer la volonté d'un homme absent ou mort, au point de pouvoir s'en porter garant par serment ? Même s'il était présent pour répondre à nos questions, il y aurait peut-être bien des choses qu'il cacherait par obligeance, à moins d'être méchant. D'ailleurs je ne pense pas que, pour résoudre la question, il serve en rien de savoir ce que fut un écrivain »[6]. On pense souvent qu'il serait bien commode de pouvoir converser directement avec un auteur pour comprendre le sens de ses paroles. Augustin prend l'exemple de Moïse qui n'est

1. Augustin, *Les Confessions*, I, chap. 5 n. 5, BA 13, p. 281, 283.
2. J.-L. Chrétien, *Saint Augustin et les actes de parole*, *op. cit.*, 2002.
3. Augustin, *Homélies sur l'Évangile de Jean*, XXIV, 2, BA 72, p. 409.
4. *Les Confessions*, XII, chap. 18 n. 27, BA 14, p. 385.
5. *Ibid.*, chap. 23 n. 32, BA 14, 397.
6. *De l'Utilité de croire*, chap. 5 n. 11, BA 8, p. 235.

plus présent à nos côtés : « Il s'en est allé ; il est parti d'ici passant de toi à toi, et maintenant il n'est pas devant moi. Car s'il y était [...] je tendrais les oreilles aux sons jaillissants de sa bouche »[1]. Il précise alors que, même s'il était possible d'être face à lui, quelque chose se déroberait pourtant à mon intelligence : « Si Moïse lui-même nous apparaissait et nous disait : Voici ce que j'ai pensé, même ainsi nous ne le verrions pas »[2]. Cette impossibilité de comprendre l'intention d'un auteur ne constitue pas une limite dans la lecture. Bien au contraire, elle justifie la multiplicité des lectures concernant le sens d'une parole. C'est précisément parce qu'il n'est pas possible de saisir une fois pour toutes le sens profond d'une parole qu'il convient de l'interpréter sans cesse de différentes manières. La lecture est quelque chose de stimulant pour la pensée, elle éveille l'esprit et lui fait découvrir des vérités qui sont présentes en lui de toute éternité : « Cela aussi le font les écrits, où se trouvent consignées des choses dont le lecteur, sous la conduite de la raison, découvre la vérité : non une vérité qu'il croit sur le témoignage de l'écrivain, comme il en va en histoire ; mais une vérité que lui aussi découvre, soit en lui-même, soit dans cette vérité qui est la lumière de l'âme »[3]. Face à l'absence, la lecture permet à l'homme de revenir à lui, et finalement d'apprendre à lire ce que Dieu attend de lui.

L'interrogation est peut-être la forme la plus active de l'écoute, ou encore « la vérité de l'écoute est d'interroger », affirme encore Jean-Louis Chrétien, et plus loin : « Écouter en vérité, c'est laisser devenir questions en moi les affirmations de l'autre »[4]. Comme la lecture, l'interrogation est une activité nécessaire qui éveille l'esprit et renforce son attention. Pour Augustin, les questions sont des paroles de vérité, non pas parce qu'elles contiendraient la vérité, mais dans la mesure où elles orientent l'esprit à mieux chercher la vérité en lui. S'interroger permet d'entretenir un dialogue permanent avec le Maître intérieur qui conduit sur le chemin de la vérité[5]. L'homme passe ainsi d'une interrogation sur la réalité des choses à une interrogation sur lui-même. Il s'agit non seulement d'interroger, mais de s'interroger soi-même et de scruter son cœur. Ce que l'homme découvre alors, c'est sa propre obscurité, les questions ne font que révèler un peu plus combien celui-ci est toujours une énigme pour lui-même : « C'est au point que mon esprit, s'interrogeant sur ses propres forces, n'ose pas trop se faire confiance lui-même : car ce qui réside en lui demeure le plus souvent caché »[6]. L'interrogation est liée à une épreuve, une incapacité à pouvoir ressaisir ce que nous sommes, mais cette épreuve nous mène à une interrogation ultime, celle de Dieu lui-même qui entend sonder le cœur de l'homme. Dans son commentaire du verset : *Ses paupières interrogent les fils des hommes* (Ps 10,8),

1. *Les Confessions*, XI, chap. 3 n. 5, BA 14, p. 279.
2. *Ibid.*, XII, chap. 25 n. 35, BA 14, p. 403.
3. *La Trinité*, XIV, chap. 7 n. 9, BA 16, p. 369-371.
4. J.-L. Chrétien, *Saint Augustin et les actes de parole*, *op. cit.*, p. 20 et p. 21.
5. Augustin, *Du Maître*, chap. 12 n. 40, BA 6, p. 140-143.
6. *Les Confessions*, X, chap. 32 n. 48, BA 14, p. 227.

Augustin évoque en effet comment Dieu lui-même interroge les hommes à travers toute l'Écriture : « Car ce sont eux en effet que certains passages obscurs des Écritures, comparables aux yeux fermés de Dieu, incitent à la recherche, tandis que certains passages clairs, comparables aux yeux ouverts de Dieu, les illuminent pour leur joie. Cette alternance d'ouverture et de fermeture, fréquente dans les livres saints, est comme le battement des paupières de Dieu qui interroge, c'est-à-dire éprouve, les fils des hommes que l'obscurité, au lieu de lasser, stimule, et que la connaissance affermit sans les enfler d'orgueil »[1]. Les passages les plus obscurs renforcent l'homme dans sa recherche alors que les passages les plus clairs lui procurent une certaine satisfaction. Toute l'Écriture devient alors comme le regard de Dieu vers l'homme afin que celui-ci soit reconduit vers la vérité. L'homme doit donc interroger, s'interroger lui-même, et plus fondamentalement encore, se laisser interroger par Dieu jusqu'à se taire. Et dans le silence, il s'expose alors au regard de Dieu.

Les verbes « se taire », *tacere*, et « faire silence », *silere*, sont tous les deux employés par Augustin. Le silence peut se définir comme une condition indispensable à l'écoute. Il s'agit de se taire afin que nos oreilles puissent entendre. Dans l'épisode d'Ostie, Augustin associe ainsi le silence des créatures et l'écoute du Verbe : « Si en quelqu'un faisait silence le tumulte de la chair, silence les images de la terre et des eaux et de l'air, silence même les cieux, et si l'âme aussi en soi faisait silence, et se dépassait en ne pensant plus à soi, silence les songes et les visions de l'imagination [...] S'il parlait lui-même, seul, non par elles mais par lui-même, et qu'il nous fît entendre son verbe »[2]. Pour entendre une parole, et à plus forte raison la parole de Dieu, l'esprit humain doit faire taire tous les bruits extérieurs et intérieurs, afin de devenir cet espace de résonance pour une parole, un vide capable d'accueillir le Verbe. Mais le silence n'est pas simplement une condition de l'écoute, il est aussi une manière de parler. Se taire des lèvres, c'est laisser le cœur parler, et même laisser le Verbe de Dieu s'exprimer à travers lui : « Le silence est la plus intérieure de toutes les paroles, le plus intérieur de tous les hymnes », confie Jean-Louis Chrétien[3]. Aussi, dans certains passages, le silence désigne la parole de Dieu irréductible aux paroles humaines : « Et ces paroles, tes paroles formées pour un temps, c'est l'oreille extérieure qui les transmit à l'intelligence vigilante, dont l'oreille intérieure est à l'écoute de ta parole, le Verbe éternel. Mais l'intelligence, elle, compare ces paroles qui résonnaient dans le temps, avec ta parole, ton Verbe éternel dans le silence »[4]. Il existe alors un silence de Dieu, un silence du Verbe qui se manifeste d'ailleurs au début et à la fin de la vie terrestre de Jésus. Lorsque le Verbe s'est fait chair, la parole éternelle est entrée dans le silence d'un enfant qui ne parle pas encore : « Il gisait dans la crèche tout en contenant le monde entier : il était sans parole et

1. *Les Commentaires des Psaumes*, 10, 8, BA 57/A, p. 461.
2. *Les Confessions*, IX, chap. 10 n. 25, BA 14, 119.
3. J.-L. Chrétien, *Saint Augustin et les actes de parole*, *op. cit.*, p. 97.
4. Augustin, *Les Confessions*, XI, chap. 6 n. 8, BA 14, p. 285.

il était la parole / *jacebat in praesepio contineus mundum: et infans erat et Verbum* »[1]. Au cours de sa passion, le silence du crucifié maintient fermement en lui toutes les paroles de haine et de mensonge : « Il se tient comme sourd et muet devant ceux qui l'injuriaient, lui qui fit parler le muet et entendre le sourd »[2]. La figure est celle du juste telle qu'elle est évoquée dans le livre d'Isaïe : *Maltraité, il s'humiliait, il n'ouvrait pas la bouche, comme l'agneau qui se laisse mener à l'abattoir, comme devant les tondeurs une brebis muette, il n'ouvrait pas la bouche* (Is 53,7). L'homme doit alors écouter celui qui se tait, et entrer progressivement dans son silence.

LIRE, INTERROGER ET SE TAIRE. LES FORMES DE L'ÉCOUTE

En tant qu'il dispose l'intellect à accueillir la parole de Dieu, l'acte d'écouter rejoint celui de lire, *lesen*, mais aussi celui d'interroger, *vrâgen*. Lire consiste à déchiffrer le sens d'un texte ou d'une parole cachée en quelque sorte derrière les phrases et les mots employés, l'esprit s'efforce d'interpréter et de comprendre le contenu de ce qui est écrit ou prononcé : « Comprendre, c'est lire au-dedans / *intelligere, id est intus legere* »[3]. Lecture silencieuse ou lecture à haute voix, privée ou publique devant une assemblée, simple énonciation ou chant plus mélodieux, la lecture prend des formes très différentes et occupe une place centrale dans la vie monastique comme le souligne Eckhart dans les *Entretiens spirituels*. La lecture apparaît tout d'abord comme une activité extérieure que l'on peut facilement observer comme le fait de jeûner et de veiller, *vasten* et *wachen*[4], ou encore de prier, *beten*[5]. Mais la lecture est d'abord une activité de l'esprit qui s'enracine dans l'Écriture pour devenir contemplation, sachant que c'est la disposition dans laquelle se produit cette activité qui importe vraiment : « Si petite et minime que soit une œuvre, elle est plus utilement accomplie dans la véritable obéissance, que ce soit pour lire ou entendre la messe, prier, s'adonner à la contemplation, ou quoi que tu puisses penser / *und sie kleine ou swie snœde ez sî, sô ist ez nützer getân in wârer gehôrsame, ez sî messe lesen, hœren, beten, contemplieren oder swaz dû maht gedenken* »[6], ou encore : « Oui, un *Ave Maria* prononcé ainsi quand l'homme s'est désapproprié de lui-même est plus profitable que mille psautiers lus sans cela / *Jâ, ein Ave Marîâ gesprochen in dem, und dâ der mensche ûzgât in dem sîn selbes, daz ist nützer dan tûsent psalter gelesen âne daz* »[7]. Une grande part de la liturgie s'organise autour de la lecture. À la messe et

1. *Sermon 184*, n. 3, PL 38, 997.
2. *La première Catéchèse*, chap. 22 n. 40, BA 11/1, p. 189.
3. Maître Eckhart, *Livre des Paraboles de la Genèse*, n. 83, *op. cit.*, p. 124; *LW* 1, p. 544.
4. *Entretiens spirituels*, 16, *op. cit.*, p. 747; *DW* 5, p. 247.
5. *Ibid.*, 1, *op. cit.*, p. 724; *DW* 5, p. 186.
6. *Ibid.*
7. *Ibid.*, 11, *op. cit.*, p. 740; *DW* 5, p. 227.

aux autres offices, les religieux lisent l'Écriture, et plus particulièrement l'Évangile. Dans la plupart des *Sermons*, Eckhart débute d'ailleurs par ces mots : « On lit aujourd'hui dans l'Évangile / *man liset hiute in dem êwangeliô* »[1], ou encore : « Ces paroles que j'ai prononcées en latin, on les lit aujourd'hui dans le saint Évangile / *disiu wort, diu ich gesprochen hân in der latîne, diu liset man hiute in dem heiligen êwangeliô* »[2]. Il évoque également l'épître, et parfois même juste un « petit mot » de l'épître ou de l'Évangile : « On lit aujourd'hui un petit mot dans l'épître / *ein wörtelin liset man hiute in der epistel* »[3]. Les religieux lisent aussi d'autres textes parce qu'ils sont fondateurs de la vie religieuse, ou tout simplement constitutifs de la foi chrétienne. Dans le *Livre de la Consolation divine*, Eckhart parle ainsi des Pères du désert, et cite par exemple la figure d'Antoine : « On lit que saint Antoine au désert eut une fois à subir particulièrement de grande souffrances de la part des mauvais esprits [...] On lit dans le *Livre des Pères du désert* qu'un homme se plaignit à l'un d'eux de ses souffrances »[4]. La vie des saints offre aux religieux des exemples édifiants et constitue de bons sujets de lecture. Dans le *Sermon 70*, Eckhart mentionne la *Vie de saint Benoit* écrite par Grégoire le Grand : « Son nom est Benoit, béni, et les mots qu'on lit aussi dans ce passage lui conviennent très bien : *cuius memoria in benedictione est*, sa mémoire est en bénédiction de louange. On lit en effet qu'une clarté lui fut révélée dans laquelle il vit le monde entier comme dans une sphère »[5]. Dans le *Sermon 6*, Eckhart fait part à ses auditeurs de sa lecture d'un livre qu'il vient tout juste de parcourir : « J'ai lu récemment dans un livre – qui pourrait le pénétrer à fond ! – que Dieu fait maintenant le monde comme au premier jour où il créa le monde »[6]. Ce livre en question n'est autre que les *Confessions* d'Augustin[7], et la référence aux Pères de l'Église est quelque chose de tout-à-fait caractéristique de l'office des lectures. Durant les offices noctures, les religieux écoutent des lectures appelées aussi « leçons » (*lectiones*), dans lesquelles sont abordés des textes de l'Écriture ou des Pères de l'Église. Eckhart a composé des *Leçons sur l'Ecclésistique* dans lesquelles il explique minutieusement chaque mot du texte biblique, et dans le *Sermon 27*, il évoque cette activité propre à la vie religieuse : « Dans la leçon qu'on lit aujourd'hui au propre du temps / *in der leczien die man hiute liset von der zît* »[8].

À côté de ces activités conventuelles, la lecture est aussi un élément déterminant de la vie intellectuelle. Dans le *Sermon 86*, Eckhart applique cet acte de lire aux maîtres parisiens : « Les petits maîtres lisent à l'École que tous les êtres sont divisés en dix catégories et ils les refusent toutes à Dieu / *kleine meister lesent*

1. *Sermon 59*, *op. cit.*, p. 378 ; *DW* 2, p. 301.
2. *Sermon 73*, *op. cit.*, p. 453 ; *DW* 2, p. 58.
3. *Sermon 102*, *op. cit*, p. 619 ; *DW* 2, p. 251.
4. *Livre de la Consolation divine*, *op. cit.*, p. 802 et p. 809.
5. *Sermon 70*, *op. cit.*, p. 440.
6. *Sermon 6*, *op. cit.*, p. 78.
7. Augustin, *Les Confessions*, XI, chap. 13 n. 15, BA 14, p. 297.
8. Maître Eckhart, *Sermon 27*, *op. cit.*, p. 223 ; *DW* 2, p. 6.

in der schuole, daz alliu wesen sîn geteilet in zehen wîse, und die selben sprechent sie gote zemâle abe»[1]. Ces «petits maîtres» sont ceux qui enseignent les arts libéraux par opposition aux «grands maîtres» qui s'occupent de la théologie. Qu'il s'agisse d'un texte profane ou d'un texte sacré, la lecture est l'un des exercices majeurs de l'enseignement universitaire médiéval. La lecture est le point de départ, elle s'effectue de manière méthodique et devient progressivement un genre littéraire à part entière. Lire consiste tout d'abord à présenter le plan d'ensemble et la composition de l'ouvrage ou du passage envisagé : *divisio*. Puis, il s'agit d'indiquer l'intention de l'auteur, ou *intentio*. Enfin, l'intelligence entreprend un long travail de paraphrase systématique du texte, *expositio*. Cette lecture très linéaire permet de mettre en valeur le sens grammatical et logique, et donne aux auditeurs une connaissance complète et détaillée du texte. Parmi les œuvres majeures qui ont contribué à préciser la méthode de la lecture, il convient de signaler tout particulièrement le *Didascalicon* d'Hugues de Saint-Victor, dont le sous-titre *De studio legendi* indique explicitement l'ambition : l'art de lire, ou comment apprendre à lire[2] ? Dans la seconde partie, le livre IV est une introduction à la lecture de l'Écriture et aux méthodes d'exégèse. Hugues de Saint-Victor insiste sur les différents sens, historique, allégorique et tropologique ou moral, de l'Écriture, ainsi que sur les dispositions intérieures requises montrant alors comment la lecture rejoint la prière, *oratio*. La lecture est donc déjà en quelque sorte une explication du texte, un premier travail d'exégèse, ou tout au moins une manière de l'intérioriser, une forme de mémorisation.

Le *Traité de l'oraison dominicale* est vraisemblablement un bel exemple d'une lecture faite par Eckhart[3]. Quand il évoque ce petit texte sur la prière du Seigneur, le *lesemeister* parle d'un traité : «*Notre Père qui es aux cieux, que ton nom soit sanctifié*... sur cette prière, j'ai écrit depuis longtemps un traité spécial / pater noster, qui es in caelis, sanctificetur nomen tuum *etc, super qua oratione iam dudum tractatum specialem notavi*»[4]. Sur le plan littéraire, ce «traité spécial» correspond exactement à l'exercice de la *lectio*[5]. Eckhart commence par préciser l'intention du Seigneur : «Parce que nous sommes indolents dans les choses divines, pour cela tout d'abord, le Seigneur nous exhorte à demander et à prier [...] quand nous sommes *encore loin* (Lc 15,20), il nous rappelle et nous relève»[6]. Puis, il analyse les sept demandes dans la prière du Christ en Mt 6,9-13, ou plus exactement après la phrase introductive qui porte sur le verset : *Notre Père qui es aux cieux*, il envisage les trois premières demandes se rapportant à Dieu et les quatre dernières concernant l'homme, montrant ainsi les grandes divisions du texte. Il s'agit d'une simple lecture du passage biblique,

1. *Sermon 86*, *op. cit.*, p. 527 ; *DW* 1, p. 147.

2. Hugues de Saint-Victor, *L'Art de lire. Didascalicon*, Paris, Cerf, 1991.

3. Maître Eckhart, *Commentaire du Notre Père*, Paris, Arfuyen, 2005.

4. *Commentaire sur l'Évangile de Jean*, n. 602, *LW* 3, p. 524.

5. E. Mangin, «Commentaire du Notre Père», in *Encyclopédie des mystiques rhénans*, Paris, Cerf, 2011, p. 282 et p. 283.

6. Maître Eckhart, *Commentaire du Notre Père*, *op. cit.*, p. 27.

verset par verset, mot à mot, en se référant constamment aux commentaires des Pères tels que Jérôme, Cyprien, Jean Chrysostome, et bien évidemment Augustin. Le texte est plus élaboré qu'un simple répertoire de citations patristiques, mais il est beaucoup moins organisé que ses commentaires et sermons plus personnels. À travers cette lecture, le maître invite ses auditeurs à entrer dans la compréhension du texte biblique, et dispose ainsi l'intelligence à écouter la parole de Dieu.

L'art d'interroger participe également au travail d'écoute et transparaît dans la prédication allemande d'Eckhart. Il s'agit tout d'abord d'un procédé rhétorique fréquemment employé afin de soutenir l'attention de ses auditeurs. Eckhart évoque ainsi les questions qui lui sont régulièrement posées : « Vous demandez souvent comment vous devez vivre / *ir vrâgen dicke, wie ir leben sült* »[1], ou encore : « On m'a récemment demandé / *ich bin neüwlich gefraget* »[2]. Il lui arrive même très souvent de formuler une question de manière hypothétique : « On pourrait alors demander / *nû möhte man vrâgen* »[3], ou bien : « Maintenant voici une question / *nû ist ein vrâge* »[4], et même : « Si on demandait à un homme bon / *einen guoten menschen vrâgete* »[5]. Et parfois, Eckhart situe la question à l'intérieur d'une histoire qu'il se propose de rapporter : « Je vais vous raconter une histoire. Quelqu'un demanda à un homme bon... / *ich wil iu sagen ein maere : ein mensche vrâgete einen guoten menschen...* »[6], ou encore : « À ce propos je vais vous raconter une petite histoire. Un cardinal demanda à saint Bernard [...] et saint Bernard répondit : je vais vous le dire / *als ich iu ein maere sagen will. Ein kardinâl vrâgete sant Bernharten* [...] *dô sprach sant Bernhart : daz wil ich iu sagen* »[7]. Toutes les questions n'ont pas le même statut. Certaines permettent tout simplement à la pensée de pouvoir s'exposer. Ainsi, dans le *Sermon 14*, Eckhart demande : « Que nous enseigne le Christ avec la science surnaturelle ? ». La réponse est simple : « Il nous enseigne que nous devons dépasser tout ce qui est naturel », et elle lui permet de présenter une thèse thomiste tout-à-fait classique : « Maître Thomas dit »[8]. D'autres questions débouchent parfois sur des apories, c'est-à-dire sur des questions auxquelles l'esprit ne peut répondre immédiatement, comme par exemple : « Qu'est-ce que Dieu ? »[9]. Dans ce cas, une réponse simple est impossible et la question se contente de mettre l'esprit en éveil. Mais, il n'est pas de question qui ne mérite d'être disputée par les grands maîtres : « Les maîtres posent de grandes questions à l'École / *die meister hânt grôze vrâgen in der schuole* »[10]. La présence significative des questions dans la

1. *Sermon 88*, *op. cit.*, p. 538 ; *DW* 1, p. 271.
2. *Sermon 92*, *op. cit.*, p. 561 ; *DW* 3, p. 276.
3. *Sermon 81*, *op. cit.*, p. 495 ; *DW* 1, p. 25.
4. *Sermon 50*, *op. cit.*, p. 338 ; *DW* 1, p. 94.
5. *Sermon 95*, *op. cit.*, p. 587 ; *DW* 2, p. 45.
6. *Sermon 31*, *op. cit.*, p. 247 ; *DW* 2, p. 633.
7. *Sermon 77*, *op. cit*, p. 477 ; *DW* 3, p. 430 et p. 431.
8. *Sermon 14a*, *op. cit.*, p. 129.
9. *Sermon 113*, *op. cit.*, p. 686.
10. *Sermon 3*, *op. cit.*, p. 63 ; *DW* 3, p. 151.

prédication porte sans aucun doute la trace des disputes universitaires dont certains textes se font l'écho : « Qu'est-ce que Dieu et qu'est-ce que *le temple de Dieu*? [...]. Vingt-quatre maîtres se réunirent pour parler de ce qu'est Dieu [...]. Des maîtres subalternes enseignent à l'École [...]. Un maître païen dit [...]. J'ai dit à l'École »[1].

Plus encore que la lecture, la question disputée, *quaestio disputata*, est sans aucun l'exercice le plus original de l'enseignement universitaire. En fin de matinée ou en début d'après-midi, le maître fixait le thème du débat et disposait les étudiants en deux groupes. D'un côté, les *respondentes* recherchaient les arguments en faveur de la thèse, et de l'autre, les *opponentes* s'efforcaient de trouver les arguments opposés. Dans ce travail de la pensée, les autorités, ou *auctoritates*, occupent une place très importante. Les étudiants évoquent certains versets de l'Écriture, ils citent les Pères de l'Église ou les maîtres profanes, et font appel à la raison naturelle présente en chaque homme. Ces différentes autorités ne constituent en aucun cas un argument d'autorité, ce sont plutôt des matériaux indispensables au débat, des éléments qui construisent progressivement un dialogue intérieur. Les synthèses rédigées dont nous disposons aujourd'hui, nous procurent un assez bon aperçu de ces joutes verbales, elles témoignent surtout de l'important travail d'argumentation qui a permis de développer l'esprit critique et de donner un caractère scientifique à la recherche de la vérité. Débattre, questionner, interroger, tous ces verbes expriment une manière de se mettre à l'écoute du texte et de dégager son sens profond.

Eckhart nous a laissé des exemples intéressants de questions disputées à l'École, appelées aussi les *Questions parisiennes*, auxquelles il convient d'ajouter une question du franciscain Gonzalve d'Espagne contenant les arguments d'Eckhart[2]. La *Première Question* s'intéresse à la manière de définir Dieu : « L'être et le connaître intellectif sont-ils identiques en Dieu ? / *Utrum in Deo sit idem esse et intelligere* »[3]. La seconde prolonge cette interrogation sur l'identité entre l'être et la pensée à partir de la nature angélique : « Le connaître intellectif de l'ange, en tant qu'il désigne une activité, est-il son être ? / *Utrum intelligere angeli, ut dicit actionem, sit sum esse* »[4]. La *Troisième Question* concerne un problème particulier du mouvement : « Est-ce que l'idée d'un mouvement sans terme implique une contradiction ? / *Utrum aliquem motum esse sine termino implicet contradictionem* »[5], tandis que la quatrième envisage un problème théologique aux nombreuses implications philosophiques : « Est-ce que les formes des éléments sont demeurées dans le corps du Christ mourant sur la croix ? / *Utrum in corpore Christi morientis in cruce remanserint formae*

1. *Sermon 86*, *op. cit.*, p. 525, p. 527, p. 529 et p. 530.
2. *La Question de Gonzalve d'Espagne contenant les arguments d'Eckhart*, *op. cit.*, p. 200-223 ; *LW* 5, p. 55-71.
3. *LW* 5, p. 37-48.
4. *Ibid.*, p. 49-54.
5. *Ibid.*, p. 72-76.

elementorum »[1]. Sans entrer dans le contenu des débats, les questions parisiennes d'Eckhart permettent de comprendre en quoi l'acte d'interroger est constitutif du travail de pensée[2]. Interroger, c'est exposer une pensée, faire dialoguer tous les arguments disponibles, et permettre à l'esprit de parvenir à une réalité sur laquelle il n'est plus possible de discuter. Et l'acte d'interroger n'est peut-être en fin de compte qu'une manière d'évoquer la multiplicité des arguments comme pour conduire l'esprit au silence.

Il ne peut y avoir d'écoute authentique sans un silence intérieur qui rend l'âme parfaitement réceptive à ce qui se donne. L'intellect doit faire taire tous les bruits aussi bien intérieurs qu'extérieurs, et il lui faut apprendre à se taire lui-même afin d'accueillir la parole. Dans le *Sermon 18* qui commente l'épisode biblique dans lequel Jésus entra dans le temple et chassa les marchands (Mt 21,12), Eckhart associe ainsi les verbes « écouter » et « se taire » (*swîgen*) : « Si quelqu'un d'autre que Jésus seul veut parler dans le temple, c'est-à-dire dans l'âme, Jésus se tait comme s'il n'était pas chez lui, et il n'est pas non plus chez lui dans l'âme, car elle a des hôtes étrangers avec lesquels elle parle. Mais si Jésus doit parler dans l'âme, il faut qu'elle soit seule et qu'elle se taise elle-même si elle doit entendre parler Jésus / *sol aber Jêsus reden in der sêle, sô muoz si aleine sîn und muoz selber swîgen, sol si jêsum hœren reden*[3]. Le temple représente l'âme humaine, et les marchands sont les obstacles qui remplissent celle-ci et l'empêchent d'accueillir la parole. Pour que le Verbe de Dieu puisse pleinement s'exprimer, il faut que l'âme toute entière se vide et se taise. C'est ainsi qu'apparaît progressivment le thème du silence intérieur. Dans le *Sermon 24*, Eckhart rappelle la présence inconditionnelle de cette parole inscrite au cœur de l'homme, et en même temps la nécessité de faire disparaître toutes les autres paroles afin de pouvoir l'entendre :

> La parole gît cachée dans l'âme, en sorte qu'on ne la connaît ni ne l'entend, à moins qu'on ne lui permette d'être perçue dans la profondeur; auparavant elle n'est pas entendue; bien plutôt, il faut que toute voix et tous les bruits disparaissent, il faut qu'un calme limpide soit présent, un silence / *daz wort liget in der sêle verborgenlîche, daz man ez niht enweiz noch niht enhœret, im enwerde denne gerûmet in dem grunde des hœrennes, ê enwirt ez niht gehœret; mêr, alle stimme und alle lûte die müezen abe und muoz ein lûter stilnisse dâ sîn, ein stilleswîgen*[4].

Dieu parle à l'âme dans le silence et dans le repos, et il engendre son Verbe dans l'intellect. Dans le *Sermon 13*, Eckhart précise qu'il ne faut pas se disperser dans les choses extérieures, ni se laisser distraire par les images et représentations intérieures, au contraire l'âme doit se concentrer à l'intérieur, se tourner vers l'Un et être ainsi unifiée afin d'entendre la parole :

1. *Ibid.*, p. 77-83.
2. A. de Libera, *Maître Eckhart et la mystique rhénane*, Paris, Cerf, 1999, p. 39-43.
3. Maître Eckhart, *Sermon 18*, *op. cit.*, p. 181 ; *DW* 1, p. 15.
4. *Sermon 24*, *op. cit.*, p. 209 ; *DW* 1, p. 312.

> Il faut être dans le calme et le silence pour que cette parole puisse être entendue. On ne peut servir cette parole avec rien de mieux que le calme et le silence. Là, on peut l'entendre / *Ez muoz sîn in einer stille und in einem swîgenne, dâ diz wort sol gehœret werden. Man enmac disem worte mit nihte baz gedienen dan mit stilheit und mit swîgenne. Dâ mac man ez gehœren* [1].

Le silence, le fait de s'abstenir de parler devient la condition indispensable pour l'écoute de la parole, sans doute est-il aussi une manière d'être attentif et d'écouter.

Le rapport entre écoute, parole et silence est d'abord un thème biblique important comme en témoignent les nombreuses références d'Eckhart. Dans l'Écriture, l'attitude du croyant est souvent définie comme une écoute intérieure de la parole de Dieu : *J'écouterai ce que dira au-dedans de moi le Seigneur Dieu* (Ps 84,9). Eckhart évoque très librement ce verset à propos de Simon Pierre dont le nom signifie non seulement celui qui est détaché de toutes choses sur le plan extérieur, mais aussi et surtout celui qui est obéissant sous la conduite de Dieu : « Celui qui doit entendre Dieu doit être séparé, loin des autres. C'est pourquoi David dit : *Je me tairai et j'entendrai ce que Dieu dit en moi. Il annonce la paix dans son peuple et à ses saints et à tous ceux qui sont tournés vers lui dans leur cœur* (Ps 84,9). Heureux l'homme qui s'applique à entendre ce que Dieu dit en lui ; il doit soumettre directement son obéissance au rayon de la lumière divine » [2]. On retrouve ici formulé le lien entre l'écoute et l'obéissance. Dans un autre texte, Eckhart reprend également l'idée selon laquelle seul le silence de l'âme peut restituer la parole de Dieu cachée au fond de l'homme. Il se réfère alors au livre des *Lamentations de Jérémie : Il s'assiéra solitaire, et il se taira* (Lm 3,28) : « Beaucoup de choses leur sont cachées et demeurent inconnues. C'est pourquoi le prophète a dit : *Je veux m'asseoir et je veux me taire et je veux écouter ce que Dieu me dit* (Lm 3,28). Car cette parole est tellement cachée qu'elle vient dans les ténèbres de la nuit ». Ce thème des ténèbres apparaît bien évidement dans l'*Évangile de Jean*, mais il appartient aussi à la littérature apophatique. À côté de ces références bibliques, Eckhart cite également les Pères de l'Église : « Dieu est un être suréminent et un néant superessentiel. Saint Augustin dit à ce sujet : Ce que l'homme peut dire de plus beau sur Dieu, c'est qu'il sache se taire en raison de la sagesse de la richesse intérieure divine. C'est pourquoi tais-toi et ne clabaude pas sur Dieu » [3]. Cet impératif : « Tais-toi et ne clabaude pas sur Dieu / *do von swig und klafe nit von gotte* » [4], n'est plus simplement un acte lié à l'écoute, mais apparaît comme une façon de parler. L'homme doit se taire parce que les mots sont toujours insuffisants, parce que la grandeur de Dieu est inexprimable, et se taire est non seulement une condition pour écouter la parole, mais cet acte devient aussi une manière plus éloquente de parler. En toute rigueur, Eckhart ne

1. *Sermon 13*, *op. cit.*, p. 123 ; *DW* 4/1, p. 419.
2. *Sermon 69*, *op. cit.*, p. 436 et p. 437.
3. *Sermon 62*, *op. cit.*, p. 395, p. 396.
4. *DW* 3, p. 442.

se réfère pas ici à Augustin, mais à la *Théologie mystique* du Pseudo-Denys l'Aréopagite : « Trinité suressentielle et plus que divine et plus que bonne, toi qui présides à la divine sagesse chrétienne, conduis-nous non seulement par-delà toute lumière, mais aussi au-delà de l'inconnaissance [...] dans la ténèbre plus que lumineuse du silence : c'est dans le silence en effet qu'on apprend les secrets de cette ténèbre »[1]. Dans ses *Entretiens spirituels*, Eckhart confirme cet enracinement dionysien du rapport entre parole et silence : « Comme le dit le saint Denys, celui-là parle le mieux de Dieu qui, à cause de la plénitude de la richesse intérieure, peut garder le plus total silence à son propos »[2]. À ces références bibliques et patristiques, il faut enfin en ajouter une dernière de nature plus philosophique. Dans le *Sermon 36*, Eckhart affirme en effet le caractère indicible de la cause première, et avoue qu'il convient de garder le silence à propos des choses qui échappent au langage. Il se réfère alors « à l'un de nos plus anciens maîtres », qui n'est autre qu'Héraclite d'Éphèse : « À l'un de nos plus anciens maîtres qui trouva la vérité voici longtemps et longtemps avant la naissance de Dieu, avant que la foi chrétienne fût telle qu'elle est maintenant, il sembla que tout ce qu'il pourrait dire des choses porterait en soi quelque chose d'étranger et de faux, c'est pourquoi il voulut se taire »[3]. Eckhart s'appuie ici sur un passage d'Albert le Grand qui lui-même commente un extrait de la *Métaphysique* d'Aristote[4]. Ce dernier parle en effet des philosophes qui considèrent que, la nature étant partout et toujours en mouvement, il n'est pas possible de penser ni d'exprimer la vérité, et par conséquent « qu'il ne faut rien dire »[5]. Aristote fait alors référence au fragment d'Héraclite dans lequel le maître d'Éphèse rappelle qu'on ne peut pas descendre deux fois dans le même fleuve[6]. Mais cette suspension de la parole qui est discutable aux yeux d'Aristote, devient au contraire chez Eckhart une forme de sagesse, une prudence de l'esprit, une rigueur intellectuelle devant la grandeur de Dieu : « Puisqu'il ne pouvait pas parler des choses, il convient encore mieux pour nous de garder totalement le silence sur celui qui est à l'origine de toutes choses »[7].

Parmi toutes ces références qui rapprochent l'écoute, la parole et le silence, peut-être faut-il s'arrêter un instant sur le *Sermon 9* dans lequel Eckhart propose un commentaire d'un verset extrait du *Livre de la Sagesse : Lorsque toutes choses se tenaient au milieu du silence, alors est descendue d'en haut, du trône royal,*

1. Pseudo-Denys l'Aréopagite, *Théologie Mystique*, chap. I n. 1, Paris, Aubier Montaigne, 1943, p. 177.

2. Maître Eckhart, *Entretiens spirituels*, 23, *op. cit.*, p. 764.

3. *Sermon 36*, *op. cit.*, p. 268.

4. Albert le Grand, *Métaphysique*, IV, tr. 3 chap. IV, *op. cit.*, t. 16/1, p. 192.

5. Aristote, *Métaphysique*, Γ, 5, *op. cit.*, p. 223.

6. Héraclite, *Fragments*, n. 91, Paris, Aubier, 1985, p. 116.

7. Maître Eckhart, *Sermon 36*, *op. cit.*, p. 269. Voir aussi, R. Imbach, « Apostille à quelques *exempla* de Maître Eckhart et de Henri Suso », *in* Th. Ricklin, *Exempla docent. Les exemples des philosophes de l'Antiquité à la Renaissance*, Paris, Vrin, 2006, p. 296-299.

et est venue en moi une parole secrète (Sg 18,14-15)[1]. Ce verset est l'antienne d'ouverture proclamée autrefois au début de la messe pour le premier dimanche après la fête de Noël. La liturgie établit ainsi tout naturellement un lien entre l'Incarnation du Verbe et l'écoute attentive de la parole de Dieu au plus profond de l'homme. Dans son commentaire, Eckhart propose de larges développements sur l'accueil de la parole à partir du thème de la naissance de Dieu dans l'âme. Trois grandes questions structurent ce *Sermon 9:* Où a lieu cette naissance du Verbe dans l'âme ? Comment l'esprit doit-il se disposer pour accueillir la parole ? Et quel est le fruit de cette expérience ? Seul l'intellect, appelé ici « le plus secret » ou encore « le fond de l'âme »[2], peut accueillir le Verbe de Dieu : « Où est le silence, et où est le lieu, là où cette parole est dite intérieurement ? [...] c'est dans le plus pur que l'âme peut offrir, dans le plus noble, dans le fond, oui, dans l'être de l'âme, c'est-à-dire dans le plus secret de l'âme »[3]. Le fait de se taire et de garder le silence devient alors la condition pour accueillir au plus profond de soi le Verbe éternel : « L'homme doit se tenir dans le silence, dans la tranquillité et le repos, et laisser Dieu parler en lui »[4]. Cette écoute attentive de la parole de Dieu dans le silence de l'intellect permet non seulement au Verbe de naître dans l'âme, mais aussi à l'homme de devenir fils du Père : « Le Fils du Père céleste n'est pas le seul à naître [...]. Toi aussi, tu prends naissance, enfant du même Père céleste et pas d'un autre »[5]. Écouter la parole de Dieu là où l'homme est à l'image de son Créateur, éprouver au plus profond la résonance du Verbe éternel, c'est aussi retrouver la ressemblance avec Dieu et se conformer à lui. Le *Sermon 9* nous conduit ainsi au terme du processus et nous montre combien l'acte d'écouter permet à l'homme de retrouver auprès de Dieu sa forme.

À la fin, Eckhart semble indiquer que son interprétation dépasse bien des commentaires classiques : « Toute la vérité que tous les maîtres ont enseignée avec leur propre intelligence et connaissance, ou mieux encore, qu'ils devront enseigner jusqu'au jour dernier, tout cela n'a jamais été interprété de la moindre façon d'après ce savoir et dans ce fond »[6]. Comment est-il possible de comprendre une formulation aussi catégorique ? Qu'y a-t-il d'aussi original dans sa manière de prêcher et d'enseigner ? Que dit-il de plus que les autres ne disent pas ? Toute l'originalité d'Eckhart est peut-être de s'effacer devant ce qui se donne, là où d'autres veulent affirmer un contenu de manière bien déterminée.

1. *Sermon 9*, *op. cit.*, p. 95-106.
2. *Ibid.*, p. 97.
3. *Ibid.*
4. *Ibid.*, p. 100.
5. *Ibid.*, p. 105.
6. *Ibid.*

CHAPITRE VIII

PRÊCHER

L'acte de prêcher prolonge celui d'écouter. Comme lui, il se situe dans le dynamisme de la parole qui est « reçue dans mon intellect » (*in mîner vernunft enpfangen*), puis « représentée dans ma pensée » (*in mînem gedanken gebildet*), avant d'être : « prononcée au-dehors par ma bouche » (*mit dem munde ûzwendic gesprochen*) [1]. Écouter et prêcher, accueillir et exprimer, sont les deux principales activités qui s'organisent autour de la parole. Plus exactement, écouter, c'est transformer la parole éternelle en verbe intérieur, et prêcher, c'est transformer le verbe intérieur en parole proférée. La prédication est l'expression d'une parole extérieure qui s'enracine nécessairement dans l'écoute d'une parole intérieure, et inversement, ce qui est accueilli au-dedans est tellement infini qu'il ne peut plus longtemps être contenu à l'intérieur des représentations de la pensée et déborde irrésistiblement au-dehors : « Celui qui entend la parole de Dieu et la garde reçoit un tel honneur et infiniment plus [...] Je veux maintenant prêcher » [2]. Cette parole, c'est bien évidemment le Christ, le Verbe éternel qui est à l'origine de toutes choses et ne cesse d'être présent au cœur de la création : *Au commencement était le Verbe* (Jn 1,1). Mais le Christ est aussi une parole inexprimable, toujours au-delà des images et représentations : « Qui est Jésus ? Il n'a pas de nom » [3].

C'est dans cette double perspective qu'il faut comprendre cet acte de l'intellect. Prêcher de manière intellectuelle, *vernünfticlîche prêdigen* [4], consiste à maintenir en permanence cette tension entre d'un côté la nécessité d'exprimer le Christ et de l'autre l'impossibilité de dire pleinement ce qu'il est. La prédication consiste à expliquer l'Écriture et toutes choses à partir du Christ qui est l'horizon d'intelligibilité indépassable, et en même temps, elle ne cesse d'avouer combien une telle parole est toujours inexprimable : « Qui peut exprimer cette parole ?

1. Maître Eckhart, *Sermon 6*, *op. cit.*, p. 77 ; *DW* 2, p. 229.
2. *Sermon 21*, *op. cit.*, p. 189.
3. *Sermon 113*, *op. cit.*, p. 685.
4. *Sermon 116*, *op. cit.*, p. 695 ; *DW* 2, p. 416.

Personne ne le fait »[1]. On n'a peut-être pas suffisamment pris en compte cet aveu d'Eckhart qui est pourtant inscrit explicitement dans son programme de prédication. Et cependant, cette impossibilité n'est-elle pas constitutive de son travail d'écriture ? En effet, on commence à écrire, non pas pour dire quelque chose, mais bien quand on a compris combien ce qui est à dire est indicible. Ou plus exactement, écrire consiste à dire ce qui dans une chose est précisément inexprimable. C'est ainsi que toute la prédication d'Eckhart, et plus particulièrement sa prédication en langue allemande, peut être considérée comme une œuvre littéraire dans la mesure où celle-ci s'efforce continuellement de dire ce qui ne peut être dit.

« PRÊCHER DE MANIÈRE INTELLECTUELLE »

Prêcher, *prêdigen-praedicare*, est un acte liturgique qui consiste à commenter la parole de Dieu qui vient d'être proclamée et entendue : « Je veux maintenant prêcher. Nous prenons trois points de l'Évangile sur lesquels je veux prêcher / *ich hân nû willen ze predigenne. Driu stücke nemen wir ûz dem êwangelîo; von den wil ich iu predigen* »[2]. Eckhart rappelle combien cette activité s'enracine dans un ordre du Christ adressé aux disciples : « Car le Christ lui-même dit à ses disciples : *Allez et prêchez l'Évangile à toutes les créatures / wan Kristus sprach selber ze sînen jüngern :* gât hine und prediget daz êwangelium allen crêatûren »[3], ce qui traduit le latin : *euntes in mundum universum praedicate Evangelium omni creaturae* (Mt 16,15). Il indique également que la prédication, *predige-praedicatio*, doit être d'abord vécue comme un service envers les hommes et renvoie alors à une phrase de Grégoire le Grand dans laquelle le prédicateur, *prediger-praedicator*, est appelé serviteur de la parole : « Or Saint Grégoire dit : ces serviteurs, ce sont les prêcheurs [...] Qu'est-ce que le serviteur ? Ce sont les anges et les prêcheurs / *nû sprichet sant Gregorius : dirre kneht daz sint prediger* [...]. *Nû waz ist der kneht ? Daz sint die engel und die prediger* »[4]. Cette phrase sur le verset : *Le maître envoya son serviteur* (Lc 14,17), se trouve dans l'une de ses homélies : *sed quis per hunc servum qui a patrefamilias ad invitandum mittitur, nisi praedicatorum ordo designatur* »[5] ? Sans doute l'expression *ordo praedicatorum* employée par Grégoire désigne de manière générale les prédicateurs, là où Eckhart y voit très certainement l'ordre des dominicains quand il précise dans la seconde version du même *Sermon :* « Saint Grégoire dit que ces serviteurs sont l'ordre des prêcheurs / *Sant Gregorius sprichet, dise knehte sîn der prediger orden* »[6].

1. *Sermon 74*, *op. cit.*, p. 459.
2. *Sermon 21*, *op. cit.*, p. 189 ; *DW* 2, p. 432.
3. *Sermon 96*, *op. cit.*, p. 593 ; *DW* 3, p. 295.
4. *Sermon 56*, *op. cit.*, p. 364 et p. 366 ; *DW* 1, p. 332 et p. 338.
5. Grégoire le Grand, *Homélies sur l'Évangile*, XXXVI, 2, PL 76, 1267.
6. Maître Eckhart, *Sermon 57*, *op. cit.*, p. 370 ; *DW* 1, p. 347.

La prédication est au cœur de l'ordre des frères prêcheurs fondé par Dominique en 1215 à Toulouse, comme l'indique le début des *Constitutions :* « On sait que notre ordre, dès le début, a spécialement été institué pour la prédication et le salut des âmes et que notre effort doit tendre par principe, avec ardeur et de toutes nos forces à nous rendre capables d'être utiles à l'âme du prochain »[1]. Composé par Dominique et ses frères, le texte des *Constitutions* est un ouvrage majeur qui se divise en deux grandes parties, appelées « distinctions », dans lesquelles sont envisagées la manière de se conduire, l'organisation de l'ordre et les diverses activités de la vie dominicaine. Le chapitre 31 de la seconde distinction envisage de façon plus précise la question des prédicateurs. L'expression qui est employée est celle de « ministère de la prédication » rappelant ainsi combien cette activité est d'abord un service de Dieu pour les hommes. La prédication y est alors définie comme un dialogue permanent entre le prédicateur, Dieu et les autres : « Ceux qui en sont capables [...] ils s'en iront et se comporteront partout comme des hommes qui cherchent à obtenir leur salut et celui du prochain, en toute perfection et esprit religieux, comme des hommes évangéliques suivant les traces du Sauveur, parlant avec Dieu ou de Dieu, en eux-mêmes ou avec le prochain »[2]. Ce passage fait référence au Christ lui-même qui a envoyé ses disciples dans le monde entier pour annoncer l'Évangile, et l'ordre des prêcheurs exprime ainsi une forme originale de vie évangélique, une manière de suivre le Sauveur et d'être sur sa trace. Enfin, il convient de signaler la place importante accordée aux études dans la formation des prêcheurs. Le chapitre 28 de la seconde distinction montre comment l'enseignement s'organise essentiellement autour de trois grands livres : l'*Histoire scolastique* de Pierre le Mangeur, les *Sentences* de Pierre Lombard et l'Écriture accompagnée des différentes gloses[3]. Outre la participation aux cours de théologie, le travail personnel est fortement recommandé pour chaque frère : « Dans les cellules, ceux qui le veulent, peuvent étudier, écrire, prier, dormir et même veiller pendant la nuit pour raison d'étude »[4].

Pour Eckhart, la prédication est une activité liée à la parole et à l'enseignement. « Prêcher » est presque toujours associé à « parler » (*sprechen*), à tel point que les deux verbes semblent synonymes : « J'en ai parlé lorsque j'ai récemment prêché ici / *von der sprach ich, dô ich nû hie predigete* »[5]. La prédication est un acte concret qui exprime l'élaboration d'une parole humaine dans son effort pour exposer intelligiblement la parole de Dieu. C'est pourquoi, Eckhart emploie également le verbe « enseigner » (*lêren*), à son sujet. Dans le *Sermon 84*, il montre ainsi comment Marie de Béthanie, la sœur de Marthe, s'est

1. *Constitutions primitives*, *in* M.-H. Vicaire, *Saint Dominique de Caleruega*, Paris, Cerf, 1955, p. 139.

2. *Ibid.*, dist. II, chap. 31, *op. cit.*, p. 179.

3. *Ibid.*, dist. II, chap. 28, *op. cit.*, p. 177 et p. 178.

4. *Ibid.*, dist. II, chap. 29, *op. cit.*, p. 178.

5. Maître Eckhart, *Sermon 95*, *op. cit.*, p. 589 ; *DW* 2, p. 52.

mise à prêcher et à enseigner après sa rencontre avec le Christ : « Mais plus tard, lorsqu'elle eut enseigné et que le Christ fut monté au ciel et qu'elle reçut le saint Esprit, elle commença seulement à servir, elle traversa la mer, elle prêcha, enseigna, fut une servante / *aber dar nâch, dô si gelernete und Kristus ze himel gevuor und si den heiligen geist enpfienc, dô vienc si allerêrst ane ze dienenne und vuor über mer und predigete und lêrte, und wart ein dienaerinne* »[1]. Conformément à *La Légende dorée* qui confond en une seule personne Marie de Béthanie et Marie-Madeleine, Eckhart évoque l'épisode avec le Prince au cours duquel Jacques de Voragine décrit la prédication de la sainte femme[2]. L'enseignement exprime la pensée d'un homme ou d'une femme, capable de faire comprendre une parole à ses auditeurs, la parole de Dieu. Enfin, il convient de rapprocher les verbes « prêcher », « penser », *denken* ou *meinen*, et « comprendre », *verstân*. L'acte de prêcher permet d'exprimer ce que pense le prédicateur : « C'est ce que j'ai en vue dans tous mes sermons / *diz ist, daz ich in allen mînen predige meine* »[3], confie Eckhart dans le *Sermon 86*, et il ajoute plus loin : « Celui qui [...] n'aurait jamais besoin de penser à un sermon / *der endörfte niemer gedenken ûf keine predige* »[4]. En retour, les auditeurs et auditrices sont en mesure de comprendre la parole de Dieu, et même ce qu'il y a de plus compliqué en elle : « C'est subtil. À qui le comprend, on a suffisamment prêché / *dit es subtijl. Die dit verstaet, he es gnoech ghepredecht* »[5]. La prédication vise le travail de la pensée. Elle s'achève dans la compréhension. Lorsque le verbe intérieur est conçu, elle n'est plus nécessaire.

C'est ainsi que la prédication est pour Eckhart un acte de l'intellect comme l'exprime parfaitement ce passage du *Sermon 116* dans lequel le maître évoque sa propre expérience :

> Aujourd'hui, en venant ici, je me demandais comment je pourrais prêcher de manière intellectuelle pour que vous me compreniez bien. Je pensais alors à une comparaison, et si vous pouviez bien la comprendre, vous comprendriez ma manière de voir et le fond de toutes mes pensées que j'ai jamais prêchées / *dô ich hiute her gienc, dô gedâhte ich, wie ich iu alsô vernünfticlîche gepredigete, daz ir mich wol verstüendet. Dô gedâhte ich ein glîchnisse, und kündet ir daz wol verstân, sô verstüendet ir mînen sin und den grunt aller mîner meinunge, den ich ie gepredigete*[6].

La prédication est la source et le but de la pensée : la source de la parole du prédicateur, le but de la réception par l'auditeur. On retrouve non seulement tous les verbes évoqués : *denken*, *meinen* et *verstân*, mais en plus la prédication est explicitement reliée à l'intellect comme l'indique l'expression *vernünfticlîche*. Sans

1. *Sermon 84*, *op. cit.*, p. 516 ; *DW* 3, p. 492.
2. Jacques de Voragine, *La Légende dorée*, Paris, Gallimard, 2004, p. 513-515.
3. Maître Eckhart, *Sermon 86*, *op. cit.*, p. 530 ; *DW* 1, p. 154.
4. *Ibid.*, p. 531 ; *DW* 1, p. 156.
5. *Sermon 87*, *op. cit.*, p. 533 ; *DW* 1, p. 258.
6. *Sermon 116*, *op. cit.*, p. 695 ; *DW* 2, p. 416.

entrer immédiatement dans le contenu de la prédication, il convient donc de s'interroger sur la forme de celle-ci. En quoi consiste cet acte de l'intellect? Qu'est-ce que « prêcher de manière intellectuelle » ? Sachant que sa question à lui est plutôt de savoir « comment » prêcher intellectuellement : *wie ich iu alsô vernünfticlîche gepredigete.*

À ce propos, le *Sermon 109* est particulièrement intéressant dans la mesure où il évoque un certain nombre d'opérations complémentaires à l'acte de prêcher. S'interrogeant sur le bien de Dieu, Eckhart conclue ainsi : « C'est tout ce que l'on peut dire de Dieu lui-même, ou concevoir avec son intellect, ou que l'on peut de quelque manière mettre en lumière, ou examiner, ou démontrer / *und ouch allez daz, daz man von gote selben gesprechen mac oder mit vernunft begrîfen mac oder in deheiner hande wîse ze liehte bringen mac oder geprüeven oder gewîsen mac* »[1], et il ajoute plus loin : « Comment pourrait-on exposer ou exprimer ce que personne ne peut comprendre ni connaître? / *wie möhte man berihten oder gesprechen, daz nieman verstân enkan noch bekennen enmac* »[2]? La prédication peut ainsi se définir à partir de ces trois verbes *prüeven*, *wîsen* et *berihten* dont il est difficile de donner une traduction uniforme. Traduit le plus souvent par l'allemand moderne *erkennen*, le sens principal du verbe *prüeven* est « reconnaître », il s'agit d'identifier un objet par la pensée en établissant des liens et des relations[3]. Cet acte est possible grâce à des comparaisons : « Comme on peut le reconnaître par une comparaison / *als man prüeven mac bî einem glîchnisse* »[4], mais aussi par des exemples empruntés à la nature : « Ainsi qu'on peut le reconnaître par la lumière / *als man prüeven mac an dem liehte* »[5], ou tout simplement en examinant de manière attentive le « comment » d'une chose : « Premièrement nous allons constater et reconnaître comment... / *ze dem êrsten mâle suln wir merken und prüeven wie...* », et plus loin : « Troisièmement nous allons reconnaître comment... / *ze dem dritten mâle suln wir prüeven wie...* »[6]. C'est ainsi que le verbe *prüeven* signifie également « considérer », « être attentif », « regarder de près » et « examiner », en allemand moderne *achten auf*[7]. Considérant les œuvres extérieures, Eckhart invite ainsi l'homme à faire un examen plus attentif de lui-même : « Il devrait examiner en quoi il est le plus fragile et appliquer son zèle à en triompher / *er solte prüeven, dâ er aller krenkest ane waere, dâ solte er sînen vlîz zuo kêren, wie er daz überwünde* »[8]. Quelque fois encore, le verbe *prüeven* a tout simplement le sens de « percevoir », « apercevoir »

1. *Sermon 109, op. cit.*, p. 657 et p. 658; *DW* 3, p. 120.
2. *Ibid.*, p. 658; *DW* 3, p. 123 et p. 124.
3. *DW* 1, p. 330; *DW* 2, p. 153, p. 154 et p. 398; *DW* 3, p. 13, p. 16, p. 24, p. 25, p. 40, p. 120, p. 214, p. 396 et p. 400.
4. *Sermon 82, op. cit.*, p. 504; *DW* 3, p. 24.
5. *Ibid.*, p. 505; *DW* 3, p. 25
6. *Ibid.*, p. 503; *DW* 3, p. 13 et p. 16.
7. *DW* 2, p. 155 et p. 614; *DW* 3, p. 402.
8. *Sermon 104, op. cit.*, p. 633; *DW* 2, p. 155.

et « remarquer », en allemand moderne *wahrnehmen* ou *bemerken*, comme par exemple dans l'expression : « Percevez vous-même / *nû prüevet selbe* »[1], ou encore : « Si peu que ce soit, en sorte qu'on puisse à peine l'apercevoir / *aleine sîn doch sô wênic waere, daz man ez kûme geprüeven möhte* »[2], et enfin : « Quand l'animal remarquait où le vent tournait / *swenne der igel pruofte, wâ sich der wint hine kêrte* »[3]. Plus loin, Eckhart ajoute : « De même, l'homme deviendrait riche en vertus s'il éprouvait où il est le plus déficient / *alsô würde der mensche waerlîche rîche an tugenden, daz er prüefte, dâ er aller krenkest ane waere* »[4]. Le verbe *prüeven* signifie ainsi « éprouver » (*erproben*) ou encore « faire l'expérience » (*erfahren*) : « Mais il faut qu'il soit très sage, celui qui veut faire l'expérience d'une véritable résurrection avec le Christ / *aber er muoz vil wîse sîn, der dâ prüeven sol ein wâr ûfenstân mit Kristô* »[5].

Le verbe *wîsen* possède peut-être une signification plus constante. Il peut se traduire par « montrer » ou « indiquer », comme par exemple lorsqu'une personne indique le sens du vent : « Que me donnerez-vous si je vous indique le sens du vent ? / *waz wöltet ir mir geben, daz ich iuch wîse, wâ sich der wint hine kêre* »[6] ? Eckhart l'emploie parfois pour préciser le sens de certains mots : « Le mot "je" est passé sous silence parce que [...] quelque chose ni rien ne peut être dit de Dieu qui indique une distinction ou une altérité / *dar umbe geswîget man des namen "ich"* [...] *daz noch iht noch niht von gote gesprochen enmac sîn, daz underscheit oder anderheit wîsen müge* »[7], et plus loin : « Mais "semblable à lui" indique quelque chose d'étranger et de lointain / *aber "im glich" wîset ein vremde und ein verre* »[8]. Mais le plus important pour l'homme est de savoir interpréter les mots de l'Écriture et de comprendre ce que Dieu veut montrer à travers eux : « *Il gravit la montagne* (Mt 5,1), cela signifie que Dieu indique son élévation et la suavité de sa nature / er gienc ûf den berc, *daz meinet, daz got dâ wîset die hœhe und die süezicheit sîner natûre* »[9]. C'est pourquoi la Samaritaine demande au Christ de lui montrer ce qu'elle doit faire : « Seigneur, montre-moi où je dois prier et ce que je dois faire qui te soit le plus agréable en vérité [...] Seigneur, indique-moi ta très chère volonté et donne-moi la force de l'accomplir / *herre, wîse mich, wâ sol ich beten, und waz sol ich tuon, daz dir allerliebest sî in der wârheit* [...] *herre, wîse mich dînen liebesten willen und sterke mich den ze tuonne* »[10]. Ce verbe trouve ainsi son origine dans l'Écriture et plus exactement dans l'interpellation de Philippe : *Seigneur, montre-nous le Père et cela nous suffit*, domine, ostende

1. *Sermon 69*, *op. cit.*, p. 435 ; *DW* 2, p. 365.
2. *Sermon 34*, *op. cit.*, p. 262 ; *DW* 2, p. 582.
3. *Sermon 93*, *op. cit.*, p. 568 ; *DW* 2, p. 139.
4. *Ibid.*, p. 568 et p. 569 ; *DW* 2, p. 140.
5. *Sermon 33*, *op. cit.*, p. 256 ; *DW* 2, p. 175.
6. *Sermon 93*, *op. cit.*, p. 568 ; *DW* 2, p. 139.
7. *Sermon 4*, *op. cit.*, p. 66 ; *DW* 3, p. 338.
8. *Ibid.*, p. 68 ; *DW* 3, p. 342.
9. *Sermon 107*, *op. cit.*, p. 640 ; *DW* 3, p. 241.
10. *Sermon 109*, *op. cit.*, p. 657 ; *DW* 3, p. 118, p. 119.

nobis patrem, et sufficit nobis (Jn 14,8), qu'Eckhart traduit en allemand par ces mots : *herre, wîse uns den vater, so genüeget uns* »[1]. Le verbe *wîsen* peut avoir un sens plus précis et signifie parfois « expliquer » et même « démontrer », par exemple lorsqu'Eckhart dit : « Or moi aussi je veux maintenant montrer ce qu'est un homme / *nun wil ich och wisen, was ain mentsch si* »[2], ou encore : « Je veux te montrer que ce n'est pas difficile / *ich wil dir wîsen, daz ez niht swaere enist* »[3]. Dans un cas comme dans l'autre, il s'ensuit une démonstration qui permet au prédicateur d'expliquer son point de vue. Enfin, le verbe *wîsen* apparaît à trois reprises dans une expression qu'Eckhart attribue à Augustin : « Je ne le dis pas, je vous renvoie à l'Écriture qui dit / *ich enspriche ez niht, mêr : ich wîse iuch an die schrift, diu dâ sprichet* »[4], ou encore : « Or je n'ose continuer [...] mais je vous renvoie à l'Écriture / *nû engetar ich niht vürbaz gesprechen* [...] *aber ich wîse iuch ûf die geschrift* »[5], et enfin : « Je ne le dis pas, je vous renvoie à la sainte Écriture / *des enspriche ich niht, ich wîse iuch die heiligen geschrift* »[6]. Montrer ne consiste plus à expliquer par soi-même, lorsqu'il s'agit d'envisager des questions plus délicates, l'esprit doit apprendre à s'effacer pour renvoyer à l'Écriture. Dans les trois cas, Eckhart traduit très librement la phrase d'Augustin qui dit en réalité : « Je n'entends pas dire à partir de moi, nous écoutons l'Écriture / *non audeo dicere ex me, scripturas audiamus* »[7]. Prêcher, c'est encore écouter l'Écriture et montrer ce qu'elle signifie.

Enfin, le verbe *berihten* peut simplement se traduire par « rapporter » comme par exemple dans l'expression : « Si l'on me demandait de rapporter intégralement / *vrâgete man mich, daz ich endelîche berihten sölte* »[8]. Mais ce verbe signifie également « expliquer », « interpréter », *erklären*, ou encore « instruire », *belehren*. Il est ainsi utilisé pour comprendre l'Écriture : « Cette parole est ainsi interprétée / *und also ist diss wort berichtet* »[9], et permet d'exprimer la demande de la Samaritaine : « Instruis-m'en », ou « enseigne-le-moi » (*berihte mich des*)[10]. Le verbe *berihten* appartient au champ lexical du dialogue et peut donc quelque fois aussi se traduire par « répondre », *beantworten* : « Un disciple interrogea son maître au sujet de la hiérarchie des anges. Il lui répondit en disant / *ez vrâgete ein jünger sînen meister von der ordenunge der engel. Dô berihte er in und*

1. *Sermons 101* et *110*, *op. cit.*, p. 616 et p. 661 ; *DW* 2, p. 614 et *DW* 1, p. 163.
2. *Sermon 114*, *op. cit.*, p. 691 ; *DW* 1, p. 250.
3. *Sermon 80*, *op. cit.*, p. 492 ; *DW* 2, p. 103.
4. *Sermon 6*, *op. cit.*, p. 80 ; *DW* 2, p. 239.
5. *Sermon 72*, *op. cit.*, p. 451 ; *DW* 2, p. 278.
6. *Sermon 68*, *op. cit.*, p. 430 ; *DW* 2, p. 343.
7. Augustin, *In epistolam Iohannis ad Parthos*, tr. 2 n. 14, PL 35, 1997.
8. Maître Eckhart, *Sermon 82*, *op. cit.*, p. 502 ; *DW* 3, p. 11.
9. *Sermon 92*, *op. cit.*, p. 563 ; *DW* 3, p. 282.
10. *Sermon 109*, *op. cit.*, p. 656 ; *DW* 3, p. 116.

sprach »[1], ou encore : « Il existe une question et c'est difficile d'y répondre / *ez ist ein vrage und ist swaere ze berihtenne* »[2].

Il n'est pas simple de trouver avec précision une correspondance dans la langue latine qui semble obéir à une autre logique d'expression. À travers ces trois verbes allemands *prüeven*, *wîsen* et *berihten*, Eckhart expose comment l'intellect s'approprie une parole et s'efforce de la rendre intelligible. Et l'acte de prêcher apparaît comme un travail de dialogue et de mise en relation.

En ce qui concerne le vocabulaire latin, Eckhart emploie essentiellement le verbe *exponere* et le substantif *expositio.* Dans la tradition chrétienne, le substantif *expositio* désigne l'acte de commenter l'Écriture et le travail d'exégèse. Au Moyen Âge, c'est un terme technique de l'exégèse, on le retrouve dans les titres des commentaires bibliques. Le verbe *exponere* signifie « expliquer », « interpréter » et « commenter ». Pour comprendre le sens du verbe *exponere* chez Eckhart, il convient tout d'abord de situer cet acte de l'intellect dans l'ensemble des opérations qui s'appliquent à l'Écriture. Au début du *Prologue général*, Eckhart présente ses écrits universitaires et situe le travail de commentaire dans le prolongement des propositions et des questions :

> Ils ont en vue principalement trois objets : certaines propositions générales en forme de sentences, des solutions nouvelles, brèves et faciles de diverses questions, et, troisièmement, des expositions rares de très nombreuses autorités du canon sacré de l'un et l'autre Testament / *praecipue quantum ad tria : videlicet quantum ad generales et sententiosas quasdam propositiones ; item quantum ad diversarum quaestionum novas, breves et faciles declarationes ; adhuc autem tertio quantum ad auctoritatum plurimarum sacri canonis utriusque testamenti raras expositiones*[3].

Eckhart expose ici trois activités importantes de l'esprit à partir de l'Écriture. Cela correspond à trois genres universitaires : les sentences théologiques, les questions disputées et les commentaires de l'Écriture. Il s'agit tout d'abord d'énoncer et d'établir un certain nombre de propositions et de sentences générales comme par exemple : « L'être est Dieu »[4]. Définir les termes que nous employons, s'entendre sur les mots, tout cela constitue le point de départ de toute explication. Puis, à partir de ces propositions, l'esprit se pose alors différentes questions du type : Est-ce que le connaître intellectif, plus encore que l'être, ne définirait-il pas mieux la nature de Dieu[5] ? Les commentaires s'efforcent enfin de reprendre le tout, non pas de manière systématique puisque cela ne semble pas possible, mais à partir de quelques éléments « nouveaux », « brefs » et « faciles »

1. *Sermon 96*, *op. cit.*, p. 595 ; *DW* 3, p. 302.
2. *Sermon 47*, *op. cit.*, p. 323 ; *DW* 2, p. 408.
3. *Prologue général*, n. 2, *OLME* 1, p. 41.
4. *Ibid.*, n. 12, *OLME* 1, p. 55.
5. *L'être et le connaître intellectif sont-il indentique en Dieu ?* in *Questions parisiennes*, *op. cit.*, p. 176 et p. 187.

comme en témoigne par exemple le *Sermon 86* qui évoque les débats universitaires : « J'ai dit à l'École » [1].

Comme les grands commentaires savants, la prédication est une manière d'expliquer l'Écriture. De ce fait, il est intéressant d'observer de plus près l'emploi du verbe *exponere* dans les sermons universitaires latins, dont une grande partie a été prononcée pour la fête de la Trinité et les vingt-cinq dimanches qui suivent cette solennité. Il s'agit d'expliquer un verset en particulier [2], mais aussi tel ou tel mot contenu dans un verset [3], ou encore les propos d'un auteur biblique comme par exemple ceux de l'apôtre Paul : « C'est ainsi qu'il est possible de très bien expliquer ce que dit l'apôtre Paul en 2 Co 8,9 / *et sic multum bene exponi potest quod ait apostolus* » [4]. Mais, il lui arrive aussi d'expliquer et de rendre intelligible certains points complexes comme par exemple la question de la Trinité, ou plus simplement d'envisager les paroles d'un autre commentateur qui fait autorité : « À ce sujet, explique les propos d'Augustin / *iuxta hoc expone secundum Augustinum* » [5]. Progressivement, l'emploi du verbe *exponere* manifeste comment il convient de commenter. Tout d'abord, l'Écriture s'explique par l'Écriture, un verset en appelle un autre, et le commentaire organise une sorte de grande concordance : « *Qui sera révélé en nous* (Rm 8,18). Conformément à cela, explique : *Rien de caché qui ne sera révélé* (Mt 10,26) » [6], ou encore : « Ainsi, le terme en vérité (Rm 6,22) peut être considéré comme une conjonction, un adverbe ou encore un nom. Conformément à cela, explique ce qui est dit en Mt 20,16 : *Mais peu sont élus.* Conformément à ce qui précède, explique la parole en Lc 6,21 : *Bienheureux, vous qui maintenant avez faim* [...] *bienheureux, vous qui pleurez maintenant* » [7]. Ensuite, l'Écriture est expliquée au moyen des différentes Gloses : « En expliquant, Grégoire dit dans la Glose / *quod exponens Gregorius ait in Glossa* » [8], mais aussi grâce à l'enseignement des Pères comme Jean Chrysostome : « C'est ainsi que l'explique Jean Chrysostome / *et sic exponit Chrysostomus* » [9]. Ce qui importe aux yeux d'Eckhart, c'est de multiplier les explications et de souligner les différents sens : « Cela peut s'expliquer de six manières / *sex modis exponitur* » [10], et même : « Explique cela de multiples façons / *quod expone quoad multa* » [11]. Il ne s'agit pas de tout dire, mais cette abondance souligne combien ce qui est à dire excède ce qui peut en être dit. C'est ainsi qu'une explication ne doit en aucun cas en exclure une autre. À plusieurs

1. *Sermon 86*, *op. cit.*, p. 530.
2. *Sermon IV*, 1, n. 21, et *Sermon XVII*, 2, n. 168, *op. cit.*, p. 67 et p. 180 ; *LW* 4, p. 23 et p. 161.
3. *Sermon XXXIV*, 1, n. 340, *op. cit.*, p. 287 ; *LW* 4, p. 296.
4. *Sermon XII*, 1, n. 124, *op. cit.*, p. 142 et p. 143 ; *LW* 4, p. 118.
5. *Sermon X*, n. 104, *op. cit.*, p. 127 ; *LW* 4, p. 99.
6. *Sermon XI*, 1, n. 115, *op. cit.*, p. 134 ; *LW* 4, p. 108.
7. *Sermon XVII*, 2, n. 168, *op. cit.*, p. 180 ; *LW* 4, p. 161.
8. *Sermon XLVII*, n. 486, *op. cit.*, p. 389 ; *LW* 4, p. 401.
9. *Sermon XL*, 1, n. 391, *op. cit.*, p. 331 ; *LW* 4, p. 337.
10. *Sermon XII*, 2, n. 144, *op. cit.*, p. 158 ; *LW* 4, p. 134 et p. 135.
11. *Sermon IX*, n. 100, *op. cit.*, p. 124 ; *LW* 4, p. 95.

reprises, Eckhart propose une explication et il insiste pour que d'autres puissent également être prises en compte comme l'indique l'expression *salva alia expositione* que l'on peut traduire par : « Tout en gardant sauve tout autre explication »[1]. La plupart du temps, on notera la grande réserve et la prudence d'Eckhart qui entend simplement proposer une explication comme en témoigne l'emploi du verbe « pouvoir » : « Il est possible d'expliquer ainsi / *unde potest sic exponi* »[2]. Expliquer, c'est proposer une parole, « explique et dit / *expone et dic* »[3], une parole qui est plus exactement une manière de répondre à une question, « réponds et dis [...] explique / *respondet et dicit* [...] *expone* »[4], une parole qui s'efforce de déterminer toujours un peu plus le sens d'une réalité qui demeure cependant obscure et impénétrable : « Tout ce que l'on peut écrire ou dire de la bienheureuse Trinité n'est en aucun cas ni adéquat ni vrai »[5]. L'Écriture est une vaste question, tout ce que peut dire le prédicateur est une réponse à cette question. Ou encore, expliquer consiste à rechercher le sens du texte sous la lettre, dont la clé d'interprétation est le Christ lui-même : « Et cette explication fait allusion à la lettre elle-même et à la parole du Christ / *et huic expositioni alludit ipsa littera sive verba Christi* »[6]. Cette distinction entre ce que dit la lettre de façon explicite et le sens profond du texte révélé par le Christ est caractéristique de l'exégèse médiévale dans laquelle Eckhart s'inscrit parfaitement tout en lui imprimant une forme propre.

PRÉDICATION ET EXÉGÈSE

Avant de montrer la place occupée par la prédication dans l'exégèse médiévale, il convient de rappeler brièvement quelques grands principes d'herméneutique biblique. Commenter l'Écriture revient en fin de compte à exprimer les différents sens du texte. Depuis l'ouvrage d'Henri de Lubac sur l'*Exégèse médiévale*, on distingue volontiers quatre sens[7]. Le sens littéral précise la signification des mots employés et de l'histoire rapportée dans le texte. Le sens allégorique envisage la dimension spirituelle cachée sous la lettre en évoquant le plus souvent la présence du Christ dans la vie de l'âme humaine. Le sens tropologique indique la « façon » ou la « manière » de se comporter et de se conduire. Et enfin, le sens anagogique « élève » l'esprit jusqu'aux réalités les plus sublimes et ouvre aux joies de la béatitude éternelle. Dans le prologue de son *Breviloquium*, Bonaventure définit les trois derniers sens comme des modes distincts de compréhension afin d'orienter l'homme vers les réalités éternelles. Ainsi, la tropologie

1. *Sermon XII*, 1, n. 124 et *Sermon XII*, 2, n. 129, *op. cit.*, p. 142 et p. 146 ; *LW* 4, p. 118, p. 119 et p. 122.

2. *Sermon XII*, 2, n. 128, *op. cit.*, p. 145 ; *LW* 4, p. 121.

3. *Sermon XXVIII*, 2, n. 294, *op. cit.*, p. 267 ; *LW* 4, p. 262.

4. *Sermon XXII*, n. 211 et n. 212, *op. cit.*, p. 210 ; *LW* 4, p. 196 et p. 197.

5. *Sermon IV*, 2, n. 30, *op. cit*, p. 73.

6. *Sermon XLIII*, 1, n. 427, *op. cit.*, p. 353 ; *LW* 4, p. 361.

7. H. de Lubac, *Exégèse médiévale. Les quatre sens de l'Écriture*, Paris, Aubier, 1959-1964.

donne la connaissance de ce qu'il faut faire de manière ferme, *agendorum viriliter*, l'allégorie précise ce qu'il faut croire avec véracité, *credendorum veraciter*, et l'anagogie montre ce qu'il faut désirer de façon délectable, *desiderandorum delectabiliter*[1]. Eckhart connaît ces différents sens et les utilise régulièrement dans sa manière de prêcher. Dans le *Sermon 101* sur le verset : *Celui qui me sert, qu'il me suive et où je suis, là mon serviteur sera avec moi* (Jn 12,26), il structure son texte à partir de ces trois sens : « En ces paroles on peut remarquer trois choses. La première, c'est que l'on doit suivre et servir notre Seigneur [...]. Le second point : de quelle manière nous devons servir notre Seigneur [...]. Le troisième point : nous serons attentifs à cette récompense dont parle notre Seigneur »[2]. Si ces distinctions sont importantes, la manière de les articuler n'est pas uniforme. Pour les médiévaux, c'est une manière de rappeler que l'Écriture est d'abord la parole de Dieu, infiniment riche et irréductible à tous les efforts humains d'interprétation. Aussi, dans son ouvrage *Lire la Bible au Moyen Âge. Essais d'herméneutique médiévale*, Gilbert Dahan propose de revenir plus simplement à la distinction entre la lettre et le sens[3]. Il emploie l'expression de « saut herméneutique » pour montrer comment l'explication du texte biblique s'opère systématiquement par un passage du sens littéral au sens spirituel[4]. Cette dichotomie redonne toute sa force au sens littéral, et souligne combien celui-ci est tout aussi riche et complexe que le sens spirituel. Hugues de Saint-Victor distingue ainsi trois éléments dans le sens littéral, tout d'abord l'établissement du texte et les éléments de grammaire, la *littera* proprement dite, puis l'étude sémantique, étymologique et historique qu'il appelle le *sensus*, et enfin vient la perspective théologique ou *sententia*[5]. L'exégèse médiévale conduit à une réflexion sur le langage de l'Écriture et montre ainsi les différents niveaux d'intelligibilité. En ce qui concerne les textes d'Eckhart, Pierre Gire propose de distinguer trois niveaux de langage. Le langage scripturaire et dialectique évoque le texte biblique, mentionne les autorités qui ont écrit à ce sujet, et analyse la grammaire et la logique du discours[6]. Puis vient un second niveau, celui du langage anthropologique et théologique qui envisage la nature humaine et la conception de Dieu[7]. Ces deux niveaux sont alors traversés et dépassés par le langage métaphysique et mystique qui tente de dire de manière encore plus radicale une expérience qui déborde constamment les limites du

1. Bonaventure, *Breviloquium*, prologue, n. 5, in : *Opera omnia*, Grottaferrata, Quarrachi, t. 5, 1882, p. 206.

2. Maître Eckhart, *Sermon 101*, *op. cit.*, p. 614 et p. 616.

3. G. Dahan, *Lire la Bible au Moyen Âge. Essais d'herméneutique médiévale*, Genève, Droz, 2009, p. 218 et p. 219.

4. *Ibid.*, p. 20 et p. 21.

5. Hugues de Saint-Victor, *De scripturis et scriptoribus sacris praenotatiunculae*, chap. XIV, PL 175, 20 et p. 21 ; *Didascalicon*, chap. V n. 3, Paris, Cerf, p. 190 et p. 191.

6. P. Gire, *Maître Eckhart et la métaphysique de l'Exode*, Paris, Cerf, 2006, p. 35-57.

7. *Ibid.*, p. 60-75.

langage[1]. Ces différents sens et niveaux de langage sont présents dans les *Sermons*, Eckhart les utilise et les articule comme pour montrer la richesse infinie de la parole de Dieu, et ils constituent toute la beauté et la complexité de son écriture. Après le rappel sur ces quelques points indispensables, précisons maintenant le rôle propre aux sermons dans ce travail sans fin d'interprétation.

La prédication occupe une place importante dans l'exégèse médiévale, elle fait partie intégrante de l'enseignement universitaire[2]. Au début de son *Verbum abbreviatum*, Pierre le Chantre définit très clairement les trois activités qui composent le travail d'exégèse : « Le travail sur la sainte Écriture consiste en trois choses : lire, disputer et prêcher »[3]. Il décrit de façon imagée le programme des études et compare le travail d'exégèse à l'édification d'une maison. La lecture constitue le fondement, *lectio autem est quasi fundamentum*, la dispute est comme le mur, les parois de l'édifice, *disputatio quasi paries est in hoc exercitio et aedificio*, et la prédication forme le toit qui protège les fidèles, *praedicatio vero quasi tectum est tegens fideles*[4]. Au début du XIIIe siècle, les maîtres de la Faculté de théologie de l'Université de Paris prononcent des sermons les jours où il n'y avait pas de cours, c'est-à-dire le dimanche et les jours fériés, poursuivant ainsi le travail intellectuel auprès des étudiants et de leurs confrères. À partir de 1231, le sermon du matin est prolongé par une conférence ou *collatio* qui a lieu en soirée sur le même sujet. Cette *collatio* prend alors la forme d'un entretien entre le maître et les élèves à propos de leur lecture et des difficultés rencontrées, permettant ainsi de développer une pensée plus personnelle[5]. Parmi les grands théoriciens de la prédication, il convient de signaler Alain de Lille dans sa *Summa de arte praedicatoria*[6]. Celui-ci rappelle combien la prédication est une instruction qui doit s'appuyer aussi bien sur le travail de la raison que sur les grandes autorités, *ex rationum semita et auctoritatum fonte proveniens*[7]. À l'image de l'apôtre Paul, il encourage également dans l'exposé du texte biblique à intégrer les phrases des païens et les paroles des philosophes, *dicta gentilium et philosophorum auctoritates interserere*[8], ce qui justifie dans une certaine mesure une interprétation philosophique de l'Écriture. C'est en se laissant traverser par toutes sortes de questions, et en intégrant une explication philosophique, que la théologie devient une discipline scientifique. Toute l'œuvre d'Eckhart porte la trace de cette histoire et de cette manière d'expliquer l'Écriture.

Peut-être faut-il terminer cette présentation en signalant la place grandissante des langues vernaculaires dans le travail d'exégèse et de prédication. D'après

1. *Ibid.*, p. 77-90.
2. M.-M. Davy, *Les Sermons universitaires parisiens de 1230-1231. Contribution à l'histoire de la prédication médiévale*, Paris, Vrin, 1931.
3. Pierre le Chantre, *Verbum abbreviatum*, chap. I, PL 205, 25.
4. *Ibid.*
5. Jean de Salisbury, *Metalogicus*, I, chap. XXIV, PL 199, 855-856.
6. Alain de Lille, *Summa de arte praedicatoria*, PL 210, 111-198.
7. *Ibid.*, p. 111.
8. *Ibid.*, p. 114.

Michel Zink, la prédication en langue vernaculaire est un trait essentiel de la culture médiévale[1]. Elle constitue pour la plupart des laïcs la seule voie d'accès à l'Écriture puisque les premières traductions de la Bible en langues vernaculaires apparaîtront plus tardivement. En 813, deux grands conciles vont jouer un rôle décisif dans ce processus. Le canon 25 du Concile de Mayence invite les prédicateurs à s'exprimer dans un langage que le peuple peut entendre : « Qu'il ne manque jamais d'y avoir quelqu'un pour prêcher la parole de Dieu les dimanches et jours de fête conformément à ce que le peuple peut comprendre »[2]. Le canon 17 du troisième Concile de Tours est encore plus explicite puisqu'il parle de traduction en langues vernaculaires : « Que chacun s'applique à traduire ces homélies en langue populaire romane ou allemande, afin que tous puissent comprendre plus facilement ce qui est dit »[3]. C'est dans les pays germaniques que les résultats seront le plus visibles, sans doute en raison de la plus grande différence entre le latin savant et le moyen-haut allemand, mais aussi grâce au rôle qu'ont joué certains prédicateurs comme Eckhart[4]. Kurt Flasch parle de « transposition » pour évoquer à son propos le passage du savoir universitaire dans les sermons allemands[5]. En effet, il n'est pas rare qu'Eckhart rapporte dans ceux-ci certains débats parisiens comme par exemple dans le *Sermon 86* où il envisage la question de l'être et de l'intellect en Dieu : « Des maîtres subalternes enseignent à l'École [...] J'ai dit à l'École que l'intellect est plus noble que la volonté »[6]. Mais parler d'un processus de transposition n'est peut-être pas suffisant dans la mesure où cela ignore la spécificité des *Sermons allemands*. Il convient également de prendre en compte comment Eckhart a dialogué avec la culture de son temps et de reconnaître l'apport déterminant de la littérature rhénane sur sa propre écriture en langue vernaculaire[7]. Ce point est très important. Le fait qu'Eckhart se soit exprimé en moyen-haut allemand va assez rapidement permettre la diffusion de sa pensée dans toute la vallée du Rhin, et en même temps, cela lui est immédiatement reproché au cours de son procès qui commence à Cologne dès 1326 et s'achève en 1329 en Avignon. En lisant de plus près la bulle *In Agro Dominico* dans laquelle le pape Jean XXII condamne un certain nombre de propositions, on constate que ce n'est pas seulement le fond mais également la forme qui est mise en cause. On lui reproche en effet d'avoir « exposer sa doctrine principalement dans ses prédications devant le vulgaire

1. M. Zink, « La prédication en langues vernaculaires », *in* P. Riché et G. Lobrichon, *Le Moyen Âge et la Bible*, Paris, Beauchesne, 1984, p. 489.

2. C.-J. Héfélé, *Histoire des Conciles d'après les documents originaux*, Paris, Adrien le Clerc, t. 5, 1870, p. 185.

3. *Ibid.*, p. 187.

4. M. Zink, « La prédication en langues vernaculaires », art. cit., p. 506 et p. 507.

5. K. Flasch, *Maître Eckhart*, Paris, Vrin, 2011, p. 239.

6. Maître Eckhart, *Sermon 86*, *op. cit.*, p. 527 et p. 530.

7. B. McGinn, *Meister Eckhart and the Beguine Mystics. Hadewijch of Brabant, Mechthild of Magdeburg, and Marguerite Porete*, New York, Herder, 1994.

crédule ; il l'a même rédigée dans ses écrits »[1]. Il est étrange qu'on admire en lui aujourd'hui cela même qui l'a condamné à la fin de sa vie. Il n'en demeure pas moins vrai que toute sa prédication propose une manière très élégante d'exposer l'Écriture.

Intégrant tous ces aspects dans son propre travail, Eckhart envisage essentiellement sa prédication comme une manière d'exposer intellectuellement l'Écriture. Suivant cette perspective, de nombreux textes s'inscrivent dans une forme précise que l'on appelle le sermon moderne[2]. Ce type de sermon se compose de trois parties : le thème, le prothème et le développement[3]. Le thème, ou *thema*, est le point de départ et la base sur laquelle s'appuie l'ensemble du discours. La plupart du temps, il est donné par un verset de l'Écriture en lien avec la liturgie. Puis vient le prothème, ou *prothema*. Il s'agit d'un second thème qui oriente d'une manière particulière le sermon. Le prothème peut être différent du thème ou, au contraire, une simple explicitation de celui-ci. Il se termine parfois par une prière adressée à Dieu lui demandant toute son aide afin d'être entendu par ses auditeurs. Enfin, le prédicateur revient au thème principal en le divisant en plusieurs parties qui constituent le développement et le corps du sermon. Bien qu'il ait été élaboré dans le cadre de l'enseignement universitaire médiéval, le sermon moderne va profondément influencer la prédication en langue vernaculaire, s'éloignant peu à peu d'une prédication qui se limitait jusqu'alors à des exhortations morales. Eckhart nous a laissé des exemples intéressants illustrant parfaitement ce type de sermon, comme en témoigne le *Sermon pascal* composé à Paris en 1294, alors qu'il est encore lecteur des *Sentences* à la Faculté de théologie[4].

Comme son nom l'indique, ce grand sermon latin a été écrit pour le jour de la fête de Pâques. Eckhart commence en rappelant les deux textes de la liturgie dont le point commun est l'emploi du verbe *epulari* qui évoque la fête : *Le Christ, notre Pâque, a été immolé. Ainsi donc, festoyons* (1Co 5,7-8) et juste après : *Mais il fallait festoyer et se réjouir, parce que ton frère était mort et il est revenu à la vie* (Lc 15,32). Puis, le prothème s'attache à souligner les quatre choses qui permettent à une parole d'être écoutée avec attention, à savoir la pertinence, le caractère incroyable et nouveau, et enfin la grandeur. Eckhart se réfère à un texte de Cicéron et montre comment ces quatre aspects s'appliquent précisément au texte de l'Évangile (n. 1), il élargit ensuite son propos à l'ensemble de l'Écriture (n. 2), avant d'en venir à une prière dans laquelle le prédicateur demande de pouvoir exposer convenablement son propos (n. 3). Eckhart revient alors au thème de la résurrection du Christ et du sacrement de l'Eucharistie dont il souligne l'excellence (n. 5) et s'interroge sur les dispositions qui permettent de le

1. *In Agro dominico*, *in* Maître Eckhart, *Traités et Sermons*, Paris, Flammarion, 1993, p. 408.

2. G. Dahan, « La prédication au Moyen Âge », in *Encyclopédie des mystiques rhénans*, *op. cit.*, p. 974.

3. M.-M. Davy, *Les Sermons universitaires parisiens de 1250-1251*, *op. cit.*, p. 36-42.

4. Maître Eckhart, *Sermon pascal*, *LW* 5, p. 136-148.

recevoir (n. 6). Trois grandes questions vont alors structurer le texte : « Pour qui cette Pâque est préparée ? Deuxièmement : Où ? Et troisièmement : que produit-elle ? » Eckhart montre que cette Pâque est préparée pour les pauvres et pour les humbles (n. 7-8), pour les contempteurs du monde (n. 9-10) et pour celles et ceux qui ont une conscience pure (n. 11). Puis, il évoque de vastes paysages à partir de l'Écriture pour montrer que cette Pâque a lieu dans les puissances supérieures de l'âme (n. 12). Le *Sermon pascal* envisage longuement les disciples Pierre et Jean (Lc 22,8-12), figures de la connaissance et de la grâce qui permettent à l'âme humaine d'accueillir le sacrement de l'Eucharistie (n. 13-14). La ville dont parle l'Évangile de Luc souligne enfin l'unité qui doit régner à l'intérieur de l'homme (n. 15). Le *Sermon pascal* s'achève par une longue référence au texte des *Confessions* d'Augustin, et montre que le sacrement de l'Eucharistie permet à l'homme d'être incorporé au Christ d'après ces deux passages : *Celui qui mange ma chair, demeure en moi* (Jn 6,57) et plus loin : *Celui qui demeure en moi, et moi en lui, celui-là porte beaucoup de fruits* (Jn 15,5).

A. Thème : *Festoyons*. Résurrection et Eucharistie

Pascha nostrum immolatus est Christus. Itaque ***epulemur*** (1Co 5,7-8)
Epulari *autem et gaudere oportebat, quia frater tuus mortuus fuerat et revixit* (Lc 15,32)

B. Prothème : le caractère **pertinent**, **incroyable**, **nouveau** et **grand** des paroles qui viennent d'être prononcées dans l'Évangile (Lc 15,32).

n. 1. Référence à Cicéron, les quatre choses qui permettent à une parole d'être écoutée avec attention :
- la **pertinence** qui fait que chacun d'entre nous est concerné, *pertinentia ad singulos*
- le caractère **incroyable** parce que prodigieux, *incredibilia quia mirabilia*
- le caractère **nouveau** parce que insolite, *nova quia insolita*
- et la **grandeur** parce que surnaturel, *magna quia supernaturalia*

Et comment ces quatre points s'appliquent exactement aux paroles de l'Évangile
- ces paroles **pertinentes** concernent chacun d'entre nous : *ton frère*
- ces paroles sont **incroyables**, le Christ présenté sous la forme du pain : *il fallait festoyer et se réjouir*
- ces paroles sont **nouvelles**, parce que la vie meurt : *il était mort*
- et **grandes**, parce que celui qui est mort est ramené à la vie : *et il est revenu à la vie*

n. 2. Elargissement à l'ensemble de l'Écriture et établissement de parallèles
- sur la **pertinence** des paroles : Gn 37,27 et Gn 2,23
- sur leur caractère **incroyable :** Is 53,1 et Rm 10,16-17
- sur leur caractère **nouveau :** Jn 14,6 et Jn 1,3-4
- sur leur **grandeur** : Ap 1,17-18 et Augustin, *Lettre à Volusien*

n. 3. Exhortation à la prière à partir d'un texte d'Augustin : prions d'abord afin que nous exposions assez convenablement ce par quoi nous avons commencé en premier lieu

C. Développement : Retour à l'exhortation de Paul (1Co 5,7-8), propos autour du sacrement de l'Eucharistie à partir de trois grandes questions : pour qui, où et pourquoi ?

n. 4. À propos de la manducation de l'agneau pascal,
- comme la mère qui invite l'enfant à manger pour se nourrir
- comme le médecin qui invite le malade à prendre son remède pour guérir

deux choses sont à noter dans les propos de Paul :
- n. 5 sur l'excellence du sacrement : le Christ, notre Pâque, a été immolé
- n. 6 sur la façon convenable de le recevoir : ainsi donc festoyons, trois questions :
  - pour qui cette Pâque est préparée ?
    - où est-elle préparée ?
      - que produit-elle ?

n. 7-11. Pour qui la Pâque est-elle préparée ?
pour les pauvres et les humbles (n. 7-8)
pour les comtempteurs du monde (n. 9-10)
pour ceux qui ont une conscience pure (n. 11)

n. 12-15. Où la Pâque est-elle préparée ?
- sur les plus hautes montagnes (Ez 34,14), n. 12
- mais aussi Pierre et Jean (Lc 22,8-12), la connaissance (n. 13) et de la grâce (n. 14)
- et dans la ville, figure de l'unité (n. 15)

n. 16. Ce qu'elle produit : être incorporé au Christ
- référence aux *Confessions* d'Augustin
- Jn 6,57 et Jn 15,5

De nombreux sermons allemands d'Eckhart sont composés d'après cette forme. Ainsi le *Sermon 61* sur le verset : *Aie pitié du peuple qui est en toi*, en latin : *populi eius qui in te est, misereberis* (Os 14,4), propose de réfléchir sur le thème de la miséricorde : *Aie pitié*, en allemand : *erbarme dich*. Eckhart cite alors un extrait de l'Évangile : *Le pharisien désira que notre Seigneur mange avec lui* (Lc 7,36). Ce second verset procure le prothème au sermon. Eckhart rappelle que l'esprit doit non seulement aller vers la paix, mais qu'il peut aussi courir vers elle. Puis, le verbe « manger » rappelle combien l'homme doit s'unir à Dieu, comme l'aliment que je mange est uni à mon corps. Enfin, le terme de « pharisien » exprime le détachement de l'âme, le fait qu'elle doit être « séparée ». Après ces quelques réflexions à propos des dispositions intérieures qui permettent d'accueillir la miséricorde, le prédicateur revient au verset initial: « C'est pourquoi le prophète dit : *Seigneur, aie pitié de ton peuple qui est en toi* ». Dans le développement, Eckhart commence par définir la miséricorde de Dieu comme le fait d'établir l'âme dans ce qui est le plus haut : « Dieu établit l'âme dans le plus haut et le plus pur qu'elle soit capable de recevoir ». Puis, il précise quel est le peuple qui est en Dieu, ou plus exactement, il s'interroge pour savoir si l'homme peut atteindre Dieu par l'amour ou par l'intellect. Enfin, Eckhart se situe par-delà les puissances de l'âme pour évoquer un « je ne sais quoi de tout à fait secret ».

A. Thème de la miséricorde à partir du verset: *aie pitié du peuple qui est en toi* (Os 14,4)

B. Prothème, commentaire de l'épisode biblique à partir du verset: *le pharisien désira que notre Seigneur mange avec lui* (Lc 7,36) jusqu'au verset: *va en paix* (Lc 7,50).
- *va en paix* et courir vers la paix
- *manger*, être uni à Dieu comme l'aliment au corps
- *pharisien*, celui qui est « séparé ».

C. Développement, retour au thème de la miséricorde :
- qu'est-ce que la miséricorde ?
- comment parvenir à la miséricorde, amour ou intellect ?
- accueillir la miséricorde dans le fond de l'âme.

Sur le plan méthodologique, il convient de souligner un goût particulier pour l'art de poser des questions. Dans le *Sermon pascal*, Eckhart demande ainsi « pour qui » cette Pâque est-elle préparée, « où » et « ce qu'elle produit », *quibus*, *ubi* et *quid operetur*[1] ? De même, le *Sermon 61* entend préciser ce qu'est la miséricorde et comment l'âme doit-elle se disposer: « Quel peuple est en Dieu ? [...] Je dis : au-dessus de l'un et de l'autre, de la connaissance et de l'amour, est la miséricorde : là, Dieu opère la miséricorde dans le plus haut et le plus pur que Dieu puisse opérer »[2]. Chez Eckhart, la question est plus qu'un procédé rhétorique qui permet au prédicateur de soutenir l'attention de ses auditeurs et auditrices. Car la question vient déjà de l'Écriture et elle est assumée par le genre des questions disputées. Ainsi, l'art de poser des questions est quelque chose de structurant dans l'écriture des sermons. Certains textes sont en effet composés à partir des différentes questions. Dans le *Sermon 9*, le maître soulève lui-même les questions que les élèves ou les novices pourraient lui poser: « Tu pourrais dire [...] Note le bien »[3], ou encore : « Tu pourrais dire [...] À ce propos, un maître païen a dit une belle parole »[4], et même : « Maintenant, vous pourriez me dire [...] Mais je dis »[5].

1. *Sermon pascal*, n. 6, *LW* 5, p. 140.
2. *Sermon 61*, *op. cit.*, p. 391 et p. 392.
3. *Sermon 9*, *op. cit.*, p. 105.
4. *Ibid.*, p. 102 et p 104.
5. *Ibid.*, p. 100.

D'autres textes apparaissent parfois comme une longue réponse apportée à une question initiale. Dans le *Sermon 119*, Eckhart s'interroge à propos d'un homme qui aurait accompli de bonnes œuvres alors qu'il était en état de péché mortel. Et le texte s'achève en considérant la profondeur de l'homme, le fond de son esprit qui lui procure une parfaite liberté: « S'ils comprenaient ce qu'est l'esprit »[1]. Les questions sont diverses, mais la progression n'est-elle pas souvent la même? Il existe en effet une même progression à l'intérieur des *Sermons* qui permet à l'esprit de pointer vers la question ultime. Dans le *Sermon 34* sur la rencontre entre Marie-Madeleine et le Christ Ressuscité, Eckhart demande « pourquoi elle s'approcha si près de lui », « pourquoi elle était debout et non pas assise », et enfin « pourquoi elle ne vit pas notre Seigneur alors qu'il était si près d'elle »[2]? La dernière question souligne alors le caractère inappropriable du Christ et la nécessité d'une quête sans fin. Il s'agit toujours de souligner plus ou moins explicitement la présence d'un quelque chose qui fait de l'homme un être fondamentalement libre : « J'ai dit parfois qu'il est dans l'esprit une puissance qui seule est libre »[3]. La plupart des sermons eckhartiens sont ainsi structurés par des vagues successives de questions qui dirigent progressivement l'esprit vers une réalité qui échappe à tout discours.

Trois grandes questions traversent les sermons d'Eckhart et structurent sa réflexion. La première question tourne autour du « pourquoi » (*war umbe*). Elle permet au prédicateur d'expliciter sa pensée et rappelle en particulier les principaux schèmes théologiques comme par exemple celui de l'Incarnation du Verbe et de la filiation divine : « Pourquoi Dieu s'est-il fait homme – ce qui fut le plus sublime? –, je dirais : pour que Dieu naisse dans l'âme et que l'âme naisse en Dieu. C'est pour cela que toute l'Écriture est écrite, c'est pour cela que Dieu a créé le monde et toute la nature angélique : afin que Dieu naisse dans l'âme et que l'âme naisse en Dieu »[4]. De cette manière, Eckhart ne transmet pas un exposé systématique qui s'impose à l'homme de l'extérieur, mais il permet à chacun d'acquérir par lui-même une intelligence de la foi. D'où la deuxième question qui porte sur le « comment », *wie*? Il s'agit alors de présenter la pédagogie de Dieu : « Comment l'amour de Dieu s'est manifesté? »[5], ou encore de permettre un discernement plus personnel: « Comment puis-je savoir si c'est la volonté de Dieu ou non? »[6], mais le plus souvent, Eckhart s'interroge sur la manière dont l'esprit doit intérieurement se disposer: « On pourrait alors se demander comment une personne qui est née et qui est parvenue à une vie intellective peut être aussi dégagée de toutes images que lorsqu'elle n'était pas [...] comment peut-elle être dégagée? »[7]. Toutes ces questions ne tracent pourtant pas de

1. *Sermon 119a*, *op. cit.*, p. 714.
2. *Sermon 34*, *op. cit.*, p. 260, p. 261 et p. 263.
3. *Sermon 81*, *op. cit.*, p. 499.
4. *Sermon 6*, *op. cit.*, p. 76 et p. 77.
5. *Sermon 49*, *op. cit.*, p. 329.
6. *Sermon 41*, *op. cit.*, p. 291.
7. *Sermon 81*, *op. cit.*, p. 495.

manière précise ni définitive un itinéraire de l'esprit vers Dieu. Eckhart multiplie les expériences et les exemples comme pour montrer combien ce qui est à dire, échappe à toute forme d'enseignement. Et s'il fallait absolument suivre une figure en particulier, alors ce serait sans nul doute celle du Christ. D'où la troisième question qui est plus ou moins explicitement formulée : « Qui est Jésus / *wer ist Jêsus* »[1] ? La figure du Christ, le Verbe éternel, est incontestablement la clé de lecture de ses *Sermons*, l'horizon d'intelligibilité de toutes choses. Et pourtant, cette figure se dérobe constamment à toutes les images et réprésentations : « Qui est Jésus ? Il n'a pas de nom »[2]. Le Christ n'a pas de nom, il est aussi le Verbe caché, *verbum absconditum*. C'est précisément parce qu'il échappe à toutes les images et représentations, qu'il est l'image parfaite du Dieu caché dans l'intelligence de l'homme. Et la prédication devient alors cet effort permanent pour exprimer ce qui ne peut être dit, la parole inexprimable.

ENSEIGNER LE *VERBE FAIT CHAIR*, DIRE LA PAROLE INEXPRIMABLE

Toute l'originalité de la prédication eckhartienne consiste à souligner le caractère inexprimable de la parole. Cette idée est déjà présente dans les *Sermons latins*. Ainsi, dans le premier *Sermon IV* pour la fête de la Trinité, Eckhart rappelle que « Dieu est ineffable et incompréhensible / *deus ineffabilis, incomprehensibilis est* », mais aussi qu' « en lui toutes choses sont de manière ineffable / *in ipso sunt omnia ineffabiliter* »[3]. Et dans le second *Sermon IV* pour cette même fête, il ajoute que « tout ce que l'on peut écrire ou dire au sujet de la Trinité bienheureuse n'est en aucun cas ni adéquat ni vrai / *omne quod de trinitate beata scribitur aut dicitur, nequaquam sic se habet aut verum est* »[4]. Mais dans l'ensemble, le propos d'Eckhart demeure encore très classique, il expose les principaux dogmes de la foi en s'appuyant sur les grands auteurs. On retrouve la perspective augustinienne qui ne cesse d'exprimer l'irréductibilité de Dieu à tous discours et représentations : « Délivre-moi, Seigneur, de l'abondance de paroles dont je souffre à l'intérieur de mon âme [...] Quand nous t'aurons atteint cesseront ces paroles que nous multiplions sans t'atteindre »[5]. Reprenant les propos de Jean Damascène, Eckhart en conclut ainsi que « Dieu est un immense océan d'essence sans limite et infinie / *pelagus substantiae infinitae* »[6]. En revanche, dans les *Sermons allemands*, le caractère inexprimable de certaines réalités est presque systématiquement rappelé et devient alors un élément constitutif de sa prédication :

1. *Sermon 113*, *op. cit.*, p. 685.
2. *Ibid.*
3. *Sermon IV*, 1, n. 28, *op. cit.*, p. 71 ; *LW* 4, p. 28.
4. *Ibid.*, 2, n. 30, *op. cit.*, p. 73 ; *LW* 4, p. 31.
5. Augustin, *La Trinité*, XV, chap. 28 n. 51, BA 16, p. 567.
6. Maître Eckhart, *Sermon VIII*, n. 95, *op. cit.*, p. 121 ; *LW* 4, p. 91. Jean Damascène, *La Foi orthodoxe*, I, 9, PG 94, 836.

« Quand nous nous entretenons à propos des choses divines, nous devons balbutier, car il faut bien les rendre par des mots / *swaz wir von gotlîchen dingen reden, daz müezen wir stameln, wan man muoz im wort geben* »[1], ou encore : « Dieu est au-dessus de tout ce que nous pouvons exprimer en paroles / *got ist über allez, daz wir geworten mügen* »[2], et même : « Personne n'est capable d'en parler et de le révéler pleinement / *nieman vollen dar abe gesprechen noch geoffenbâren kan* »[3]. Eckhart ne cesse de rappeler le caractère inadéquat des paroles humaines, et même l'incapacité d'exprimer certaines choses, toute sa prédication devient alors comme un effort pour dire ce qui ne peut être dit.

On n'a peut-être pas assez souligné le fait que cette impossibilité est inscrite au cœur même de son programme de prédication. Au début du *Sermon 74*, Eckhart indique en effet à ses auditeurs quelles sont les grandes lignes de toute sa prédication. Il parle bien évidement de la grande noblesse que Dieu a déposée dans l'âme humaine afin que l'homme puisse revenir jusqu'à lui par une expérience de détachement. Et le dernier point envisagé concerne le caractère inexprimable de la nature divine : « Quand je prêche, j'ai coutume de parler [...] de la pureté de la nature divine – de quelle clarté est la nature divine, c'est inexprimable. Dieu est une parole, une parole inexprimée / *swenne ich predige, sô pflige ich ze sprechenne* [...] *von gotlîcher natûre lûterkeit – waz klârheit an gotlîcher natûre sî, daz ist unsprechelich. Got ist ein wort, ein ungesprochen wort* »[4], et il ajoute quelques lignes plus loin : « Qui peut exprimer cette parole ? Personne ne le fait / *wer kan diz wort gesprechen? Daz entuot nieman* »[5]. Comment est-il possible de comprendre cette expérience de l'impossible dans son activité de prédication et dans son effort rédactionnel ? Cet aveu est-il une simple prudence d'ordre rhétorique, une forme d'humilité, ou quelque chose de plus constitutif dans son travail d'écriture ? Cette impossibilité d'exprimer l'essentiel est un élément important pour l'écriture. Qu'est-ce que l'écriture et pourquoi écrire ? L'homme commence à écrire au moment où son esprit prend conscience que ce qui est à dire est impossible. Et même, l'écriture consiste précisément à dire ce qui dans une chose est impossible à exprimer : « La pureté de la nature divine – de quelle clarté est la nature divine, c'est inexprimable ». L'écrivain ne fait que décrire l'existence comme pour y déceler la trace ineffable d'une réalité toujours hors de prise. Dans ses *Sermons allemands*, Eckhart interroge aussi bien l'Écriture que l'expérience personnelle en essayant d'être particulièrement attentif à ce qui se donne et se cache, se manifeste et se dérobe, le *Verbe fait chair*, la parole inexprimable. Et c'est dans cette perspective qu'on peut dire qu'il existe dans ses écrits allemands, une dimension résolument littéraire.

1. *Sermon 100*, *op. cit.*, p. 612 ; *DW* 1, p. 291.
2. *Sermon 31*, *op. cit.*, p. 248 ; *DW* 2, p. 635.
3. *Sermon 81*, *op. cit.*, p. 498 ; *DW* 1, p. 36.
4. *Sermon 74*, *op. cit.*, p. 459 ; *DW* 2, p. 528 et p. 529.
5. *Ibid.* ; *DW* 2, p. 529.

Les *Sermons allemands* d'Eckhart attestent d'un important travail de créativité verbale, ils sont également exprimés dans un style poétique très élaboré, mais ils peuvent être considérés comme une production littéraire dans la mesure où ils sont constamment traversés par cette difficulté fondamentale. Certes, ces sermons sont d'abord des textes de circonstances écrits dans un cadre liturgique déterminé et prononcés devant une communauté précise. Cependant, il est possible de se demander comment ceux-ci deviennent-ils aussi de véritables textes littéraires qui dépassent largement les circonstances pour lesquelles ils ont été écrits et atteignent ainsi un public beaucoup plus large ? Un écrit cesse d'être uniquement un texte de circonstance au moment-même où son auteur confie cette impossibilité. Il ne s'agit plus simplement d'enseigner quelque chose, mais bien de montrer pourquoi un tel enseignement est impossible. Où plus exactement, l'enseignement d'Eckhart consiste à traverser les apparences, à dépasser les images et représentations, afin que l'esprit puisse se situer sur un plan ultime, par-delà la pensée et le langage : « Personne n'est capable d'en parler ou de le révéler pleinement [...]. J'ai dit parfois qu'il est dans l'esprit une puissance qui seule est libre. Parfois j'ai dit que c'est une garde de l'esprit, parfois j'ai dit que c'est une lumière de l'esprit, parfois j'ai dit que c'est une petite étincelle, mais maintenant je dis : ce n'est ni ceci ni cela, cependant c'est un quelque chose qui est plus élevé au-dessus de ceci et de cela que le ciel ne l'est de la terre »[1]. La diversité des paroles produit une déconstruction du langage : « Ce n'est ni ceci ni cela / *ez enist weder diz noch daz* », et l'esprit est alors emporté là où la réalité est indicible : « C'est un quelque chose qui est plus élevé au-dessus de ceci et de cela / *ez ist ein waz, daz ist hœher boben diz und daz* »[2]. Les *Sermons allemands* sont ainsi comme des variations infinies autour d'un thème qui ne peut être dit. Les mots seront toujours insuffisants pour exprimer certaines réalités, et cependant, quelque chose cherche à se dire à travers l'épaisseur du langage. Aussi l'écriture doit tenir fermement cette tension entre l'excès et l'impossible, il lui faut dire les choses jusqu'à l'excès comme pour exprimer leur caractère ineffable. Et l'esprit doit toujours entretenir le désir d'étreindre ce qui se donne à lui sous le mode de l'inappropriable. Cette impossibilité fondamentale qui donne aux *Sermons allemands* une dimension proprement littéraire, repose en réalité sur un fondement christologique. C'est parce que le Christ est à la fois le *Verbe fait chair* et la parole toujours inexprimée, que l'écriture devient cet espace où quelque chose d'impossible cherche constamment à se dire. Et par conséquent, il est nécessaire pour le prédicateur d'en parler.

Le Christ est sans aucun doute au centre de la prédication eckhartienne et de tout son enseignement. Et tout d'abord parce qu'exposer l'Écriture, c'est découvrir le Christ, manifester sa présence et rendre ainsi intelligible la parole de Dieu. Dans le *Livre des paraboles de la Genèse*, Eckhart envisage la méthode des

1. *Sermon 81*, *op. cit.*, p. 498 et p. 499.
2. *DW* 1, p. 39.

paraboles et confie ainsi : « Celui qui veut chercher dans les Écritures la manière qui a été décrite trouvera sans aucun doute que le Christ y est assurément caché. *Scrutez les Écritures* (Jn 5,39) *car ce sont elles qui rendent témoignage de moi* (Jn 5,46) [...]. *Par les prophètes, j'ai été présenté en paraboles* (Os 12,10). Car celui qui ne sait pas trouver le cœur des Écritures, le Christ, la vérité, qui est caché en elles, ne comprend l'Écriture, à mon avis »[1]. Bien qu'il connaisse parfaitement tous les grands schèmes christologiques comme par exemple celui de la mort et Résurrection[2], ou encore celui du Christ présent dans l'Eucharistie[3], il est clair que toute son œuvre s'organise essentiellement autour du mystère du *Verbe fait chair*. L'Incarnation du Verbe est en effet le schème principal qui permet de penser aussi bien les réalités du monde sensible que celles du divin, comme le souligne Eckhart dans son *Commentaire sur l'Évangile de Jean :* « Il en résulte que l'Incarnation elle-même est vraiment à l'image de l'émanation éternelle et qu'elle est aussi le modèle exemplaire de toute la nature inférieure / *ita ut incarnatio ipsa sit exemplata quidem ab aeterna emanatione et exemplar totius naturae inferioris* »[4]. De ce fait, il existe un accord entre la révélation de Dieu à travers les Écritures et ce que les philosophes ont écrit à propos de la nature : « D'après cela, on interprète donc la sainte Écriture avec une plus grande pertinence, de telle façon que ce que les philosophes ont écrit sur les natures des choses et sur leurs propriétés s'accorde avec elle / *secundum hoc ergo convenienter valde scriptura sacra sic exponitur, ut in ipsa sint consona, quae philosophi de rerum naturis et ipsarum proprietatibus scripserunt* »[5]. Pour Eckhart, il s'agit juste d'une question de modalité, Dieu se révèle aux hommes de différentes manières : « Moïse, Christ et le philosophe enseignent donc la même chose. Ils ne différent que par les modes de leur enseignement, à savoir le crédible, le démontrable ou le vraisemblable, et la vérité / *idem ergo est quod docet Moyses, Christus et philosophus, solum quantum ad modum differens, scilicet ut credibile, probabile sive verisimile et veritas* »[6]. En d'autres termes, les prophètes permettent aux hommes de croire grâce à l'Écriture, les philosophes démontrent avec probabilités les réalités terrestres et avec vraisemblance les réalités sublunaires, et le Christ quant à lui manifeste la vérité. Et cependant, le Christ se distingue des prophètes et des philosophes dans la mesure où il est « la source unique » à partir de laquelle procède tout ce qui est vrai, ou plus exactement : *ex uno fonte et una radice procedat veritatis omne* »[7].

Il n'est pas facile d'envisager la figure du Christ chez Eckhart tant celle-ci est présente à travers toute son œuvre. Il existe un certain nombre d'articles sur tel ou tel aspect de sa christologie, mais aucun ouvrage n'a encore été entièrement

1. *Livre des paraboles de la Genèse*, n. 3, *op. cit.*, p. 64 ; *LW* 1, p. 453.
2. *Sermon pascal*, *LW* 5, p. 131-148.
3. *Sermon 32*, *op. cit.*, p. 249-253 ; *DW* 4/2, p. 738-747.
4. *Commentaire sur l'Évangile de Jean*, n. 185, *OLME* 6, p. 335.
5. *Ibid.*
6. *Ibid.*
7. *Ibid.*

consacré à cette question[1]. Le Christ apparaît à travers de nombreuses appellations. Si l'on considère sa relation avec la création et en particulier avec l'homme, le Christ est parole, *verbum-wort*, le *Verbe fait chair*, et la parole éternelle qui ne cesse de naître dans l'âme. Envisagé dans la vie trinitaire, il est le Fils du Père, l'image parfaite de Dieu et l'intellect pur, sachant que l'Esprit est plutôt désigné comme l'amour. Certains textes parlent également du Christ comme la sagesse de Dieu. Mais il est aussi l'homme juste, l'homme bon, l'homme humble et pauvre, et sert ainsi de modèle exemplaire pour penser la figure humaine. Et pourtant, Eckhart n'hésite pas à préciser qu'il est impossible de déterminer parfaitement son identité : « Qui est Jésus ? Il n'a pas de nom ». Le Christ est aussi la parole inexprimée, *ein ungesprochen wort*[2]. Même s'il avoue que ce terme de parole est sans doute le plus approprié pour parler du Christ, force est de constater qu'Eckhart n'a pas véritablement privilégié une appellation particulière dans l'ensemble de sa prédication. La multiplicité des appellations est sans doute pour lui une manière de dire que le Christ est au-delà de toutes les images et représentations. On admet volontiers que Dieu est au-delà de tous noms, mais le Christ n'est-il pas la révélation, le visage de Dieu offert aux hommes ? Certes, le Christ révèle pleinement le visage de Dieu, mais cette révélation se fait progressivement dans l'intelligence de l'homme. Il ne peut immédiatement et pleinement se révèler, parce que sa lumière est trop vive pour l'intelligence[3]. C'est pourquoi, il se cache et se manifeste tout à la fois. Eckhart présente souvent le Christ comme celui qui se dérobe à l'intelligence de l'homme. Plus exactement, ce qui l'intéresse c'est de montrer comment cette vision du Christ est quelque chose de très stimulant pour la pensée. En d'autres termes, le fait de se cacher et de se manifester introduit un dynamisme qui permet à l'intellect de tendre en permanence vers la vérité et d'éveiller le désir de la rechercher sans jamais s'arrêter. La fin du *Sermon 30* expose parfaitement cette tension : « Tout comme un homme quand il se cache, s'il tousse il se manifeste par là; c'est ainsi que Dieu s'est manifesté. Personne n'aurait jamais trouvé Dieu, mais il s'est manifesté [...] Et quand je veux complètement t'étreindre, Seigneur, tu me le dérobes. Seigneur, quelle est par là ton intention ? Si tu m'attires, pourquoi m'en prives-tu ensuite ? Si tu m'aimes, pourquoi me fuis-tu ensuite ? Hélas ! Seigneur tu le fais afin que je puisse beaucoup recevoir de toi »[4]. Le caractère inappropriable du Christ

1. P. Gire, « Le Christ de Maître Eckhart », in *Penser l'expressison religieuse*, Paris, Cerf, 2014, p. 150-159; R. Manstetten, « Christologie bei Meister Eckhart », in *Meister Eckhart Jahrbuch*, Stuttgart, Kohlhammer, t. 1, 2007, p. 125-144; B. McGinn, *The Mystical Thought of Meister Eckhart*, New York, Crossroad, 2001, p. 115 et p. 116; E.-H. Weber, « Le Christ selon Maître Eckhart », *in* K. Emery et J. Wawrykow, *Christ among the medieval Dominicans. Representations of Christ in the texts and images of the order of preachers*, Indiana, University of Notre Dame, 1998, p. 414-429; R. Schneider, « The functional Christology of Meister Eckhart », *Recherches de théologie ancienne et médiévale* 35, 1968, p. 291-322.

2. Maître Eckhart, *Sermon 74*, *op. cit.* p. 459; *DW* 2, p. 529.

3. *Sermon 35*, *op. cit.*, p. 265.

4. *Sermon 30*, *op. cit.*, p. 242.

introduit l'intellect dans un dynamisme sans fin qui permet à l'homme de recevoir continuellement la lumière de la vérité. Toute sa prédication est une manière d'observer attentivement ce qui se passe dans l'intelligence humaine quand celle-ci est inondée par la lumière de Dieu, et les nombreux verbes employés par Eckhart pour exprimer les actes de l'intellect ne sont peut-être en définitive que la résonance intérieure du Verbe éternel.

Aussi, le prédicateur du Christ doit continuellement apprendre à s'effacer pour laisser transparaître celui qui est la vérité. Eckhart envisage la tâche du prédicateur dans le *Sermon I sur l'Ecclésiastique*. Certes, celui-ci doit posséder un certain nombre de qualités intérieures comme la « pureté de la vie », la « sincérité de l'intention » ou encore la « suavité de la réputation »[1]. Mais sa principale qualité consiste peut-être à devenir totalement transparent afin de manifester pleinement le Christ : « Il ne tend qu'au Christ, à rien en dehors de lui [...]. Le prédicateur du Verbe de Dieu ne doit pas à lui-même d'être ou de vivre, mais au Christ qu'il prêche [...] l'enseignement du prédicateur du Christ ne doit rien concerner en dehors du Christ »[2]. Cette exclusivité du Christ dans le travail de prédication, n'est pas pour Eckhart une manière d'imposer un discours systématique. Le Christ n'est pas un modèle, il est l'image parfaite dans la mesure où il se dérobe continuellement à toutes les images et représentations. Et ainsi, la prédication doit permettre à ce fleuve immense et sans fond de s'écouler sans jamais s'arrêter. Eckhart emploie une autre belle image pour exprimer le lien entre la parole de Dieu et l'intelligence de l'homme : « Il faut en effet que l'âme soit solide et enfermée de tous côtés, afin que puisse être engendrée en elle-même la forme spécifique de Dieu à la manière dont la montagne engendre l'écho »[3], et dans un autre passage : « L'écho advient quand une montagne est devenue concave par un abaissement ou une vacuité, et fermée sur le côté opposé »[4]. Et l'intellect devient alors cet espace vaste et sans mesure dans lequel résonne continuellement la parole de Dieu. Le concept d'écho signifie que le Verbe éternel se reproduit en chaque homme.

C'est dans cette perspective qu'il faut envisager le projet eckhartien qui entend « expliquer par les raisons naturelles des philosophes les affirmations de la sainte foi chrétienne et de l'Écriture dans les deux Testaments »[5]. Quel est le sens exact du verbe « expliquer » dans cette expression ? Comment Eckhart procède-t-il quand il entreprend une explication ? Qu'il s'agisse de lire, de questionner ou de commenter, le point de départ ou la référence constante est toujours l'Écriture. C'est elle qu'il faut expliquer, un verset en appelle un autre, et l'Écriture s'explique par elle-même, mais aussi grâce aux *auctoritates*, c'est-à-dire les maîtres païens et les grands théologiens, et enfin à l'aide de la raison naturelle

1. *Sermon I sur l'Ecclesiastique*, n. 2, *op. cit.*, p. 15 et p. 16.
2. *Ibid.*, n. 2 et n. 4, p. 16 et p. 17.
3. *Sermon XL*, 3, n. 405, *op. cit.*, p. 339 et p. 340.
4. *Sermon LV*, 2, n. 542, *op. cit.*, p. 436.
5. *Commentaire sur l'Évangile de Jean*, n. 2, *OLME* 6, p. 27.

présente en chaque homme. Ainsi, expliquer revient à montrer la cohérence entre les différentes disciplines du savoir humain et la science de Dieu. À la suite d'Albert le Grand, Eckhart accorde une grande importance aux phénomènes naturelles dans la mesure où ceux-ci lui permettent d'envisager le rapport entre l'âme et Dieu : « Le meilleur exemple vient de la nature »[1]. L'écho projeté sur les parois refermées d'une montagne permet de rendre compte de l'âme qui se retire en elle-même pour écouter la parole de Dieu[2], ou encore l'image de la corde tendue entre deux points évoque la tension intérieure du cœur de l'homme[3], et enfin l'exemple du récipient d'autant plus facile à remplir qu'il est profond[4]. Cohérence entre la physique, les mathématiques et l'astronomie, ces différentes disciplines appartiennent aux arts libéraux qui s'efforcent de manifester l'harmonie dans l'univers et préparent ainsi à la connaissance de celui qui est la raison de cette ordonnance. La nature est l'autre grand livre dans lequel le Créateur a déposé son empreinte, tout en se distinguant radicalement de sa création : *Ce qu'il y a d'invisible depuis la création du monde se laisse voir à l'intelligence à travers les œuvres de Dieu* (Rm 1,20). Ce verset de l'*Epître aux Romains* est évoqué par Eckhart au début de son *Commentaire sur l'Évangile de Jean* et semble justifier son projet intellectuel[5]. Dans ses écrits, Eckhart multiplie ainsi les références et les exemples, non pas pour établir une somme des connaissances ni un savoir encyclopédique, mais bien au contraire pour montrer qu'un tel savoir est impossible et surtout pour souligner la profondeur de ce qui est à dire. Le texte expose à l'infini les différentes raisons et manifeste ainsi la raison indicible de certaines choses, leur caractère inappropriable.

Dieu, l'âme en son fond, la naissance éternelle du Verbe… en d'autres termes tout ce qui se passe au plus profond de l'être, tout cela se dérobe à la pensée. Expliquer, c'est aussi exprimer le caractère insaisissable et incompréhensible d'une chose. Et cette inconnaissance n'est pas un défaut; bien au contraire, le propre de la pensée, c'est justement de s'intéresser aux choses à propos desquelles elle n'aura jamais fini de donner une explication. Ou encore, penser consiste à montrer comment certaines choses ne deviendront jamais des objets pour la pensée, juste « quelque chose » qui se dérobe à toute tentative d'appropriation, *etwaz*. Ainsi, toutes les explications que l'on peut donner sur Dieu n'ont pas d'autre but que de pointer sur le fait qu'il échappe toujours à nos images et représentations : « Celui qui connaît Dieu en tant qu'il est inconnaissable, celui-là connaît Dieu »[6]. Saisir la réalité dans ce qu'elle a de fondamentalement inappropriable… Étreindre l'insaisissable. La pensée ne parvient jamais tout-à-fait à reconnaître ce qui est pourtant caché au plus profond d'elle-même. Dans cette

1. *Sermon XXIV*, 1, n. 229, *op. cit.*, p. 224.
2. *Sermon LV*, 2, n. 542, *op. cit.*, p. 435 et p. 436.
3. *Sermon XLVII*, 1, n. 488, *op. cit.*, p. 390 et p. 391.
4. *Sermon XXXVIII*, n. 382, *op. cit.*, p. 324.
5. *Commentaire sur l'Évangile de Jean*, n. 2, *OLME* 6, p. 27.
6. *Sermon 113*, *op. cit.*, p. 685.

perspective, le philosophe allemand Andreas Speer définit la rationalité comme l'ouverture devant ce qui dépasse les limites de la simple raison : « Comment peut-on saisir l'insaisissable, comment saisir à travers la parole ce qui se refuse à la communicabilité ? [...] L'homme essaie dans cette dynamique vers l'infini de surmonter le fait d'être lié propre à la raison, sa finitude, et par là d'atteindre ce divin-là en nous » [1]. Reconnaître sa finitude et consentir au fait que l'autre sera toujours inappropriable... C'est aussi cela être raisonnable.

Expliquer, c'est donc en fin de compte scruter inlassablement à travers l'existence ordinaire la trace d'un quelque chose qui se donne et se dérobe tout à la fois. La pensée philosophique d'Eckhart n'est pas systématique, au contraire elle consiste à observer attentivement ce qui se passe à l'intérieur du sujet. C'est pourquoi Eckhart envisage de nombreuses figures comme celle de l'apôtre Paul [2], ou encore de l'homme noble [3], de l'homme juste, de l'homme divin et déiforme [4], et enfin celle du Christ lui-même, image par excellence parce qu'elle dépasse toutes les images et représentions [5]. Cependant sa pensée est plus qu'une simple description empirique des faits dans la mesure où il essaie de dégager progressivement des formes essentielles, plus exactement les conditions formelles et intelligibles d'une expérience de Dieu. Eckhart s'efforce de penser ce qui advient au plus profond de l'être à partir de l'expérience la plus immédiate. Observer et décrire l'expérience de Dieu, envisager ce qui se donne dans la conscience du sujet, et ainsi remonter à l'événement fondateur et essentiel qui est l'horizon d'intelligibilité de toutes choses.

Penser philosophiquement la question de l'Incarnation, c'est donc tout à la fois envisager l'expérience ordinaire en tant qu'elle porte en elle la trace de ce mystère et à son tour, le *Verbe fait chair* devient pour l'existence humaine le principe de cohérence et d'intelligibilité. Et ainsi, principe et expérience sont intimement liées, mais aussi raison et foi, ou encore philosophie et Écriture. Non seulement la foi éclaire la raison qui ne pourrait pas par elle-même atteindre certaines questions, mais en plus le travail de la raison conduit l'homme au cœur de la foi. Comme le dit Augustin : « Il est raisonnable que la foi précède la raison pour accéder à certaines grandes vérités », et en même temps : « Nous ne pourrions pas même croire si nous n'avions pas des âmes raisonnables » [6]. Eckhart s'inscrit dans cette grande tradition, et constitue en même temps un moment décisif dans ce dialogue entre philosophie et Écriture [7]. Peut-être va-t-il plus loin qu'Augustin dans son projet d'expliquer philosophiquement certains principes

1. A. Speer, « Ce qui se refuse à la pensée : la connaissance de l'infini chez Bonaventure, Maître Eckhart et Nicolas de Cues », *RevSR* 77/3, 2003, p. 377-387.

2. Maître Eckhart, *Sermon 66*, *op. cit.*, p. 414-422.

3. *Sermon de l'homme noble*, *op. cit.*, p. 814-824.

4. *Commentaire sur l'Évangile de Jean*, n. 112 et 119, *OLME* 6, p. 221 et p. 237.

5. *Sermon 42*, *op. cit.*, p. 298.

6. Augustin, *Lettre 120*, I, 3, CSEL, XXXIV, 1, p. 706 et p. 707.

7. O. Boulnois, « Libération de la théologie. Réflexions philosophiques sur une histoire », *Théophilyon* XIX-1, 2014, p. 113.

théologiques comme par exemple celui de l'Incarnation. Et en même temps, il se fait aussi l'écho d'une pensée issue d'Aristote qui pointe vers une difficulté essentielle inhérente à la démarche philosophique : « L'investigation de la vérité est, en un sens, difficile » [1]. Toute la beauté des *Sermons allemands* tient au fait qu'ils s'efforcent d'aller jusqu'au bout de ce que le discours intellectuel peut dire, sans jamais réduire ce qui est à dire au propos qui en est dit, bien au contraire ils manifestent que le langage ne fait qu'ouvrir vers une réalité toujours au-delà. Certes, il convient de prêcher de façon intelligible, c'est-à-dire de manière à être entendu et compris par le plus grand nombre. Et cependant, Eckhart admet parfois que ses propos sont difficiles à comprendre. « Prêcher de manière intellectuelle » signifie en réalité apprendre à s'effacer devant ce qui se donne, et l'expression *vernünfticlîche prêdigen* pourrait se traduire par « prêcher avec intelligence » en faisant preuve d'une grande modestie. Peut-être y a-t-il même quelque chose de tragique dans les *Sermons allemands* d'Eckhart, parce qu'ils donnent une vision de l'homme constamment tendu entre le désir de vérité et la conscience d'une limite indépassable. Et le maître rhénan n'a pas voulu surmonter cette difficulté car c'est précisément à l'intérieur de cette tension tragique que prend naissance le travail d'écriture.

1. Aristote, *Métaphysique*, α, 1, *op. cit.*, p. 107.

CONCLUSION

« Il n'est pas de nuit qui n'ait une lumière, mais elle est cachée »[1]. La nuit, en allemand *die naht*, désigne chez Eckhart une expérience de l'âme intellective. On pense bien évidemment à l'épisode de la conversion de Paul (Ac 9,8), son aveuglement est en réalité une révélation. L'expression « il vit le néant » exprime en effet une plus haute manière de connaître Dieu dans sa transcendance, toujours au-delà des images et représentations : « Il vit le néant, c'était Dieu [...] Quand il écrit sur Dieu, le lumineux Denys dit : Il est au-dessus de l'être, il est au-dessus de la vie, il est au-dessus de la lumière ; il ne lui attribue ni ceci ni cela et il veut dire qu'il est on ne sait quoi, très loin au-dessus »[2]. Il convient de noter également dans ce *Sermon 66* une autre référence biblique : *Dans ma couche, j'ai cherché durant toute la nuit celui qu'aime mon âme et je ne l'ai pas trouvé*, in lectulo, per noctes, quaesivi quem diligit anima mea, quaesivi illum, et non inveni (Ct 3,1). Eckhart interprète ici le mot « nuit » de deux manières. La nuit exprime la difficulté inhérente à la créature, toujours éparpillée au-dehors et incapable de saisir Dieu : « Quoi que nous cherchions dans les créatures, tout est nuit »[3], mais elle renvoie également à un mode de révélation de Dieu lui-même. La lumière divine se donne dans la nuit, elle se révèle au monde mais sous le mode de la dissimulation : « Le soleil brille dans la nuit, mais il est caché »[4]. D'une certaine manière, ce verset annonce déjà l'Incarnation du Verbe, Dieu va devoir entrer dans l'ombre humaine pour se révéler au monde.

Cette expérience de la nuit est longuement décrite dans *Sermon 9* composé pour le dimanche dans l'octave de la Nativité. Le maître rhénan y commente l'antienne d'ouverture de la messe : *Au milieu de la nuit, quand toutes choses étaient dans le calme et le silence, alors une parole cachée m'a été dite, qui est venue de façon dérobée comme un voleur* (Sg 18,14-15)[5]. La nuit rappelle tout d'abord l'expérience de l'âme intellective qui se dépouille de toutes images et

1. Maître Eckhart, *Sermon 66*, *op. cit.*, p. 417.
2. *Ibid.*, p. 418.
3. *Ibid.*, p. 417.
4. *Ibid.*
5. *Sermon 9*, *op. cit.*, p. 103.

représentations et se retranche au-dedans, *dans le calme et le silence*. Ou plus exactement, dans la nuit, l'intelligence délaisse la vision et devient une écoute attentive. L'expérience de la nuit, c'est aussi l'écoute de cette parole qui se donne tout en se dérobant : « Cette parole est tellement cachée qu'elle vient dans les ténèbres de la nuit »[1], parce que si elle se donnait entièrement, l'âme intellective ne pourrait le supporter, mais surtout elle perdrait tout son dynamisme et sa force : « Ainsi en est-il de sa venue, à la dérobée, dans un chuchotement et dans le calme propices à la manifestation. Voyez, c'est précisément parce que cela est caché qu'on doit et qu'il faut le poursuivre »[2]. Le Verbe de Dieu doit se faire « chuchotement » dans le silence de l'âme, en allemand *geriune* ou *gerûne* que l'on peut rendre aussi en français par « murmure », et il se donne à elle avec discrétion et réserve afin d'entretenir un désir ardent. En fin de compte, la nuit de l'âme est l'expérience d'une rencontre toujours inachevée qui mène à une quête sans fin, à un amour infini de la vérité. Dans ce *Semon 9* sur la Nativité, Eckhart reprend d'ailleurs l'épisode de la conversion de Paul pour illustrer cette expérience : « C'est à l'intérieur, non à l'extérieur, bien au contraire : tout à l'intérieur »[3].

L'expérience de la nuit est sans aucun doute une épreuve pour l'âme, mais cette épreuve est constitutive pour la vie de l'esprit. La pensée est capable de percevoir en elle la présence d'une chose, mais elle ne parvient jamais pleinement à déterminer la nature ou l'essence de celle-ci. Penser consiste alors à reconnaître combien certaines choses nous échappent et peut-être même à envisager les choses en tant qu'elles sont inappropriables. Il ne peut y avoir de pensée authentique que parce qu'il y a quelque chose d'inaccessible. Il revient alors à l'intellect de déconstruire en permanence les images et représentations qui se forment en lui pour devenir ce silence dans lequel une parole est prononcée. Dans le *Sermon 70*, Eckhart envisage une nouvelle fois ce passage extrait du *Livre de la Sagesse* et nous propose en quelques mots seulement une admirable expression de cette expérience : « Dans la nuit, quand aucune créature ne brille ni ne jette un regard dans l'âme, dans le silence où rien ne parle à l'âme, la parole est prononcée dans l'intellect / *in der naht, sô kein crêatûre in die sêle enliuhtet noch enluoget, und in dem stilleswîgenne, dâ niht in die sêle ensprichet, dâ wirt daz wort gesprochen in der vernünfticheit* »[4]. La nuit de l'âme désigne donc cet instant de silence où une parole vient « chuchoter » à l'intelligence de l'homme.

En décrivant ainsi les actes de l'intellect, Eckhart s'inscrit de façon originale dans le débat médiéval sur l'intellect qui oppose Thomas d'Aquin aux averroïstes latins[5]. Ce débat porte sur l'interprétation du *De Anima* d'Aristote, et en particulier sur ce passage dans lequel le Philosophe définit l'intellect en l'homme

1. *Sermon 9*, *op. cit.*, p. 105.
2. *Ibid.*, p. 103.
3. *Ibid.*, p. 103 et p. 104.
4. *Sermon 70*, *op. cit.*, p. 442 ; *DW* 3, p. 266.
5. J.-B. Brenet, *Averroès l'inquiétant*, Paris, Les Belles Lettres, 2015.

comme quelque chose de « séparé », et il ajoute quelques lignes plus loin qu'il est aussi « immortel et éternel »[1]. Aussi, la pensée est-elle le propore de l'homme, ou bien y a-t-il quelque chose « qui vient en nous de l'extérieur »[2] ? Ce recours à un principe extérieur dans l'intellect humain justifierait en quelque sorte l'universalité de la pensée. Certes, Thomas d'Aquin reconnaît que l'âme humaine doit s'ouvrir à la grâce de Dieu. Mais il souligne d'un point de vue anthropologique les limites et les contradictions d'une pensée qui ne ferait que s'ouvrir à quelque chose d'extérieur. L'expérience ne montre-t-elle pas en effet la singularité de la pensée ? Et quelles seraient les conséquences morales si l'homme n'était plus entièrement responsable de ses actes ? D'une manière plus catégorique encore, si l'homme est soumis à une intelligence extérieure, alors il ne pense plus par lui-même. C'est pourquoi Thomas d'Aquin insiste sur le caractère personnel, particulier et proprement humain de la pensée : *hic homo singularis intelligit*[3].

Eckhart intègre parfaitement cette tradition aristotélicienne qui décrit le travail de la pensée, mais il la relie également à celle d'Augustin qui rappelle combien l'âme humaine est aussi façonnée par cette parole transcendante qui la traverse : « Dieu est une parole qui s'exprime elle-même »[4]. L'homme ne demeure pas indifférent à cette expérience. Il doit bien évidemment se préparer et se disposer intérieurement pour accueillir cette parole : « Plus je suis proche de Dieu, plus Dieu s'exprime en moi »[5]. Mais surtout cette traversée de la parole éternelle éveille en l'homme sa propre parole singulière : « Ma bouche exprime et révèle Dieu »[6]. Certes, il y a une précédence, quelque chose qui existe en premier, la parole éternelle. C'est pourquoi l'écoute attentive de la parole de Dieu est incontestablement une activité fondamentale pour l'homme. Mais ce qui intéresse Eckhart, c'est aussi d'observer ce que produit cette parole première en l'homme, sa grande fécondité pour le travail de la pensée. Il n'y a pas de contradiction pour lui entre l'ouverture à une transcendance extérieure et la singularité d'une pensée proprement humaine. Quand le Verbe se répand dans l'âme, alors l'intellect produit des actes pour tenter de ressaisir cette parole.

Eckhart emploie une très belle métaphore pour illustrer le rôle actif de l'intellect humain, la métaphore de la montagne et de l'écho[7]. Il existe une parole initiale, une voix qui veut se faire entendre, mais le texte n'en dit presque rien, il demeure discret sur cette parole. Que peut-on dire de la parole éternelle à l'origine de toutes choses ? En revanche, il est possible d'observer et de décrire ce que cette parole produit dans l'âme humaine. Lorsqu'une voix se projette au dehors, elle parvient jusqu'aux parois d'une montagne qui la reçoit et l'accueille, engendrant

1. Aristote, *De l'Âme*, III, 5, *op. cit.*, p. 182 et p. 183.
2. Alexandre d'Aphrodise, *De l'Âme*, 91, 2, Paris, Vrin, 2008, p. 213.
3. Thomas d'Aquin, *L'Unité de l'intellect contre les averroïstes*, chap. III n. 61, *op. cit.*, p. 135.
4. Maître Eckhart, *Sermon 74*, *op. cit.*, p. 459.
5. *Ibid.*
6. *Ibid.*, p. 461.
7. *Sermon XL*, 3, n. 405, *op. cit.*, p. 339, p. 340 et *Sermon 5*, *op. cit.*, p. 72, p. 73.

à son tour son propre son que l'on appelle l'écho. Ainsi, l'âme n'est pas simplement un lieu où est engendrée la forme spécifique de Dieu, mais elle enfante également par elle-même pour une plus grande assimilation à Dieu / *ut in ipsa gignatur species dei* [...] *sed pariens sive parens propter maiorem assimilationem ad deum* »[1]. L'écho reproduit la voix et produit en même temps son propre son. Eckhart va peut-être plus loin que Thomas d'Aquin dans cette assimilation entre l'âme et Dieu, mais on ne peut l'accuser d'avoir réduit le rôle de l'intellect à un simple travail d'accueil : « En même temps qu'il engendre son Fils unique en moi, je l'engendre à mon tour dans le Père »[2]. Penser, c'est donc se laisser traverser par cette parole qui nous échappe la plupart du temps, mais dont nous parvenons parfois à en reproduire l'admirable écho.

Quand l'homme ne voit plus très bien les choses autour de lui, il apprend à se diriger dans la vie grâce à leur son. Et c'est tout naturellement que le thème de la cécité de l'intellect nous conduit vers celui de l'écoute de la parole. Peut-être faut-il même apprendre à devenir aveugle, ou tout au moins savoir affronter cette cécité comme l'exprime le poète : « Il y a une nuit dont on ne peut parler, mais dans laquelle il faut entrer pour s'apercevoir qu'elle est sans fond, sans fin »[3]. Philippe Jaccottet connaît Maître Eckhart, il le mentionne à plusieurs reprises dans ses œuvres, et cite explicitement un long extrait du *Sermon 89* qui rappelle combien toutes les créatures veulent exprimer Dieu[4]. Pour le poète, la nuit est l'expérience d'une épreuve décisive, l'épreuve du langage qui ne parvient pas à exprimer ce qui se dévoile sous ses yeux : « J'ai beau chercher des mots, c'est toujours loin du compte, ce n'est jamais cela »[5]. Et pourtant, le mot est parfois un peu plus juste, parce qu'il exprime précisément ce bouleversement de la pensée. Et toute l'écriture poétique n'est peut-être au fond qu'une manière d'évoquer ce moment tragique où tout bascule : « La véritable mort, c'est cela : ce moment où, se heurtant à l'impossible, l'esprit voit sombrer d'un seul coup tout ce qui a précédé »[6]. Le travail du poète consiste à tenir fermement ensemble la parole impossible et la nécessité d'une parole, d'un côté « aucune vérité vivante ne peut se réduire à une formule »[7], et de l'autre : « Peut-être n'est-il donc pas tout à fait impossible de parler de l'insaisissable »[8]. Ecrire devient alors une manière d'écouter ce qui advient, presque un silence : « Tais-toi : ce que tu allais dire en couvrirait le bruit. Écoute seulement : l'huis s'est ouvert »[9].

1. *LW* 4, p. 345.
2. *Sermon 5*, *op. cit.*, p. 73.
3. P. Jaccottet, *L'Obscurité*, in *Œuvres*, « Bibliothèque de la Pléiade », Paris, Gallimard, 2014, p. 201.
4. *La Semaison*, mais aussi *Eléments d'un songe*, *op. cit.*, p. 357 et p. 269.
5. *Ibid.*, p. 210.
6. *Ibid.*, p. 211.
7. *Paysages avec figures absentes*, *op. cit.*, p. 469.
8. *Éléments d'un songe*, *op. cit.*, p. 293.
9. *Pensées sous les nuages*, *op. cit.*, p. 732.

Ce que le poète devine progressivement au contact de la vie, le maître rhénan l'a découvert en s'interrogeant chaque jour sur le *Verbe fait chair*, la parole éternelle qui se glisse à l'intérieur de l'existence humaine : *Lorsque toutes choses se tenaient au milieu du silence, alors est descendue d'en haut, du trône royal, et est venue en moi une parole secrète* (Sg 18,14-15). La parole de Dieu se donne à l'homme et résonne dans le silence de son âme. Au même moment, son intelligence s'éveille de toute part pour ressaisir cette parole, et se manifeste par de nombreuses opérations. Ces différents actes sont produits par l'intellect au contact du Verbe éternel et résonnent à leur tour pour tenter de l'exprimer. La pensée est ce dialogue qui s'instaure entre une parole présente dès le commencement et nos paroles, toujours à recommencer. La vie de l'esprit est une attention permanente par rapport à ce qui se vit à l'intérieur, une écoute attentive de soi : « Penser, c'est lire au-dedans / *intelligere, id est intus legere* » [1].

1. Maître Eckhart, *Livre des paraboles de la Genèse*, n. 83, *op. cit.*, p. 124 ; *LW* 1, p. 544.

INDICATIONS BIBLIOGRAPHIQUES

Pour une bibliographie exhaustive sur Maître Eckhart, il convient de se référer aux différentes recherches bibliographiques existantes et plus particulièrement aux travaux réalisés par Niklaus Largier. Nous nous contenterons de donner ici quelques indications bibliographiques en prenant en compte les publications récentes et les travaux concernant la problématique de l'intellect.

RECHERCHES BIBLIOGRAPHIQUES

LARGIER N., *Bibliographie zu Meister Eckhart*, Freiburg/CH, Universitätsverlag, Dokimion 9, 1989.

– « Meister Eckhart, Perspectiven der Forschung, 1980-1993 », *Zeitschrift für deutsche Philologie* 114, 1995, p. 29-98.

– « Recent work on Meister Eckhart : Positions, problems, new perspectives, 1990-1997 », *Recherches de Théologie et de Philosophie médiévales* 65, 1998, p. 147-167

– « Recent publications on Eckhart », *Eckhart Review* 7, 1998, p. 55-58. Cette dernière revue, publiée par l'Eckhart Society, réalise chaque année une mise à jour et propose un supplément bibliographique (www.op.org/eckhart/society.htm).

ÉDITION CRITIQUE ET PRINCIPALES TRADUCTIONS DES ŒUVRES DE MAÎTRE ECKHART

Die deutschen Werke, Stuttgart, Kohlhammer : *DW* 1 : *Predigten 1-24*, 1958; *DW* 2 : *Predigten 25-59*, 1971; *DW* 3 : *Predigten 60-86*, 1976; *DW* 4/1 : *Predigten 87-105*, 2003; *DW* 4/2 : *Predigten 106-117*, 2016 ; *DW* 5 : *Traktate : Liber Benedictus :* 1. *Buoch der goetlîchen troestunge*, 2. *Von dem edeln menschen, Die rede der underscheidunge, Von abegescheidenheit*, 1963.

Die lateinischen Werke, Stuttgart, Kohlhammer : *LW* 1 : *Prologi in Opus tripartitum, Expositio libri Genesis, Liber parabolarum Genesis*, 1964; *LW* 2 : *Expositio libri Exodi, Sermones et lectiones super Ecclesiastici cap. 24, 23-31, Expositio libri Sapientiae, Expositio Cantici Canticorum cap. 1,6*, 1964; *LW* 3 : *Expositio sancti Evangelii secundum Iohannem*, 1994 : *LW* 4 : *Sermones*, 1956; *LW* 5 : *Collatio in*

Libros Sententiarum, *Quaestiones Parisienses*, *Sermo die beati Augustini Parisius habitus*, *Tractatus super Oratione Dominica*, *Sermo Paschalis a. 1294 habitus*, 1936.

Traduction française de l'œuvre allemande

Traités et sermons, trad. fr. J. Molitor et F. Aubier, Paris, Aubier-Montaigne, 1942.
Œuvres. Sermons-Traités, trad. fr. P. Petit, Paris, Gallimard, 1942.
Les Traités, trad. fr. J. Ancelet-Hustache, Paris, Seuil, 1971 ; *Les Sermons* (*1-30*), 1974 ; *Les Sermons* (*31-59*), 1978 ; *Les Sermons* (*60-86*), 1979.
Traités et Sermons, trad. fr. A. de Libera, Paris, Garnier-Flammarion, 1993.
Le Grain de Sénevé, trad. fr. A. de Libera, Paris, Arfuyen, 1996.
Les Traités et le Poème, trad. fr. G. Jarczyk et P.-J. Labarrière, Paris, Albin Michel, 1996 ; *L'Etincelle de l'âme* (*Sermons 1-30*), 1998 ; *Dieu au-delà de Dieu* (*Sermons 31-60*), 1999 ; *Et ce Néant était Dieu* (*Sermons 61-90*), 2000.
Sur la Naissance de Dieu dans l'âme, *Sermons 101-104*, trad. fr. G. Pfister, Paris, Arfuyen, 2004.
Le Silence et le Verbe. Sermons 87-105, trad. fr. E. Mangin, Paris, Seuil, 2012.
Sermons, traités, poème. Les Ecrits allemands, trad. fr. J. Ancelet-Hustache et E. Mangin, Paris, Seuil, 2015.

Traduction française de l'œuvre latine

Le Commentaire sur le Livre de l'Exode, trad. fr. P. Gire, *Les Cahiers de l'Institut Catholique de Lyon* 2, 1980.
« Les Questions parisiennes n°1 et n°2 », trad. fr. E.-H. Weber et E. Zum Brunn, *in* E. Zum Brunn, Z. Kaluza et A. de Libera, *Maître Eckhart à Paris, Une critique médiévale de l'ontothéologie*, Paris, P.U.F., 1984, p. 167-187.
L'œuvre latine de Maître Eckhart, Paris, Cerf : OLME 1 : *Le Commentaire de la Genèse*, précédé des *Prologues*, trad. fr. F. Brunner, A. de Libera, E.-H. Weber, E. Zum Brunn, 1984 ; OLME 6 : *Le Commentaire sur le Prologue de Jean*, trad. fr. A. de Libera, E.-H. Weber, E. Zum Brunn, 1989.
Sermon pour la Saint Augustin, trad. fr. J. Hess, *La Vie Spirituelle* 722, 1997, p. 87-92.
Sermons et leçons sur l'Ecclésiastique, trad. fr. F. Brunner, Genève, Ad Solem, 2002.
Le Commentaire du Notre Père, trad. fr. E. Mangin, Paris, Arfuyen, 2005.
Sermon pascal, trad. fr. M. Mauriège, *in* M.-A. Vannier, *De la Résurrection à la naissance de Dieu dans l'âme*, Paris, Cerf, 2008, p. 69-79.
La Mesure de l'Amour. Sermons parisiens, trad. fr. E. Mangin, Paris, Seuil, 2009.
L'œuvre des Sermons. Erfurt-Paris-Strasbourg-Cologne, trad. fr. J. Devriendt, Paris, Cerf, 2010.
Le Commentaire du Livre de la Sagesse, trad. fr. J.-C. Lagarrigue et J. Devriendt, Paris, Les Belles Lettres, 2015.
Le Livre des Paraboles de la Genèse, trad. fr. J.-C. Lagarrigue, Paris, Les Belles Lettres, 2016.

LITTÉRATURE CRITIQUE

BOCHET I., *Saint Augustin et le désir de Dieu*, Paris, Études augustiniennes, 1982.
BOULNOIS O., *Au-delà de l'image. Une archéologie du visuel au Moyen Âge (Ve-XVIe siècle)*, Paris, Seuil, 2008;
– *Métaphysiques rebelles. Genèse et structures d'une science au Moyen Âge*, Paris, P.U.F., 2013.
BRETON S., *Deux mystiques de l'excès. J.-J. Surin et Maître Eckhart*, Paris, Cerf, 1985.
BRUNNER F., *Maître Eckhart. Approche de l'œuvre*, Genève, Ad Solem, 1999.
CASTEIGT J., *Connaissance et vérité chez Maître Eckhart*, Paris, Vrin, 2006.
CHARLAND Th.-M., *Artes Praedicandi. Contribution à l'histoire de la rhétorique au Moyen Âge*, Paris, Vrin, 1936.
CHRÉTIEN J.-L., *Saint Augustin et les actes de paroles*, Paris, P.U.F., 2002.
DAHAN G., *Lire la Bible au Moyen Âge. Essais d'herméneutique médiévale*, Genève, Droz, 2009.
DAVY M.-M., *Les Sermons universitaires parisiens de 1230-1231. Contribution à l'histoire de la prédication médiévale*, Paris, Vrin, 1931.
FLASCH K., *D'Averroès à Maître Eckhart. Les sources arabes de la «mystique» allemande*, Paris, Vrin, 2008
– *Maître Eckhart*, Paris, Vrin, 2011.
GIRE P., *Maître Eckhart et la métaphysique de l'Exode*, Paris, Cerf, 2006.
IMBACH R., *Deus est intelligere. Das Verhältnis von Sein und Denken in seiner Bedeutung für das Gottesverhältnis bei Thomas von Aquin und in den Pariser Quaestiones Meister Eckharts*, Fribourg-CH, Studia Friburgensia, Neue Folge 53, 1976.
LIBERA A. (de), *La Mystique rhénane d'Albert le Grand à Maître Eckhart*, Paris, Seuil, 1994.
– *Raison et foi. Archéologie d'une crise d'Albert le Grand à Jean-Paul II*, Paris, Seuil, 2003.
LONGÈRE J., *La Prédication médiévale*, Paris, Études augustiniennes, 1983, p. 75-115.
LOSSKY V., *Théologie négative et connaissance de Dieu chez Maître Eckhart*, Paris, Vrin, 1998.
LUBAC H. (de), *Exégèse médiévale, Les quatre sens de l'Écriture*, Paris, Aubier, 1959-1964.
MANGIN É., *Maître Eckhart et la profondeur de l'intime*, Paris, Seuil, 2012.
MCGINN B., *Meister Eckhart and the Beguine Mystics*, New York, Herder, 1994.
– *The mystical thought of Meister Eckhart*, New York, Herder, 2011.
– *L'Union mystique dans le judaïsme, le christianisme et l'Islam*, Bruxelles, Lessius, 2011.
RUH K., *Initiation à Maître Eckhart. Théologien, prédicateur, mystique*, Paris, Cerf, 1997.
SPEER A. et WEGENER L., *Meister Eckhart in Erfurt*, Berlin, W. De Gruyter, 2005.
STURLESE L., *Studi sulle fonti di Meister Eckhart*, Freiburg, Academic Press Freiburg, 2008.
ZUM BRUNN E. (sous la dir.), *Voici Maître Eckhart*, Grenoble, J. Millon, 1994.
ZUM BRUNN E., KALUZA Z., LIBERA A. (DE), VIGNAUX P, et WÉBER E.-H., *Maître Eckhart à Paris. Une critique médiévale de l'ontothéologie*, Paris, P.U.F., 1984.

LES ACTES DE L'INTELLECT
TABLEAU RÉCAPITULATIF

Principaux verbes	**Termes allemands Directement liés à l'intellect**	**Correspondants latins**	**Synonymes et verbes associés**
dépouiller abstraire	*abescheln*	*denudare* *abstrahere*	*abescheiden* *en(t)bloezen* *entkleiden* *ledic sîn*
élever	*erheben* *erhœhen*	*elevare* *ascendere*	*ûfgan* *ûfklimmen* *durchbrechen*
unir	*einigen* *vereinen*	*unire*	*zuobinden* *însliezen*
saisir	*begrîfen*	*apprehendere* *comprehendere*	*nemen* *bekennen* *verstân*
s'émerveiller	*wundern* *sich wundern*	*mirare*	*saehen* *schouwen*
chercher	*suochen*	*quaerere*	*loufen* *minnen* *meinen* *beiten* *jagen* *begern*
écouter	*hœren*	*audire*	*enpfâhen* *lesen* *smecken* *vrâgen* *swîgen*
prêcher	*prêdigen*	*praedicare*	*sprechen* *prüeven* *lêren* *wîsen* *berihten*

TABLE DES MATIÈRES

DEUXIÈME PARTIE
ÉTEINDRE L'INSAISISSABLE

TROISIÈME PARTIE
LAISSER RÉSONNER LA PAROLE

Dépôt légal : novembre 2017
IMPRIMÉ EN FRANCE

Achevé d'imprimer le 2 novembre 2017
sur les presses de l'imprimerie « La Source d'Or »
63039 Clermont-Ferrand
Imprimeur n° 19814

Dans le cadre de sa politique de développement durable,
La Source d'Or a été référencée IMPRIM'VERT®
par son organisme consulaire de tutelle.
Cet ouvrage est imprimé - pour l'intérieur - sur papier offset 80 g
provenant de la gestion durable des forêts,
produit par des papetiers dont les usines ont obtenu
les certifications environnementales ISO 14001 et E.M.A.S.